अन्तर्राष्ट्रीय राजनीति
एवं
विश्व संबधो का इतिहास

अन्तर्राष्ट्रीय राजनीति
एवं
विश्व संबधो का इतिहास

संपादक

डॉ. सुनीता मंगला

कावेरी बुक्स

नई दिल्ली-110002

प्रथम संस्करण 2018
ISBN 978-81-7479-213-6

Published by
Kaveri Books
4832/24, Ansari Road
New Delhi - 110 002 (India)
Tel.: 011-2328 8140, 2324 5799
E-mail: kaveribooks@vsnl.com,
kaveribooks@gmail.com
Website: www.kaveribooks.com

Laser Typesetting by : Deep Graphics, Delhi

PRINTED IN INDIA

प्रस्तावना

राष्ट्रीय राज्यों के विकास के बीज प्राचीन काल में ही देखने को मिलते हैं। सभी राष्ट्र राज्यों के विकास की अपनी कथाएँ, कहानियाँ एवं पड़ाव रहे हैं। इन्हीं राष्ट्रीय राज्यों के परस्पर संबंध अन्तर्राष्ट्रीय संबंध कहलाते हैं। द्वितीय विश्वयुद्ध से पहले केवल यूरोपीय महाद्वीप के देशों एवं उनकी आपसी नीतियों को ही अध्ययन का केंद्र माना जाता था परन्तु द्वितीय विश्वयुद्ध के बाद अन्तर्राष्ट्रीय राजनीति अर्थात राष्ट्रेतर राजनीतिक एवं अन्तर्राष्ट्रीय शक्ति सबंधों में गहन परिवर्तन हुए। हालाँकि प्रथम विश्वयुद्ध से द्वितीय विश्वयुद्ध के मध्य विश्व राजनीति में आर्थिक, सामाजिक, राजनीतिक एवं सांस्कृतिक परिवर्तन आये और उपनिवेशवाद के विरुद्ध भीषण प्रतिक्रिया हुई। द्वितीय विश्वयुद्ध के बाद अन्तर्राष्ट्रीय राजनीति का क्षेत्र बृहदरूप से विस्तारित हुआ। अमेरिका, सोवियत संघ दो महाशक्तियों के रूप में उभरे एवं अब अन्तर्राष्ट्रीय राजनीति में केवल यूरोप का प्रभाव खत्म हो गया।

अब एशिया, अफ्रीका, दक्षिण अमेरिका, लैटिन अमेरिका और साम्यवादी देशों का भी अध्ययन अन्तर्राष्ट्रीय संबंधों में होने लगा और अंतर्राष्ट्रीय राजनीति को स्वतंत्र शास्त्र के रूप में मान्यता दी जाने लगी।

प्रस्तुत पुस्तक अन्तर्राष्ट्रीय संबंधों को समझने का प्रयास करती है। इसमें दिल्ली विश्वविद्यालय के राजनीति विज्ञान (विषय) के तृतीय सेमेस्टर के पाठ्यक्रम को क्रमबद्धता और समाचीनता से जोड़ने का प्रयास किया गया है। विश्वास है कि ये पुस्तक विद्यार्थियों, शोधार्थियों तथा अन्तर्राष्ट्रीय राजनीति में रूचि रखने वालों के लिए उपयुक्त साबित होगी।

विषय सूची

1

अन्तर्राष्ट्रीय संबध : एक अध्ययन

– वन्दना रानी*

'अन्तर्राष्ट्रीय राजनीति' को अब 'अन्तर्राष्ट्रीय संबंधों' के नाम से जाना जाता है। जहाँ अन्तर्राष्ट्रीय राजनीति शक्ति के लिए संघर्ष थी वही अन्तर्राष्ट्रीय संबंध एक राष्ट्र का दूसरे राष्ट्र के प्रति एक सहयोगात्मक पहलू का अध्ययन करता हैं। आज अन्तर्राष्ट्रीय संबंधों का स्वरूप अधिक व्यापक रूप ले चुका है राज्य के साथ उसमें व्यक्ति, संस्था, संगठन और अन्य गैर–राज्य ईकाईयाँ भी अपनी पैठ बना चुकी है।

अन्तर्राष्ट्रीय संबंध एवं अन्तर्राष्ट्रीय राजनीति

कभी–कभी अन्तर्राष्ट्रीय संबंध एवं अन्तर्राष्ट्रीय राजनीति जैसे शब्द को लेकर कुछ गलतफहमी पैदा हो जाती है। दोनों के शब्दों में समानता होते हुए भी अर्थ में भिन्नता है। "अन्तर्राष्ट्रीय संबंध" का क्षेत्र वृहद है क्योंकि यह संबंधों की सम्पूर्णता और उसके विभिन्न पहलुओं को दर्शाता है। यह शब्द हेराल्ड और मार्गरेट स्प्राउट ने बड़े ही अच्छे ढंग से अभिव्यक्त किया है, "इस शब्द का प्रयोग राष्ट्रीय सीमा के एक तरफ मानव व्यवहार को दर्शाता है, जो सीमा के दूसरी तरफ मानव व्यवहार को प्रभावित करता है।" यह किसी पहलू को नहीं छोड़ता। अर्थशास्त्र, भूगोल और इतिहास, सरकारी और गैर–सरकारी दोनों प्रकार के सामाजिक और राजनीतिक आदान–प्रदान का विश्लेषण या परीक्षण करने में पृष्ठभूमि प्रदान करते हैं। दूसरी तरफ शब्द "अन्तर्राष्ट्रीय राजनीति" का बहुत ही अच्छे तरीके से संकीर्ण अर्थों में प्रयोग किया गया है, जो औपचारिक राजनय और राज्यों के बीच संबंधों एवं दूसरी राजनीतिक इकाइयों का विवरण प्रस्तुत करता है।

---

* असिस्टेंट प्रोफेसर, राजनीति विज्ञान विभाग, कालिन्दी कॉलेज, दिल्ली विश्वविद्यालय

विश्व राजनीति में यथार्थवाद, उदारवाद और मार्क्सवाद सैद्धान्तिक रूप से अधिक महत्वपूर्ण जाने जाते है परन्तु अब संरचनावाद, नवउदारवाद, नवयथार्थवाद, उत्तर–आधुनिकवाद और नारीवाद ने भी विश्व राजनीति में अपनी विशेष पहचान बना ली हैं। नये प्रादेशिक एवं वैश्विक अन्तर्संबंधों द्वारा भूमण्डलीकरण के इस युग में अन्तर्राष्ट्रीय संबंधों का महत्व बढ़ गया है।

परम्परागत परिभाषाएँ

इन परिभाषाओं का दायरा अति सीमित है, क्योंकि इसके अंतर्गत मूलतः 'राज्यों' को ही अन्तर्राष्ट्रीय राजनीति के कारक के रूप में माना गया है। यह अन्तर्राष्ट्रीय राजनीति के स्वरूप तक ही सीमित है। मुख्य रूप से हंस जे. मॉग्रेन्थो, हेराल्ड स्प्राउट, बोन डॉयक, थाम्पसन आदि इसके मुख्य समर्थक हैं जो इनकी निम्न परिभाषाओं से स्पष्ट हो जाता है –

1. **हंस जे. मॉग्रेन्थो** – "अन्तर्राष्ट्रीय राजनीति शक्ति के लिए संघर्ष है।"
2. **हेरॉल्ड स्प्राउट** – "स्वतंत्रता राज्यों के अपने–अपने उद्देश्यों एवं हितों के आपसी विरोध–प्रतिरोध या संघर्ष से उत्पन्न उनकी प्रतिक्रिया एवं संबंधों का अध्ययन अन्तर्राष्ट्रीय राजनीति कहलाता है।"
3. **बोन डॉयक** – "अन्तर्राष्ट्रीय राजनीति प्रभुसत्ता सम्पन्न राज्यों की सरकारों के मध्य शक्ति संघर्ष है।"
4. **थॉम्पसन** – "राष्ट्रों के मध्य प्रारम्भ प्रतिस्पर्धा के साथ–साथ उनके आपसी संबधों को सुधारने या खराब करने वाली परिस्थितियों एवं समस्याओं का अध्ययन अन्तर्राष्ट्रीय राजनीति कहलाता है"

समसामयिक परिभाषाएँ

नवीन परिभाषाओं में अन्तर्राष्ट्रीय राजनीति के व्यापक स्वरूप अन्तर्राष्ट्रीय संबंधों की चर्चा की गई है। इसमें राज्य के अतिरिक्त अन्तर्राष्ट्रीय राजनीति के नवीन कारकों जैसे अन्तर्राष्ट्रीय संगठन, देशांतर समूह, गैर सरकारी संगठन, अन्तर्राष्ट्रीय संस्थायें, कुछ व्यक्तियों आदि को भी सम्मिलित किया

गया है। इसके अतिरिक्त इसमें संघर्ष के साथ–साथ सहयोग तथा राजनीति के साथ–साथ प्रत्यक्ष या परोक्ष रूप में इसे प्रभावित करने वाले अर्थात, सांस्कृतिक, धाार्मिक, सामाजिक, विज्ञान एवं तकनीकी आदि पहलुओं का भी उल्लेख किया गया है। विभिन्न लेखकों की निम्नलिखित परिभाषाओं से यह आशय अति स्पष्ट रूप में उजागर हो जाता है –

1. **नार्मन डी. पामर व होवार्ड सी परकिंस** – "अन्तर्राष्ट्रीय संबंध में राष्ट्र राज्यों, अन्तर्राष्ट्रीय संगठनों तथा समूहों के परस्पर संबंधों के अतिरिक्त और बहुत कुछ सम्मिलित है। यह विभिन्न स्तर पर पाये जाने वाले अन्य संबंधों का भी समावेश करता है जो राष्ट्र राज्य के ऊपरी व निचले स्तर पर मिलते हैं। परन्तु यह राष्ट्र राज्य को ही अन्तर्राष्ट्रीय समुदाय का केन्द्र मानता है।"
2. **रटेनले हॉफमैन** – "अन्तर्राष्ट्रीय संबंध उन तत्वों एवं गतिविधियों से संबंधित है, जो उन मौलिक ईकाईयों जिनमें विश्व बंटा हुआ है, की बाह्य नीतियों एवं शक्ति को प्रभावित करता है।"
3. **क्विंसी राइट** – "अन्तर्राष्ट्रीय संबंध केवल राज्यों के संबंधों को ही नियमित नहीं करता अपितु इसमें विभिन्न प्रकार के समूहों जैसे राष्ट्र, राज्य, लोग, गठबंधन, क्षेत्र, परिसंघ, अन्तर्राष्ट्रीय संगठन, औद्योगिक संगठन, धार्मिक संगठन आदि के अध्ययनों को भी शामिल करना होगा।"

सारांश में, अन्तर्राष्ट्रीय संबंध को पी.ए. रेनोल्ड्स के शब्दों में, "एक सामाजिक विज्ञान के रूप में परिभाषित किया जा सकता है, जो प्रकृति का व्यवहार, अध्ययन, व्यक्तियों एवं समूहों के संबंधों के प्रभाव से सम्बन्धित है और जो एक विशेष रूप से अराजकता के ढांचे के अंदर कार्य करती है।"

अन्तर्राष्ट्रीय संबंधों में राज्य एवं राज्य व्यवस्था की शक्तिशाली भूमिका

भूमण्डलीकरण के इस दौर में राज्य व्यवस्था विविध दौर से होकर गुजरी है। इतिहास साक्षी है कि विश्व युद्धों को पनपने में राज्यों की महत्वपूर्ण भूमिका रही है तथा पूरे राज्य इसके ग्रास बने है। उदाहरण के

लिए ऑटोमन साम्राज्य में 1857 की पेरिस की संधि की शर्तों को मानने के लिए मजबूर किया गया। चीन के साथ–साथ जापान ने भी इसको अपनी मौन स्वीकृति तथा आटोमन साम्राज्य को पूरी तरह पश्चिमी देशों पर आश्रित कर उसकी आर्थिक संरचना को पूरी रह से निक्षिप्त कर दिया।

1945 में संयुक्त राष्ट्र संघ की स्थापना के समय उसमें सदस्य संख्या जहाँ 50 थी। वहीं 1970 में तीन गुना लगभग 160 तक पहुँच गई थी। जो बीसवीं शताब्दी में 192 और अब 196 तक पहुँच चुकी है। अब प्रभुत्व सम्पन्न राज्य अन्तर्राष्ट्रीय राजनीति में अपनी नई पहचान बना रहे थे। जिनकी संस्कृतियाँ, धर्म, भाषाएँ, विचारधाराएँ, सरकार का प्रसार, सैनिक क्षमता, तकनीकी एवं आर्थिक विकास के एक–दूसरे से काफी भिन्न है किन्तु विकासशीलता की और अग्रसर है। आज अन्तर्राष्ट्रीय संबंधों के लिए चुनौती सिद्ध होते हैं।

राज्य एवं राज्य व्यवस्था सदैव ही शैक्षणिक विश्लेषण एवं अन्तर्राष्ट्रीय संबंधों में वाद–विवाद का विषय रही है। राज्य को अनावश्यक मानने वाले राजनीतिज्ञ भी इसके इर्द–गिर्द ही अपने तर्कों का विश्लेषण करते है।

वर्तमान भूमण्डलीकरण के दौर में ज्यादातर राज्य आर्थिक सुधारों, उदारवाद, मुक्त व्यापार आदि के दौर से गुजर रहे है। ऐसी स्थिति में आर्थिक गतिविधियों का अध्ययन अति महत्त्वपूर्ण हो गया है। आज संयुक्त राष्ट्र की राजनीतिक ईकाइयों की बजाय विश्व व्यापार संगठन, अंतर्राष्ट्रीय मुद्रा कोष, विश्व बैंक आदि अत्यधिक महत्वपूर्ण हो गए हैं। अब राजनीतिक विचारधाराओं के स्थान पर नई अंतर्राष्ट्रीय अर्थव्यस्था, उत्तर दक्षिण संवाद, विकासशील देशों में कर्ज की समस्या, व्यापार में भुगतान संतुलन, बाह्य पूँजीनिवेश, संयुक्त उद्यम, आर्थिक सहायता आदि विषय अत्यधिक महत्व के हो गए हैं। अतः अंतर्राष्ट्रीय राजनीति में इन आर्थिक संस्थाओं, संगठनों व कारकों का अध्ययन करना अनिवार्य हो गया हैं।

अन्तर्राष्ट्रीय सिद्धांत एवं यथार्थवाद

यथार्थवाद वास्तव में विश्व पर से अराजकता के सिद्धांत को समाप्त करने के उद्देश्य से स्थापित की गई अवधारणा है। जिसके आधारभूत सिद्धांत इस प्रकार से है –

1. मानव स्वभाव का निराशावादी दृष्टिकोण।
2. यथार्थवाद का यह विश्वास है कि अन्तर्राष्ट्रीय संबंध अनिवार्यत संघर्षपूर्ण होता है और इन संघर्षों का परिणाम विकराल युद्ध होता है।
3. यह राष्ट्रीय सुरक्षा के मूल्यों अथवा राज्य के अस्तित्व को विशेष महत्व देता है।
4. मानव वास्तव में स्वलाभार्थ होने के लिए अभिप्रेरित होता है और इसकी प्राप्ति के लिए संघर्ष करता रहता है।

महत्वपूर्ण यथार्थवादी चिंतक हंस मॉग्रेन्थो, थ्यूसीडाइड्स, मैक्यिवाली व हाब्स जैसे पारम्परिक यथार्थवादी विचारकों सभी ने मानव स्वभाव का निराशावादी रूप का चित्रण किया है।

मॉग्रेन्थो के यथार्थवाद का सिद्धांत

मॉग्रेन्थो अन्तर्राष्ट्रीय राजनीति के सैद्धान्तिक अध्ययन को अपने यथार्थवाद के छः सिद्धान्तों से स्पष्ट करते है –

1. मानव स्वभाव मूलतः आत्मकेन्द्रित, स्वाभिमानी और स्वार्थपूर्ण है और राजनति की जड़े उसके इसी अपरिवर्तित स्वभाव में है।
2. राज्य नेताओं को राजनीतिक विवेक के आदेश के अनुसार कार्य करना चाहिए। अतः राजनीति को अर्थनीति या नैतिकता तक सीमित नहीं किया जाना चाहिए।
3. मॉग्रेन्थो ने नैतिकता का अधिक स्पष्टीकरण दिया है। वह परिस्थितिजन्य नैतिकता को प्रमुखता देते है जो वास्तविक नैतिकता से बिल्कुल विपरीत है।
4. अन्तर्राष्ट्रीय राजनीति परस्पर हितों एवं शक्ति वे लिए संघर्ष की राजनीति है।
5. यथार्थवादियों के अनुसार एक राष्ट्र अपनी विशिष्ट विचारधाराओं को दूसरों पर नहीं थोप सकते हैं। यदि वह ऐसा करते हैं तो विश्व में तनाव एवम् संकट की स्थिति उत्पन्न हो जाती है।

6. राजनीति में शासनकला एक अभिप्रेरक क्रिया है जिसमें राष्ट्र के निराशावादी दृष्टिकोण में प्रति जागरूकता मिलती है। अतः यथार्थवाद राजनीति शास्त्र की स्वायत्तता में विश्वास करता है।

मॉग्रेन्थो के अनुसार अंतर्राष्ट्रीय राजनीति अन्य राजनीति की तरह शक्ति के लिए संघर्ष है। अंतर्राष्ट्रीय राजनीति का अन्तिम और प्राथमिक उद्देश्य शक्ति के लिए संघर्ष ही है। सभी राजनीतिक व्यवहारों के तीन उद्देश्य होते हैं शक्ति को बनाए रखना, शक्ति का संवर्धन करना और अन्त में शक्ति का प्रदर्शन करना।

संरचनात्मक बनाव नव यथार्थवाद

संरचनात्मक जिसे नवयथार्थवाद के नाम से भी जाना जाता है इसके प्रमुख प्रवर्तक अथवा सिद्धोतंकार केनेथ है। वाल्ज अपना विश्लेषण आधार अंतर्राष्ट्रीय प्रणाली को मानते हैं। वाल्ज के अनुसार अंतर्राष्ट्रीय राजनीति में शक्ति के लिए प्रतिस्पर्धा लगी रहती है अपने राष्ट्रों के हितों की पूर्ति करने के लिए।

कुछ प्रमुख नवयथार्थवादी है, वाल्ट्ज, ग्रीको, क्योचॅन, जोसेफ न्ये। वाल्ट्ज का मानना है कि अंतर्राष्ट्रीय संबंधों के मंच पर अराजकता की स्थिति है और इसमें कुछ प्रमुख कारक है। जिसकी लाठी उसकी भैंस के सिद्धांत का वर्चस्व हॉब्स द्वारा वर्णित मानव–स्वभाव की याद दिलाता है। महाशक्तियाँ साश्वत प्रतिद्वंद्विता में फंसी है। अंतर्राष्ट्रीय संबंधों में संरचना की अराजकता बनी रही, कारक भले बदल गए हों। 'संरचना' का प्रयोग अंतर्राष्ट्रीय व्यवस्था में कारकों की एक–दूसरे की तुलना में स्थिति परिभाषित करने के लिए किया गया है। अराजकता के चलते कारकों में शक्ति का समुचित बंटवारा नहीं होता। ग्रीकों के अनुसार, अराजकता की दुनिया में राज्यों की ज्यादा रुचि इस बात में होती है कि कैसे वे दूसरे राज्य को शक्तिशाली होने से रोक सके। क्योचॅन और न्ये की राय में, गैर–राष्ट्र कारकों की भागीदारी और भूमिका के चलते अंतर्राष्ट्रीय 'सरंचना' की जटिलता और भी बढ़ गई है। संक्षेप में, नवयथार्थवाद के अनुसार, विश्व राजनीति में राष्ट्र–राज्य सर्वाधिक महत्वपूर्ण कारक है। राज्यों के व्यवहार की तार्किक व्यवस्था की जा सकती है। राज्य शक्ति अर्जन का प्रयास करते

हें और राष्ट्रीय हितों का आकलन शक्ति के अर्थों में करते हैं और वर्तमान अंतर्राष्ट्रीय व्यवस्था की संरचना अराजक है। ग्रीको के अनुसार, "राज्यों के लक्ष्य और कार्यों का आधारभूत सिद्धांत है अराजकता"। अंतर्राष्ट्रीय आतंकवाद, धर्म और बहुराष्ट्रीय कंपनियों की प्रतिस्पर्धा ने अंतर्राष्ट्रीय संरचना की अराजकता को और भी विकट बना दिया है।

अंतर्राष्ट्रीय राजनीति में शक्ति की संरचना अति महत्वपूर्ण होती है जो एक क्षतिपूरक यंत्र की तरह दो तरह के कार्य करती है।

अ. सभी देशों को समान्तर लाती है।

ब. यह व्यवहार को नियनम प्रदान करती है जो समाजीकरण और प्रतियोगिता के माध्यम से होता है।

वॉल्ज के अनुसार अंतर्राष्ट्रीय राजनीति और घरेलू राजनीति में अन्तर–

1. व्यवस्थापक सिद्धांत
2. कार्यात्मक विभेदीकरण
3. क्षमताओं का वितरण

प्रमुख रूप से व्यवस्थापक सिद्धांत यह प्रतिपादित करता है कि अंतर्राष्ट्रीय राजनीति और घरेलू राजनीति में भाग लेने वाली ईकाइयाँ किस प्रकार से आपस में जकड़ी होती है। उच्च–निम्न अधीनस्थ संबंधों के आधार पर कार्य करती है। परन्तु अंतर्राष्ट्रीय राजनीति में शक्ति को पाने के अराजकता की स्थिति सी बनी रहती है।

कार्यात्मक विभेदीकरण के द्वारा घरेलू राजनीति में राजनीतिक संस्थाओं के कार्य विभेदीकृत होते हैं। सभी राजनीतिक संस्थाओं के कार्य एवं उत्तरदायित्व निश्चित कर दिए जाते हैं। ये संस्थाएँ अपने कार्य को पूर्ण करते हैं जबकि अंतर्राष्ट्रीय राजनीति में सभी देशों को समान आचार संहिता के अनुसार कार्य करना होता है।

क्षमताओं के वितरण के आधार पर अन्तर्राष्ट्रीय राजनीति और घरेलू राजनीति में समानता होती है। शक्ति के वितरण की दृष्टि से जो कर्ता

व्यवस्था में भाग लेते हैं उनके बीच शक्तियों का वितरण असमान होता है। क्षमता का अर्थ कार्य विस्तारण से है।

वाल्ज के अनुसार अन्तर्राष्ट्रीय राजनीति की संरचना में कोई बदलाव तभी होता है जब शक्ति का वितरण परिवर्तित होता है और ऐसी स्थिति में, कोई नई शक्तियाँ केन्द्र की स्थापना में होती है।

संरचना के तत्व

परिवर्त्य	घरेलू राजनीति	अन्तर्राष्ट्रीय राजनीति
मुख्य व्यवस्थापक सिद्धांत	सोपानात्मक श्रेणीगत	अराजक व्यवस्था
कार्यात्मक विभेदीकरण	विभेदीकृत व्यवस्था	एक समान
शक्ति का वितरण	शक्ति का असमान वितरण	शक्ति का असमान वितरण

शीत युद्ध के बाद के संघर्षों में मारे गए लोगों में 90 प्रतिशत गैर–सैनिक नागरिक हैं। अतः नवयथार्थवाद अराजक विश्व में न केवल राष्ट्र–राज्यों के बीच शक्ति–संघर्ष को महत्व देता है बल्कि राष्ट्र के आंतरिक संघर्षों को भी रेखांकित करता है। शीत युद्ध के बाद के यथार्थवादियों के अनुसार, शीत युद्ध के दौरान विश्व राजनीति की संतुलित द्वि–ध्रुवीय व्यवस्था में शांति आतंक–संतुलन और परमाणु अस्त्रों के आत्मघाती परिणामों के कारण संभव हो सकी थी। शीत युद्ध के बाद यथार्थवादियों को लगने लगा है कि एक ध्रुवीय विश्व में जहाँ अमेरिका एकमात्र महाशक्ति है और जिसके द्वारा संपूर्ण विश्व–व्यवस्था निर्धारित होनी है, शांति–स्थापना स्वाभाविक है। यथार्थवाद संयुक्त राष्ट्र अंतर्राष्ट्रीय मुद्रा कोष और विश्व व्यापार संगठन की भूमिका और महत्व को तो स्वीकार करता है लेकिन यह भी मानता है कि इनकी नीतियाँ शक्तिशाली राज्यों के हितों के अनुकूल ही होती है। यथार्थवादी परमाणु–प्रसार के विरुद्ध है जिससे विश्व–राजनीति में अमेरिकी वर्चस्व बना रहे। इस तरह, यथार्थवादी और नव–यथार्थवादी दोनों ही शक्ति के माध्यम से राष्ट्रीय हितों के संरक्षण की वकालत करते हैं। विश्व संगठनों, शासनों और गैर–राष्ट्र कर्त्ताओं की भूमिकाओं के बावजूद, शक्ति अंतर्राष्ट्रीय संबंधों की सबसे महत्वपूर्ण निर्धारक है।

पैट्रिक जेम्स के अनुसार, अंतर्राष्ट्रीय संबंधों के अध्ययन के क्षेत्र में नवयथार्थवाद की केंद्रीय भूमिका है। प्रसिद्धि के बावजूद इस समझ को नैतिक रूप से दिवालिया कहा गया है। दुनिया परिवर्तनकारी संक्रमण काल से गुजर रही है ऐसे में अंतर्राष्ट्रीय संबंधों की व्याख्या में नवयथार्थवाद या संरचनात्मक यथार्थवाद की सीमित भूमिका ही संभव है।

उदारवादी आत्म–निर्भरता या एकीकरण सिद्धांत

यह सिद्धांत चार्ल्ड केग्ले और विट्टकॉफ्र के नामों के साथ जुड़ा है। दोनों ने 1993 में एक लेख में मानव स्वभाव के बारे में पारंपरिक दृष्टिकोण को निरस्त करते हुए तर्क दिया कि मनुष्य में एक साथ कई प्रवृत्तियाँ होती हैं और मनुष्य के क्रियाकलाप, वातावरण से प्रभावित स्वैच्छिक चुनाव के परिणाम होते हैं। वे अंतर्राष्ट्रीय संबंधों की अराजकता के सिद्धांत को निरस्त करके बहुराष्ट्रीय परस्पर निर्भरता के सिद्धांत का प्रतिपादन करते हैं। इसके अनुसार, अंतर्राष्ट्रीय संबंधों का आधार बहुराष्ट्रीय वार्तालाप एवं पारस्परिक निर्भरता है। राष्ट्र–राज्यों का एकीकरण परस्पर निर्भर विश्व व्यवस्था के उदय का पूर्वाभास कराता है। सरकारें और समाज सांस्कृतिक एकरूपता और सामाजिक–आर्थिक पारस्परिक निर्भरता के चलते एक–दूसरे के करीब आ रहे हैं। विश्व व्यापार संगठन एवं अन्य अंतर्राष्ट्रीय एजेंसियाँ एकीकरण में महत्वपूर्ण भूमिका निभा रहे हैं। उदारवादी या क्षेत्रीय और भूमंडलीय एकीकरण में गैर–राष्ट्र कारकों की भूमिका को रेखांकित करते हैं। एकीकरण या परस्पर–निर्भरता का उदारवादी सिद्धांत राष्ट्र–राज्यों की पारस्परिक निर्भरता को अंतर्राष्ट्रीय संबंधों का आधार मानता है और इसके माध्यम से विश्व के एकीकरण की आशा करते हैं।

शीत युद्ध के बाद की दुनिया एक–ध्रुवीय हो चुकी है, उदारवादी इस विचार से असहमत है। उनका मानना है कि शीत युद्ध के बाद विश्व–व्यवस्था बहु–ध्रुवीय दिशा में बढ़ रही है। राज्यों के बीच पारस्परिक वार्तालाप और आर्थिक–सांस्कृतिक आदान–प्रदान से अंतर्राष्ट्रीय संबंधों में अविश्वास और तनाव की कमी हो रही है और शांति की पृष्ठभूमि तैयार हो रही है। भूमंडलीय पारस्परिक निर्भरता के ही चलते परमाणु–प्रसार, विश्व स्तर पर मंडी, ओजोन क्षरण और एड्स जैसे मुद्दे अंतर्राष्ट्रीय सरोकार के विषय बन

गए हैं। ये सामान्य सरोकार परस्पर निर्भरता की तरफ इंगित करते हैं और अंतर्राष्ट्रीय संबंधों के विद्वानों को चाहिए कि इनकी समीक्षा एकीकरण के संदर्भ में करें। उदारवादी गैर–सरकारी संगठनों (एन.जी.ओ.), क्षेत्रीय सहयोग संगठनों, यूरोपीय समुदाय (ईसी), गल्फ सहयोग परिषद (जी.सी.सी.) असिआन, अफ्रीकी एकता संगठता (ओ.ए.यू.) आदि की भूमिका पर जोर देते हैं। इसलिए, उदारवादी इन और अन्य विश्व एवं क्षेत्रीय स्तर के संगठनों के अध्ययन का आग्रह करते हैं। उन्हें, विभिन्न संयुक्त राष्ट्र संगठनों में जी–7 के औद्योगिक देशों के वर्चस्व का भी एहसास है। उदारवादी शीत–युद्ध के बाद भी उत्तर–दक्षिण या पश्चिम–पूर्व के तनाव को अनावश्यक और दुर्भाग्यपूर्ण मानते हैं। संक्षेप में पारस्परिक निर्भरता का सिद्धांत बहु–ध्रुवीय विश्व व्यवस्था में विश्वास करता है और संयुक्त राष्ट्र संघ के संगठनों, क्षेत्रीय संगठनों और स्वैच्छिक गैर सरकारी संगइनों की भूमिका के अध्ययन पर जोर देता है। यह संयुक्त राष्ट्र संघ के संगठनों में जी–7 के वर्चस्व को सकारात्मक मानता है और पश्चिमी औद्योगिक देशों के नेतृत्व में विश्व के एकीकरण का पक्षधर है।

मार्क्सवाद अथवा समालोचनात्मक सिद्धांत

अंतर्राष्ट्रीय व्यवस्था की कार्य प्रणाली में सुधार करना ही अंतर्राष्ट्रीय संबंधों में अध्ययन का प्रमुख उद्देश्य है। अंतर्राष्ट्रीय कार्यप्रणाली जो प्रायः युद्धों के आतंक, गरीबी, महिला सुरक्षा और अन्य कई मानव संवेदनाओं जैसी समस्याओं से जूझ रही है।

अंतर्राष्ट्रीय संबंधों का नारीवादी विश्लेषण

अंतर्राष्ट्रीय संबंधों के अंतर्गत नारीवाद इस तथ्य पर बल देता है कि हम विश्व को तब तक पर्याप्त तरीके से नहीं समझ सकते जब तक यह न देखा जाए कि कैसे विश्व का जेंडर के आधार पर गठन किया गया है और कैसे वैश्विक राजनीतिक, आर्थिक व्यवस्थाएँ जेंडर की असमान संरचना पर आधारित हैं। नारीवादियों का कहना है कि अंतर्राष्ट्रीय संबंधों में सुरक्षा, अंतर्राष्ट्रीय संस्थाओं का निर्माण, आर्थिक वैश्वीकरण, मानव अधिकार, विकास और अन्य महत्वपूर्ण मुद्दों को समझने के लिए जेंडर महत्वपूर्ण है। अंतर्राष्ट्रीय संबंधों के अंतर्गत नारीवादियों का मूल उद्देश्य अंतर्राष्ट्रीय संबंधों में व्याप्त

मुख्य तत्वों जैसे सुरक्षा, शांति, युद्ध, पर्यावरण, शक्ति, बाजार, व्यापार, विकास की पुनर्परिभाषा महिलाओं के नजरिए से करना है तथा विश्व के समक्ष ऐसे विचारों को प्रस्तुत करना है जो कि जेंडर पदसोपान पर आधारित न होकर एक न्यायपूर्ण तथा सुरक्षित समाज का निर्माण कर सके। नारीवादियों का मानना है कि अंतर्राष्ट्रीय संकल्पनाएँ जैसे शक्ति, संप्रभुता, स्वायत्तता, अराजकता, सुरक्षा और विश्लेषण की केंद्रीय इकाइयाँ कैसे पुरुष, राज्य व अंतर्राष्ट्रीय व्यवस्था और राजनीतिक अर्थव्यवस्था पब्लिक और प्राइवेट के पैतृक विभाजन से अविभाज्य नहीं हैं। इन्हें पुरुषों के अनुभवों से ही पहचाना जाता है। पब्लिक क्षेत्र में पुरुषों को और प्राइवेट क्षेत्र में महिलाओं को स्थान दिया जाता है। नारीवाद प्रस्तुत करता है कि महिलाओं के अनुभव अंतर्राष्ट्रीय संबंधों के अधिक महत्वपूर्ण और सार्वभौमिक सिद्धांतों के लिए आधार निर्मित कर सकते हैं। नारीवादी सिद्धांतों और जेंडर अध्ययनों में यह अनुभूति है कि पुरुषों की तुलना में महिलाओं की उपस्थित असमानता को एक विविध भू–राजनीतिक व आर्थिक स्थितियों, जिनके जेंडर विभेद आधारित कारण और परिणाम हैं, को एक वैश्विक विचार के बगैर नहीं समझा जा सकता। इस प्रकार नारीवादी अंतर्राष्ट्रीय विद्वान एक दोहरा कार्य करते हैं। एक तो ये अंतर्राष्ट्रीय संबंधों को जेंडर संवेदनशील बनाते हैं दूसरा, उसी समय महिलाओं के अध्ययन के लिए वैश्विक परिप्रेक्ष्य को सामने लाते हैं।

अंतर्राष्ट्रीय संबंधों के पारंपरिक अनुशासन में महिलाओं की उपेक्षा की जाती रही है और महिलाएँ अंतर्राष्ट्रीय संबंधों के क्षेत्रों में अदृश्य रही हैं। जहाँ पर महिलाओं की भागीदारी रही भी है वहाँ पर महिलाओं को और उनकी भूमिकाओं को कम महत्व दिया जाता रहा है। देखा जाए तो विश्व के राज्याध्यक्षों में महिलाएँ दस प्रतिशत से भी कम हैं और विश्व के अधिकतर सैन्य कार्यकर्ता पुरुष ही हैं। नारीवादियों द्वारा अंतर्राष्ट्रीय संबंध में महिलाओं की इन्हीं अदृश्य भूमिकाओं और उनकी भागीदारी के प्रश्न को विश्व राजनीति के मंच पर उठाया गया है। अंतर्राष्ट्रीय संबंधों के अंतर्गत उच्च स्थानों में महिलाओं की कमी को समझने की व्यवस्था में सर्वप्रथम नारीवादियों द्वारा यह प्रश्न उठाया गया कि 'महिलाएँ कहाँ है?' सिंथिया एंलोए द्वारा प्रस्तुत किया गया कि इस प्रश्न के उत्तर को जानने के लिए कि 'महिलाएँ कहाँ है?' हमें उन अपरम्परागत स्थानों पर दृष्टि डालनी होगी जिन्हें विश्व राजनीति की सीमाओं में अनदेखा किया जाता रहा है। एंलोए

द्वारा प्रस्तुत किया गया है कि सेक्रेटरी, घरेलू नौकर और कूटनीतिज्ञों की पत्नियों के रूप में महिलाएँ महत्वपूर्ण भूमिका निभाती हैं और राज्यों की विदेशनीतियों तथा विश्व अर्थव्यवस्था के संचालन के लिए महिलाओं की ये विभिन्न भूमिकाएँ महत्वपूर्ण हैं। इनके अनुसार महिलाएँ हमेशा से अंतर्राष्ट्रीय संबंधों का भाग रही हैं और उनके अनुभवों को वैश्विक राजनीति में देखा जा सकता है। इस प्रकार नारीवादी दृष्टिकोण ने अंतर्राष्ट्रीय सिद्धांतों में महिलाओं की उपस्थिति को स्वीकार किया है और यह प्रस्तुत किया है कि अंतर्राष्ट्रीय संबंधों के मुख्य सिद्धांतों में महिलाओं की भूमिकाओं की अनदेखी की गई है। इसी आधार पर नारीवादियों द्वारा अंतर्राष्ट्रीय राजनीति व अंतर्राष्ट्रीय राजनीतिक अर्थव्यस्था का विश्लेषण प्रस्तुत किया गया है तथा इन क्षेत्रों में महिलाओं की भूमिका को स्वीकारा गया है। नारीवाद द्वारा अंतर्राष्ट्रीय संबंधों के यथार्थवादी, उदारवादी, राष्ट्रवादी, मार्क्सवादी सिद्धांतों एवं इसकी मुख्य श्रेणियों जैसे राष्ट्रीय हित, युद्ध, शक्ति, सुरक्षा, राज्य, नागरिकता, अंतर्राष्ट्रीय संगठनों, विकास आदि का आलोचनात्मक विश्लेषण प्रस्तुत किया गया है व इन सभी पर नारीवादी परिप्रेक्ष्य को सामने रखा है।

अंतर्राष्ट्रीय संबंधों का यथार्थवादी सिद्धांत एक ऐसा परिप्रेक्ष्य है जिसका केंद्रीय बिन्दु राज्य, राष्ट्रीय सुरक्षा, युद्ध, राष्ट्रीय हित और शक्ति रहें हैं। इन सभी पर नारीवादियों द्वारा महिलाओं के दृष्टिकोण से प्रश्नचिन्ह लगाए गए हैं और इनका नारीवादी विश्लेषण प्रस्तुत किया गया है। नारीवादियों का मानना है कि यथार्थवाद व नव–यथार्थवाद का सिद्धांत पुरुषत्व पर आधारित है। अंतर्राष्ट्रीय संबंधों में यथार्थवादी अपनी सैद्धांतिक संरचना इस पर केन्द्रित करते हैं कि कैसे वैश्विक अराजकता में राज्य अन्य राज्यों के विरुद्ध अपने हितों की रक्षा करते हैं और शक्ति को बढ़ाते हैं। राज्य अंतर्राष्ट्रीय क्षेत्र में शक्ति संतुलन विशेषकर सैनिक साधनों और आवश्यक हो तो युद्ध के द्वारा सुरक्षा प्राप्त करते हैं। यथार्थवादियों द्वारा परिवार, राज्य और अंतर्राष्ट्रीय स्तर पर युद्धों एवं संघर्षों का विश्लेषण पुरुषों के दृष्टिकोण से किया गया है। इनके द्वारा विश्व राजनीति का जो ज्ञान प्रस्तुत किया है वह आंशिक है। इन्होंने अराजकता / व्यवस्था, पब्लिक / प्राइवेट, विदेशी / घरेलू, बाहरी / आंतरिक विभेद को मान्यता प्रदान की है जिसमें महिलाओं को अधीनस्थ की स्थिति में रखा गया है। दूसरी ओर यह कहा

जाता है कि पुरुष ही शक्ति के लिए संघर्ष करता है, उसे ही सैनिक के रूप में देखा जाता है, उसमें साहस, ताकत और दायित्व के गुण समाहित होते हैं। अतः नारीवादियों द्वारा यथार्थवादियों द्वारा प्रस्तुत इन विभेदों की असमर्थता को दर्शाया गया है।

अंतर्राष्ट्रीय राजनीति का यथार्थवादी और नव यथार्थवादी सिद्धांत जो कि तार्किकता और सार्वभौमिकता पर आधारित है, के अंतर्गत महिलाओं को तार्किकता के पब्लिक क्षेत्र से अलग रखा गया है। मॉग्रेन्थो की पुस्तक 'पॉलिटिक्स एमंग द नेशन्स' (1948) जब लिखी गई तब अंतर्राष्ट्रीय संबंधों को वस्तुनिष्ठ तथा तार्किक विज्ञान बनाने की कोशिशें जारी थीं। जहाँ सभी ने युद्ध की कारणात्मक व्याख्या में तीनों विश्लेषण (व्यक्तिगत, राज्य तथा अंतर्राष्ट्रीय व्यवस्था) के स्तरों को शामिल किया, वहीं नवयथार्थवाद अपना पूरा ध्यान अंतर्राष्ट्रीय व्यवस्था स्तर पर डालता हैं। वाल्ट्ज के अनुसार इस स्तर के माध्यम से ही हम राष्ट्रों के व्यवहार को समझ सकते हैं। लेकिन नारीवादी चिंतक अंतर्राष्ट्रीय संबंध को विज्ञान का दर्जा, जिसमें वस्तुनिष्ठता और सार्वभौमिकता विद्यमान, हो पर प्रश्नचिन्ह लगाते हैं। उनका मानना हैं कि ज्ञान सामाजिक रूप से संगठित है जिसमें भाषा एक महत्वपूर्ण भूमिका अदा करती हैं जिसे यथार्थवादी नकार देते हैं।

सुरक्षा अंतर्राष्ट्रीय संबंधों का एक मुख्य विषय रहा है। नारीवादियों का कहना है कि सुरक्षा को न केवल आक्रमण, राज्यों की रक्षा या राज्यों से राज्य की सुरक्षा के संदर्भ में समझना चाहिए बल्कि इसे महिलाओं की सुरक्षा के संदर्भ में समझना चाहिए। नारीवाद के अनुसार राष्ट्रीय सुरक्षा तभी प्राप्त की जा सकती है जब अंतर्राष्ट्रीय, राज्य व व्यक्तिगत स्तर पर हिंसा की समाप्ति की जाए। नारीवादियों द्वारा सुरक्षा को सामान्य सुरक्षा पर आधारित किया गया है, जिसे संरचनात्मक हिंसा को समाप्त करके प्राप्त किया जा सकता है। इनके अनुसार सुरक्षा के अंतर्गत हिंसा और बलात्कार की गतिविधियों से सुरक्षा को सम्मिलित करना चाहिए जिसमें न सिर्फ विदेशी अपराधकर्ताओं से बल्कि अपने साथ के नागरिकों से सुरक्षा भी शामिल हो। नारीवादी सुरक्षा के अंतर्गत सभी प्रकार की (शारीरिक, आर्थिक, पारिस्थितिक) हिंसा के रूपों की समाप्ति को शामिल करते है। नारीवाद के अनुसार सुरक्षा के अर्थ की व्यक्तियों या समुदायों यानि कि निचले स्तर से

शुरुआत करनी चाहिए न कि राज्य या अंतर्राष्ट्रीय स्तर से। नारिवादी राज्य की पर्याप्त सुरक्षा प्रदाता की भूमिका का आलोचनात्मक परीक्षण करते हैं। कुछ राज्यों में संघर्ष के समय राज्य की सुरक्षा पर अधिक बल दिया जाता है और नागरिकों विशेषकर महिलाओं की सुरक्षा पर कम। अंतर्राष्ट्रीय संबंधों के अंतर्गत इन मुद्दों को नहीं देखा जाता क्योंकि अंतर्राष्ट्रीय संबंध परंपरागत रूप से राज्यों पर ही ध्यान देते रहे हैं। टिकनर का कहना है परमाणु शस्त्रों ने जहाँ सीमाओं की सुरक्षा को असंभव बना दिया है वहाँ क्या युद्धों द्वारा ही राष्ट्रीय सुरक्षा को सुरक्षित रखा जा सकता है, यह एक विचारणीय प्रश्न है। स्त्रियों द्वारा राष्ट्रीय सुरक्षा की परिभाषा को असत्य तथा अनुभवहीन मानकर नकार दिया जाता है। वुमेनस इंटरनेशनल पीस कोंफ्रेस (1985), महिलाओं के लिए संयुक्त राष्ट्र दशक (1985) आदि में महिलाओं के द्वारा सुरक्षा की बहुआयामी परिभाषा प्रस्तुत की गई, जिसमें काम करने की सुरक्षित अवस्थाएँ, विदेशी ऋण से मुक्ति, राष्ट्रीय एवं अंतर्राष्ट्रीय स्तर पर युद्ध एवं हिंसा से छुटकारा ही नहीं बल्कि आर्थिक सामाजिक न्याय में भी सुरक्षा की बात की गयी। सुरक्षा के लिए युद्धों को एक महत्वपूर्ण गतिविधि के रूप में देखा गया है और सुरक्षा की अवधारणा को सैन्य सुरक्षा से जोड़ा गया जिसे पुरुष ही प्राप्त कर सकते हैं।

युद्ध, अंतर्राष्ट्रीय राजनीति एवं इसके यथार्थवादी सिद्धांत का अहम भाग रहा है। महिलाओं पर युद्ध के प्रभाव को जेंडर परिप्रेक्ष्य से देखना असमान जेंडर संबंधों की एक उत्तम समझ प्रस्तुत करता है। युद्ध को पौरुष से संबंधित किया जाता है और पुरुषों को सैनिक योद्धा के रूप में देखा जाता है। युद्धों के अंतर्गत पुरुषों को संरक्षक तथा महिलाओं और बच्चों को संरक्षित के रूप में चित्रित किया जाता रहा है। संरक्षक और संरक्षित के संबंध सैनिक गतिविधियों को वैधता प्रदान करते हैं और नागरिकों पर युद्ध के नकारात्मक प्रभावों को छिपाते हैं। युद्ध को कुछ मिथ्याओं के आधार पर वैध ठहराया जाता है जैसे युद्ध पुरुषों द्वारा स्त्रियों और बच्चों की रक्षा के लिए लड़े जाते हैं। अंतर्राष्ट्रीय संबंधों में इन्हीं मिथ्यों के आधार पर युद्ध को वैध ठहराया जाता है। परंतु समकालीन युद्धों में असैन्य नागरिकों की क्षति इन मिथ्याओं पर प्रश्नचिन्ह लगा रही है। युद्धों का नकारात्मक प्रभाव अधिकतर महिलाओं और बच्चों पर ही देखा जा सकता है। युद्धों में महिलाएँ और बच्चे अधिक संख्या में घायल होते हैं और मारे जाते हैं। विश्व के

शरणार्थियों में बच्चों और महिलाओं की संख्या अधिक है। नारीवाद संरक्षण और संरक्षितों के बीच की इस मिथ्या को चुनौती देता है। युद्ध के समय में बलात्कार की घटनाएँ अधिक होती हैं और महिलाएँ बलात्कार और वेश्यावृति की विशेष वस्तु होती हैं। बलात्कार कोई दुर्घटना नहीं होती बल्कि एक व्यवस्थित सैनिक कूटनीति के रूप में इसका प्रयोग किया जाता है। हर्जेगोविना और बोस्निया में युद्ध के दौरान लगभग बीस से पैंतिस हजार महिलाओं का बलात्कार किया गया। बोस्निया में तो बलात्कार को जातीय सफाया की नीति के रूप में अपनाया गया। इसके अंतर्गत बोस्निया को एक सर्बिया राज्य बनाने के उद्देश्य से बलपूर्वक महिलाओं को गर्भवती करना शामिल था, जिससे कि बोस्निया में मुस्लिम माताओं में सर्बिया के बच्चों का प्रत्यारोपण किया जा सके। सैनिक समाजों में महिलाओं का शोषण अधिक होता है और संघर्ष की परिस्थितियों में महिलाओं की यह स्थिति पुरुषों की संरक्षक के रूप में जानी जाने वाली भूमिका को चुनौती देती है और इस पर प्रश्नचिन्ह लगाती है। इराके साथ ही विश्व में सैनिकों में महिलाओं की बढ़ती हुई संख्या के द्वारा पुरुषों को ही सैनिक के रूप में स्वीकार किए जाने को चुनौती दी जा रही है। नारीवादियों का कहना है कि महिलाएँ सेना में महत्वपूर्ण भूमिका निभा रही हैं। जब महिलाएँ सैनिक बनती हैं और सेना में भाग लेती हैं तब इस जेंडर पहचान पर प्रश्न खड़े होते हैं। अमरीकावासियों के लिए यह प्रश्न 1991 के पर्सियन गल्फ युद्ध के समय सत्य बन गया, जब पहली बार महिला सैनिक युद्ध क्षेत्र में अधिक संख्या में भेजी गयी।

यथार्थवादियों ने अराजकता व्यवस्था का वर्णन करते हुए प्रस्तुत किया है कि अंतर्राष्ट्रीय स्तर पर राज्यों के व्यवहार के समय घरेलू क्षेत्र अप्रभावित रहता है तथा घरेलू व अंतर्राष्ट्रीय मुद्दे अलग–अलग माने जाते हैं व इन पर गंभीरता से विचार नहीं किया जाता है। परंतु नारीवादियों द्वारा इसकी आलोचना प्रस्तुत की गयी और कहा गया कि घरेलू क्षेत्रों में होने वाले परिवर्तन अंतर्राष्ट्रीय राजनीति को प्रभावित करते हैं। इस तथ्य को उदाहरण के तौर पर देखा जा सकता है जब रूस की क्रांति (1917), चीन की क्रांति (1949) और 1989–91 में सोवियत संघ और पश्चिमी यूरोप में हुए परिवर्तनों ने वैश्विक राजनीति को प्रभावित किया। नारीवादियों का मानना है कि हिंसा सभी स्तरों पर अंतर्सम्बंधित है। जबकि यथार्थवादी घरेलू हिंसा को कानून एवं राज्यों की पहुँच से अलग रखते हैं।

यथार्थवादी अंतर्राष्ट्रीय राजनीति में राज्य को मुख्य अभिकर्ता मानते हैं। इसके अंतर्गत राज्य को अधिक और व्यक्तियों को कम महत्व दिया जाता है। व्यक्तियों को महत्व दिया भी जाता है तो उनमें महिलाओं को कम महत्व दिया जाता है। नारीवादियों द्वारा इस पर भी प्रश्नचिन्ह लगाए गए हैं। इनके अनुसार बिना यह प्रश्न उठाए कि कैसे राज्य की राजनीतिक और सामाजिक रूप से आंतरिक संरचना की गयी है यथार्थवाद राज्य को अधिक महत्व देता है। नारीवादियों ने इस बात पर अपना ध्यान केन्द्रित किया कि केसे राज्य द्वारा व्यक्तिगत नागरिकों के दृष्टिकोण को शामिल किया जाता है और नकारा जाता है और कैसे विदेश नीतियों में राज्यों के घरेलू दृष्टिकोण परिवर्तित किए जाते हैं।

नारीवाद द्वारा अंतर्राष्ट्रीय संबंधों में शक्ति की अवधारणा को महिलाओं के परिप्रेक्ष्य से प्रस्तुत किया गया है। इनका कहना है यदि शक्ति को पितृसत्ता और यथार्थ समाज के रूप में परिभाषित किया जाए, जो शक्ति को शक्ति संतुलन के रूप में देखते हैं, तो शक्ति को सेना और आर्थिक संपन्नता के साथ जोड़ा जाता है। लेकिन अगर शक्ति को महिलाओं के परिप्रेक्ष्य से देखा जाए तो शक्ति को शांति समझौतों में नेतृत्व के रूप में या अंतर्राष्ट्रीय सहयोग प्राप्ति की क्षमता के संदर्भ में देखा जा सकता है। यथार्थवाद जेंडर समानता की प्राप्ति में परस्पर विरोधी है और इसके अंतर्गत पितृसत्ता मुख्य विषय रहा है।

नारीवादियों ने नागरिकता की एक सम्पन्न एवं भिन्न संरचना को प्रस्तुत किया है जो सैन्य मूल्यों पर कम व समाज में महिलाओं के योगदान की समान स्वीकृति पर अधिक निर्भर है। इनके अनुसार नागरिकता की यह अवधारणा तब तक निर्मित नहीं की जा सकती जब तक महिलाओं को एक एजेंट की बजाए एक शोषित के रूप में माने जाने वाले मिथक विचार को समाप्त नहीं किया जाता। नारीत्व को शांति के साथ संबंधित किया जाता है और महिलाओं को संरक्षितों के रूप में देखा जाता है जिसे सुरक्षा की आवश्यकता होती है तथा राजनीतिक एवं आर्थिक मुद्दों में महिलाओं को कमजोर माना जाता है। नारीवादियों का कहना है कि नागरिकता की अवधारणा को इस कमजोर आधार पर, जो कि पुरुषों के वर्चस्व पर आधारित है, निर्मित नहीं किया जा सकता। कुछ नारीवादियों का मानना है

कि समानता के आधार पर सेना में महिलाओं की पुरुषों के समान पहुँच होनी चाहिए वहीं अन्य नारीवादियों का मानना है कि महिलाओं की शांतिवादी राजनीति को बढ़ावा देने की व्यवस्था में सेना व युद्धों का विरोध करने में महत्वपूर्ण भूमिका है। नारीवादियों के अनुसार महिलाओं की सेना में भागीदारी तथा पुरुष व महिलाओं दोनों को संरक्षक के रूप में मान्यता देकर योद्धा–देशभक्त (Warrior-Patriot) के बजाए नागरिक–प्रतिरक्षक (Citizen-Defender) की एक नयी अवधारणा को प्रस्तुत किया जा सकता है। नारीवादियों का मानना है कि हालांकि सभी महिलाएँ शांतिवादी नहीं होती परंतु अंतर्राष्ट्रीय संबंधों में शांति को बनाए रखना एक महत्वपुर्ण मुद्दा है जिसे महिलाएँ अपनी माता, युद्धों में शोषितों व राज्यों की परिरक्षकों के रूप में अपनी भूमिकाओं द्वारा सहयोग कर सकती हैं और बहुआयामी सुरक्षाओं को बढ़ा सकती हैं। विभिन्न देशों में रक्षा संबंधित मुद्दों पर होने वाली गणनाओं में जेंडर अंतरों का होना यह प्रस्तुत करता है कि महिलाएँ उन नीतियों को कम सहयोग देती है जोकि हिंसा पर आधारित होती हैं या हिंसा को बढ़ावा देती हैं। उदाहरण के रूप में 1990 में पर्सियन गल्फ वार शुरू होने से पहले अमेरिका में महिलाएँ बल प्रयोग किए जाने के विरोध में थी। 1980 के दशक के दौरान जब रीगन प्रशासन द्वारा रक्षा बजट को बढ़ाया जा रहा था तब महिलाओं द्वारा सामाजिक कार्यक्रमों की लागत पर रक्षा बजट को बढ़ाने के पक्ष में कम समर्थन दिया गया। अतः नारीवादियों की मान्यता है कि नारीत्व से जुड़े समाजों में अंतर्राष्ट्रीय मुद्दों को शांतिपूर्ण तरीके से सुलझाया जा सकता है। महिलाओं की मातृत्व व देखभाल वाली प्रकृति को आर्थिक व राजनीतिक जैसे भ्रष्ट क्षेत्रें के योग्य नहीं माना जाता जबकि महिलाओं का शांतिवादी रूप शांति राजनीति को बढ़ा सकता है और महिलाओं का सहयोगी परस्पर निर्भरता का व्यवहार वैश्विक सुरक्षा एवं शांति में योगदान दे सकता है।

नारीवादियों का कहना है कि यथार्थवादियों द्वारा प्रस्तुत राज्य और मानव का संघर्षवादी व्यवहार मानव का आंशिक रूप प्रस्तुत करता है। नारीवादी अंतर्राष्ट्रीय राजनीति में मानव के ऐसे व्यवहार को स्थापित करना चाहते हैं जोकि जेंडर असमानता पर आधारित न होकर धैर्य, सहानुभूति, संवेदनशीलता से जुड़ा हो।

नारीवाद न केवल राज्यों, राष्ट्रीय सुरक्षा हित, युद्ध, शक्ति के संदर्भ तक अपना ध्यान केन्द्रित रखता है व महिलाओं के दृष्टिकोण से इनकी व्याख्या करता है बल्कि यह अंतर्राष्ट्रीय स्तर पर आर्थिक क्षेत्रों में महिलाओं की उपस्थित असमानताओं को भी उजागर करता है। नारीवाद असमानता की जेंडरवादी आर्थिक संरंचना, जो कि श्रम के वैश्विक जेंडरवादी विभाजन के साथ जुडी हुई है, को उजागर करने में महत्वपूर्ण भूमिका निभाता है जो की इस तथ्य की व्याख्या करने में मदद कर सकता है कि क्यों विश्व के गरीबों में बहुसंख्य महिलाएँ हैं। यह भूमंडलीकरण, विकास, अंतर्राष्ट्रीय संस्थाओं में भी महिलाओं की स्थितियों पर ध्यान देता है।

नारीवादियों द्वारा प्रस्तुत किया गया है कि अंतर्राष्ट्रीय संबंध के जगत के सबसे महत्वपूर्ण सिद्धान्त उदारवाद, राष्ट्रवाद और मार्क्सवाद अपनी व्यख्याओं में जेंडर परिप्रेक्ष्य को छू भी नहीं पाते। गिल्पिन ने अंतर्राष्ट्रीय राजनीतिक अर्थव्यवस्था की तीन अवधारणाएँ उदारवाद, आर्थिक राष्ट्रवाद और मार्क्सवाद प्रस्तुत की। नारीवादियों ने इनका जेंडर के आधार पर विश्लेषण प्रस्तुत किया और यह प्रस्तुत किया कि कैसे इनके अंतर्गत पुरुषों को ही अधिक महत्व दिया गया और महिलाओं को अनदेखा किया गया है। ये अवधारणाएँ जेंडर पदसोपान पर आधारित है और इन्होंने महिला एवं पुरुषों के बीच असमानता को बढ़ाया है। इन अवधारणाओं के अंतर्गत पारिवारिक उत्पादन, स्वैच्छिक कार्य और बाजार अर्थव्यवस्था में महिलाओं के योगदान और इनकी आर्थिक समस्याओं पर कोई ध्यान नहीं दिया गया है। उदारवाद तार्किक आर्थिक पुरुष और मुक्त व्यापार की अवधारणा पर आधारित है परंतु इसके अंतर्गत महिलाओं और गैर पूँजीवादी राज्यों के अनुभवों को शामिल नहीं किया गया। महिलाएँ बाजार अर्थव्यवस्था के अंतर्गत नर्स, शिक्षिका, सामाजिक कार्यकर्ता के रूप में कार्य करती हैं। इन गतिविधियों को बाजार अर्थव्यवस्था के क्षेत्र से बाहर रखा जाता है व लाभ प्राप्ति के लिए मान्यता नहीं दी जाती और पूँजीवाद के अंतर्गत महिलाओं को कम वेतन दिया जाता है। उदारवाद की मान्यता है कि तृतीय विश्व में मुक्त व्यापार को बढ़ा कर यहाँ के देशों की आर्थिक स्थिति को सुधारा जा सकता है परंतु इसकी गतिविधियों ने इन देशों की महिलाओं पर विपरीत प्रभाव डाला है। उदारवाद ने औद्योगीकरण को बढ़ावा दिया है जिसमें

पुरुषों को अधिक महत्व दिया जाता है और महिलाओं को तकनीकी ज्ञान न होने के कारण उन्हें कम वेतन के कार्यों को चुनना पड़ता है। महिलाओं और पुरुषों के मध्य वेतन अंतरों को भी देखा जा सकता है। 1980 के मध्य में अंतर्राष्ट्रीय श्रम संगठन द्वारा बीस देशों में विनिर्माण उद्योगों का अध्ययन किया गया जिसमें दर्शाया गया कि महिलाओं को दिये जाने वाले वेतन पुरुषों को दिये जाने वाले वेतन की तुलना में कम थे। संरचनात्मक समायोजन नीतियों का तृतीय विश्व की महिलाओं पर प्रभाव पड़ रहा है ऋण प्राप्तकर्ता देशों को अपने आर्थिक बजट में कटौती करनी पड़ती है जिसका नकारात्मक प्रभाव महिलाओं पर पड़ता है। इस प्रकार उदारवाद ने महिलाओं को अपने अंतर्गत कोई जगह नहीं दी है। वहीं आर्थिक राष्ट्रवाद ने सैनिक शक्ति को बढ़ाने के लिए आर्थिक शक्ति को प्राप्त करने पर बल दिया है। आर्थिक शक्ति को राज्य के हाथों में राष्ट्र की सुरक्षा के लिए रखा गया और इसके अंतर्गत महिलाओं के योगदान को कोई महत्व नहीं दिया गया। जब सैन्य प्राथमिकता के लिए सामाजिक कल्याण कार्यक्रमों का बलिदान दिया जाता है तब महिलाएँ आर्थिक कठिनाई के प्रभाव को प्रायः पहले महसूस करती हैं। नारीवाद की भांति मार्क्सवाद पूँजीवाद की आलोचना करता है और ज्ञान को सामाजिक निर्मित मानता है। परंतु नारीवादियों ने मार्क्सवाद की आलोचना इस आधार पर की है कि मार्क्सवाद ने अपने विश्लेषण में वर्ग को तो महत्वपूर्ण माना परंतु इसके अंतर्गत जेंडर की अवहेलना की है। फ्रेडरिक एंगेल्स द्वारा अपनी पुस्तक 'द ऑरिजिन ऑफ द फैमिली, प्राइवेट प्रोपर्टी एंड द स्टेट' के अंतर्गत कहा गया है कि महिलाओं का उत्पीड़न पूँजीवाद के अंतर्गत होता है और वह अपनी आजीविका के लिए पुरुषों पर निर्भर है और महिलाएँ वर्ग संघर्ष में शामिल होकर पूँजीवाद के अंत के साथ ही स्वतन्त्रता प्राप्त कर लेंगी। परंतु समाजवादी नारीवादियों का मानना है कि महिलाओं का उत्पीड़न पूँजीवाद के साथ ही पितृसत्ता के द्वारा भी होता है। मार्क्सवाद ने परिवार में महिलाओं के प्रजनन और बच्चों की देखभाल में महिलाओं द्वारा निभाई जाने वाली भूमिका की तरफ ध्यान ही नहीं दिया और इन भूमिकाओं को आर्थिक व्यवस्था की गतिविधियों में शामिल नहीं किया जाता। अतः इन सिद्धांतों के इस स्वरूप ने आर्थिक असमानताओं को बढ़ाया है और पुरुषों के कल्याण को ही बढ़ावा दिया है। नारीवाद की मान्यता है कि महिलाओं के परस्पर

निर्भर व्यवहार, उनकी मातृत्व और प्रजनन की गतिविधियों को अर्थव्यवस्थाओं के अंतर्गत महत्वपूर्ण गतिविधियों के रूप में स्वीकार किया जाना चाहिए। आज भी महिलाएँ आर्थिक रूप से पुरुषों की तुलना में पिछड़ी हुई हैं और उनके पास आर्थिक स्वतन्त्रता की कमी है। राज्य हमेशा से ही अपनी राजनीतिक क्रियाओं के माध्यम से आर्थिक हितों को साधते आए हैं जो कि राष्ट्रों के मध्य आर्थिक विषमता का कारण बनता है। उदारवाद, राष्ट्रवाद व मार्क्सवाद स्वयं को व्यवस्था स्तर के विश्लेषण तक सीमित रखते हैं, वहीं नारीवादी व्यक्ति को अपने विश्लेषण का आधार मानते हैं जिसकी क्रियाएँ उत्पादन और प्रजनन दोनों से जुड़ी हुई है। इस प्रकार नारीवाद उस सीमा रेखा को मिटा देना चाहता है जो की श्रम विभाजन के आसपास बनी हैं व जेंडर पर आधारित हैं। महिलाओं की स्थिति को सुधारने के लिए सार्वजनिक, निजी का भेद समाप्त करना होगा। महिलाओं के घरेलू कार्यों को राष्ट्रीय एवं अंतर्राष्ट्रीय स्तर पर महत्वपूर्ण कार्यों के रूप में शामिल करना चाहिए।

आर्थिक विकास के अध्ययन उत्तर–दक्षिण विभाजन के संदर्भ में आर्थिक वृद्धि और सामाजिक प्रगति को बढ़ाने के लिए डिजाइन की गयी नीतियों के जेंडर विभेद प्रभावों को उजागर करते हैं और जेंडर को समझने पर बल देते हैं। नारीवाद अंतर्राष्ट्रीय संस्थाओं द्वारा महिलाओं को सामाजिक और राजनीतिक रूप से स्वीकारने और महिलाओं के सशक्तीकरण में इनके योगदान दिए जाने की उदारवादियों की मान्यता पर प्रश्न उठाता हैं और दावा करता हैं कि औपचारिक अंतर्राष्ट्रीय संगठनों की प्रक्रिया पैतृक व्यवस्था से आती है, वे महिलाओं को हानि की स्थिति में रख सकते हैं। यहाँ तक कि जैसा कि मर्लिन वारिंग का दावा है कि अंतर्राष्ट्रीय मुद्रा कोष और विश्व बैंक की वार्षिक रिपोर्ट्स में महिलाओं की गतिविधियों को शामिल ही नहीं किया जाता। जेंडर केन्द्रित अर्थशास्त्र सूचकों जैसे कि सकल राष्ट्रीय उत्पाद, जिन्हें अंतर्राष्ट्रीय नीति निर्माण में राज्यों की आर्थिक प्रगति आँकने में प्रयोग किया जाता है, के अंतर्गत महिलाओं के श्रम को कम महत्व दिया जाता है।

वुमेन इन डेवलपमेंट (Women in Development) की अवधारणा ने जो 1970–80 के दशक में उभरी, विकसित समुदायों और विकासशील देशों में आधारभूत जरूरतों की तात्विक उत्पादक और प्रदाता के रूप में महिलाओं

की भूमिका को प्रत्यक्ष बनाया है। विकास प्रक्रिया में महिलाओं को शामिल करने के सरोकार से कम व सामाजिक और आर्थिक विकास में महिलाओं की पहले से शामिल और आवश्यक भूमिकाओं को सहयोग और मान्यता देने की जरूरत के द्वारा विकास में महिलाओं को प्रोत्साहित किया गया है। केथलीन न्यूलैंड (Kathleen Newland) का कहना है कि पुरुष विकास योजनकर्ता 'वुमेन इन डेवलपमेंट' को यंत्र के रूप में देखते हैं न कि उद्देश्य के रूप में। इसे निम्न जनसंख्या वृद्धि, उच्च आर्थिक वृद्धि और अधिक एकल संघटन के साधन के रूप में देखा जाता है। विकास में महिलाओं के हित या भूमिकाओं को प्राथमिक दायित्वों जैसे स्वास्थ्य, परिवार योजना, पोषण, घर और बच्चों की देखरेख के साथ संबन्धित किया जाता है। विकास सहायता (Development Assistance) महिलाओं की अधीनता की भूमिकाओं को बनाए रखने में मदद करती है। यह महिलाओं को सामाजिक, आर्थिक, राजनीतिक व्यवस्थाओं को समझने या प्रभावित करने का बहुत कम कौशल प्रदान करती हैं। महिलाओं और पुरुषों के बीच उपस्थित असमानताएँ आर्थिक विकास सहायता के द्वारा सुदृढ़ की जाती हैं, समाज और अर्थव्यवस्थाओं के अंतर्गत महिलाओं की पहले से ही स्वीकृत भूमिकाओं को स्वीकार किया जाता है। राष्ट्रीय और अंतर्राष्ट्रीय स्तर पर सहायता और विकास नीतियों में महिलाओं पर ध्यान नहीं दिया जाता। इनके अंतर्गत पुरुष प्राथमिकताओं पर ही अधिक बल दिया जाता है।

अंतर्राष्ट्रीय स्तर पर राज्य की आर्थिक नीतियाँ निर्यात उपायोजन की वैश्विक अनिवार्यताओं, अंतर्राष्ट्रीय वित्तीय बाजारों और तुलनात्मक श्रम लागत के द्वारा शासित होती हैं। राज्य अपनी सामाजिक कल्याण सेवाओं को प्रदान करने, पूर्ण रोजगार उपलब्ध कराने की अपनी प्रतिबद्धता और राष्ट्रीय जनसंख्या के सामान्य कल्याण को बनाए रखने में असफल होते हैं। जेंडर संवेदनशील शोध राजनीति व अर्थव्यवस्था तथा बाजार व राज्यों के संबंध और प्रकृति में संरचनात्मक स्थानान्तरण के कारण महिलाओं पर लादे गए असंगत और बढ़ते बोझ को उजागर करते हैं। वैश्वीकरण का प्रभाव भी महिलाओं पर देखा जा सकता है। वैश्वीकरण ने सेक्स टूरिज्म, वेश्यावृत्ति के लिए महिलाओं व लड़कियों की अंतर्राष्ट्रीय तस्करी (Trafficking) को बढ़ाया है।

विश्व राजनीति में नारीवादी परिप्रेक्ष्य के साथ सैनिकों और अर्थव्यवस्था में महिलाओं के प्रवेश से कुछ राष्ट्र राज्यों में पुरुष प्रधान नागरिकता और श्रम के जेंडर विभाजन में कुछ हद तक बदलाव आया है। इसके द्वारा महिलाओं को भी वैश्विक राजनीति एवं अर्थव्यस्था में स्थान प्राप्त हुआ है।

अंतर्राष्ट्रीय संबंधों में नारीवाद ने महिलाओं और प्रकृति के बीच संबंधों का भी परीक्षण किया है। परंपरागत अंतर्राष्ट्रीय संबंधों के अंतर्गत पारिस्थितिक सुरक्षा के मुद्दों पर कम ध्यान दिया गया है। परिवेशीय सुरक्षा जैसे मुद्दे उन लोगों को कम प्रभावित कर पाते हैं जो राज्य की कूटनीति तथा युद्धों की राजनीति में लिप्त रहते हैं। अंतर्राष्ट्रीय संबंधों का पारंपरिक अनुशासन अंतर्राष्ट्रीय व्यवस्था में राज्यों के व्यवहार के विषय में पूर्वानुमानों को कम करने में आधुनिकता की प्रकृति के यांत्रिक विचार पर अधिक निर्भर है और इसमें पर्यावरणीय मुद्धों पर कम ध्यान दिया गया है। सत्रहवीं शताब्दी से पहले प्रकृति को लिविंग सजीव प्राणी माना जाता था परंतु आधुनिक राज्य के उदय के पश्चात प्रकृति को निष्क्रिय मशीन के रूप में यथार्थवादियों द्वारा राष्ट्रीय सुरक्षा तथा पूँजीपतियों द्वारा व्यक्तियों की प्रगति का साधन माना गया व प्रकृति का दोहन किया गया जिसने पर्यावरणीय अधोगति को बढ़ावा दिया। समकालीन पर्यावरणवादी वर्तमान समस्याओं के लिए तकनीकी क्रांति को उतरदायी मानते हैं क्योंकि यह राज्य व्यवस्था इस तकनीकी क्रांति के परिणामों के साथ सामंजस्य रखने में असमर्थ हैं। जहाँ परंपरागत अंतर्राष्ट्रीय संबंध सिद्धांत राज्य की अधिक से अधिक शक्ति अर्जन करने की व्यवस्था पर आधारित हैं, वहीं वे इस तथ्य पर भी निराशावादी दृष्टिकोण रखते हैं कि राज्य में पर्यावरण प्रबन्धक की भूमिका निभाने की क्षमता नहीं है। आज यथार्थवाद की भू–राजनीति की अवधारणा एवं राष्ट्रीय सुरक्षा को अस्वीकार किया जा रहा है क्योंकि ओजोन परत, अम्लीय वर्षा, नदी और सागरीय प्रदूषण ने राज्यों की सीमाओं को असुरक्षित बना दिया है। हालांकि विभिन्न पर्यावरणवादियों द्वारा पारिस्थितिक अधोगति की व्याख्या की गयी है, परंतु उन्होंने महिलाओं पर पड़ने वाले प्रभाव को अनदेखा किया है जबकि महिलाएँ पर्यावरण क्षय की अग्रणी शिकार होती हैं। इसका उनकी प्रजनन एवं पारिवारिक सेवाएँ उपलब्ध कराने वाली गतिविधियों पर विपरीत प्रभाव पड़ता है। इसका उदाहरण 1984 में भोपाल

गैस दुर्घटना में देखा जा सकता है जिसका विपरीत प्रभाव महिलाओं पर पड़ा। औद्योगीकरण और आधुनिकीकरण द्वारा किए गए पर्यावरण क्षय ने महिलाओं की स्थिति को प्रभावित किया है। नारीवादियों के अनुसार महिलाओं के पारस्परिक व्यवहार और उनकी देखभाल और दायित्व की भूमिका के द्वारा पर्यावरण की रक्षा की जा सकती है एवं महिलाओं को पर्यावरण की रक्षा के लिए एक एजेंट के रूप में देखा जा सकता है। पर्यावरण की सुरक्षा में महिलाओं द्वारा निभाई गई महत्त्वपूर्ण भूमिका को चिपको आंदोलन (1973) और केन्या के ग्रीन बेल्ट आंदोलन (1977) में देखा जा सकता है। इन आंदोलनों में महिलाओं द्वारा जिस ज्ञान को प्रस्तुत किया गया, वह दैनिक पारिवारिक जरूरतों के लिए उत्पादक व प्रदाता के रूप में अनुभवों से प्राप्त किया जाता है। नारीवादियों की मान्यता है कि मूल्यों की ऐसी व्यवस्था की उत्पत्ति के द्वारा जोकि प्रकृति, महिलाओं और संस्कृतियों की भिन्नता का सम्मान करे और उन्हें साथ लेकर चले, परिवेशीय सुरक्षा को प्राप्त किया जा सकता है।

नारीवादी विश्लेषण द्वारा विदेश नीतियों में महिलाओं की महत्त्वपूर्ण भूमिका को स्वीकार किया गया है। नैन्सी मैकग्लेन और मेरेडिथ सरकीस (Nancy Mcglen and Meredith Sarkees) द्वारा किए गए विदेश नीति व रक्षा अध्ययनों में दिखाया गया कि महिलाएँ बहुत कम उन संस्थाओं के अंतर्गत रही हैं जिनके अंतर्गत विदेश नीतियों का निर्माण, क्रियान्वयन और युद्ध का संचालन किया जाता है। महिलाओं को कमजोर, भावुक मानकर विदेश नीति के क्षेत्रों से बाहर रखा जाता है जबकि महिलाओं में विदेश नीतियों के निर्माण, कूटनीति व युद्धों के संचालन की क्षमता होती है। नारीवादी विश्लेषण विदेश नीति के निर्माण में जेंडर को एक चर (Variable) के रूप में देखता है और युक्तिपूर्वक तार्किक अभिकर्ता के रूप में पौरुष विशेषताओं को दर्शाता हैं जो कि राष्ट्रीय हित के नाम पर जीवन और मृत्यु के निर्णय लेते हैं और निर्णय–निर्धारण प्रक्रिया में महिलाओं की भूमिकाओं को गौण रखते हैं। नारीवाद इस बात को स्वीकारता है कि अंतर्राष्ट्रीय राजनीति में गैर राज्य अभिकर्ता जैसे कि महिलाएँ महत्त्वपूर्ण भूमिका निभाती हैं। इसके साथ ही नारीवाद सैनिक विदेश नीतियों के जेंडर आधारों को उजागर करता है। यद्यपि विश्व में महिलाओं को सेना में भर्ती किया जा रहा है परंतु फिर भी उन्हें निर्णय निर्माण की प्रक्रिया से बाहर रखा जाता है।

नारीवाद प्रस्तुत करता है कि अंतर्राष्ट्रीय आंदोलनों के क्षेत्र में भी महिलाओं द्वारा निभाई गई महत्वपूर्ण भूमिकाओं को देखा जा सकता है महिलाओं ने अंतर्राष्ट्रीय आंदोलनों में महत्वपूर्ण भूमिका निभाई है। महिलाएँ परमाणु निशस्त्रीकरण के लिए अभियान चलाने के साथ सैन्यवाद, युद्ध, शस्त्र, महिलाओं और बच्चों के विरुद्ध पुरुषों की हिंसा के खिलाफ विरोध कर रही हैं।

निर्भरता का सिद्धांत

निर्भरता के सिद्धांत का प्रतिपादन वास्तविक रूप से लैटिन अमेरिका के विशेष संदर्भ से हुआ। इसके साथ ही इस सिद्धांत ने तृतीय विश्व के देशों के अल्पविकास पर भी प्रकाश डाला।

निर्भरता सिद्धांत के प्रमुख प्रवर्तक रौल प्रेबिस (Raul Prebisch), आंद्रे गुंडर फ्रैंक (Andre Gunder Frank), फर्नेडो हेनरीक कारडोसो (Fernando Henrique Cardoso), ओसवाल्डो संकेल (Osvaldo Sunkel), थ्योटोनियो डास सैन्टोस (Thetonio Dos Santos), पॉल बारन (Paul Baran) इत्यादि हैं। इस सिद्धांत का विकास लैटिन अमेरिका के निर्देशक संयुक्त राष्ट्र आर्थिक आयोग (ECLA-Economic Commission on Latin America) के निर्देशक रौल प्रेबिस तथा उनके सहयोगियों के निर्देशन में 1950 के दशक के अंत में उदारवादी मुक्त व्यापार सिद्धांत के प्रतिक्रिया स्वरूप हुआ था। उनके अध्ययनों ने शास्त्रीय सिद्धांतों, जिनकी यह मान्यता थी कि आर्थिक विकास सभी के लिए लाभकारी होता है (चाहे इसके लाभों का हमेशा समान रूप से बंटवारा न हो), के विपरीत दर्शाया कि सम्पन्न देशों की आर्थिक गतिविधियों के फलस्वरूप गरीब देशो में गंभीर आर्थिक समस्याएँ खड़ी हो रही हैं।

इसके साथ ही पराश्रिता सिद्धांत के प्रवर्तकों ने अल्पविकसित देशों के विकास को समझाने के लिए अपने सिद्धांत में दो प्रमुख तत्वों का उल्लेख किया है। ये दो तत्व हैं – एक मजबूत केंद्र (पूंजीवादी अमीर देश) और एक कमजोर परिधि (गरीब पिछड़े हुए देश)। केंद्र के ये विकसित देश परिधि के इन गरीब व पिछड़े हुए देशों से कच्चे माल को सस्ते दामों पर खरीदकर उससे निर्मित माल को ऊँचे दामों पर बेचकर अधिक मुनाफा

कमाते हैं जिसके परिणामस्वरूप परिधि (Perihpery) के देशों का शोषण होता है और वे धीरे–धीरे आर्थिक रूप से मजबूत केंद्र (Core) के राष्ट्रों पर निर्भर होते जाते हैं। निर्भरता सिद्धांत के प्रवर्तकों के अनुसार शक्तिशाली आर्थिक कर्ता चाहे वह राज्य की कम्पनी हो या कोई निजी उपक्रम, वह अपनी समृद्धि के लिए जिस एकाधिकारिक शक्ति के माध्यम से लाभ कमाता है, उसके परिणामस्वरूप निर्धनतम देश चाहे और भी निर्धन क्यों न हो जाएँ, वह इसका प्रयोग करता रहेगा।

विश्व व्यवस्था सिद्धांत

इस सिद्धान्त की मान्यताए हैं :

1. विकासशील देशों का शोषण सिर्फ कुछ पूँजीवादी देश ही नहीं करते बल्कि आधुनिक विश्व व्यवस्था में लाभ प्राप्ति के लिए प्रयासरत पूरी पूँजीवादी व्यवस्था ही उनके शोषण के लिए उत्तरदायी है।
2. आधुनिक विश्व व्यवस्था असमानता पर आधारित है ओर यह असमानता तीन प्रकार के राज्यों (केंद्र, अर्ध–परिधि तथा परिधि) की पदसोपनियता में प्रतिबिंबित होती है।
3. फ्रैंक के दो स्तर वाले मॉडल जो कि स्थायी और एक ही दिशा में चलने वाला है कि तुलना में वालेस्टाइन के विश्व–व्यवस्था सिद्धांत में राष्ट्र परिधि से अर्ध–परिधि (एशियन टाईगर्स) और केंद्र से परिधि (ब्रिटेर) में जा सकते हैं।

संक्षेप में, विश्व–व्यवस्था सिद्धांत के प्रवर्तक वालेस्टाइन के अनुसार विश्व–अर्थव्यवस्था के तीनों क्षेत्र एक शोषणकारी संबंध से आपस में जुड़े हुए हैं जिसमें परिधि से केंद्र की ओर धन की निकासी होती है। परिणामस्वरूप, इन क्षेत्रों की सापेक्षित स्थिति के बीच गहरी खाई खुद गई है जिसमें धनी और ज्यादा धनी होता जा रहा है तथा गरीब और गरीब होता जा रहा है।

अंतर्राष्ट्रीय संबंधों के मार्क्सवादी उपागम

अंतर्राष्ट्रीय संबंधों के अध्ययन के मार्क्सवादी उपागम की एक प्रमुख विशेषता यह है कि यह यथार्थवादी और नव–यथार्थवादी जैसे उन सभी

पारंपरिक सिद्धांतों व दृष्टिकोणों से पूर्णतः भिन्न है जो अंतर्राष्ट्रीय स्तर पर यथास्थिति को बनाये रखने का समर्थन करते हैं। मार्क्सवादी उपागम की गैर–पारम्परिकता का प्रमाण यह है कि यह परिवर्तन की आवश्यकता पर बल देता है। जहाँ एक और यथार्थवादी और नव–यथार्थवादी सिद्धांतकार विश्व राजनीति को शक्ति के लिए संघर्ष और जटिल पारस्परिक–निर्भरता के रूप में दर्शाते हैं, वहीं मार्क्सवादियों के लिए अंतर्राष्ट्रीय राजनीति वैश्विक स्तर पर राष्ट्र–राज्यों के बीच शोषण व असमानता के संबंधों पर आधारित है। मार्क्सवादी विचारक मानते हैं कि अंतर्राष्ट्रीय राजनीति में पूँजीवादी देश निर्धन देशों का शोषण करते हैं और अपने राष्ट्रीय हितों की पूर्ति और सुरक्षा के लिए युद्धों तथा विस्तारवादी नीतियों का सहारा लेते हैं। मार्क्सवादियों का तर्क है कि विश्व राजनीति को समझने के लिए विश्वव्यापी पूँजीवादी व्यवस्था की प्रक्रियाओं का ज्ञान होना आवश्यक है।

आलोचनात्मक सिद्धांत (Critical Theory)

समकालीन मार्क्सवादियों ने मार्क्सवाद में बहुत सारे संशोधन देकर मार्क्सवाद को नया स्वरूप प्रदान किया है। चे ग्वेवारा ने तीसरी दुनिया के देशों के लिए मार्क्सवाद की नई व्याख्या की। उन पर तरूण मार्क्स का विशेष प्रभाव था। अपनी पुस्तक 'मनुष्य एवं समाजवाद : एक विवेचन' में चे ग्वेवारा ने तर्क दिया कि समाजवाद का लक्ष्य एक भरे पूरे मनुष्य का निर्माण करना और जीवन के एक नए ढंग को बढ़ावा देना है। उनका तर्क है कि साम्यवाद की स्थापना के लिए एक नए मानव एवं नए आर्थिक आधार का निर्माण करना होगा। चे ग्वेवारा ने नैतिक शिक्षा पर बल देते हुए उसने भौतिक प्रेरकों के स्थान पर बल दिया। उनके अनुसार समाजवाद का लक्ष्य अलगाव को दूर करना है। इसके लिए मनुष्य के सम्पूर्ण चरित्र को एक नए ढाँचे में ढालना होगा।

2

यथार्थवाद व नव यथार्थवाद

डॉ. राखी चौहान*

''अन्तर्राष्ट्रीय राजनीति, अन्य सभी राजनीतियों की तरह, शक्ति के लिए संघर्ष है और चाहे अन्तर्राष्ट्रीय राजनीति का अन्तिम उददेश्य कुछ भी हो, इसका तात्कालिक लक्ष्य शक्ति प्राप्त करना ही रहता है।'' मॉग्रेन्थो

अन्तर्राष्ट्रीय राजनीति को एक स्वतंत्र विषय के रूप में प्रथम विश्वयुद्ध के पश्चात् ही मान्यता मिली जबकि द्वितीय विश्व युद्ध के बाद से इस का अध्ययन अत्यंत वैज्ञानिक होता चला गया। समय के साथ साथ अन्तर्राष्ट्रीय राजनीति के विचारकों ने इसके नियमित व निश्चित सिद्धातों की भी रचना की। इसी विकास क्रम में शोध ग्रन्थों की एक नई श्रृंखला आरम्भ हुई। द्वितीय विश्व युद्ध के बाद घटित घटनाओं ने अन्तर्राष्ट्रीय राजनीति के सैद्धांतिक अध्ययन में भी अभिरूचि पैदा की। फासीवाद पर प्रजातन्त्र की विजय, संयुक्त राष्ट्र संघ की स्थापना, स्वतंत्रता व समानता के विचारों का फैलाव, सम्प्रभुता के सिद्धांत का विकास, उपनिवेशवाद व साम्राज्यवाद का अन्त, एशिया, अफ्रीका व लेटिन अमरीका में नव–स्वंतत्र राज्यों का उदय इन सभी घटनाओं ने अन्तर्राष्ट्रीय राजनीति के विकास में नवीन आयाम जोडे। इस प्रकार अन्तर्राष्ट्रीय राजनीति का स्वरूप व दृष्टिकोण दोनों प्रकार से अध्ययन किया जाने लगा। दृष्टिकोण सम्बन्धी अध्ययन में दो प्रमुख हैं– आदर्शवादी और यथार्थवादी दृष्टिकोण। दोनों परस्पर विरोधी दृष्टिकोण हैं। आदर्शवादी नैतिकता को अपनाने की बात करते हैं, अन्तर्राष्ट्रीयता की धारणा पर बल दते हैं तथा अन्तर्राष्ट्रीय राजनीति में मूल्यों की खोज

* असिस्टेंट प्रोफेसर, राजनीति विज्ञान विभाग, कालिन्दी कॉलेज, दिल्ली विश्वविद्यालय

करते हैं। आदर्शवादी विचारकों में वुड़रो विल्सन, बर्ट्रेण्ड रसेल तथा कॉण्डरसेट प्रमुख हैं। ये सभी विचारक एक युद्ध रहित विश्व व्यवस्था की कल्पना करते हैं।

यथार्थवादी दृष्टिकोण के मूल में शक्ति संघर्ष है। यह यथार्थ के धरातल पर खड़ा एक ऐसा दृष्टिकोण है जो राष्ट्रीयता में विश्वास करता है और कल्पनावादी नहीं है। यथार्थवादी मानते हैं कि अन्तर्राष्ट्रीय राजनीति अनुभव व तर्क पर आधारित है। इस विचारधारा के मुख्य समर्थकों में जार्ज केनन व हॅस जे. मॉग्रेन्थो हैं। 1948 में मॉग्रेन्थो की पुस्तक "राष्ट्रों में राजनीति" प्रकाशित हुई थी। तभी से अन्तर्राष्ट्रीय राजनति में यथार्थवादिता पर बल दिया जाने लगा। मॉग्रेन्थो को 'यथार्थवादी सिद्धांत का जनक' भी कहा जा सकता है। मॉग्रेन्थो की विश्व राजनीति की व्याख्या का आधार विश्वसनीय घटनाएँ व परिस्थितियाँ थी इसीलिए उनके द्वारा प्रतिपादित सिद्धांत को यथार्थवादी कहा जाने लगा। उनके सिद्धांत के मूल में "शक्ति ही राष्ट्रीय हित है" रहा। जहाँ आदर्शवादी विचारकों के मत में 'क्या होना चाहिए' जैसे की कल्पना थी वहीं यथार्थवादी ने 'क्या है' पर ही ध्यान दिया।

वस्तुतः यथार्थवादी विचारधारा जो 18वीं व 19वीं सदी मे प्रचलित थी, द्वितीय विश्वयुद्ध के बाद पुनः प्रतिष्ठित की गई। येल विश्वविद्यालय के प्रोफेसर निकोलस जे. स्पाइकमैन ने 1942 में अन्तर्राष्ट्रीय राजनीति के अध्ययन में यथार्थवादी दृष्टिकोण की आवश्यकता पर बल दिया। लेकिन यथार्थवादी दृष्टिकोण को ज्यादातर अन्तर्राष्ट्रीय राजनीति के अध्ययनकर्त्ता हंस जे मॉग्रेन्थों के साथ ही जोड़ते है यहाँ तक कि मॉग्रेन्थों तथा यथार्थवाद को पर्यायवाची ही मान लिया गया है और यथार्थवाद को मॉग्रेन्थोंवाद से जोड़ा जाने लगा। मॉग्रेन्थों से पूर्व भी ट्राइट्स्के, नीत्शे, डेविड ईस्टन, एरिक काफमान, फ्रेड्रिक वाल्किन्स तथ हैरोल्ड लासवैल ने यथार्थवादी विचारधारा के अलग अलग पहलुओं पर जोर दिया तथा अपने विचार प्रकट किए। यथार्थवादी विचारकों ने अपने सिद्धान्तों की व्याख्या करते हुए 'शक्ति के प्रयोग' पर विशेष बल दिया है। राष्ट्रीय हितों की पूर्ति के लिए शक्ति के प्रयोग का समर्थन करने के कारण इस दृष्टिकोण को शक्तिवादी दृष्टिकोण भी कहा जाता है। मॉग्रेन्थो, ई.एच. कार, क्विन्सी राइट ने यथार्थवाद के शक्तिवादी दृष्टिकोण की ही व्याख्या की है। शक्ति को आधार बनाकर

सैद्धान्तिक पृष्ठभूमि तैयार करने में मॉग्रेन्थो का विशेष स्थान है। बाकी विचारकों ने मॉग्रेन्थो के विचार को ही आगे बढ़ाया। 1948 में पहली बार हंस जे. मॉग्रेन्थो की पुस्तक "राष्ट्रों में राजनीति" प्रकाशित हुई थी। तभी से मॉग्रेन्थो को यथार्थवाद का जनक माना जाने लगा। यथार्थवादी विचारधारा मानव प्रकृति और उसी के फलस्वरूप पनपती विश्व व्यवस्था का समर्थन करते हैं।

मॉग्रेन्थो को ही श्रेय जाता है जिसने सैद्धान्तिक दृष्टिकोण को चिन्तन का रूप दिया। वही ऐसे पहले लेखक थे जिन्होंने शक्ति को ध्यान में रखते हुए अन्तर्राष्ट्रीय सम्बन्धों तथा राजनीति पर सबसे अधिक व्यवस्थित काम किया। मॉग्रेन्थो के पूर्ववर्ती विचारकों ने भी शक्ति की अवधारणा की ही व्याख्या की। 19वीं शताब्दी के अन्तर्राष्ट्रीय विचारक ट्राइट्स्के ने हरेक देश के संबंध में शक्ति को प्राप्त करने की इच्छा की वकालत की जबकि कॉफमैन ने एक विश्व राज्य की अवधारणा को इसी आधार पर धराशायी कर दिया कि ऐसे विश्व में शक्ति प्रदर्शन की कमी रहेगी। इन सबसे ऊपर मॉग्रेन्थो राष्ट्रीय हित को ही शक्ति के साथ जोड़ देते हैं। अन्तर्राष्ट्रीय राजनीति का अर्थ व गहराई को समझने के लिए यह आवश्यक है कि शक्ति के महत्त्व तथा उसकी व्यावहारिकता को समझ लिया जाए।

अपनी पुस्तक 'राष्ट्रो के मध्य राजनीति' में मॉग्रेन्थो ने यह माना है कि यथार्थवादी अवधारणाा समस्त राजनीति की प्रकृति पर आधारित है। यथार्थवादी विचारकों की व्यक्ति, समाज व राजनीति के विषय में अपनी ही कुछ मान्यताएँ हैं। इन विचारकों की यही मान्यता है कि विश्व मे जो भी मानव स्वभाव में अपूर्णताएँ है वह कुछ मूलभूत प्रवृत्तियों का परिणाम है और यदि कुछ सुधार करना है तो इन प्रवृत्तियों का विरोध कर के वह सम्भव नहीं हो पाएगा इसीलिए ऐसी अपूर्णताओं के साथ मिल कर चलना चाहिए। ऐसी शक्तियों के साथ सहयोग करके चलने से लाभ होगा इनकी अवहेलना करने से नहीं। इन विचारकों की मान्यता है कि विश्व में अनेक परस्पर विरोधी हित तथा स्वार्थ विद्यमान हैं जो हमेशा आपस में टकराते रहते हैं। इसीलिए यहाँ किन्हीं भौतिक सिद्धांतों पर आधारित ऐसी किसी आदर्श व्यवस्था को प्राप्त नहीं किया जा सकता जहाँ संघर्ष न हो। यथार्थवादी आदर्श विचारधारा की आलोचना करते हैं। वह यह मानते हैं कि कोरा

आदर्श अन्तर्राष्ट्रीय राजनीति में संभव ही नहीं है। मानव प्रकृति विवेकशील है, वह सहनशील है इसीलिए मानव व्यवहार की कमियों को उचित संस्थाओं की स्थापना द्वारा तथा शिक्षा का प्रसार कर के भी दूर किया जा सकता है। यदि अनिवार्य हो तो शक्ति का प्रयोग करके भी व्यक्ति को सही मार्ग पर लाया जा सकता है। यथार्थवादी आदर्शवाद की ऐसी कल्पना को नकारते हैं जो यह मानती है कि नैतिक राजनीतिक व्यवस्था को यहीं और अभी प्राप्त किया जा सकता है।

मॉग्रेन्थो यथार्थ के ही पक्षपाती हैं उनका मानना है कि संसार विरोधी हितों के टकराव पर ही स्थापित है। इस विश्व में नैतिक सिद्धान्तों का अनुसरण पूरी तरह सम्भव नहीं है लेकिन परस्पर विरोधी हितों में स्थायी रूप से सन्तुलन की स्थापना संभव नहीं। अतः अस्थायी रूप से सन्तुलन स्थापित करने की कोशिश की जानी चाहिए। जैसा बहुलवादी समाज आज के विश्व में स्थापित है ऐसे समाज में नियन्त्रण तथा सन्तुलन द्वारा व्यवस्था कायम रह सकती है। और इसी प्रकार अनैतिकता को कम किया जा सकता है क्योंकि पूरी तरह बुराई को समाप्त करना असम्भव है।

यथार्थवादी सिद्धांत इतिहास में घटनाओं को अपना आधार मानता है। काल्पनिक व अमूर्त मान्यताएँ मॉग्रेन्थो के अनुसार खोखली हैं। यह सिद्धांत मानव प्रकृति को उसी रूप में देखता है जैसी की वह है और ऐतिहासिक घटनाओं को भी उसी रूप में घटित देखता है जैसी की वह है। इसीलिए इस सिद्धांत को यथार्थवादी कहा जाता है। मॉग्रेन्थो के इसी प्रकार के विचारों ने उसे यथार्थवादी विचारकों की प्रथम श्रेणी में लाकर खड़ा कर दिया। मॉग्रेन्थो के अनुसार अन्तर्राष्ट्रीय राजनीति का मूल आधार राष्ट्रीय हित है जिसकी प्राप्ति दण्ड नीति द्वारा होती है। मॉग्रेन्थो के विचार में एक वाद की उपादेयता इसमें नहीं है कि वह कुछ पूर्वनिश्चित स्वयं सिद्ध अमूर्त्त नियमों को पूरा करता है अथवा नहीं, वरन् वाद का उददेश्य एक निश्चित पर्यावरण में घटने वाली घटनाओं में क्रमबद्धता और मूल कारणों की व्याख्या मात्र होता है। इस दृष्टि से वाद को सदैव अनुभवजन्य तथा तर्कसंगत होना चाहिए।

आदर्शवादी विचाधारा के विपरीत यथार्थवादी मानते हैं कि मानव स्वभाव में निहित अन्तर्विरोधों के कारण शुद्ध नैतिक मान्यताओं पर विश्व

समाज का संचालन पूर्णतया असंभव है। मानव प्रकृति यथार्थवाद के अनुसार राजनीतिक नियमों का स्त्रोत है। मानव समाज में संतुलन रखना ही सबसे बड़ी आवश्यकता है अतः आदर्श लक्ष्यों के निकट पहुँचने के लिए मानवमात्र को अथवा राजनीतिक संस्थाओं को सदैव प्रयत्नशील रहना चाहिए। मानव स्वभाव के विषय में इस प्रकार के विचार हमें पुरातनकाल के विचारकों के विचारो में भी मिलते हैं। चीन के लेखक सुन्ज़ी की पुस्तक *Arts of War*, भारत के कुटनीतिज्ञ चाणक्य की पुस्तक *अर्थशास्त्र*, ग्रीक इतिहासंकार थ्यूसीडाइड्स की पुस्तक *Peloponnesian War*, मैक्यावली की *The Prince* व हॉब्स की *Leviathan* में भी मानव स्वभाव के तार्किक होने का प्रमाण मिलता है। इन इतिहासकारों ने मानवमात्र को समझदार मान कर उसके निर्णयों को शक्ति प्राप्ति के लिए संघर्ष माना है।

मॉग्रेन्थो ने अपनी पुस्तक ''राष्ट्रों के मध्य राजनीति'' में यथार्थवाद के छह सिद्धांतों का विवेचन किया है। जो निम्न प्रकार हैः

(1) मानव समाज की तरह ही **राजनीति भी कुछ निश्चित निगमों द्वारा संचालित होती है** जिसकी जड़ें मानव स्वभाव में होती हैं। ये नियम शाश्वत हैं इसीलिए अन्तर्राष्ट्रीय सम्बन्धों को समझने के लिए तथा उनमें सुधार करने से पहले यह आवश्यक है कि इन नियमों को समझा जाए। इसके अतिरिक्त समाज सुधार के लिए भी इन नियमों की जानकारी आवश्यक है। ये नियम नैतिक मान्यताओं से नियंत्रित नहीं हैं। इसी कारण की वजह से बुद्धिपरक व्याख्या की आवश्यकता है जो केवल तर्कों पर ही आधारित हो। यह यथार्थवादी सत्य है और बुद्धि द्वारा जानने योग्य है। अतः प्रमाणों द्वारा समर्थित तथा बुद्धि द्वारा ग्रहण योग्य भी हैं। इन राजनीतिक नियमों के केन्द्र में क्योंकि मानव प्रकृति की प्रधानता है अतः इन नियमों में प्राचीन काल से आधुनिक काल तक कोई परिवर्तन नहीं आया है। इसलिए भी मानव तथा प्रकृति को समझने के लिए इन निष्पक्ष कानूनों की जानकारी होना अति आवश्यक है। यथार्थवाद राजनीति के प्रत्यक्ष स्वरूप को महत्व देता है। यथार्थवाद यह भी मानता है कि राजनीतिक नियमों पर आधारित एक विवेकपूर्ण सिद्धान्त का निर्माण होना चाहिए। यह सिद्धान्त निष्पक्षता व विवेक पर आधारित हो, प्रमाण तथा तर्क इसके आधार होने चाहिए। इसका आधार सच्चाई तथा अनुभव में होना चाहिए। यथार्थवादी सिद्धान्त यह

मानकर चलता है कि किसी भी सिद्धान्त का अस्तित्व इसी में है कि वह तथ्यों का मूल्यांकन करे साथ ही विवेक द्वारा उसका अर्थ निकाला जा सके। उदाहरण के लिए दो संप्रभु देशों के सम्बन्धों को समझने के लिए उन देशों में घटित राजनीतिक घटनाओं, गतिविधियों आदि का विश्लेषण किया जाना चाहिए। संबंधित देशों के राजनीतिज्ञों द्वारा लिए जाने वाले निर्णयों द्वारा उनके उददेश्यों का अनुमान लगाया जा सकता है। यदि हर विश्लेषण करने वाला व्यक्ति स्वयं को उन राजनीतिज्ञों की जगह पर रख कर देखेगा तो वह संबधित गतिविधियों तथा लिए जाने वाले निर्णयों की विवेकपूर्ण तथा तथ्यपरक विवेचना कर सकते हैं। इस प्रकार विवेकपरक कल्पना को वास्तविकता की कसौटी पर कसके अन्तर्राष्ट्रीय राजनीति के तथ्य अर्थवान हो सकते हैं अतः अन्तर्राष्ट्रीय राजनीति में सिद्धान्तों का निर्माण इन सभी का विश्लेषण करने के बाद ही हो सकता है।

(2) **यथार्थवाद की दूसरी मान्यता यह है कि शक्ति और हित पर्यायवाची हैं।** इसका अर्थ है कि राष्ट्रीय हितों की सिद्धि के लिए शक्ति का प्रयोग किया जा सकता है। यथार्थवाद के जनक मॉग्रेन्थो यह मानते हैं कि अन्तर्राष्ट्रीय राजनीतिक तथ्यों और उन्हें समझने वाले विवेक के बीच सम्बन्ध स्थापित किया जा सकता है। हित को सुरक्षा के संदर्भ में तथा सुरक्षा के लिए शक्ति अर्जित की जाती है। अर्थात हितों की शक्ति के बिना कल्पना नहीं की जा सकती। अन्तर्राष्ट्रीय राजनीति में एक दूसरे के विरूद्ध दिखने वाली घटनाओं के पीछे यही एक प्रेरणा है कि राष्ट्र की शक्ति का विकास ही उसके हितों को पूर्ण करने का एकमात्र माध्यम है। यही अवधारणा अन्तर्राष्ट्रीय राजनीति के हेतु तथा तथ्यों को आपस में संबधित रखती है। मॉग्रेन्थो यह भी मानते है कि अन्तर्राष्ट्रीय संबधों के नीति निर्माता शक्ति को ही केन्द्रीय बिन्दु बनाकर नीतियों का निर्माण करते हैं और इतिहास भी इस नियम की संस्तुति करता है। प्रत्येक राजनीतिज्ञ सत्ता व शक्ति के विकास से ही अपनी हित पूर्ति करते हैं। यह सूत्र हमें भूत, वर्तमान तथा भविष्य के सभी राजनीतिक कार्य, प्रेरणाओं व गतिविधियों को समझने में सहायक सिद्ध होता है।

इस प्रकार शक्ति को केन्द्र बिन्दू मानकर अन्तर्राष्ट्रीय सम्बन्धों को सैद्धान्तिक रूप प्रदान कर सकते हैं। इस विचार के आधार पर देशों की

विदेश नीतियों में निरंतरता बनी रहती है। भले ही विदेश नीति के निर्माताओं के विचारों में समय के साथ परिवर्तन होते रहें हों, राजनीतिक मर्मज्ञों के बौद्धिक स्तर, उददेश्य व नैतिक गुणों में भी भिन्नता बनी रहती है। इस प्रकार यथार्थवादी सिद्धान्त मन्तव्यों तथा वैचारिक वरीयताओं से परे रहकर भी काम करता रहता हैं।

यथार्थवादी दृष्टिकोण के अनुसार किसी नीति की नैतिकता तथा उसके पीछे राजनीतिज्ञों का मन्तव्य उस को बनाने में ही नहीं बल्कि उसके परिणामों में भी देखा जाता है। इस प्रकार यह सिद्धान्त राजनीतिज्ञों के मन्तव्यों के स्थान पर उनके विवेक तथा क्रियाशीलता पर ज्यादा ध्यान देता है और विदेश नीति के मूल्यांकन का आधार प्रस्तुत करता है जिसके द्वारा अविवेकपूर्ण प्रभावों का ठीक अनुमान लगाया जा सकता है। आधुनिक विश्व में विभिन्न देशों की विदेश नीतियों का विश्लेषण करके यही परिणाम निकाले जा सकते हैं कि सभी देश कुछ ऐसी आधारभूत नीतियों का निर्माण करते हैं जो देखने में और समझने में आकर्षक लगती हैं जबकि उसके पीछे कुछ ऐसी विस्तारवादी नीतियाँ होती है जो वास्तविकता से दूर होती हैं। उदाहरण के लिए जनवादी चीन की विदेश नीति के आधारभूत तत्त्व पंचशील, सहअस्तित्त्व नीति, विश्व शान्ति, पड़ोसी देशों के साथ अच्छे सम्बन्ध, पूँजीवादी शोषण का अंत आदि बहुत से युवा देशों का अपनी ओर आकर्षित करते हैं जबकि दक्षिणी एशिया के संदर्भ में उसकी विस्तारवादी व शोषणकारी नीति को अन्तर्राष्ट्रीय सम्बन्धों की दृष्टि में देखा–परखा जा सकता है।

यथार्थवादी जहाँ एक ओर राजनीतिक आदर्शों की ओर ध्यान देते हैं वहीं नैतिक सिद्धान्तों की भी अवहेलना नहीं करते। दोनों के ही महत्त्व को समय–समय पर समझा जा सकता है लेकिन साथ ही कोई देश क्या कर रहा है? और क्या करना चाहता है? दोनों के अन्तर को भी समझना आवश्यक है। इस प्रकार यथार्थवादी विदेश नीति के आदर्श को प्रस्तुत करता है जिसे हर देश को अपना लक्ष्य मानकर प्राप्त करने की और अग्रसर रहना चाहिए। इस प्रकार मॉग्रेन्थों की मान्यता है कि यथार्थवाद वास्तविक, आधारभूत तथा दार्शनिक दृष्टिकोण है जिसमें विवेक पूर्ण तत्त्वों की प्रधानता है। विदेश नीति में भी विवेकपूर्ण तत्त्वों का होना आवश्यक है। यही श्रेष्ठ

विदेश नीति होती है जो लाभों को भी बढ़ाती है। राष्ट्र भले ही ग्रेट ब्रिटेन या संयुक्त राज्य अमरीका या ब्राजील व दक्षिणी अफ्रीका सभी का अन्य राष्ट्रों के साथ सम्बन्ध एक तर्कसंगत ऐतिहासिक आधार पर होता है। भले ही इन देशों की शासन पद्धतियाँ बदलती रही हों, नियम–कानून बदलते रहे हो राष्ट्र की शक्ति की वृद्धि एक ऐसा मूलमंत्र है जिस पर समय, काल, देश का प्रभाव नहीं होता।

(3) यथार्थवादी विचारधारा अपने मूल मंत्र को कि "राष्ट्रों की हित पूर्ति ठीक उनकी शक्ति के अनुपात में होती है" कोई शाश्वत सिद्धान्त नहीं मानती। मॉग्रेन्थो का मत है कि **परिस्थितियाँ उन राष्ट्रीय हितों को प्रभावित करती हैं जिनके आधार पर राजनीतिक निर्णय लिए जाते हैं।** हितों की वृद्धि करना एक ऐसा सिद्धान्त है जिस पर देश काल का विशेष प्रभाव नही पड़ता। प्राचीन समय से ही अनेक अन्तर्राष्ट्रीय नीति के विचारक तथा राजनीति के विशेषज्ञ राष्ट्रीय हित को अन्तर्राष्ट्रीय नीति का उददेश्य मानते हैं।

- **थूसीड्राइडस** के अनुसार "हितों की समानता व्यक्ति अथवा राज्यों को आबद्ध करने का सबसे प्रमुख बन्धन है।"
- **सैलिसबरी** के शब्दों में "स्वार्थों और हितों का परस्पर विरोधी न होना अटूट एकता को जन्म देता है।"
- **मैक्स वेबर** लिखते हैं "विचारों की समानता की अपेक्षा भौतिक और नैतिक स्वार्थों की समानता व्यक्ति मात्र के कार्यों की मुख्य प्रेरणा है। विचारों की एकता के कारण अन्तर्राष्ट्रीय जगत के आदर्श स्वरूप का एक बिम्ब स्पष्ट होता है और निहित हितों और स्वार्थों की एकता उस आदर्श स्वरूप को प्राप्त करने के लिए गति देकर सम्पूर्ण अन्तर्राष्ट्रीय राजनीति को गतिशील बनाती है।"

इस प्रकार राष्ट्रीय हित एक ऐसा विचार है जिस पर परिस्थिति, स्थान या समय का प्रभाव नहीं पड़ता फिर भी हर समय में राजनीतिक कार्यों का स्वरूप उस समय की परिस्थितियों से किसी न किसी रूप में प्रभावित होता है। मॉग्रेन्थो के अनुसार हित–परिवर्तनीय तथा अपरिवर्तनीय

दो प्रकार के होते हैं। राजनीति का एक आवश्यक तत्त्व सुरक्षा है जो प्रत्येक मानव मात्र तथा हरेक राष्ट्र के लिए भी जरूरी है। सुरक्षा के बिना किसी का भी अस्तित्व सुरक्षित नहीं है। सुरक्षा इस प्रकार अपरिवर्तनीय हित है जो बदलता नहीं है लेकिन हित को साधने के लिए जिन साधनों का व उनसे सम्बन्धित हितों पर राजनीतिक, सामाजिक व सांस्कृतिक वातावरण का प्रभाव पड़ता है और उनका स्वरूप परिस्थितियों के अनुकूल बदलता जाता है।

यथार्थवादी विचारधारा की यह मान्यता नहीं है कि समकालीन अन्तर्राष्ट्रीय परिस्थितियों में जो स्थिर नहीं है और जिनमें संचालित परराष्ट्र नीतियाँ भी उग्र और हिंसात्मक है उनमें परिवर्तन सम्भव नहीं है हालांकि इसके लिए प्रयास प्रयत्न करने पड़ेगें।

यथार्थवादी विचारधारा परिवर्तन की अनिवार्यता को भी स्वीकार करती है अर्थात मॉग्रेन्थो यह मानते है कि अन्तर्राष्ट्रीय राजनीतिक स्थिति में परिवर्तन आते हैं। परिवर्तन का सर्वश्रेष्ठ उदाहरण यही है कि राष्ट्रीय राज्यों की जगह प्रादेशिक संगठन महत्वपूर्ण होते जा रहे हैं। यथार्थवादी विचारधारा के अनुसार अन्तर्राष्ट्रीय राजनीति में सुधार और रूपान्तर केवल विवेकपूर्ण नीतियों को क्रियात्मक रूप देकर ही सम्भव है।

(4) **यथार्थवाद राजनीति में नैतिकता के स्थान को भी मान्यता देता है।** हालांकि नीतिशास्त्र व राजनीति के बीच एक बड़ी खाई है इस मान्यता को भी मॉग्रेन्थो स्वीकार करते हैं। यथार्थवादी विचारधारा यह स्वीकार करती है कि देशों को नैतिक सिद्धान्तों का पालन विवेक और सम्भावित परिणामों के आधार पर करना चाहिए। क्योंकि अमूर्त विश्वव्यापी नैतिक मान्याताओं के आधार पर राष्ट्रों के सम्बन्ध सम्भव नहीं हैं, इन नियमों में देशों की परिस्थितियों, समय तथा अवसर के अनुसार परिवर्तन करना पड़ सकता है। लेकिन यह भी सार्वभौमिक सच है कि नैतिक तत्त्वों को ही नीति–निर्धारण का आधार नहीं बनाया जा सकता। इन तत्त्वों को समय तथा स्थान की वास्तविक परिस्थितियों के अनुसार लागू करने की आवश्यकता होती है। दूसरे शब्दों में यह कहा जा सकता है कि राज्य के मूल में सिर्फ नैतिकता नहीं बल्कि समझदारी भी होती है। बिना विवेक के राजनीतिक नैतिकता निरर्थक ही हैं। क्योंकि राजनीति किसी भी कार्य को उसके

राजनीतिक परिणामों से नापती है। राजनीतिक नीतियों का गुण दूरदर्शिता होता है, राजनीतिक व्यक्तियों को विभिन्न कार्यों व नीतियों के परिणामों का अनुमान पहले से ही लगा लेना चाहिए। राजनीतिक नैतिकता भी इसी दूरदर्शिता द्वारा प्राप्त परिणामों के सन्दर्भ में समझी जा सकती है।

(5) **यथार्थवाद राष्ट्र के और सम्पूर्ण विश्व के नैतिक मूल्यों को पृथक मानता है।** एक राष्ट्र की नैतिक आकांक्षाओं को सार्वभौम नैतिक नियमों से भिन्न माना जा सकता है। कोई भी सर्वभौमिक नैतिक कानून किसी एक राष्ट्र के लिए लाभदायक हो सकते हैं लेकिन यह जरूरी नहीं है कि वही कानून सभी राष्ट्रों के लिए वैसा ही परिणाम दे। यह भी हो सकता है कि वही नैतिक नियम किसी दूसरे राष्ट्र के लिए भंयकर परिणाम पैदा कर दे। यह विचारधारा 'सत्य' तथा 'मत' व 'सत्य' तथा 'अन्धविश्वास' में भी भेद करती है। यह मानना कि राष्ट्रों को नैतिक नियम के अधीन रहना चाहिए एक बात है और यह विश्वास करना कि सभी देशों के आपसी सम्बन्धों के लिए एक नैतिक मान्यता है और एक ही राष्ट्र उसकी स्थापना कर सकता है दोनों अलग–अलग चीजें हैं। कुछ इसी प्रकार यह मानना की सभी देश एक विश्वात्मा की शक्ति के अधीन हैं ओर दूसरी और कुछ राष्ट्रों का यह समझना कि केवल वही दैवी इच्छा के प्रतिनिधि है जिसके कारण एक राष्ट्र दूसरे राष्ट्र का शोषण करता है और समूल नष्ट करने के लिए कटिबद्ध हो उठता है। राष्ट्रवाद के इसी आदर्श की पूर्ति के लिए कुछ देश उपनिवेशवाद, सैनिकवाद तथा साम्राज्यवाद को जन्म देते हैं। इतिहास यह बताता है कि नैतिकता की दुहाई देकर धर्म के नाम पर बहुत सारे देशों ने दूसरे देशों को नष्ट किया है। यहाँ तक कि एक राष्ट्र जब दूसरे को सहायता देता है तो उसमें भी वह अपने हितों की ही रक्षा करता है। इस प्रकार यथार्थवाद की धारणा का सर्वोच्च मन्त्र है "शक्ति के सन्दर्भ में राष्ट्रीय हित"। अर्थात प्रत्येक राष्ट्र अपने राष्ट्रीय हित की दिशा में ही अग्रसर है तथा सत्ता शक्ति का विकास अपने हितों के विकास की पूर्ति के लिए करता है। हर राष्ट्र यह जानकर कि दूसरा राष्ट्र अपने हितों के संवर्द्धन के लिए प्रयत्नशील है और दूसरे राष्ट्रों का मूल्यांकन करते समय अधिक वास्तविक मूल्यांकन कर पाएगा और ऐसी नीतियां अपनाएगा जो अन्य राष्ट्रों के हित का ध्यान रखते हुए अपने हितों की रक्षा कर सके। इस प्रकार यदि सभी राष्ट्र अपने हितों की सुरक्षा को आधार मान कर सन्तुलित

सम्बन्ध कायम कर ले तो पूरे विश्व में शान्ति कायम हो जाएगी। आज के समय की सबसे बडी माँग यही है सभी राष्ट्र सूझ बूझ से पारस्पारिक सम्बन्ध कायम करें।

(6) **मॉग्रेन्थो की यह भी मान्यता है कि अन्तर्राष्ट्रीय राजनीति एक स्वतन्त्र विषय है।** यथार्थ में यह विचारधारा अन्य अन्तर्राष्ट्रीय सम्बन्धों की विचारधाराओं से कुछ भिन्न है एक विशिष्ट सिद्धांत के रूप में और सम्बन्धों के संचालन में इस सिद्धांत की उपादेयता है। अन्य किसी भी क्षेत्र की तरह ही राजनीतिक क्षेत्र भी स्वतन्त्र विषय है। अतः बौद्धिक दृष्टि से यह विचारधारा अन्तर्राष्ट्रीय राजनीति को अर्थ, विधि तथा नैतिकता से अलग मानकर उसका स्पष्ट कार्य क्षेत्र स्वीकार करती है। **जिस प्रकार आर्थिक स्वार्थो की पूर्ति केवल धन से ही होती है उसी प्रकार राजनीतिक स्वार्थो की पूर्ति का माध्यम सत्ता है।** राजनीतिक यथार्थवाद इस प्रकार मानव प्रकृति के बहुल स्वरूप पर आधारित है जिसमें आर्थिक, राजनीतिक, सामाजिक, सांस्कृतिक, नैतिक व धार्मिक मानव के सभी रूपों को सम्मिलित रूप से स्वीकार करता है। इसे मॉग्रेन्थो अन्तर्राष्ट्रीय राजनीति के विभिन्न उदाहरणों द्वारा स्पष्ट करता है।

(1) सोवियत संघ ने फिनलैण्ड पर 1939 में आक्रमण किया। ग्रेट ब्रिटेन तथा फाँस ने सोवियत संघ को अन्तर्राष्ट्रीय संस्था राष्ट्रसंघ से निकलवा दिया क्योंकि कानूनी दृष्टि से सोवियत संघ का यह आक्रमण अवैध था। अतः फ्राँस तथ ग्रेट ब्रिटेन का यह निर्णय उचित तथा कानूनी दृष्टि से वैध कदम माना जा सकता है। लेकिन इस घटना के राजनीतिक परिणाम इतने अच्छे नहीं थे।

- सोवियत संघ के इस कार्य से फ्राँस और ब्रिटेन के हितों पर प्रतिकूल प्रभाव पड़े थे।
- इससे ब्रिटेन व फाँस के बीच शक्ति वितरण तथा सोवियत संघ व अन्य ऐसी ही विरोधी शक्तियों जैसे जर्मनी के बीच शक्ति वितरण पर भी प्रभाव पड़ता था।
- विश्व एक विश्व युद्ध देख चुका था और इस आक्रमण से विश्व पर भी प्रभाव पड़ा था।

यह तो एक संयोग ही था कि स्वीडन ने ब्रिटेन और फाँस की सेनाओं को अपने भूभाग से मार्ग देने को स्वीकृति प्रदान नहीं की अन्यथा इन दोनों देशों को एक ओर तो सोवियत संघ के विरूद्ध फिनलैंड की ओर से तथा दूसरी ओर नाजी जर्मनी के साथ दोनो मोर्चों पर एक साथ लड़ना पड़ता और दूसरे विश्वयुद्ध का रूप ही दूसरा होता। इस प्रकार ब्रिटेन और फ्राँस दोनों देशों ने सोवियत आक्रमण के केवल कानूनी पक्ष की ओर ही ध्यान दिया जबकि इसका राजनीतिक पक्ष अत्यंत महत्वपूर्ण व भंयकर था। मॉग्रेन्थो के अनुसार ब्रिटेन तथा फ्राँस की नीति वैधानिकतावाद का उदाहरण प्रस्तुत करती है जो कुछ हद तथा तर्क सम्मत भी था।

(2) दूसरा उदाहरण साम्यवादी चीन को मान्यता प्रदान करने का है। इस समस्या के भी दो पहलू हैं– नैतिक तथा राजनीतिक। पश्चिमी देश साम्यवादी चीन को मान्यता देने के प्रश्न पर एक दोराहे पर खड़े थे क्योंकि नैतिक दृष्टि से साम्यवादी चीन को मान्यता दी जानी चाहिए थी लेकिन राजनीतिक दृष्टिकोण से प्रभावित होकर चीन के स्थान पर फारमोसा द्वीप को वास्तविक चीन मानकर उसे संयुक्त राष्ट्रसंघ की सदस्यता प्रदान की गई। नैतिक दृष्टि से भले ही पश्चिमी देशों का यह व्यवहार गलत था लेकिन राजनीतिक दृष्टि से यह अमरिकी नीतियों व राष्ट्रीय हित के अनूकूल था। कानूनी दृष्टि से कोई देश अपनी शासन व्यवस्था में किस विचारधारा को मान्यता प्रदान करता है यह उसका आन्तरिक क्षेत्राधिकार है। पश्चिमी देशों के इस निर्णय के पीछे बौद्धिक खेल था जिसे नैतिकता का असली जामा पहनाया गया।

इस प्रकार अन्तर्राष्ट्रीय राजनीति में हर प्रश्न का कानूनी, नैतिक व राजनीतिक पहलू हो सकता है और हर पहलू का अपना एक महत्त्व भी होता है। यथार्थवादी के अनुसार इन तीनों पहलूओं का उचित समय पर उचित समन्वय तथा नियोजन आवश्यक है। मॉग्रेन्थो के यथार्थवादी विचारों से निम्न निष्कर्ष निकलते हैं;

- यही राजनीतिक सत्य है कि अन्तर्राष्ट्रीय राजनीति का संचालन मुंख्य रूप से सत्ता संकल्पना पर आधारित है।

- सत्ता ही से स्वार्थ सिद्धि है। इस सत्य को ना तो राज्य स्वीकार करते हैं और ना ही मनुष्य। यथार्थवादी विचारधारा को स्वीकार ना करने का यह एक मनोवैज्ञानिक कारण है।
- सत्ता मॉग्रेन्थो के अनुसार साध्य है। राज्यों के बीच सम्बन्ध भी शक्ति का ज्यादा से ज्यादा संचय करने के लिए होते हैं।
- यथार्थवादी विचारकों के अनुसार शक्ति पर देश या काल का विशेष प्रभाव नहीं पड़ता।
- प्रत्येक राष्ट्र अपने हित की स्पष्ट व्याख्या कर सकता है, अपने हित को प्राप्त करने के लिए प्रयत्न भी कर सकता है और सफल भी हो सकता हैं तथा शक्ति में समृद्धि करके अपने उददेश्य को भी प्राप्त कर सकता हैं। शक्ति के सन्दर्भ में राष्ट्रीय हित की धारणा ही सर्वोच्च है।

इस प्रकार यथार्थवादी मान्यता के अनुसार हर देश की परराष्ट्र नीति हमेशा तर्क संगत तथा नियोजित होती है। मॉग्रेन्थो ने बार बार इस तथ्य पर जोर दिया है कि राष्ट्रीय हित और उसके साधन रूप में शक्ति का विचार ही विदेश नीति का मुख्य आधार है।

- किसी भी देश की राजनीतिक गतिविधियों में राजनीति और नैतिकता दोनों का ही स्थान होता है।
- मॉग्रेन्थो वास्तविकता का समर्थन करते हैं और कहते हैं कि विश्व विवेकपूर्ण दृष्टि से अपूर्ण है अतः इसे सुधारने के लिए शक्तियों के साथ सहयोग करना आवश्यक है, अवहेलना स्थिति को बिगाड़ सकती है।
- विश्व एक बहुलवादी समाज है जिसमें नियंत्रण व सन्तुलन की व्यवस्था कायम रह सकती है। वे देश जो शक्ति संतुलन बनाए रखना चाहते हैं वे यथास्थिति की नीति का अनुसरण करते हैं, वे देश जो शक्ति में लगातार वृद्धि करते हैं वे साम्राज्यवाद और जो शक्ति प्रदर्शन करते हैं वे सम्मान की नीति का अनुसरण करते हैं।

- मॉग्रेन्थो राजनीतिक नियमों का स्त्रोत मानव प्रकृति को मानता है। शक्ति के लिए संघर्ष भी मानव की मूल प्रकृति में ही है। इस सन्दर्भ में दूसरों को अपने अधीन करना मानव की प्राकृतिक इच्छा ही है।

आलोचना

इस प्रकार मॉग्रेन्थो के विचारों से यह स्पष्ट होता है कि उसकी यथार्थवादी विचारधारा के केन्द्र में शक्ति एक महत्त्वपूर्ण भूमिका निभाती है। अन्तर्राष्ट्रीय सम्बन्धों में शक्ति एक केन्द्रीय तत्त्व है और यह उतनी ही आवश्यक है जितनी आणविक उर्जा भौतिकशास्त्र के लिए और पैसा अर्थशास्त्र के लिए महत्त्व रखता है। अन्तर्राष्ट्रीय राजनीति का तात्कालीन उददेश्य हमेशा शक्ति प्राप्त करना ही रहता है। यहाँ तक की विदेश नीति के उददेश्यों में शक्ति संघर्ष को छुपाने के लिए विचारधारा का मुखौटा पहनना पड़ता है। इस प्रकार मॉग्रेन्थो ने शक्ति पर अत्यधिक जोर दिया है जो आलोचना का केन्द्र भी है। बहुत से विचारकों, अन्तर्राष्ट्रीय राजनीति के जानकारों तथा राजनीतिज्ञों ने मॉग्रेन्थो की विचारधारा की आन्तरिक दुर्बलतायें भी बताई।

(1) मॉग्रेन्थो की यथार्थवादी विचारधारा के सबसे बडे आलोचक स्टेनली एच. हाफमैन है जिन्होंने अपनी पुस्तक *Contemporary Theory in International Relations* में लिखा कि मॉग्रेन्थो अपने विचारों में एकनिष्ठ नहीं है। उन्होंने दो भिन्न दृष्टिकोणों को एक साथ अपना लिया है। हाफमैन मानते हैं कि "राज्यों के समस्त सम्बन्धों का राजनीतिक विवेचन ही अन्तर्राष्ट्रीय सम्बन्ध है।" जबकि मॉग्रेन्थो शक्ति व सत्ता के पक्ष से हर चीज को नापने के लिए प्रयत्नशील रहते हैं।

(2) अन्तर्राष्ट्रीय राजनीति में राष्ट्रीय हित का महत्त्वपूर्ण स्थान है लेकिन यह भी वास्तविकता है कि यह केवल एक ही पक्ष है। विभिन्न राष्ट्रों को परस्पर सहयोग में अन्य भी बहुत से कारण विशेष भूमिका निभाते हैं।

(3) हाफमैन का यह भी मानना है कि मॉग्रेन्थो ने राजनीतिज्ञों के उद्देश्यों व निजी दृष्टिकोण की उपेक्षा की है। केवल शक्ति को महत्त्वपूर्ण

स्थान देकर मॉग्रेन्थो ने 18वीं व 19वीं शताब्दी की राजनीति का वर्णन किया है जबकि उसके बाद के विश्व को देखकर माना जा सकता है कि शक्ति अन्तर्राष्ट्रीय राजनीति में एक स्थान तो रखती है लेकिन एक मात्र आधार नहीं। आज प्रतिद्वंद्विता और प्रतिस्पर्धा का स्थान सहयोग ले चुका है और आपसी मैत्री संबंध विश्व राजनीति का एक महत्त्वपूर्ण आधार भी है।

(4) अन्तर्राष्ट्रीय सम्बन्धों में शक्ति व हिंसा केवल इसीलिए नहीं होती क्योंकि राजनीतिज्ञ ऐसा चाहते हैं बल्कि इसलिए भी होती है क्योंकि किन्ही विशेष परिस्थितियों में ऐसी हिंसात्मक कार्यवाही करनी पड़ जाती है इसीलिए सत्ता पाने के लिए हिंसा को बढ़ावा दिया जाता है कहना गलत होगा। इस प्रकार राजनीति को शक्ति का रूप मान लेना गलत है। शक्ति के अद्वैतवाद (Power Monism) को राजनीति का द्योतक नहीं माना जा सकता।

(5) हाफमैन यह भी मानते है कि हर मानव कार्य के मूल में उस की प्रकृति ही है आवश्यक नहीं है। कई बार स्वभाव के कारण नहीं बल्कि परिस्थिति के कारण भी मानव बुराई कर बैठता है अतः मॉग्रेन्थो के विचार एकांगी, एकतरफा हैं।

(6) राष्ट्रीय हित भी हमेशा एक जैसे नहीं रहते। मॉग्रेन्थो ने जिस प्रकार राष्ट्रीय हित को सीमाओं में बांधा है वह उचित नही है। ना तो राष्ट्रीय हित को मापा जा सकता है। और ना ही निश्चित किया जा सकता है। यह समय, परिस्थितियों व हितों के अनुकूल सदा बदलता रहता है इसीलिए सदैव एक नहीं रह सकता इसके अलावा समय तथा व्यक्तियों के अनुसार उस पर दृष्टिकोणों तथा विचारधाराओं का भी प्रभाव पड़ता है। मॉग्रेन्थो का यह भी मानना है कि राष्ट्र के दृष्टिकोणों मे कहीं ना कहीं नैतिकता रहती है, मान्य नहीं हो सकता क्योंकि इस प्रकार तो किसी भी राष्ट्र का कोई भी कार्य गलत नहीं माना जा सकता क्योंकि हिंसक कार्यों के पीछे भी उस राष्ट्र का हित हो सकता है। 1939 में नाज़ी जर्मनी का वर्साई संधि का उल्लंघन राष्ट्रीय हित में था लेकिन वास्तविकता इस से परे है। आज के समय पर संयुक्त राज्य अमरीका का शक्ति उपयोग कर ईराक में दाखिल होना राष्ट्रीय हित हो सकता है लेकिन अन्तर्राष्ट्रीय राजनीति के लिए गलत है। प्रश्न यह भी है कि क्या अपने हितों की रक्षा करना ही एकमात्र लक्ष्य होना चाहिए?

(7) हर देश की पर–राष्ट्रनीति नियोजित व तर्क संगत ही हो मॉग्रेन्थो का यह कथन भी त्रुटिपूर्ण है इस प्रकार से तो अमरीका या पूर्व सोवियत संघ ने अन्तर्राष्ट्रीय राजनीति में जो भी किया या कर रहे हैं तर्कसंगत माना जाना चाहिए। युद्ध और हिंसा भी तर्कसंगत है एक देश का दूसरे देश पर कब्जा या शोषण भी ठीक ही माना जाएगा।

(8) राबर्ट टकर व कैनेथ वैल्ट्ज जैसे विचारक मॉग्रेन्थो को यथार्थवादी भी नहीं मानते क्योंकि इनका मानना है कि मॉग्रेन्थो बार–बार 'क्या होना चाहिए' की बात करते हैं जो आदर्श सूचक शब्द हैं। जो विचार यथार्थवादी तो हरगिज नहीं माने जा सकते।

(9) वासरमैन, हैरल्ड स्प्राउट तथा क्विन्सी राइट ने भी मॉग्रेन्थो के यथार्थवाद पर अपूर्णता का दोष लगाया है। वासरमैन मानते हैं कि मॉग्रेन्थो के मानव प्रकृति सम्बन्धी विचार केवल अनुमान पर ही आधारित हैं अतः वे यथार्थ तो हो ही नहीं सकते और ना ही वैज्ञानिक हो सकते हैं।

(10) मॉग्रेन्थो के विचारों में और भी बहुत सी असंगतियाँ हैं। वह नियतिवाद व पुरूषार्थवाद जैसे विरोधी विचारों को मिलाने की कोशिश करते हैं जो एक दूसरे के कटट्र विरोधी विचार हैं इस प्रकार यथार्थवाद में सैद्धान्तिक जटिलता भी पैदा होती है।

मॉग्रेन्थो के यथार्थवादी सिद्धान्त का मूल्यांकन

अन्तर्राष्ट्रीय राजनीति के विचारों में यथार्थवाद का एक महत्त्वपूर्ण स्थान रहा है और यथार्थवाद में मॉग्रेन्थो के विचारों का महत्त्वपूर्ण स्थान है। वास्तव में आदर्शपरक सिद्धांत के जवाब में यथार्थवाद ने सैद्धान्तिक आधार प्रस्तुत किया। कुछ विचारकों का तो यह भी मानना है कि मॉग्रेन्थो ही वह पहले विचारक हैं जिन्होंने अन्तर्राष्ट्रीय राजनीति का सैद्धान्तिक अध्ययन आरम्भ किया। आज अन्तर्राष्ट्रीय राजनीति का अध्ययन मॉग्रेन्थो व यथार्थवाद के सिद्धान्त से काफी आगे बढ़ चुका है लेकिन मॉग्रेन्थो के योगदान को भुलाया नहीं जा सकता क्योंकि वही ऐसे पहले विचारक हैं जिन्होंने यथार्थवाद को वैज्ञानिक आधार प्रदान किया। यथार्थवाद सिद्धान्त की काफी आलोचनाएँ भी हुई लेकिन इस सिद्धांत की उपेक्षा ना तो पहले की जा सकी

और ना ही आज की जा सकती है। पहली बार यथार्थवादी सिद्धांत ने ही शक्ति व राष्ट्रीय हित पर इतना बल दिया।

आज की परिस्थितियों को देखते हुए यथार्थवादी सिद्धांत को सबसे अच्छी तरह समझा जा सकता है। आज भी राष्ट्रीय हितों को अस्वीकार कर परस्पर सहयोग की कल्पना नहीं की जा सकती। आज के समय का कड़वा सच यही है कि अन्तर्राष्ट्रीय राजनीति शक्ति के चारों ओर ही घूमती है। इसी शक्ति संघर्ष के आइने में सभी राष्ट्रों की आपसी राजनीति को परखा जा सकता है। सभी केवल अपने राष्ट्रीय हितों को जानकर विदेश नीति का निर्माण करते हैं। 'शक्ति संघर्ष' व 'शक्ति राजनीति' आज की अन्तर्राष्ट्रीय राजनीति के केन्द्र में है। यथार्थवादी सिद्धान्त के अनुसार हर राष्ट्र अपनी विदेश नीति बनाते वक्त एक–दूसरे के हितों के टकराने का ध्यान रखे जो आज के संसार के लिए भी उतना ही सच है जितना 18वीं या 19वीं सदी में था।

मॉग्रेन्थो से पहले और बाद में भी ई.एच कार, क्विंसी राइट, ट्रीटस्के, नीत्शे, डेविड ईस्टन, जार्ज श्वार्जन आदि विचारकों ने शक्ति सम्बन्धी विचार दिए हैं लेकिन मॉग्रेन्थो ही एकमात्र ऐसे अन्तर्राष्ट्रीय राजनीति के विचारक माने जा सकते हैं जिन्होंने शक्ति के दृष्टिकोण को केन्द्र में रखकर अन्तर्राष्ट्रीय सम्बन्धों पर इतने व्यवस्थित विचार रखे।

"वास्तविक तथ्यों और उनके परिणामों की पृष्ठभूमि में इन तर्कपूर्ण मूल कल्पनाओं की सत्यता की परीक्षा अन्तर्राष्ट्रीय राजनीति के तथ्यों को सार्थक बनाती है और राजनीति के एक निश्चित वाद की सम्भावना प्रस्तुत करती है।" मॉग्रेन्थो

नव यथार्थवाद

पिछले कुछ सालों में अन्तर्राष्ट्रीय राजनीति को ज्यादा से ज्यादा वैज्ञानिकता प्रदान करने की कोशिश की जा रही हे। अपने इस प्रयास में यह विषय अधिकाधिक व्यवस्थित हो रहा है। इसी बीच कुछ नए दृष्टिकोण व नए विचार सामने आए हैं जैसे–

- रिचर्ड स्नाइडर का नीति–निर्धारण परक दृष्टिकोण (Decision-Making Analysis)

- मॉर्टन काप्लान का निकायपरक दृष्टिकोण (System Analysis)
- चार्ल्स मेक्लेलैण्ड का सामान्य निकाय परक दृष्टिकोण (Genernal System Approach)
- जार्ज लिस्का का साम्यावस्था परक दृष्टिकोण (Equilibrium Analysis)
- थॉमस शैलिंग का रणनीतिक यथार्थवाद (Strategic Realism)
- केनेथ वेल्ट्ज का नव यथार्थवाद (Neo Realism)

सिर्फ यर्थाथवाद की ही मॉग्रेन्थो के बाद अनेकों व्याख्याएँ सामने आईं। यों भी यथार्थवाद कोई एकीकृत सिद्धान्त नहीं है। मॉग्रेन्थो स्वयं परम्परागत व आदर्शपरक सिद्धांत के बीच की महत्त्वपूर्ण कड़ी है। य़थार्थवाद के अन्य रूप हैं परम्परागत यथार्थवाद (Classical Realism), नव यथार्थवाद या संरचनात्मक यथार्थवाद (Neo-Realism or Structural Realism), नव परम्परागत यथार्थवाद; (Neo-Classical Realism) विवेकपूर्ण विकल्प यथार्थवाद (Rational Choice Realism) आदि। इन सभी समकालीन व्याख्याओं में सबसे शक्तिशाली व्याख्या केनेथ वेल्ट्ज़ का नव यथार्थवाद का सिद्धांत है। वेल्ट्ज द्वारा प्रतिपादित सिद्धान्त उनके द्वारा लिखी गई पुस्तक A Theory of Internatioanl Politics जो 1979 में छपी में लिखा गया है। कुछ लेखकों का यह मानना है कि नव यथार्थवाद, यथार्थवाद का ही दूसरा रूप है। दोनों में कुछ अन्तर है और कुछ समानताएँ भी हैं।

- दोनों का सम्बन्ध अन्तर्राष्ट्रीय़ राजनीति तथा सम्बन्धों से ही है।
- दोनों अवधारणाएँ राज्य केन्द्रित हैं।
- दोनों मानवीय प्रकृति पर आधारित हैं (यथार्थवाद आक्रमक प्रवृत्ति पर और नव यथार्थवाद डर की भावना पर)
- दोनों शक्ति संतुलन में विश्वास करते हैं।
- दोनों सैनिक शक्ति के प्रयोग को सही मानते हैं।

कुछ भिन्नताएँ भी हैं।

- वेल्ट्ज मानव स्वभाव को आवश्यक नहीं मानते।

- यथार्थवाद शक्ति उन्मुख सामरिक नीति पर तो नव यथार्थवाद सुरक्षा उन्मुखी सामारिक नीति में विश्वास करता हैं।

यथार्थवादी सैनिक सुरक्षा को राज्य की मुख्य जिम्मेदारी मानते हैं क्योंकि आक्रमण का खतरा एक बड़ा खतरा है जिसका कुशलता से सामना करना राज्य के लिए आवश्यक ही नहीं बल्कि सर्वोपरि भी है। लेकिन नव यथार्थवादियों की समस्या यह है कि क्योंकि सैनिक आक्रमण का खतरा एक बड़ा खतरा है जिससे निपटना आवश्यक है अतः सैनिक तैयारी की सीमा कहाँ तक होनी चाहिए? नव–यथार्थवादी लेखकों का यह मानना है कि यदि राज्य के सामने आर्थिक विकास व सैनिक तैयारी में से किसी एक को चुनना हो तो सैनिक तैयारी को ही प्राथमिकता दी जाय।

कैनेथ वेल्ट्जः संरचनात्मक नव–यथार्थवाद (Structural Neo Realism) कैनेथ वेल्ट्ज (1924–2013) एक अमरीकी राजनीतिक वैज्ञानिक थे। वह 'संचनात्मक नव–यथार्थवाद के जनक' माने जाते हैं। नव यथार्थवाद चिंतकों का यह मानना है कि योजना, अहंभाव या प्रेरणा नही बल्कि संरचनात्मक दबाव अन्तर्राष्ट्रीय संबधों को निर्धारित करते हैं। वेल्ट्ज ने मॉग्रेन्थो की यथार्थवादी धारणा को पारिभाषित ना करके भिन्न दृष्टिकोण रखा जहाँ यथार्थवादी मानवीय प्रकृति पर अधिक ध्यान देते हैं वहीं नव यथार्थवादी राज्य की रणनीति व प्रयोजन पर संरचनात्मक सीमाओं की व्याख्या करते हैं। वे मानते हैं कि सम्प्रभु राज्यों के आपसी संबधों की व्याख्या उनके ऊपर पड़ने वाले दबावों से की जा सकती है जो अन्तर्राष्ट्रीय व्यवस्था के अराजक तत्त्व उन पर डालते हैं और उनकी पसंद–नापसंद पर सीमाएँ भी लगाते हैं। नव यथार्थवादी ऐतिहासिक घटनाओं के द्वारा इस स्थिति को समझाने का प्रयत्न करते हैं। उदाहरण के लिए स्पार्टा व ऐथंस के संबध बिल्कुल उसी तरह के थे जैसे कि एक समय पर संयुक्त राज्य अमरीका और पूर्व सोवियत संध के थे। वेल्ट्ज ने अपनी पुस्तक में बार बार यह व्याख्या की है और लिखा है कि वह विदेश नीति के किसी सिद्धान्त की रचना नहीं कर रहे हैं।

वेल्ट्ज् का मानना है कि अन्तर्राष्ट्रीय व्यवस्था की संरचना सबसे महत्त्वपूर्ण तत्त्व है। किसी भी व्यवस्था की सरंचना के आधार में उसके नियम है जो अन्तर्राष्ट्रीय व्यवस्था में तो दिखाई नहीं देते लेकिन हर राज्य

में उन्हें केन्द्रीय सत्ता अर्थात सरकार के नियमों व नियत्रंण के रूप में देखा जा सकता है। अन्तर्राष्ट्रीय व्यवस्था में ऐसी कोई सत्ता नहीं जो नियंत्रक हो लेकिन राज्यों में क्षमताओं व योग्यता का वितरण होता है। फिर भी अन्तर्राष्ट्रीय संरचना इतनी शक्तिशाली है कि वह राज्य के व्यवहार को नियंत्रण में रखती है। इस प्रकार नव यथार्थवादी यह स्वीकार करते हैं कि राज्यों की अपनी विशेषताएँ नहीं बल्कि अन्तर्राष्ट्रीय संरचना वैश्विक संबंधों को निर्धारित करती है।

वेल्ट्ज शक्ति की राजनीति के तर्क का सरंचनात्मक आधार खड़ा करते है। वह मानते हैं कि जिस प्रकार राज्यों का अध्ययन किया जाता है उसी प्रकार संरचना का अध्ययन भी किया जाना चाहिए। नव यथार्थवादी एक विकेन्द्रित अन्तर्राष्ट्रीय सरंचना की बात करते हैं। जहाँ कोई भी केन्द्रीय सत्ता नहीं है। यह एक ऐसी व्यवस्था है जहाँ हर प्रभुसत्ता सम्पन्न राज्य राजनीतिक ईकाई है लेकिन स्थिति अराजकतापूर्ण है। वेल्ट्ज अन्तर्राष्ट्रीय वातावरण की अराजकता को राज्यों की व्यवस्था से बिल्कुल भिन्न मानता है। राज्यों में यही स्थिति खराब होती है अथवा अराजक होती है तो राज्य या सरकार उस पर केन्द्रीय सत्ता के रूप में विद्यमान होती है। लेकिन अन्तर्राष्ट्रीय व्यवस्था में ऐसी किसी सत्ता के अभाव के कारण राज्यों को इस प्रकार व्यवहार करना करना चाहिए जहाँ उनकी सुरक्षा की व्यवस्था प्रधान हो। ऐसी स्थिति का सामना अधिकनायकवाद व लोकतांत्रिक दोनो प्रकार के राज्यों को करना पड़ सकता है ऐसे में वे दूसरों की सहायता का इन्तजार नही कर सकते इसलिए उन्हें स्वयं की शक्ति पर ही विश्वास होना चाहिए।

वेल्ट्ज यह भी मानते है कि वैश्वीकरण राज्यों के सामने बड़ी–बड़ी चुनौतियाँ ला रहा है लेकिन राज्यों की जगह कोई नहीं ले सकता। वेल्ट्ज का नवयथार्थवादी सिद्धान्त राज्यों के बीच सम्बन्धों में उन साधारण आचरणों की व्याख्या करता है जो अराजक अन्तर्राष्ट्रीय व्यवस्था में देखने को मिलते हैं। इन में शक्ति संतुलन एक महत्त्वपूर्ण नियम है। हर राज्य दूसरे को एक संभाव्य शत्रु के रूप में देखता है। सभी राज्यों की आवश्यकताएँ तो एक जैसी होती हैं लेकिन उन्हें पूरा करने की क्षमताएँ अलग–अलग होती हैं। अतः अपनी क्षमताओं की योग्यतानुसार राज्यों की स्थिति अन्तर्राष्ट्रीय

राजनीति की संरचना को पारिभाषित करती है। इस संरचना में सहयोग के दो कारण होते हैं। पहला यह डर कि कहीं दूसरे राज्य को सहयोग से फायदा ना हो और दूसरा यह सहयोग उसे दूसरे राज्य पर निर्भर ना कर दे। इस प्रकार हर राज्य अधिकाधिक शक्ति की कामना करता है। उन की यही क्षमता शक्ति सन्तुलन को जन्म देती है और इसी प्रकार अन्तर्राष्ट्रीय सम्बन्धों को आकार प्राप्त होता है। यह सुरक्षा की एक ऐसी बिडम्बना को जन्म देता है जिस समस्या का सामना हरेक राज्य को करना पड़ता है।

अराजकता से व्यवस्था तक

हिंसा अन्तर्राष्ट्रीय व्यवस्था का मुख्य अंग है। नव यथार्थवादियों का मानना है कि प्राचीन समय से आज तक इस व्यवस्था में कोई खास परिवर्तन नही आया है। ऐसी अराजक व्यवस्था में अन्तर्राष्ट्रीय सरकार नहीं हैं। लेकिन हर राज्य को सुरक्षा की आवश्यकता है। ऐसे वातावरण में बड़ी शक्तियाँ एक दूरारे के साथ संतुलन बनाए रखती हैं जिससे दोनों को सुरक्षा भी प्राप्त होती है। अगर विश्व में दो ही शक्तियाँ है तो वह नियंत्रण व सुरक्षा के लिए एक–दूसरे के सामने खड़ी होती हैं जबकि यदि शक्तियों की संख्या ज्यादा है तो वह सब भी स्पर्धा करती हैं। नवयथार्थवादी मानते हैं कि ऐसी अराजक व्यवस्था में भी व्यवस्था व सहयोग कायम किया जा सकता है।

राज्यों पर सुरक्षा का दबाव रहता है जो उन्हें अन्तर्राष्ट्रीय सहयोग व अन्तर्राष्ट्रीय संगठन का महत्त्वपूर्ण अंग बने रहने की प्रेरणा देता है। नवयथार्थवादी मानते हैं कि एक राज्य इसीलिए सहयोग करता है क्योंकि वह ऐसे वातावरण में स्वयं को सुरक्षित मानता है। समस्या तो यह है कि क्या ऐसे वातावरण में भी राज्य सुरक्षित है? परिणाम यह होता है कि जो राज्य खतरा महसूस करता है वह दूसरे राज्यों के मिलिट्री व आर्थिक सहयोग की ओर और उनसे होने वाले लाभ को देखता है। यह चिंता अपने दोस्त व शत्रु दोनों के लिए ही हो सकती है। एक दूसरे पर निर्भर रहना ही वह शक्ति है जो राज्यों के व्यवहार को निश्चित करती है व प्रभावित भी करती है। विभिन्न राज्यों में विश्वास का कम होना उन्हें हमेशा तैयार रहने को प्रेरित करता है। दूसरी तरफ सुरक्षा ही हर राज्य का परम लक्ष्य है। अपनी सुरक्षा को निश्चित करने के लिए राज्य दो विकल्प तलाशते हैं पहला

वे अपनी स्वायत्तत्ता को सुरक्षित रखें तथा ऐसा करने के लिए किसी के नियंत्रण में ना आए। दूसरा राज्य अपने प्रभाव का इस्तेमाल करे।

नवयथार्थवादी यह मानते हैं कि अन्तर्राष्ट्रीय संगठन बहुत फायदेमंद साबित नहीं होता। वह केवल राज्यों के बीच बातचीत का रास्ता खुला रखता है। उनके द्वारा निर्मित नियम मिल कर रहने का वातावरण तैयार करते हैं। नवयथार्थवादी राष्ट्रसंघ का उदाहरण ले यह स्पष्ट करते हैं कि अमरीका ने इसीलिए अन्तर्राष्ट्रीय संगठन का सदस्य बनना स्वीकार नहीं किया था क्योंकि उसका मानना था कि इस के द्वारा उनके प्रभुतासंबधी प्रश्न उठ खड़े होगें। राष्ट्रीय प्रभुता वह एक सबसे बड़ा कारण था जिस की वजह से अमरीका अन्तर्राष्ट्रीय न्यायालय को भी मान्यता देने को तैयार नहीं था।

मिरशीमियर यह मानते है कि अन्तर्राष्ट्रीय व्यवस्था में हर राज्य दूसरे का लाभ उठाना चाहते हैं। भले ही यह लगातार चलने वाले युद्ध की अवस्था नहीं है लेकिन निरन्तर चलने वाली प्रतिस्पर्धा की अवस्था जरूर है। नवयथार्थवादी यह स्वीकार करते हैं कि भले ही युद्ध की स्थिति हमेशा ना बनी रहती हो लेकिन फिर भी हर राज्य के पास शक्ति है और वह इसका प्रयोग कभी भी कर सकता है अतः युद्ध की स्थिति कभी भी बन सकती है। वेल्ट्ज मानते हैं कि किसी केन्द्रीय सत्ता के अभाव में राज्यों के बीच विवाद कभी भी पैदा हो सकते हैं और ऐसी स्थिति में युद्ध आरम्भ हो सकता है। एक विवेकशील राज्य हमेशा ऐसी स्थिति के लिए तैयार रहता है। ऐसी स्थिति में राज्य अपनी सैनिक क्षमता को सन्तुलित रखता है। अर्थात राज्य केवल झगड़े की सम्भावना से प्रेरित होकर काम करते हैं।

नवयथार्थवादी शक्ति में वृद्धि करने की बजाय शक्ति सन्तुलन पर ज्यादा विश्वास करते हैं। हर राज्य दूसरे से अपनी शक्ति को अधिक करना चाहता है ताकि उसकी उत्तरजीविता के अवसर बढ़े। नवयथार्थवादी शक्ति सन्तुलन किसी भी राज्य का अस्तित्त्व इस चीज में मानते है कि वह दूसरे से एक कदम आगे रहे। अतः सभी प्रकार की शक्ति को केवल सापेक्षिक सन्दर्भ में ही देखा जा सकता है। अन्तर्राष्ट्रीय व्यवस्था इसी अवस्था में सम्भव है जहाँ कुछ राज्य शक्तिशाली हैं और कुछ निर्बल हैं। अन्तर्राष्ट्रीय व्यवस्था शक्तिशाली राज्यों द्वारा निर्मित है और अराजकता की अवस्था में

जैसे ही शक्तिशाली राज्य दुर्बल राज्यों पर अधिकार जमाने की कोशिश करते हैं तो वे भी शक्ति संतुलन की प्रतिस्पर्धा में प्रवेश कर सकते हैं।

नवयथार्थवाद छह आधारों पर निर्भर हैं– अराजकता, संरचना, साम्थर्य, शक्ति का बंटवारा, ध्रुवीकरण व राष्ट्रीय अभिरूची। केवल वेल्ट्ज ही नहीं बल्कि अन्य बहुत से नवयथार्थवादियों ने इन आधारों की व्याख्या की है। अराजकता व संरचना दोनों आपस में जुड़े हैं। अन्तर्राष्ट्रीय व्यवस्था की संरचना अराजक है जिसमें अराजकता का अर्थ विश्व सरकार का ना होना है। नवयथार्थवादी यह मानते हैं कि शीतयुद्ध के एकल ध्रुवीय व्यवस्था में राज्यों के पास कुल तीन विकल्प हैं– पहला या तो वे अकेली शक्ति अमरीका के ही साथ हो जाए। दूसरा या वे सन्तुलन की स्थापना करते हुए अमरीका के सामने एक ओर गुट की स्थापना करे जैसा कि शीतयुद्ध के समय पर था और तीसरा किसी भी गुट में ना रह कर स्वायत्त रहें।

आलोचना

वेल्ट्ज के आलोचकों का मानना है कि अपने सिद्धांत की व्याख्या करते हुए वेल्ट्ज वास्तविक दुनिया से दूर हो जाता है। वह एक ऐसे अर्थशास्त्री की तरह बात करता है जहाँ सर्वोत्तम, संतुलित प्रतियोगिता वाला विश्व है। वास्तविक विश्व में अन्तर्राष्ट्रीय अराजकता की स्थिति तो है लेकिन वह व्यवस्थित नही है और ना ही हो सकती है। हर राज्य अन्तर्राष्ट्रीय व्यवस्था में काम करता है और यह भी सम्भव है कि एक राज्य के कार्यों का असर दूसरे पर ना पड़े। वेल्ट्ज वैश्वीकरण को भी एक सनक का नाम देते हैं जबकि 21वी सदी की यही सच्चाई है। राज्यों की शक्ति इस अवस्था में भी जिन्दा है। बल्कि कुछ अर्थों में तो यह आगे बढ गई है।

अराजक अन्तर्राष्ट्रीय व्यवस्था में भी बहुत से सोपान क्रम है जो बहुत सी परिस्थितियों से प्रभावित रहते हैं। वेल्ट्ज का यह मानना कि विश्व शक्ति संभव नहीं है आलोचकों की आलोचना का मुख्य आधार है। इस से लेखक के निराशावादी विचारों का प्रदर्शन होता है। वेल्ट्ज अन्तर्राष्ट्रीय संगठन के कार्यात्मक पहलू को भी नकारते हैं। राष्ट्रसंघ भले ही सफल अन्तर्राष्ट्रीय संगठन ना रहा हो लेकिन ऐसे ही विचार संयुक्त राष्ट्र के लिए माने नहीं जा सकते।

नवयथार्थवादी आर्थिक अन्योयाश्रितता को भी नकारते हैं। वेल्ट्ज का मानना है कि राष्ट्र अपनी सुरक्षा को ही आवश्यक मानते हैं। वास्तविकता तो यह है कि आर्थिक आत्मनिर्भरता राष्ट्र के हौसले को दोगुना करती है। व्यापार व आर्थिक संबध राष्ट्रों को नजदीक लाते हैं जिस पर वेल्ट्ज का ध्यान जाता ही नहीं।

सन्दर्भ सूची

शान्ति देवबाला, अन्तर्राष्ट्रीय राजनीति के सिद्धांत, हिंदी ग्रंथ अकादमी, लखनऊ, 1973।

Hoffmann, Stanley, Conteporary Theory in International Relations, Prentice Hall of India, New Delhi, 1964

Kenneth N. Waltz, Political Philosophy and the study of International Relations in Theoretical Aspects of International Relations, University of Notre Dame Press,1959.

Hans J. Morgenthau, Politics among Nations- The Struggle for Power and Peace, New York, McGraw Hills, 1978.

Brown Chris, Understanding International Relations, Basingstoke, MacMilan, 1997.

Baldwin David A, (ed), Neorealism and Neoliberalism- the Contemporary Debate, New York, Columbia University Press, 1993.

3

उदारवाद और नवउदारवार

– मेनिला नार्जारी*

उदारवाद (Liberalism) की लैटिन भाषा 'लिबरलिस' (Liberalis) से उत्पत्ति हुई, जिसका अर्थ है–'स्वतंत्र व्यक्तित्व'। इस प्रकार उदारवाद का अर्थ है– एक ऐसा राजनीतिक, आर्थिक और सामाजिक वातावरण जो व्यक्ति की स्वतंत्रता और उसकी मान–मर्यादा की रक्षा करे।

उदारवाद राज्य के अन्दर तथा विश्त के विभिन्न राज्यों के बीच उचित शासन एवम प्रशासन का सिद्धान्त है। उदारवाद अन्तर्राष्ट्रीय स्तर पर स्वतंत्रता, समानता, न्याय तथा सहनशीलता जैसे मूल्यों की प्राप्ति में तिश्तास करता है। इसका मानना है कि युद्ध, विवाद, अन्याय जैसे तत्व अवश्यभांवी नहीं है। उन्हें संस्थागत सुधारों तथा सामुहिक कार्यवाही द्वारा सीमित और समाप्त भी किया जा सकता है। अन्याय, आक्रमण और युद्ध यह दर्शाते हैं कि सामाजिक संस्थाएँ भ्रष्ट हैं और राजनेताओं के मन में एक–दूसरे के प्रति ढेर सारी भ्रांतियाँ विद्यमान हैं। उदारवादियों के अनुसार व्यक्ति स्वभाव से भला है और लोगों में यह क्षमता है कि वे अपने नैतिक और भौतिक परिवेश को सुधार सकें। उदारवाद के अुनसार मानवीय स्वतंत्रता का विकास प्रजातात्रिंक व्यवस्था एवं मुक्त बाजार पूँजीवाद द्वारा बेहतर प्राप्त किया जा सकता है। मुक्त बाजारों को फलने–फूलने का अवसर मिलना चाहिए तथा सरकारों को व्यापार तथा वाणिज्य के मुक्त प्रवाह में बाधा नहीं डालनी चाहिए। बीसवीं शताब्दी में आदर्शवादी विचारधारा ने भी उदारवाद में योगदान दिया जिसकी अभिव्यक्ति प्रथम विश्व युद्ध के समय वुडरो विल्सन जैसे राजनेताओं द्वारा स्थापित लीग ऑफ नेशंस के

* असिस्टेंट प्रोफेसर, राजनीति विज्ञान विभाग, कालिन्दी कॉलेज, दिल्ली विश्वविद्यालय

माध्यम से हुई। इस आदर्शवादी उदारवाद की मूल धारणा थी कि युद्ध को सदा के लिये समाप्त किया जा सकता है। लीग ऑफ नेशंस के आधे से अधिक अनुच्छेद युद्ध समाप्त करने के उपायों पर केन्द्रित थे।

वुडरो विल्सन के चौदह सुत्रों में से कुछ प्रमुख सूत्र ये थे–

1. युद्ध के पश्चात् शांति समझौते की शर्तें खुले ढंग से तय की जाएँ, गोपनीय या कुटनीतिक वार्ताओं के द्वारा नहीं,
2. युद्ध और शांतिकाल दोनों में ही सभी राष्ट्रों को प्रादेशिक सीमाओं से परे के समुद्रों में आवागमन की पूरी स्वतंत्रता हो,
3. सभी प्रकार के आर्थिक प्रतिबंधों को हटाकर राष्ट्रों के बीच समानता के आधार पर व्यापारिक संबंध कायम किए जाएँ,
4. घरेलू सुरक्षा के लिए आवश्यक हथियारों के अलावा अन्य शस्त्रों में कमी की जाए जिससे राष्ट्रों के बीच हथियारों की प्रतिस्पर्धा समाप्त हो,
5. जो देश (उपनिवेश) आज भी पराधीन हैं उनकी समस्याओं का निराकरण करते समय उनके हितों पर पूरा ध्यान दिया जाए।

युद्ध के बाद किए जाने वाले शांति समझौतों के बारे में विल्सन की राय यह थी कि "हर प्रश्न का निर्णय संबंधित देश की जनता की इच्छा के आधार पर किया जाए न किसी बड़ी ताकत के हितों और लाभ को ध्यान में रखते हुए", उन्होंने भविष्य में शांति स्थापना के लिए एक ऐसे संगठन की स्थापना पर बल दिया जो हर प्रकार के हमले को निष्फल करने में समर्थ हो।

उदारवादी विचारकों ने अन्तर्राष्ट्रीय कानून तथा विवादों को सुलझाने के अन्य कानूनी उपायों पर भी विशेष बल दिया जैसे–मध्यस्थता, समझौता, वार्तालाप, अन्तर्राष्ट्रीय न्यायालय आदि। उनका मानना था कि शिक्षा, सीख तथा अनुभव से अन्तर्राष्ट्रीय सहयोग से सम्बन्धित संस्थाओं का विकास किया जा सकता है।

उदारवादियों के अनुसार राष्ट्रों के बीच सहयोग न केवल संभव है, बल्कि बढ़ेगा भी। इसके दो कारण है–

1. शक्ति की लालसा अवश्य ही 'प्रतिस्पर्धा' को जन्म देगी, पर प्रतिस्पर्धा के भी कुछ नियम होते हैं। इनका पालन किया जाए तो राष्ट्रों के बीच सहयोग पनपेगा।
2. जैसे–जैसे राज्यों की एक–दूसरे पर निर्भरता बढ़ेगी और संचार व यातायात के साधन विकसित होंगे, वैसे–वैसे उनके बीच सहयोग भी बढ़ेगा। उदारवादियों ने लोकतांत्रिक मूल्यों के विस्तार की भी वकालत की है। उनके अनुसार लोकतंत्र के विस्तार से शांति, कल्याण और न्याय की शक्तियों को बल मिलेगा।

जहाँ तक अंतर्राष्ट्रीय संगठन का प्रश्न है, उदारवादियों ने विस्तार से उसकी भूमिका का ब्यौरा प्रस्तुत किया। 1920 में स्थापित राष्ट्रसंघ के चार प्रधान अंग थे– सभा, परिषद, सचिवालय और स्थायी अंतर्राष्ट्रीय न्यायालय। उदारवादियों ने इन संगठनों की भूमिकाओं को इस प्रकार रेखांकित किया :

1. संसार को युद्धों रो वचाना और अन्तर्राष्ट्रीय शांति व सुरक्षा सुनिश्चित करना,
2. अंतर्राष्ट्रीय सहयोग को बढ़ावा देना,
3. अल्पसंख्यकों के अधिकारों का परिक्षण, तथा
4. उन विवादों को सुलझाना जो राष्ट्रों के बीच सशस्त्र संघर्ष का कारण बन सकते हैं।

उदारवाद के केंद्र में तार्किकता या औचित्य की भावना है। ऐसा इसलिए है कि उदारवादी राज्य और उदारवादी उपागम का उदय मानव स्वभाव को सकारात्मक मानता है। उदारवादी मानते थे कि व्यक्तिगत तौर पर प्रत्येक राज्य अपने अल्पकालीन उपलब्धि का उपयोग अन्तर्राष्ट्रीय समुदाय के दीर्घकालीन लाभ के लिए करने के सक्षम है।

यथार्थवादी युद्ध और हिंसा को उचित ठहराते हैं, जबकि उदारवादी युद्ध और हिंसा को अबुद्धिमत्तापूर्ण मानते हैं। उदारवादी ऐसे शस्त्रास्त्रों की निर्भरता को हास्यास्पद मानते हैं जिससे संसार का नाश हो सकता है। जहाँ आज के समय में आधुनिक यथार्थवादी परमाणु अस्त्रों को अवरोधक

मानते हैं, वही उदारवादी इन अस्त्रों को तार्किकता का अंत और युद्ध की सम्भावना के लिए उत्तरदायी मानते हैं। उदारवादियों का मानना है कि मानव परिपूर्ण होने योग्य होते हैं और इस परिपूर्णता के विकास के लिए लोकतंत्र आवश्यक है। यथार्थवादियों के विपरीत, उदारवादियों की मानव के विकास और व्यक्ति की विवेकशीलता में पूर्ण आस्था है। इसलिए वे यथार्थवाद के इस विचार का खंडन करते हैं कि युद्ध अन्तर्राष्ट्रीय राजनीति की आवश्यक स्थिति है। वे इस मत से भी सहमत हैं कि विश्व के राजनीतिक रंगमंच पर राज्यों की भूमिका की एकाधिकारिता है, यद्यपि वे राज्य के महत्व को नकारते नहीं हैं। यही विश्व संघ की अवधारणा का आधार है, या फिर यही सशक्त संयुक्त राष्ट्र का आधार है।

उदारवाद के विभिन्न रूप तथा महत्व

यह माना जाता है कि सोलहवीं शताब्दी से ही उदारवाद सहयोग व शांति स्थापना की योजनाओं में संलग्न रहा है। उदारवादी विचारकों के लिए यह विचार बिल्कुल नकारा है कि राज्यों के बीच संबंधों के लिए संघर्ष एक स्वाभाविक परिस्थिति थी, इसे शक्ति नीतियों के संतुलन के द्वारा तथा अन्तर्राष्ट्रीय व्यवस्था को चुनौती देने वाले राज्य के विरूद्ध संगठन निर्माण द्वारा शक्ति के प्रबन्धन के रूप में बदला जा सकता है। सन् 1517 में ईरासमस (Erasmus) ने कहा था कि "युद्ध हानिकारक होते हैं, इस स्थिति से बाहर आने के लिए यूरोप के राजाओं तथा सम्राटों को शांति स्थापना करने की कोशिश एवं संबंधों में सुधार लाने की इच्छा रखनी चाहिए। साथ ही साथ यह आशा भी रखनी चाहिए कि इससे आदान–प्रदान की संभावनाएं बढ़ेंगी। अन्य उदारवादी विचारकों ने यह माना कि अन्तर्राष्ट्रीय अवमाननाओं या कानून उल्लघंन को रोकने के लिए संस्थागत ढांचे व संरचना की जरूरत है। इसी कारण सत्रहवीं शताब्दी के अन्त में विलियम पेन (William Penn) ने यूरोप की डाइट (संसद) की पैरवी की। पेन के इसी विचार के कारण आज यूरोपियन यूनियन की संस्थाएं मौजूद है। पेन ने यह प्रयास किया कि राज्य की शक्ति के अनुपात में ही संसद में प्रतिनिधि पहुंचने चाहिएँ तथा विधानमंडल को योग्यतम बहुमतों के आधार पर कार्य करना चाहिए। उदारवाद का यही विचार यह दर्शाता है कि सन् 1668 में पेन द्वारा

दिया गया 'डाइट' (संसद) का विचार सन् 1992 में यूरोपियन यूनियन की संधि तक महत्वपूर्ण रहा क्योंकि दोनों एक जैसे विचारों पर आधारित थे। इससे ये अनुमान लगाया जा सकता है कि अलग अलग इच्छाएँ रखने वाले राज्य भी सामान्य इच्छा को सामूहिक रूप से स्वीकारते हैं। इससे ये पता चलता है कि उदारवादी सिद्धान्त राज्यों के बीच अन्तराल को समाप्त करने में सहायक हो सकते हैं। लेकिन इसमें जहाँ तक उपरोक्त यूरोपियन यूनियन संधि का बात है उस पर कई यूरोपियन देश विवाद खड़ा कर सकते हैं। एकीकरण के उदारवादी सिद्धांत को अन्य उदारवादी सिद्धान्तों ने राज्यों की सम्प्रभुता के अधिकार के ऊपर सामाजिक तथा आर्थिक नीति‚यों को लेकर चुनौती दी है। उदारवाद को सार्थक करने वाले स्वायत्तता तशा एकीकरण (Autonomy & Integration) के बीच संबंधों को समझने के लिए बहुत से दार्शनिकों ने ऐतिहासिक उपागम का सहारा लिया जिसमें कई दार्शनिकों के अलावा राजनीतिज्ञ तथा विभिन्न विधिशास्त्रियों का भी योगदान है। यदि हम संदर्भित उपागम (Contextual approach) भी ले तो भूतकाल तथा वर्तमान में भी कुछ संवाद एक जैसे ही हैं। जैसे कि 18वीं शताब्दी के दार्शनिक इमैन्यूअल कांट तथा बीसवीं शताब्दी के उत्तरार्ध का विचारक फ्रांसिस फकुयामा। फकुयामा ने अपने लेख "The End of the History?" 1989 में लिखा कि उदारवाद ने सभी विचारधाराओं पर जीत हासिल कर ली है तथा आंतरिक तौर पर उदारवादी राज्य ज्यादा स्थिर थे तथा अंतर्राष्ट्रीय संबंधों में ज्यादा शांतिपूर्ण थे। टिम डन्ने का कहना है कि "इसी प्रकार उदारवाद को तीन रूपों में पहचाना जा सकता है– उदार अन्तर्राष्ट्रीयवाद, आदर्शवाद तथा उदार संस्थावाद।" कई उदारवादी विचारकों में कांट का विश्वास है कि मानवीय क्षमताओं को व्यक्तिगत अभिवृत्ति साथ–ही–साथ एक संघ के रूप में राज्य के एकीकृत बदलाव द्वारा महसूस किया जा सकता है। इस प्रकार कांट आदर्शवाद तथा उदार संस्थावाद दोनों से जुड़ जाता है। उदार संस्थावाद यह मानकर चलता है कि सरकार का लोकतांत्रिक स्वरूप ही उत्तरदायित्व के तौर पर सर्वोच्च है। कांट की भांति कई ऐसे उदारवादी है जो एक वर्ग सीमाओं से नहीं बंधे हुए है। इसी कारण अन्तर्राष्ट्रीय संबंधों में उदारवादी विचारों को समझना बेहद आवश्यक है। (कुमार, 2011)

उदार संस्थावाद

युद्धों से बचाव एवं शक्ति के प्रयोग के विरुद्ध सहयोग के द्वारा शांति स्थापना के लिए तथा सम्पन्नता सुनिश्चित करने के लिए उदार संस्थागत यंत्र रचना की खोज राष्ट्र संघ के दिनों से ही जारी है। राष्ट्र संघ के सबसे अग्रणी संस्थापक राष्ट्रपति वुडरो विल्सन को प्रथम उदार संस्थावादी कहा जाता है। विल्सन ने अन्तर्राष्ट्रीय सम्बंध को जंगल राज से निकाल कर नियंत्रित प्राणी उद्यान में शांतिपूर्वक व्यवस्था स्थापित करने के लिए संस्थाओं के महत्व पर बल दिया था। लेकिन राष्ट्र संघ का प्रयोग पूरी तरह विफल हुआ, फिर भी युद्धोत्तर विकास से उत्पन्न संयुक्त राष्ट्र तथा यूरोपियन संघ जैसे अन्तर्राष्ट्रीय संगठनों ने नई आशा का संचार किया इससे उदार संस्थागत दर्शन को बल मिला। उदार संस्थावाद अथवा नव उदार संस्थावाद का एक विचारधारा के रूप में तेजी से प्रसार हुआ। उन्होंने यथार्थवादियों तथा नव–यथार्थवादियों के समक्ष गंभीर चुनौती पेश की। उदार–संस्थावादी विचारक नव–यथार्थवादियों की इस आधार पर आलोचना करते हैं कि वे मात्र संघर्ष और प्रतिस्पर्द्धा पर ही ध्यान केन्द्रित करते हैं। इस प्रकार के अराजक अन्तर्राष्ट्रीय व्यवस्था में सहयोग की संभावनाओं को कम कर देते हैं। उदार संस्थावादी विद्वानों का कहना है कि अन्तर्राष्ट्रीय संस्थाएं तथा सत्ता राज्यों के मध्य सहयोग को प्रोत्साहित करती है। ह्रास, कोहेन तथा लेवी के अनुसार संस्थाएं आग्रही होती हैं तथा वे नियमों और परम्पराओं को नियमित करती हैं, गतिविधियों को सीमित करती हैं तथा अभिकर्ताओं की अपेक्षाओं को रूप प्रदान करती है। इन संस्थाओं में संगठन, नौकरशाही निकाय, संधियां एवं समझौते, तथा राज्यों को बाध्य करने वाली अनौपचारिक प्रथाएं शामिल होती हैं। दूसरी ओर, शासन पद्धति या सत्तागुटों को ऐसी सामाजिक संस्थाओं के रूप में परिभाषित करता है जो कि सर्वमान्य नियमों, प्रतिमानों, सिद्धांतों तथा निर्णय–नियामक प्रक्रियाओं पर आधारित होती है। वे विभिन्न राज्यों तथा गैर–राज्य अभिकर्ताओं की पारस्परिक क्रियाओं को शासित करती हैं। इनका कार्यक्षेत्र विशेषकर पर्यावरण तथा मानव अधिकारों से सम्बद्ध होता है। उदार संस्थावादियों के अनुसार, इस प्रकार की शासन पद्धतियाँ तथा संस्थाएँ अराजकतावादी और प्रतिस्पर्द्धी अन्तर्राष्ट्रीय व्यवस्था को नियमित करने में सहायक होती है। वे राष्ट्रीय हितों की सुरक्षा

सुनिश्चित करने के उद्देश्य से बहुलवाद तथा सहयोग को प्रोत्साहन देते हैं। (कुमार 2011)

नव उदारवाद (Neo-Liberalism)

1970 के दशक में जहाँ यथार्थवाद का नव–यथार्थवाद के रूप में पुनः अवतरण हुआ, वहाँ उदारवाद को भी नव–उदारवाद के रूप में पुनः स्थापित किया गया। नव उदारवाद के भी कई रूप हैं जैसे वाणिज्यिक नव–उदारवाद (यह शान्ति के साथ अन्तर्राष्ट्रीय मुक्त व्यापार का समर्थक है), गणतन्त्री नवउदारवाद (यह शांति और प्रजातंत्र का समर्थक है), समाजशास्त्रीय नव–उदारवाद (यह अन्तर्राष्ट्रीय संघटन तथा वैश्वीकरण में विश्वास करता है), तथा संस्थागत–उदारवाद अथवा नव–उदारवादी संस्थावाद। रोबर्ट कोहन जैसे नव उदारवादी संस्थावादी का मानना है कि अन्तर्राष्ट्रीय व्यवस्था अराजक होने के बावजूद अधिकतर राज्य संघर्ष के विपरीत सहयोग करने के लिये तत्पर होते हैं, रोबर्ट कोहेन तथा जोसेफ नाई इस सिद्धांत के संस्थापक माने जाते हैं। 1977 में प्रकाशित अपनी एक प्रसिद्ध पुस्तक 'शक्ति और परस्पर निर्भरता' (Power and Inter Dependence) में उन्होंने यह समझाया कि अंतराष्ट्रीय संगठनों के माध्यम से सभी विकट समस्याएं सुलझाई जा राकती है।

नवउदारवादी उपागम पारम्परिक उदारवादी उपागम से इस प्रकार अलग है कि यह यथार्थवाद की कुछ मान्यताओं को स्वीकार करता है। इनमें से एक प्रमुख मान्यता यह है कि राज्य इकाई के रूप में, अपने हितों के लिए बुद्धिमत्तापूर्ण (तार्किक) कार्य करते हैं। परंतु, नवउदारवादी, यथार्थवादियों के नकारात्मक निष्कर्षों को स्वीकार नहीं करते हैं। नवउदारवादियों का कहना है कि अनेक राज्य इसलिए सहयोग करने को प्रस्तुत हो जाते हैं क्योंकि ऐसा करना उनके हित में होता है। राष्ट्र राज्य एक दूसरे के साथ सहयोग करते हैं।

नवउदारवाद का मूल तर्क यह है कि राज्य और गैर–राज्य साथ–साथ अभिकर्ता मिलकर सहयोग कर सकते हैं ताकि समय–समय पर उत्पन्न होने वाली समस्याओं और संघर्षों का प्रभावी समाधान तलाश किया जा सके। इसके परिणामस्वरूप ऐसी अन्तर्राष्ट्रीय शासन पद्धतियों का जन्म

होगा, जिनके द्वारा राज्यों के मध्य सहयोग में वृद्धि होगी। यह सहयोग वृद्धि जिन उपायों से सुनिश्चित होगी वे हैं, लाने–ले जाने की कीमतों में कमी, बाजार के उतार–चढ़ाव की अनिश्चितता में कमी और सहयोग को प्रोत्साहित करने वाली संस्थाओं की स्थापना। अतः नवउदारवाद का मुख्य बल अन्तर्राष्ट्रीय सहयोग की निश्चित संभावना पर है। वह विश्वास करता है कि अन्तर्राष्ट्रीय सहयोग तो वैश्विक समाज के भाग्य में विधाता ने तय किया हुआ है।

नवउदारवादी मानते हैं कि चाहे अमेरिका के राष्ट्रपति विल्सन का आदर्शवाद स्वप्नोलोकी या कोरी कल्पना ही सही, फिर भी नवीन परिस्थितियों में नई वास्तविकता यह है कि राज्यों और गैर राज्य भागीदारों के समक्ष सहयोग के अतिरिक्त और कोई विकल्प है ही नहीं। यह अनिवार्य है कि सहयोग बढ़ाया जाए ताकि बार–बार बाजार के उतार–चढ़ाव से उत्पन्न विफलता को प्रभावी ढंग से सुलझाया जा सके। इस उद्देश्य से ऐसी अन्तर्राष्ट्रीय व्यवस्थाओं की स्थापना करनी होगी जो अन्तर्राष्ट्रीय सहयोग और विश्व शांति सुनिश्चित कर सकें।

नवउदारवादी उपागम में निर्णय करने वाले युक्तिसंगत होते हैं, जो अपने राष्ट्रीय उद्देश्यों के लिए, संघर्ष की अपेक्षा, सहकारी आचरण को प्राथमिकता देते हैं। नवउदारवाद विल्सन के आदर्शवाद का परिष्कृत रूप है। इसका विश्वास है कि अन्ततः सद्भावनापूर्ण अन्तर्राष्ट्रीय सम्बंधों का विकास होगा। अब राज्यों के मध्य बढ़ते सहयोग के संकेत स्पष्ट दिखाई देते हैं। ऐसा अनेकों अन्तर्राष्ट्रीय संघों और शासन पद्धतियों के उदय से सम्भव हो पाया है।

नव उदारवाद निम्नलिखित तीन प्रकार के हैं–

वाणिज्यिक उदारवाद, गणतंत्रात्मक उदारवाद और समाजवादी उदारवाद

1. वाणिज्यिक उदारवाद के अनुसार मुक्त व्यापार और बाजार तथा पूंजीवादी अर्थव्यवस्था सुख एवं शांति का रास्ता है। यह रूख विश्व की प्रमुख वित्तीय संस्थाओं तथा प्रमुख व्यापारी राज्यों और बहुराष्ट्रीय संगठनों का रूख है।

2. गणतंत्रात्मक उदारवाद के अनुसार लोकतांत्रिक राज्य अपने नागरिकों के अधिकारों के सम्मान के प्रति अधिक रुझान रखेंगे इसलिए अपने लोकतांत्रिक पड़ोसियों से युद्ध नहीं करेंगे। यह सिद्धांत लोकतांत्रिक शांति का सिद्धांत है।

3. समाजवादी उदारवाद के प्रमुख तत्व समुदाय एवं राज्यों की परस्पर निर्भरता है। सरकारें एक दूसरे पर निर्भर हैं। जिससे मनमानी करना ओर सहयोग न करना संभव नहीं है। (मिश्रा, शुक्ला, 2010, पृ. 33)

नव--उदारवाद इस मान्यता के साथ आरम्भ होता है कि मनुष्य एक विवेकशील तथा अच्छा प्राणी है और यह दूसरों के साथ सहयोग करने में सक्षम है। राज्य अपने आप में निरंकुश एवम स्वतंत्र पात्र नहीं है बल्कि इनके अपने अन्य हित भी होते हैं। अन्तर्राष्ट्रीय व्यवस्था अराजक होने के बावजूद विभिन्न राज्य आपस में सहयोग करने के लिए तत्पर रहते हैं। यह सहयोग तथा परस्पर निर्भरता राज्य के अतिरिक्त कई अन्य सरकारी संस्थाओं, गैर–सरकारी संस्थाओं अथवा अन्तर्राष्ट्रीय संस्थायों एवम् हित समूहों के माध्यम से भी प्राप्त करने की कोशिश की जाती है।

परंपरागत उदारवादी और नवउदारवादी विचारकों में अंतर :

1. परंपरागत उदारवादियों के अनुसार, "युद्ध इसलिए नहीं होते, चूँकि लोग स्वभाव से भले हैं। लोगों में यह क्षमता है कि वे 'अच्छे और 'बुरे' में भेद कर सकें।" नवउदारवादियों ने 'शांति और सहयोग की संभावना' को मनुष्य के स्वभाव से न जोड़कर संस्थाओं और अंतर्राष्ट्रीय संगठनों से जोड़ दिया, जैसे कि संयुक्त राष्ट्र संघ, विश्वबैंक और अंतर्राष्ट्रीय मुद्राकोष आदि।

2. परंपरागत उदारवादी 'मुक्त अर्थव्यवस्था' (Free Economy) का समर्थन इसलिए करते हैं चूंकि इससे व्यक्ति के व्यक्तित्व का विकास होता है। दूसरे शब्दों में व्यक्ति के विकास के लिए 'व्यक्ति– स्वतंत्रता' नितांत आवश्यक है। राज्य को न तो लोगों के विचारों पर रोक लगानी चाहिए और न कार्यों पर। व्यक्ति की स्वतंत्रता ही परम वांछनीय चीज है। राज्य को कोई ऐसा कार्य

नहीं करना चाहिए जो स्वतंत्रता में अनावश्यक बाधा डाले। नवउदारवादियों ने मुक्त व्यापार (Free Trade) और मुक्त बाजार (Free Market) का समर्थन इसलिए किया क्योंकि ये विभिन्न समाजों, राज्यों को जोड़ने वाले साधन है।

3. नवउदारवादी चिंतकों ने दूसरे विश्वयुद्ध के बाद बनी अंतर्राष्ट्रीय संस्थाओं (संयुक्त राष्ट्रसंघ और विश्व बैंक आदि) का समर्थन इसलिए भी किया चूँकि ये संस्थाएँ समय की कसौटी पर खरी उतरी।

नव उदारवादी संस्थावाद

नव–उदारवादी यह स्वीकार करते हैं कि राज्य अन्तर्राष्ट्रीय सम्बध के प्रमुख अभिकर्ता होते हैं, फिर भी वे यथार्थवादियों का यह तर्क स्वीकार नहीं करते कि केवल राज्य ही महत्वपूर्ण अभिकर्ता होते हैं। नव–उदार–संस्थावादियों के अनुसार राज्य विवेकशील तथा साधक अभिकर्ता होते हैं जो सभी क्षेत्रों में अपने हितों में अभिवृद्धि का प्रयास करते हैं। नव–उदार संस्थावादियों का यह भी विश्वास है कि आधुनिक प्रतिस्पर्द्धा परिवेश में, राज्य सहयोग के द्वारा अपने पूर्ण लाभ में अधिक से अधिक वृद्धि करना चाहते हैं क्योंकि उनका विवेकशील आचरण सहयोग–आधारित व्यवहार के मूल्यों से उन्हें अवगत करवाता है। सहयोगी व्यवस्था में राज्यों की रुचि अन्य राज्यों के लाभ में नहीं होती। परन्तु, इन नव–उदारवादियों का मानना है कि सफल सहयोग के मार्ग में सबसे बड़ी बाधा अन्य राज्यों द्वारा आज्ञा पालन न करने की शंका या धोखा देने की संभावना होती है। इस प्रकार की शंका का मूल कारण राज्यों की संप्रभुता है, जिसके कारण उनमें एक दूसरे के प्रति अविश्वास उत्पन्न होता है। फिर भी नव–उदारवादियों का विश्वास है कि आज्ञाकारिता के अभाव तथा धोखाधड़ी के भय को कम किया जा सकता है, चाहे उसे पूरी तरह दूर न भी किया जा सके। ऐसा अन्तर्राष्ट्रीय व्यवस्था में उचित संस्थाओं की स्थापना के द्वारा संभव हो सकता है। जहाँ यथार्थवादियों का तर्क है कि राज्य सापेक्षिक लाभ तथा झगड़े की सम्भावना पर ध्यान केन्द्रित करते हैं, वहाँ नव–उदारवादी संस्थावादी लेखकों का मानना है कि राज्य परिशुद्ध लाभ तथा सहयोग को प्राथमिकता देते हैं। नव–उदारवाद का मानना है कि यथार्थवादियों ने झगड़े

की सम्भावना को बढ़ा–चढ़ा कर प्रस्तुत किया है जबकि अन्तर्राष्ट्रीय स्तर पर 'झगड़े' के साथ–साथ तथा इसके समानान्तर 'सहयोग' की प्रवृत्तियाँ भी उपस्थित होती हैं, जैसे निरन्तर परस्पर सम्पर्क, व्यापार, सांस्कृतिक आदान–प्रदान आदि, जो राज्यों में परस्पर विश्वास पैदा करती है। आपसी सहयोग सभी राज्यों के स्वहित में होता है और इसे प्राप्त करने के लिए अन्तर्राष्ट्रीय स्तर पर विभिन्न संस्थाओं का निर्माण किया जाता है।

कोहेन का मानना है कि संस्थायें सम्बद्ध नियमों का समूह होती हैं जो आचरण सम्बन्धित भूमिका स्पष्ट करती हैं, गतिविधियों पर सीमायें लगाती हैं तथा आकांक्षाओं को आकार देती हैं।

नवउदारवादियों ने पारंपरिक उदारवाद की अन्तर्राष्ट्रीय सहयोग की चिंता के केन्द्रीय मुद्दे को तो स्वीकार किया, परन्तु राष्ट्रों के मध्य सहयोग की वृद्धि के लिए पृथक व्यवस्थाओं के प्रस्ताव दिए। नवउदारवादियों का विचार है कि राज्यों के मध्य सहयोग का गंतव्य राज्य अभिनेताओं के हितों से उत्पन्न होता है परंतु यह हित मात्र राष्ट्र राज्यों के हित में नहीं है। नवउदारवाद कार्यात्मक तर्कों पर विश्वास करता है जिनका आधार गैर–राजनीतिक क्षेत्रों में सहयोग और राष्ट्रों के मध्य समझौता है। नवउदारवादियों के अनुसार यदि गैर–राजनीतिक क्षेत्रों में सहयोग उत्पन्न होता है तो वह राजनयिक और राजनीतिक क्षेत्रों में भी सहयोग को जन्म दे सकता है, जिससे अन्तर्राष्ट्रीय शांति सुनिश्चित हो सकेगी। एक अन्य महत्त्वपूर्ण बात ये है कि अधिकाधिक देश लोकतंत्र को अपना रहे है। उदारवादियों और नव–उदारवादियों दोनों के अनुसार लोकतंत्र विश्व शांति की बेहतर गारंटी है। नवउदारवादियों के अनुसार अधिकाधिक देश लोकतांत्रिक सरकारों को अपना रहे हैं जिसके कारण युद्धों की सम्भावना कम हो रही है। अतः यह कहा जा सकता है कि लोकतांत्रिक देशों की आपस में युद्ध करने की सम्भावनाएं कम हो गई हैं। ब्रुस रसेट (Bruce Russet) ने इस विचार को शांति का लोकतांत्रिक शोध (Peace Democratic Thesis) कहा है।

नवउदारवाद का उदय नव–यथार्थवाद की प्रतिक्रिया के रूप में हुआ। अन्तर्राष्ट्रीय सम्बन्धों की अराजकता से इंकार न करते हुए नव–उदारवादियों का तर्क था कि इस अराजकता के महत्त्व तथा प्रभाव को

बढ़ा–चढ़ा कर प्रस्तुत किया गया है। नव उदारवादियों का मानना है कि नव–यथार्थवाद इस विकेन्द्रीकृत अन्तर्राष्ट्रीय सम्बन्धों में विविध सहयोगवादी व्यवहार की संभावनाओं का निम्न अनुमान लगाते हैं। वे मानते हैं कि अराजकता की परिस्थितियों में सहयोग अस्थिर एवम् अस्थायी हो सकता है परन्तु इनका दावा है कि अन्तर्राष्ट्रीय संस्थाओं तथा सूचनाओं के आदान–प्रदान द्वारा इस सहयोग को बढ़ाया जा सकता है।

जोन बेलिज तथा स्टिव स्मिथ के अनुसार नव–उदारवादी संस्थावाद जिन चार मान्यताओं पर आधारित हैं, वे हैं–

1. अन्तर्राष्ट्रीय राजनीति में राज्य महत्त्वपूर्ण पात्र हैं परन्तु ये अनन्य पात्र नहीं हैं। राज्य विवेकशील पात्र होते हैं, जो सभी क्षेत्रों में केवल अपने हितों की अधिकाधिक वृद्धि करने के इच्छुक होते हैं।
2. वर्तमान प्रतिस्पर्धी अन्तर्राष्ट्रीय वातावरण में राज्य सहयोग के माध्यम से अधिकाधिक परिशुद्ध लाभ प्राप्त करने का प्रयत्न करते हैं, वे इस बात की अधिक चिन्ता नहीं करते कि इस सहयोग से दूसरे राज्य को अधिक लाभ होगा या कम।
3. इस सहयोग के रास्ते में सबसे बड़ी बाधा संधियों, अनुबंधों अथवा समझौतों का उल्लंघन तथा राज्यों द्वारा धोखा देने की सम्भावना होती है।
4. अन्तर्राष्ट्रीय स्तर पर सहयोग में कई समस्यायें होती हैं परन्तु जहाँ राज्यों को लगता है कि यह परस्पर लाभकारी हैं और उनके अन्तर्राष्ट्रीय हितों को आगे बढ़ाने का अवसर देते हैं तो वे अपने संसाधनों तथा निष्ठा को इन सहयोगी संस्थाओं की तरफ मोड़ लेते हैं।

नवउदारवादियों का दावा है कि अन्तर्राष्ट्रीय संस्थायें राज्यों में परस्पर सहयोग को प्रोत्साहित करती हैं। राज्यों को चाहिए कि वे नये विषयों एवम् क्षेत्रों में सहयोग की नई राजनीति तथा मंचों का विकास करें।

कोहन के अनुसार पिछले दो–तीन दशकों में सामाजिक संस्थाओं, संधियों तथा अन्तर्राष्ट्रीय संगठनों में कई गुणा वृद्धि हुई है और ये सभी

सामाजिक संस्थायें तथा समझौते इस अराजक अन्तर्राष्ट्रीय व्यवस्था को संचालित करते हैं। राष्ट्रीय हितों को सुरक्षित करने के लिये ये बहुपक्षीय सहयोग को प्रोत्साहित करते हैं।

नव उदारवादी संस्थावाद के मुख्य सिद्धान्त नीचे दिये गए चार सिद्धान्तों के रूप में उद्घोषित किये जा सकते हैं–

1. अभिकर्ता : उदार–संस्थावादी समाज में वैधानिक प्रतिनिधित्व के रूप में राज्य को लेते हैं। यद्यपि अपने पहले बहुलवादी कार्य में गैर–राज्य अभिकर्ताओं के महत्त्व पर जोर देते हुए रॉवर्त कोहेन की नव–संस्थावाद की समझ कहती है कि गैर–राज्य अभिकर्ता राज्यों के अधीनस्थ होते हैं।

2. संरचना : नव–उदारवादी अन्तर्राष्ट्रीय व्यवस्था में अराजकता की संरचनात्मक परिस्थितियों से सहमत है लेकिन अराजकता का अर्थ यह नहीं है कि राज्यों के बीच सहयोग असंभव है, क्योंकि अन्तर्राष्ट्रीय सत्तागुणों का अस्तित्व है (या विस्तार हो रहा है)। संक्षेप में, सत्यापन मूल्यों को कम करके, तथा दंड देने के आसान मानकों से हटकर सत्तागत तथा अन्तर्राष्ट्रीय संस्थाएं अराजकता को शांत कर सकती है।

3. प्रक्रिया : वैश्विक तथा क्षैत्रीय स्तर पर एकीकरण बढ़ रहा है। यूरोपियन यूनियन का भावी निर्देशन नव–उदारवाद संस्थावाद के लिए एक महत्त्वपूर्ण परिक्षण माना जा सकता है।

4. अभिप्रेरणा : यदि एक राज्य मेल मिलाप से ज्यादा लाभ प्राप्त करता है तो राज्य सहकारी संबंधों में प्रवेश करते हैं। दूसरे शब्दों में कहे तो उदार–संस्थावादियों के लिए सापेक्षित लाभ से ज्यादा निरपेक्ष लाभ ज्यादा महत्व रखता है।

इन उपरोक्त संदर्भों को ध्यान में रखते हुए ही नव–उदारवादी संस्थावाद विकसित हुआ है। एक्सलरोड, कोहेन, तथा केन्नथ ऑफ जैसे नवउदार संस्थावादियों द्वारा केन्नथ वाल्ट्ज की नव–यथार्थवाद के सिद्धांत के प्रत्युत्तर के तौर पर यह विचार विकसित किया गया। इसके अतिरिक्त यह प्रत्युत्तर मुख्य धारा में इसलिए भी आया क्योंकि उस समय 1980 के

दशक में रेडिकल समालोचनात्मक सिद्धांत एक चुनौती के रूप में सामने आ रहा था। इसके विरोध में इसीलिए नव–उदारवादी संस्थावाद उभर कर आया। इसमें कोई आश्चर्य नहीं कि नव–उदारवादी संस्थावाद अन्तर्राष्ट्रीय संबंधों के बारे में पुरानी सोच के बजाय समकालीन यथार्थवाद के ज्यादा निकट है। (कुमार, 2011, पृ. 56)

नव उदारवाद तथा जटिल अन्योन्याश्रिता की धारणा

नव उदारवादी संस्थावाद के अतिरिक्त यथार्थवाद के विरूद्ध कोहन तथा नाई ने एक अन्य धारणा का विकास किया जिसे जटिल अन्योन्याश्रिता (complex Interdependence) का नाम दिया। इनके अनुसार यथार्थवाद की अपेक्षा जटिल अन्योन्याश्रिता की धारणा वास्तविकता के अधिक नजदीक है। कोहन तथा नाई ने अपनी पुस्तक (Power and Interdependence) में लिखा है कि जटिल अन्योन्याश्रिता अधिक वास्तविक है क्योंकि अन्तर्राष्ट्रीय स्तर पर जिन तथ्यों पर बल देती है, वे है–

1. आपसी आदान–प्रदान के बहुपक्षीय एवम् विभिन्न माध्यम जिनमें विदेश नीति निर्माताओं के बीच अनौपचारिक सम्पर्क से लेकर औपचारिक सभी सम्बंध निहित हो सकते हैं,
2. विषयों की वरीयता में किसी प्रकार की श्रेणीबद्धता का अभाव तथा,
3. अधिकतर मामलों में सैन्यशक्ति की निरर्थकता। इस मॉडल में शक्ति प्रतिमोच्य (Fungible) नहीं होती अर्थात् एक मामले में शक्तिशाली होने का अर्थ सभी मामलों में शक्तिशाली होना नहीं है। अन्योन्याश्रिता का सिद्धांत विषय सम्बन्धी संरचना (Issue structure) पर बल देता है। (वरमानी, 2011, पृ. 36)

नव उदारवाद मानते हैं कि आधुनिकीकरण तथा भूमंडलीकरण की प्रक्रियायें विभिन्न राज्यों में अन्योन्याश्रिता के स्तर तथा कार्यक्षेत्र में तेजी से वृद्धि कर रही है। जटिल अन्योन्याश्रिता (Complex Interdependence) की परिस्थितियों के अन्तर्गत परार्ष्ट्रीय खिलाड़ी जैसे बहुराष्ट्रीय कम्पनियाँ, अन्तर्राष्ट्रीय गैर–सरकारी संगठन–अत्यधिक महत्वपूर्ण होते जा रहे हैं

जिनके परिणामस्वरूप विदेश–नीति के एक यन्त्र के रूप में सैनिक शक्ति गौण होती जा रही है। अन्तर्राष्ट्रीय सम्बंध उत्तरोत्तर राष्ट्रीय राजनीति जैसे होते जा रहे हैं। कोहेन लिखते हैं, विभिन्न प्रकार के हित सरकारी तथा गैर–सरकारी दोनों स्तरों पर विभिन्न प्रकार के समूहों अथवा सहमिलन को जन्म देते हैं और उनमें विवादों का स्तर एवम प्रकृति भी भिन्न होती है।

यह अन्तर्राष्ट्रीय सम्बंधों का ऐसा महत्त्वपूर्ण आचरण है जो कि केन्द्रीय वैश्विक सत्ता के अभाव में भी, अन्तर्राष्ट्रीय सहयोग में सहायक होता है। अन्तर्राष्ट्रीय सुरक्षा के संदर्भ में परस्परता या अन्योन्यता के द्वारा ही अस्त्र–नियंत्रण समझौतों और संयुक्त राष्ट्र शांति निर्वहण संक्रियाओं (United Nation Peace Keeping Mission) जैसे क्षेत्रों में धीरे–धीरे सुधार हुआ है। अन्योन्यता का अर्थ यही है कि विभिन्न देश एक दूसरे के साथ एक जैसा व्यवहार करें और आपसी आदान–प्रदान करें। गोल्डस्टीन का मानना है कि "राजनयिक प्रक्रियाएं और अन्तर्राष्ट्रीय संगठनों में भागीदारी दोनों के पीछे सही आचरण के नियमों सम्बंधी सांझी अपेक्षाएं होती हैं।" नव उदारवाद ऐतिहासिक और समसामयिक घटनाओं का अध्ययन करके इस निर्णय पर पहुँचना चाहते हैं कि संस्थाएं और प्रतिमान किस प्रकार अंतर्राष्ट्रीय सहयोग सुनिश्चित करते हैं।

अतः नव उदारवादियों के लिए अन्तर्राष्ट्रीय संस्थाओं का उदय यह समझाने की कुंजी है कि राज्य किस प्रकार श्रेष्ठ परस्परता प्राप्त कर पाते हैं। नव–उदारवाद का मानना है कि जटिल अन्योन्याश्रिता की परिस्थितियों सहयोग को बढ़ावा देती है क्योंकि अधिकतर राज्य अनुभव कर रहे हैं कि मुक्त व्यापार के रूप में संयुक्त कार्यवाही सभी का भला कर रही है। विभिन्न राज्यों में सापेक्षिक शक्ति के संदर्भ में जटिल अन्योन्याश्रिता राज्यों को सैनिक क्षमता के बजाय आर्थिक क्षमता पर अधिक बल देने के लिए परिस्थितियाँ पैदा करती है। ऐसी परिस्थितियों में नव उदारवाद को आशा है कि आर्थिक तर्काधार–अर्थात् तुलनात्मक श्रेष्ठता, सामूहिक संसाधन श्रेष्ठता अथवा अर्थव्यवस्था का पैमाना आदि को ध्यान में रखते हुये अपनी कार्यकुशलता को अधिकाधिक करने के लिये राज्य आपस में सहयोग करेंगे।

अंतर्राष्ट्रीय संगठनों की भूमिका

यथार्थवादियों के अनुसार, "विश्व राजनीति में अंतर्राष्ट्रीय संगठनों की भूमिका सिर्फ 'परिधीय' (Peripherial) या नाममात्र की होकर रह गई है।" कोहेन और नाई चूँकि यह मानकर चलते हैं कि राज्यों का एजेंडा बदल चुका है, इसलिए वे अंतर्राष्ट्रवाद और अंतर्राष्ट्रीय संगठनों की भूमिका को लेकर बड़े आशावादी हैं। उनके अनुसार, "अब अंतर्राष्ट्रीय संगठन यह तय करने लगे हैं कि राज्यों को क्या करना चाहिए और क्या नहीं।" इस संबंध में उन्होंने निम्नलिखित तथ्यों को विशेष रूप से रेखांकित किया।

1. संयुक्त राष्ट्र संघ द्वारा 1972 में स्टॉकहाम (Stockholm) में एक सम्मेलन बुलाया गया जिसमें पर्यावरण से जुड़े सवालों पर गंभीर चिंता व्यक्त की गई। विभिन्न देशों के प्रतिनिधि विचार–विमर्श के बाद इस निष्कर्ष पर पहुँचे कि "विकसित देशों की गतिविधियों ने पर्यावरण पर ज्यादा दबाव डाला है और विकसित व विकासशील देशों के बीच की खाई को चौड़ा किया है।"

2. विश्व खाद्य सम्मेलन (1974) द्वारा अमेरीकी प्रशासन का ध्यान इस ओर आकृष्ट किया गया कि वह दुनिया में भोजन की कमी न होने दे।

3. नयी अंतर्राष्ट्रीय अर्थव्यवस्था (New International Economic Order) पर विचार–विनिमय के लिए 1975 में आयोजित एक सम्मेलन में तीसरी दुनिया के गरीब देशों की आर्थिक स्थिति पर असंतोष किया गया।

4. अंतर्राष्ट्रीय मुद्रा कोष (International Monetary Fund) व्यापार के विस्तार को बढ़ावा देता है ताकि रोजगार के अवसरों में वृद्धि हो सके और विश्व के देशों की स्थिति बेहतर बन सके। अंतर्राष्ट्रीय वित्त की कोई राष्ट्रीय पहचान नहीं होती और क्योंकि अब प्रबंधन का भी अंतर्राष्ट्रीयकरण हो चुका है, इसलिए इस वित्त का कही भी निवेश किया जा सकता है।

5. संचार, उत्पादन, व्यापार और निवेश के क्षेत्रों में अंतर्राष्ट्रीय सहयोग का परिणाम यह निकला कि विकसित और विकासशील

देश एक–दूसरे के प्रति ज्यादा संवेदनशील हुए हैं। इससे गरीब और छोटे देशों की आर्थिक प्रगति का मार्ग भी प्रशस्त हुआ है।

6. संयुक्त राष्ट्र संघ के सभी सदस्य 'महासभा (General Assembly) के सदस्य होते हैं, जहाँ सभी सदस्यों का केवल एक ही मत होता है। चाहे कोई राष्ट्र बड़ा हो या छोटा महासभा उन्हें एक समान स्तर पर रखकर "एक राज्य, एक वोट" के सिद्धांत पर संचालित होती है। इसका परिणाम यह निकला कि "छोटे और शक्तिहीन देश आपस में गठजोड़ करके महासभा पर दबाव डाल सकते हैं। इससे उनकी माँगों को बल मिलता है।

'आपसी निर्भरता' विश्व राजनीति की एक बड़ी सच्चाई बन चुकी है। यथार्थवादी दृष्टिकोण से कहीं ज्यादा प्रभावशाली अब यह दृष्टिकोण बन चुका है कि राज्यों की आपसी निर्भरता उनके बीच सहयोग को बढ़ावा देती है।

भूमंडलीकरण और नवउदारवाद

भूमंडलीकरण एक नवीन प्रक्रिया है। नवयथार्थवादियों के अनुसार भूमंडलीकरण ऐसी चुनौती है जिसका प्रभावी ढंग से सामना करना है ताकि शक्ति के नए सम्बंधों का ध्यान रखा जा सके, और नए उपायों के द्वारा शक्ति की गत्यात्मकता (dynamics) को सुनिश्चित किया जा सके। लेकिन नवउदारवादी मानते हैं कि भूमंडलीकरण एक ऐसी नई प्रक्रिया है जो कि प्रगतिशील, आर्थिक, राजनीतिक और सुरक्षा सम्बंधी पारस्परिक निर्भरता को प्रभावित करती है और उसका प्रतिबिंब भी है। यह प्रक्रिया शांति, सद्भावना और सम्पन्नता सुनिश्चित करती है। यह सही सकारात्मक आदर्शवादी मूल्य है। भूमंडलीकरण आर्थिक खुलेपन और अन्तर्राष्ट्रीय सहयोग के प्रतिबिंब हैं। जहाँ भूमंडलीकरण 'सरल आर्थिक सम्पन्नता" की सम्भावना पेश करते हैं, वहीं उन्होंने प्रभुत्वशील देशों और तत्वों के समक्ष चुनौतियां भी प्रस्तुत की हैं ताकि वे अपने शक्ति वर्चस्व को और पनपने न दें। भूमंडलीकरण मूल रूप से वह प्रक्रिया है जो राष्ट्रीय अर्थव्यवस्थाओं का एक वैश्विक अर्थव्यवस्था में एकीकरण और समीकरण करती है।

मुक्त व्यापार के उदारवादी समर्थकों के अनुसार वैश्वीकरण एक सकारात्मक शक्ति है। अन्ततोगत्वा वैश्वीकरण की शक्तियों द्वारा संचालित आर्थिक विकास से सभी राज्यों को लाभ होगा। अतः राज्यों को चाहिए कि वे वैश्वीकरण का विरोध न करें या अनचाहे राजनीतिक हस्तक्षेप से परहेज करे। नव–उदारवादी उन सामाजिक एवम् राजनीतिक संस्थाओं का समर्थन करते हैं। ये वैश्वीकरण को जटिल परस्पर–निर्भरता प्रक्रिया मानते हैं।

आलोचनात्मक मूल्यांकन

आलोचकों का मानना है कि नवउदारवादी जरुरत से ज्यादा आशावादी दिखाई देते हैं। अंतर्राष्ट्रीय संस्थाएं (विश्व बैंक, अंतर्राष्ट्रीय मुद्रा कोष और सुरक्षा परिषद्) काफी हद तक लोकतांत्रिक नहीं है।

उदाहरण के लिए अंतर्राष्ट्रीय मुद्रा कोष की संरचना और उसकी कार्यविधि को देखें। कहने को तो इस समय इसके सदस्य–देशों की संख्या 184 है पर इसके संचालन में मुख्य भूमिका इन देशों की रहती है–

1. आठ राष्ट्रों का समूह (जी–8) अर्थात् कनाडा, फ्रांस, जर्मनी, इटली, जापान, ब्रिटेन, अमेरिका और रूस।
2. सउदी अरब और चीन।

अंतर्राष्ट्रीय मुद्रा कोष के कुल संसाधनों का एक बड़ा हिस्सा इन्हीं दस राष्ट्रों के अंशदान पर निर्भर करता है। इसी प्रकार विश्व बैंक के कार्यकारी निदेशकों की नियुक्ति उन पाँच सदस्य देशों द्वारा की जाती है जिनकी बैंक की कुल पूँजी में सबसे ज्यादा हिस्सेदारी है।

सुरक्षा परिषद् संयुक्त राष्ट्रसंघ का सबसे महत्वपूर्ण अंग है। अंतर्राष्ट्रीय शांति और सुरक्षा बनाए रखने की प्राथमिक जिम्मेदारी सुरक्षा परिषद की ही है। लेकिन सुरक्षा परिषद् की संरचना भी लोकतांत्रिक नहीं है। सुरक्षा परिषद् के पाँच स्थायी सदस्यों को 'वीटो' पावर प्राप्त है। इस प्रकार यह परिषद् इन पाँच राष्ट्रों में से किसी भी एक राष्ट्र के नकारात्मक मत के आगे शक्तिहीन है। यूरोपीय देशों (ब्रिटेन, फ्रांस और रुस) को जनसंख्या के हिसाब से कहीं ज्यादा प्रतिनिधित्व हासिल है, जबकि एशिया जैसे विशाल महाद्वीप से केवल चीन ही सुरक्षा परिषद् का स्थायी सदस्य है। लैटिन

अमेरिका और अफ्रीका जैसे विशाल महाद्वीपों को भी सुरक्षा परिषद की स्थायी सदस्य हासिल नहीं है। (तायल, 2015)

नवउदारवाद के आलोचक नवउदारवाद–संस्थावाद की विचारधारा से भी सहमत नहीं है। यह विचारधारा आशावादी है कि इन अन्तर्राष्ट्रीय संस्थाओं के माध्यम से संघर्ष समाप्त किए जा सकेंगे और राष्ट्रों को पारस्परिक उपलब्धियों से समुचित शक्ति प्राप्त हो सकेगी। आलोचक इस सम्बंध में बिल्कुल आशावादी नहीं है।

सन्दर्भ सूची

1. Joh Baylis, Steve Smith, Patricia Owens, "*The Globalization of World Politics : An Introduction to International Relations*", Oxford University Press, 2008.
2. Rumki Basu (ed), *International Politics : Concepts, Theories and Issues*, Sage Publication, New Delhi, 2012.
3. के.के. मिश्रा, सुभाष शुक्ला, *अंतर्राष्ट्रीय राजनीति के सिद्धांत*, अनामिका पब्लिशर्स एंड्ड डिस्ट्रीब्यूटर्स, नई दिल्ली।
4. आर.सी.वरमानी, *समकालीन अन्तर्राष्ट्रीय सम्बन्ध*, गीतांजली पब्लिशिंग हाऊस, नई दिल्ली, 2011
5. अजय कुमार, *अन्तर्राष्ट्रीय संबंधों के सिद्धान्त : एक परिचय*, पियर्सन, नई दिल्ली, 2011.
6. F. Fukuyama, *The End of History and the last man*, London, 1992.
7. R.O. Keohane and J.S. Nye, '*Power and Interdependence : World Politics in Transition*', Bostan, 1977.
8. बी.बी. तायल, *अंतर्राष्ट्रीय संबंध*, सुल्तान चन्द एण्ड सन्स, नई दिल्ली 2015.
9. Charles W. Kegley, J.R., "*World Politics : Trend and Transformations*", Wadsworth Cengage Learning, 2009.
10. वी.एन.खन्ना, *"अन्तर्राष्ट्रीय सम्बंध का परिचय"* आर चांद एण्ड कम्पनी, नई दिल्ली, 2008
11. Paul R. Viotti, *Mark v. Kauppi, International Relation and World Politics: Security*, Economy, Identity, Pearson, New Delhi, 2007.

4

विश्व व्यवस्था सिद्धान्त

रितु शर्मा*

विश्व व्यवस्था सिद्धांत विश्व राजनीति की जटिलताओं को समझने हेतु एक विशिष्ट सिद्धांत है। यह वृहद स्तर पर समाजशास्त्रीय तथा पराश्रितता से संबंधित संबंधों को विवेचित करने का एक विशिष्ट उपागम है। यह सिद्धांत विश्व के समस्त अन्तर्संबंधित संबंधों को समझने का एक माध्यम है जो यह मानता है कि विश्व के सारे देशों की व्यवस्था का तारतम्य कहीं से ना कहीं से एक समान रूप से जुड़ा हुआ है। यह सिद्धांत यह मानता है कि मानव सभ्यता के उदय के साथ ही सबमें आपसी संपर्कों का आदान–प्रदान होना शुरू हुआ तथा ठीक यही व्यवस्था राष्ट्रों के सन्दर्भ में भी लागू होती है। यह सिद्धांत इस तथ्य को स्पष्ट करने का प्रत्यत्न करता है कि पूंजीवाद राष्ट्रीय सीमाओं के अन्दर वर्गीय समाज को दर्शाने वाली आर्थिक व्यवस्था ही नहीं है बल्कि पूंजीवादी राज्यों के बीच परस्पर संबंध भी है और यहां भी ये संबंध असमानता पर आधारित है। जो देश व्यवस्था के विकास के क्रम में पहले आजाद हो गये उन्होंने उपनिवेश बनाये तथा उपनिवेशवाद की अंधी दौड़ शुरू की जिसने शोषण तथा अन्याय की व्यवस्था को बढ़ावा दिया। जिन देशों ने उपनिवेश स्थापित किये उनकी कोशिश हमेशा यही रही कि आश्रित देश का अधिकाधिक शोषण किया जाय तथा उसे पराश्रित बना कर रखा जाय। शक्तिशाली राष्ट्रों ने एक ऐसी विश्व व्यवस्था का निर्माण करने का प्रयत्न किया जहां गरीब राष्ट्र गरीब ही रहें तथा अमीर राष्ट्र अमीर रहे एवं उनके हित सुरक्षित रहें। इस सिद्धांत के अनुसार पराश्रितता की यह अवस्था ही पिछड़े देशों के विकास में सबसे बड़ी बाधा रही है।

---

* असिस्टेंट प्रोफेसर, राजनीति विज्ञान विभाग, कालिन्दी कॉलेज, दिल्ली विश्वविद्यालय

विश्व व्यवस्था सिद्धांत का मानना है कि सभी तरह के संबंध चाहे वह स्थानीय स्तर पर हों या विश्व स्तर पर, अन्तर्राष्ट्रीय संबंधों को प्रभावित करते हैं तथा नयी व्यवस्था का निर्माण करते हैं। यह केवल अन्तर्राष्ट्रीय संबंधों के सन्दर्भ में ही नहीं बल्कि वैश्विक स्तर पर संस्कृति, अर्थव्यवस्था, राजनीतिक संस्थाओं के सन्दर्भ में भी देखी जा सकती है। विश्व व्यवस्था सिद्धांत एक बहुआयामी दृष्टिकोण है जो इतिहास के साथ–साथ सामाजिक परिवर्तन को भी समझने का प्रयत्न करता है। यह सिद्धांत मानता है कि विश्व व्यवस्था को विश्व इतिहास तथा सामाजिक परिवर्तन के सन्दर्भ में समझा जा सकता है।

पृष्ठभूमि

विश्व व्यवस्था सिद्धांत पूंजीवादी विश्व अर्थव्यवस्था का एक 'सम्पूर्ण सामाजिक व्यवस्था' के रूप में व्याख्या करने की चेष्टा करता है। विश्व व्यवस्था सिद्धांत का उद्भव 1970 के दशक में हुआ। इस सिद्धांत को विकसित करने में कई विचारकों का नाम रहा जैसे समीर अमीन, गिवोनी अरीधी, क्रिस्टोफर–चेज–डन, बेवरली सिल्वर आदि, पर सबसे प्रमुख नाम रहा 'इम्मेनुअल वालेस्टाइन' का। इम्मेनुअल वालेस्टाइन को इस सिद्धांत को व्यवस्थित रूप से प्रतिपादित करने का श्रेय दिया जाता है। इम्मेनुअल वालेस्टाइन का मानना है कि पूंजीवादी विश्व व्यवस्था की जड़ों को 16वीं सदी के दौर में देखा जा सकता है जब सामन्तवादी व्यवस्था का पतन शुरू हो गया तथा उसकी जगह औद्योगिकरण ने लेनी शुरू कर दी। 1640 के दशक के बाद युरोप ने अपनी आर्थिक तथा सामरिक शक्ति के सन्दर्भ में विकसित होने का फायदा उठाया तथा विश्व अर्थव्यवस्था के एक बहुत बड़े भाग पर कब्जा जमा लिया। यह कब्जा असमानता पर आधारित था तथा इसमें विजित राष्ट्रों का विजेता राष्ट्रों ने हमेशा शोषण ही किया। इम्मेनुअल वालेस्टाइन का मानना है कि शोषण की यह प्रक्रिया पहले से ही चलती आ रही है और आगे भी यह चलती ही रहेगी। वालेस्टाइन का सिद्धांत सामाजिक परिवर्तन का सिद्धांत है जिसमें सिद्धांत तथा व्यवहार दोनों को संबंधित किया गया है ताकि समाज के छुपे हुये ढांचों को उभार कर वर्तमान विश्व व्यवस्था में परिवर्तन किया जा सके।

इम्मेनुअल वालेस्टाइन ने इस सिद्धांत की रचना उस समय की जब अमरीकी समाजशास्त्रियों द्वारा द्वितीय विश्वयुद्ध के बाद प्रतिपादित 'आधुनिकीकरण सिद्धांत' (Modernisation theory) अधिकतर चिन्तको की आलोचना का विषय बनती जा रही थी। वालेस्टाइन ने इस सिद्धांत की आलोचना की तथा कहा कि :–

1) यह सिद्धांत केवल राज्य को प्राथमिक मान कर इसी की विवेचना करता है।

2) यह सिद्धांत मान कर चलता है कि विकास का केवल एक ही रास्ता है तथा उसी पर चलकर समस्त देश अपना विकास कर सकते हैं।

3) यह उन वैश्विक संरचनाओं की अवहेलना करता है जो स्थानीय तथा राष्ट्रीय विकास को बाधित करते हैं।

आधुनिकीकरण के सिद्धांत के विपरीत विकास के संदर्भ में वालेस्टाइन ने पांच विषयों पर ध्यान केंद्रित किया।

1) पूंजीवादी विश्व अर्थव्यवस्था की एक व्यवस्था के रूप में गतिविधियां

2) इसका कैसे और क्यों विकास हुआ।

3) पुरानी शताब्दियों में इस पूंजीवादी ढांचे के गैर पूंजीवादी ढांचों के साथ सम्बन्ध

4) उत्पादन के वैकल्पिक ढाँचो का तुलनात्मक अध्ययन

5) समाजवाद के दिशा में हो रहा परिवर्तन

विश्व व्यवस्था सिद्धांत पराश्रितता सिद्धांत (dependency theory) से भी काफी प्रभावित रहा है जो कि विकास की प्रक्रिया का एक नव–मार्क्सवादी विश्लेषण है। विश्व व्यवस्था सिद्धांत ने विकासवादी उपागम के चिन्तकों को चिन्तन का एक नया आधार प्रदान किया जिससे वह असमान विकास तथा असमान अवसरों की जटिल संरचना को समझ सकें। वालेस्टाइन ने इस सिद्धांत की रचना की ताकि बौद्धिक रूप से सुप्त पड़े क्रियाकलापों को जागृत किया जा सकें तथा वह संरचनायें जो पर्दे के पीछे रहकर काम करती हैं उन्हें इस बात का अवसर दिया जा सके कि वह आगे आकर इस

भेदभावपरक व्यवस्था को खत्म करें। इम्मेनुअल वालेस्टाइन ने इस तथ्य को माना कि उसका ध्येय आधुनिकतावादी व्याख्या का एक विकल्प तैयार करना है तथा एक ऐसे सिद्धांत की रचना करना है जिससे पूंजीवाद, औद्योगिकरण, और राष्ट्रीय राज्यों के विकास को समझा जा सके।

विश्व व्यवस्था क्या है?

इम्मेनुअल वालेस्टाइन का मानना है कि आज के सन्दर्भ में राष्ट्रीय राज्यों को आर्थिक, राजनीतिक तथा वैधानिक संरचना के अन्तर्गत रख कर देखा जा सकता है। वालेस्टाइन का मानना है कि जैसे व्यक्ति को सामाजिक, सांस्कृतिक व्यवस्था या समाज जिसमें वह रहता है के बिना नहीं समझा जा सकता वैसे ही राष्ट्रीय राज्यों को विश्व व्यवस्था के सन्दर्भ से अलग करके नहीं समझा जा सकता। उसका मानना है कि कोई भी राष्ट्र विश्व व्यवस्था का अंग होता है तथा वह स्वतंत्र रूप से अपने आप को संचालित नहीं कर सकता है। सभी देश परस्पर एक दूसरे से अन्तर्सम्बन्धित हैं। वालेस्टाइन का मानना है कि पूंजीवादी व्यवस्था में श्रम का विभाजन होता है तथा दो या दो से अधिक राज्य एक दूसरे के ऊपर अपनी आवश्यकताओं हेतु निर्भर होते हैं तथा प्रतिस्पर्धा करते हैं। इस प्रतिस्पर्धा का परिणाम यह होता है कि कोई भी शक्ति एकल रूप से अपनी मनमानी नहीं कर पाती है क्योंकि संचित पूंजी इस समय व्यवस्था का चालक बनी हुई है। वालेस्टाइन का मानना है कि आर्थिक संबंध एकाएक शून्य में निर्मित नहीं हुये। आधुनिक राष्ट्रीय राज्यों का उदय ही इस कारण से हुआ कि वह पूंजीवादी व्यवस्था के हितों की रक्षा कर सकें। शुरू के युरोपीयन पूंजीवादियों के यह हित में था कि वह एक ऐसी वैश्विक अर्थव्यवस्था का निर्माण करे जिसमें केवल उनका हित सधे और वह ऐसा करने में सफल भी रहे। उन्होंने श्रम विभाजन की ऐसी असमान व्यवस्था का निर्माण किया जिसका प्रभाव आज तक साफ महसूस किया जा सकता है। वालेस्टाइन का मानना है कि पूंजीवादी विश्व व्यवस्था श्रम के दोहरे विभाजन पर टिकी है जिसमें अलग–अलग वर्गों और गुटों को किसी भी सामग्री पर हक राष्ट्रीय राज्य तथा वैश्विक अर्थव्यवस्था में या विश्व बाजार में ताकत या हैसियत के आधार पर दिया जाता है। यह विभाजन शक्ति के आधार पर टिका हुआ है। विश्व व्यवस्था सिद्धांत का तर्क है कि पूंजीवाद का वर्तमान ढांचा शोषणकारी

है जिसका व्यापक एवम् गहन प्रसार केन्द्र (Core) में विकास तथा परिधि (periphery) में पिछड़ेपन के लिये उत्तरदायी है। आधुनिक विश्व व्यवस्था 'विश्व अर्थव्यवस्था' की व्यवस्था है। यह किसी देश विशेष की सरहदों से बढ़कर है तथा इसके जो भी विभिन्न अंग हैं उनमें मूल जुड़ाव आर्थिक हैं। इम्मेनुअल वालेस्टाइन का मानना है कि विकसित राष्ट्रों ने जानबुझकर एक ऐसी विश्व व्यवस्था का निर्माण किया है जिनमें केवल उनका हित सधता रहे तथा गरीब राष्ट्र और गरीब ही बने रहें। वालेस्टाइन का मानना है कि जब भी केन्द्र के राष्ट्रों के हितों पर खतरा मंडराता है वे एक हो जाते हैं। विश्व व्यवस्था अब विश्व साम्राज्यवाद से विश्व अर्थव्यवस्था के रूप में तब्दील हो चुकी है परन्तु इसकी संरचना अभी भी विकसित या कहें कि केन्द्र (Centre) राष्ट्रों के हित में ही है। वालेस्टाइन आगे कहते हैं कि विश्व व्यवस्था में जो भी लाभ है वह परिधि (Periphery) से सीधे केन्द्र की तरफ प्रवाहित होता है तथा इसमें परिधि को कोई लाभ नहीं होता।

विश्व व्यवस्था की विशेषतायें

पूंजीवादी व्यवस्था, विश्व व्यवस्था के अध्ययन का केन्द्र बिन्दु है। पूंजीवादी विश्व अर्थव्यवस्था के अन्तर्गत एक नहीं बल्कि राजनीतिक व्यवस्थाओं की बहुलता रही है। इस व्यवस्था में शक्तिशाली राष्ट्रों की प्रभुसत्ता रही है तथा उन्होंने अपने हितों के हिसाब से विश्व को निर्मित करने का प्रयास किया है।

इम्मेनुअल वालेस्टाइन का मानना है कि आधुनिक विश्व व्यवस्था की उत्पत्ति 15वीं तथा 16वीं शताब्दी में स्थापित यूरोपीय विश्व व्यवस्था में देखी जा सकती है। 16वीं सदी के पहले युरोप में सामन्तवादी अर्थव्यवस्था का प्रचलन था। इस सदी के समाप्ति के आते–आते यह व्यवस्था कमजोर पड़ने लगी तथा इसकी जगह पूंजीवादी व्यवस्था ने ले ली। पूंजीवादी व्यवस्था का जैसे–जैसे प्रसार होता गया, सक्षम युरोपीय राष्ट्रों को यह महसूस हुआ कि अपना व्यापार फैलाने तथा निर्मित मालों को खपाने के लिये बाजार की आवश्यकता है। इस आवश्यकता ने उन्हें अत्याधुनिक अविष्कारों की खोज हेतु प्रेरित किया। इन अविष्कारों ने उन्हें इस हेतु सक्षम बनाया कि वे नये व्यापारिक मार्गों की खोज कर सकें तथा निर्बाध आपूर्ति के लिये उन्होंने

सेनायें तैनात की। युरोपीयन लोगों ने उस समय मौजूद हर छोटे लाभ का अपने पक्ष में दोहन किया जिसका परिणाम यह हुआ कि सारी संपत्ति तथा ताकत का केन्द्र यूरोप बन गया। वालेस्टाइन का मानना है कि आर्थिक व्यवस्था साम्राज्यों के दौर में भी थी, जैसे रोमन साम्राज्य में, पर उस समय यह व्यवस्था ज्यादा केन्द्रीकृत थी। पूंजीवाद के विकास ने इस व्यवस्था को तोड़ा तथा एक या दो राष्ट्रों या साम्राज्यों की अपेक्षा शक्ति तथा अर्थव्यवस्था के तीन–चार स्तम्भ बन गये।

वालेस्टाइन आगे कहते हैं कि ऐतिहासिक क्रम में हम देखें तो पाते हैं कि 1450 के दशक के समय स्पेन तथा पुर्तगाल ने विश्व व्यवस्था का फायदा उठाया तथा नाविकों की खोजों के दम पर अपना प्रसार करना शुरू कर दिया। उन्होंने विश्व के कई हिस्सों में अपने उपनिवेश स्थापित किये तथा वहां पर शोषणकारी व्यवस्था को बढ़ावा दिया। हालांकि जैसे–जैसे समय बीतता गया इनकी ताकत कमजोर पड़ती गयी तथा और भी राष्ट्रों के शक्तिशाली होने से इनकी ताकत का क्षय होता रहा। सबसे प्रमुख बात यह थी कि इनके साम्राज्य दूर–दूर तक फैले थे तथा उनको बनाये रखना तथा उनकी सुरक्षा करना महंगा पड़ रहा था। इनके प्रभाव के बाद इनकी जगह नीदरलैंड ने ली। जहाज निर्माण में इनकी महारत थी और यह कला ब्रिटेन ने इनसे सीखी। जहाजों के दम पर ही ब्रिटेन ने अपनी ताकत पूरे विश्व में फैला कर रख दी। ब्रिटेन के एक महाशक्ति के रूप में उदय होने से विश्व आर्थिक व्यवस्था में एक स्थिरता आयी क्योंकि वही उस समय एक मात्र सबसे ताकतवर राष्ट्र था। हालांकि फ्रांस भी शक्तिशाली था पर वह घरेलु षड़यंत्रों में ही उलझ कर रह गया था। ब्रिटिशों ने अपना साम्राज्य हर महाद्वीप में फैलाया चाहे वह अफ्रीका हो या एशिया या लैटिन अमरीका। पर जैसे–जैसे समय बीतता गया इनकी ताकत भी क्षीण होती गयी। इसका कारण यह था कि विश्व व्यवस्था को नियंत्रित करने हेतु इसने जो सैनिक व्यवस्था बना रखी थी उसका खर्च ज्यादा महंगा पड़ रहा था। ब्रिटेन के थोड़े से कमजोर होने से जापान, जर्मनी तथा इटली आदि का उदय हुआ और अपने–अपने हितों को वरीयता मान, प्राप्त करने की कोशिश ने संघर्षों को बढ़ावा दिया जिसने लगातार विश्व व्यवस्था को प्रभावित किया। प्रथम तथा द्वितीय विश्व युद्धों की समाप्ति के बाद ब्रिटेन पूरी तरह से कमजोर

पड़ गया तथा इसकी जगह संयुक्त राष्ट्र अमेरिका ने लेनी शुरू कर दी। अमेरिका इस विश्व व्यवस्था में इस तरह से प्रभावी होता गया जैसे पहले कोई भी महाशक्ति नहीं रही। द्वितीय विश्व युद्ध की समाप्ति के बाद हालत यह थी कि विश्व का आधा औद्योगिक उत्पादन वहीं हो रहा था, विश्व के दो तिहाई सोने के भंडार के साथ–साथ वैश्विक अर्थव्यवस्था के एक तिहाई निर्यात का अकेला केन्द्र वही बन गया था। हालांकि शीतयुद्ध की समाप्ति के बाद इसके प्रभाव में भी कमी आई और अन्य कई वैश्विक अर्थव्यवस्था तथा विश्व व्यवस्था की धुरियों का निर्माण हुआ जो इस समय वैश्विक संरचना को लगातार प्रभावित कर रही है।

विश्व व्यवस्था की संरचना

विश्व व्यवस्था सिद्धांत का मानना है कि अमीर राष्ट्र दूसरे राष्ट्रों से फायदा उठाते हैं तथा उनका शोषण करते हैं। कमजोर राष्ट्रों को ज्यादा लाभ नहीं मिल पाता है तथा वे हमेशा पिछड़े रहते है। इम्मेनुअल वालेस्टाइन का मानना है कि जिस तरीके से कोई राष्ट्र पूंजीवादी विश्व व्यवस्था में शामिल होता है वहीं इस बात का निर्धारण करता है कि वहां आर्थिक विकास किस तरीके से होगा। वालेस्टाइन का मानना है कि वैश्विक व्यवस्था तीन स्तरों में बंटी हैं।

1) केन्द्रीय राष्ट्र (Core Countries) – ;अमेरिका, जापान, जर्मनी आदि

2) परिधि राष्ट्र (Peripheral Countries) – अधिकतर अफ्रीकी राष्ट्र और दक्षिणी अमरीका के कम आय वाले देश आदि

3) अर्द्ध परिधि राष्ट्र (Semi Peripheral Countries) – दक्षिणी कोरिया, मैक्सिको, ब्राजील, भारत, दक्षिणी अफीका आदि

केन्द्रीय राष्ट्र (Core Countries)

इम्मेनुअल वालेस्टाइन कहते हैं कि केन्द्रीय राष्ट्र वह हैं जो औद्योगिक रूप से बहुत विकसित है। ये विकसित पूंजीवादी राष्ट्र हैं जिन पर परिधि तथा अर्द्ध परिधि राष्ट्र आश्रित रहते है। ये अमीर राष्ट्र होते हैं तथा इनके पास संसाधनों की कोई कमी नहीं होती। ये सैनिक रूप से भी बहुत

शक्तिशाली होते हैं। केन्द्रीय राष्ट्रों में मजबूत सरकार तथा सक्षम प्रशासनिक मशीनरी होती है जो कि उसकी बाह्‌य तथा आंतरिक व्यवस्था का संचालन करती हैं। इन राष्ट्रों की अर्थव्यवस्था मजबूत होती हैं तथा ये निर्यात प्रधान होते हैं। इनकी संचार व्यवस्था, अर्थव्यवस्था तथा सेवा क्षेत्र काफी विकसित अवस्था में होते हैं। केन्द्रीय राष्ट्र तकनीकी के मामले में भी काफी आगे होते हैं तथा ये बाकी राष्ट्रों को सेवायें भी उपलब्ध कराते हैं। इनकी कार्यशील जनसंख्या काफी विकसित अवस्था में होती है तथा इनके ऊपर किसी भी प्रकार का बाह्‌य दबाव नहीं होता है। ये विश्व अर्थव्यवस्था का अधिकतर अधिशेष हड़प लेते है। पूंजीवादी विश्व अर्थव्यवस्था का सबसे अधिक लाभ इन देशों को हुआ है।

वालेस्टाइन का मानना है कि केन्द्रीय राष्ट्र हमेशा केन्द्रीय नहीं रहे हैं। उनका कहना है कि अगर हम विश्व इतिहास को देखें तो पाते हैं कि हर समय विशेष में एक राष्ट्र शक्तिशाली रहा है तथा यह स्थान लगातार बदलता रहा है। 16वीं सदी से पहले एशिया तथा मध्य एशिया के साम्राज्य जहां ज्यादा प्रभावी थे वहीं इसके बाद यूरोपीय साम्राज्यों ने इसकी जगह ले ली। हालांकि यूरोपीय साम्राज्य जब प्रभावी हुये उस समय एशियाई क्षेत्र में चीन प्रभावी भूमिका में था। युरोपीय देश 20वीं सदी तक प्रभावी रहे जब तक कि विश्व युद्ध शुरू नहीं हुये। विश्व युद्धों का प्रभाव युरोपीय अर्थव्यवस्था पर विध्वंसकारी रहा। विश्व युद्धों के बाद अमेरिका एवं सोवियत संघ प्रभावी शक्तियों के रूप में सामने आए तथा 1990 के दशक तक प्रभावी रहे। आज केन्द्रीय राष्ट्र सबसे विकसित है तथा ये विश्व व्यवस्था को प्रभावी तरीके से संचालित तथा प्रभावित कर रहे हैं।

विश्व इतिहास के सन्दर्भ में देखें तो हम पाते हैं कि हर समय विशेष में एक व्यवस्था सबसे ज्यादा प्रभावी रही है। 12वीं सदी के पहले बहुत सारे साम्राज्यों को शक्ति के रूप में देखा जा सकता है जैसे रोमन साम्राज्य, चीनी साम्राज्य, बैजेन्टाइन साम्राज्य, पर्शियन साम्राज्य आदि। अपने चरमोत्कर्ष के काल में रोमन साम्राज्य का पूरे विश्व में प्रभाव था तथा वह अपने हिसाब से विश्व व्यवस्था का संचालन करता था। मंगोलियन साम्राज्य ने भी विश्व व्यवस्था का संचालन अपने हिसाब से काफी समय तक किया। इन्होंने काफी व्यापारिक मार्गों की खोज की तथा उसे सुरक्षित रखने का भी प्रयत्न

किया ताकि व्यापार निर्बाध रूप से संचालित होता रहे। आटोमन साम्राज्य जो कि 1299 में उदित हुआ ने काला सागर तथा भूमध्यसागर के बीच के व्यापार को संचालित किया तथा व्यापारिक मार्गों की सुरक्षा पर काफी ध्यान दिया। इन सारे साम्राज्यों में एक समानता यह थी कि इन्होंने हर उस माध्यम का सहारा लिया जिससे ये अपनी प्रभुसत्ता बनाये रख सकें तथा अपने से कमजोर राष्ट्रों या साम्राज्यों का शोषण करते रहें।

16वीं सदी के पहले सामन्तवादी व्यवस्था का प्रसार हुआ तथा इसने पश्चिमी युरोपीय व्यवस्था को प्रभावित किया तथा उसे पूंजीवादी विकास के रास्ते पर अग्रसरित किया। शुरू शुरू में आर्थिक विकास पूरी रफ्तार से होता रहा पर जैसे–जैसे समय बीतता गया इनकी रफ्तार में कमी आती गयी। सामन्तवादी व्यवस्था का अन्त हो गया और वैश्विक अर्थव्यवस्था का निर्माण हुआ। इसके बाद ही आधुनिक ब्रिटेन, फ्रांस आदि साम्राज्यों का उदय हुआ जिन्होंने शोषणकारी व्यवस्था का निर्माण किया तथा अपने अन्तर्गत आने वाले उपनिवेशों का निर्मम शोषण किया।

विश्व व्यवस्था सिद्धांत का मानना है कि पूंजीवादी बाजार अर्थव्यवस्था में श्रम का जो असमान विभाजन है उससे केन्द्रीय ताकतों को लाभ होता है। इसी कारण ये लगातार प्रयास करते रहते हैं कि यह व्यवस्था लगातार बनी रहे। इम्मेनुअल वालेस्टाइन कहते हैं कि अन्तर्राष्ट्रीय व्यवस्था में अगर किसी तरह की आर्थिक समस्या होती है तो इसका कारण यह होता है कि एक शक्ति इस कोशिश में होती है कि दूसरी शक्ति का विश्व अर्थव्यवस्था से वर्चस्व खत्म किया जाय। सारा संघर्ष अपनी प्रभुसत्ता को स्थापित करने के लिए होता है। केन्द्रीय राष्ट्र का मुख्य ध्येय होता है कि मौजूदा अर्थव्यवस्था से बाकियों की अपेक्षा ज्यादा लाभ प्राप्त किया जा सके तथा इसे पूरी तरह नियंत्रित किया जा सके। केन्द्रीय देशो का अर्थव्यवस्था का उत्पादन, व्यापार तथा वित्त पर नियंत्रण बना रहता है जिससे ये अपने हितों की पूर्ति करते रहते हैं।

परिधि राष्ट्र (Periphery Countries)

यह कम विकसित राष्ट्र होते हैं। यहाँ सरकार कमजोर होती है तथा उसमें स्थिरता नहीं रहती है। इनका औद्योगिक विकास काफी कम हुआ

होता है। ये कम औद्योगिकृत होते हैं। परिधि राष्ट्रों में एक ही तरह की आर्थिक गतिविधि संचालित होती रहती है तथा इनमें किसी प्रकार का नयापन नहीं होता है। कमजोर संस्थायें होने से इनका संरचनात्मक विकास भी कम हुआ है। ये केन्द्रीय देशों को कच्चा सामान निर्यात करते हैं तथा उनसे निर्मित उत्पाद आयात करते हैं। असमान व्यापारिक संबंधों के होने से केन्द्रीय देश इन परिधि देशों का अधिकतर आर्थिक अधिशेष हड़प लेते है। इन देशों में केन्द्रीय देशों का निवेश अधिकतम इसी कारण से होता है कि वे यहां के सस्ते श्रम का लाभ उठा सकें तथा इससे प्राप्त लाभ का अपने यहां निर्यात कर सकें। इन परिधि राष्ट्रों में पूंजीवादी व्यवस्था ज्यादा विकसित अवस्था में नहीं होती है तथा यहां कि अधिकतम जनसंख्या कृषक वर्ग से संबंधित होती है। यहां कि अधिकतर जनसंख्या गरीब तथा अशिक्षित होती है। परिधि देशों में मुद्रा का केन्द्रीकरण कुछ ही वर्गों या लोगों के हाथों में होता है तथा ये पूरे राष्ट्र के भाग्य विधाता बने रहते हैं तथा इनकी नियति का फैसला करते है। यह अल्पसमूह अपने हितों की पूर्ति के लिये बहुराष्ट्रीय कंपनियों की सहायता करता है क्योंकि अधिकतम जमीन इन्हीं के पास होती है। इन देशों में नीति निर्माण हमेशा इस तरीके से होता है जिससे कि केन्द्रीय राष्ट्रों को ही फायदा होता है। विश्व व्यापार में इनका हिस्सा काफी सीमित होता है। अधिकतर समय देखा गया है कि केन्द्रीय राष्ट्र, परिधि राष्ट्रों की आन्तरिक राजनीति में भी हस्तक्षेप करते है। परिधि राष्ट्रों के पिछड़ेपन का एक कारण इनका तकनीकी रूप से विकसित ना हो पाना भी है। औद्योगिकरण की प्रक्रिया में इनका विकसित ना हो पाना इनके शोषण का कारण बना। जिन देशों में औद्योगिकरण की प्रक्रिया काफी पहले शुरू हो गयी उन्होंने अपने उत्पादों को खपाने हेतु तथा सस्ता श्रम पाने हेतु इन परिधि राष्ट्रों की तरफ रूख किया। वालेस्टाइन कहते हैं कि केन्द्रीय राष्ट्रों के लिये यह जरूरी है कि परिधि राष्ट्र कम विकसित रहे तथा सस्ते चीजों का उत्पादन करने के साथ–साथ कृषि प्रधान बने रहे। केन्द्रीय देश इन परिधि राष्ट्रों से काफी कम कीमत पर कच्चा माल प्राप्त कर लेते हैं तथा उसे अपने यहां नये तरीके से विकसित करके ज्यादा कीमत पर बेच कर मुनाफा कमाते है। इस मुनाफे में परिधि राष्ट्र का कोई हिस्सा नहीं होता। केन्द्रीय राष्ट्रों तथा परिधि राष्ट्रों का यह जो संबंध हम आज देखते हैं वह

साम्राज्यवाद के आखिरी दौर 19वीं सदी के अन्त में तथा 20वीं सदी की शुरूआत में ही निर्धारित हो गया था। यही वह समय था जब आर्थिक तथा सैनिक रूप से मजबूत ज्यादा विकसित राष्ट्रों ने गरीब तथा कमजोर राष्ट्रों का शोषण आरंभ कर दिया था। इस शोषण का परिणाम यह हुआ कि ये राष्ट्र विकास की दौड़ में पिछड़ गये। पूंजीवादी व्यवस्था के प्रारंभिक दौर में हम देखते हैं कि पूर्वी युरोप के कुछ देश, लैटिन अमरीका तथा दक्षिण एशिया के काफी देशों में परिधि क्षेत्र के लक्षण विद्यमान थे। इस अवधि में श्रमिक व्यवस्था पुराने सामन्तवादी व्यवस्था से काफी भिन्न थी क्योंकि अब उत्पादन पूंजीवादी विश्व अर्थव्यवस्था के लिये हो रहा था केवल घरेलू उपभोग के लिये नहीं। परिधि देशों के स्थानीय विशिष्ट वर्गों ने इस विश्व अर्थव्यवस्था के साथ जुड़कर काफी लाभ कमाया। श्रमिकों को नियंत्रित करने के लिये वे केन्द्रीय देशों से मदद भी लेते थे।

अर्द्ध–परिधि राष्ट्र (Semi Periphery Countries)

अर्ध परिधि राष्ट्र केन्द्रीय राष्ट्र (Core Countries) तथा परिधि राष्ट्र (Peripherical Countries) के बीच का हिस्सा है। इनमें केन्द्रीय तथा परिधि दोनों देशों के तत्व विद्यमान होते हैं। अर्ध परिधि राष्ट्र परिधि देशों की अपेक्षा केन्द्रीय राष्ट्रों पर ज्यादा निर्भर होते हैं। इनकी अर्थव्यवस्था अपेक्षाकृत उन्नत होती है तथा सरकारें भी सशक्त होती है। इनका निर्यात परिधि राष्ट्रों से ज्यादा होता है तथा ये केन्द्रीय राष्ट्रों से ज्यादा आयात करते हैं। ये केन्द्र तथा परिधि के बीच बफर जोन की तरह काम करते हैं। अर्ध परिधि राष्ट्रों में एक तरफ वे राष्ट्र आते है जो पहले तो काफी विकसित थे तथा जिनका बाद में पतन हो गया तथा दूसरी तरफ वे राष्ट्र आते हैं जो पहले कम विकसित थे तथा अब ज्यादा विकास कर लिया है। अर्ध–परिधि राष्ट्र विश्व अर्थव्यवस्था में महत्वपूर्ण स्थान रखते हैं तथा ये इसमें सक्रिय भूमिका निभाते हैं। अर्ध परिधि राष्ट्रों का हाँलांकि अब ठीक–ठाक औद्योगिकरण हो चुका है तथा वे विविध प्रकार के उत्पादों का निर्माण कर रहे हैं। ये विश्व व्यवस्था को स्थायित्व प्रदान करते हैं। यह परिधि तथा केन्द्रीय राष्ट्रों के बीच आपसी समझ को बढ़ावा देने हेतु सेतू की तरह काम करते है तथा उनके बीच सहयोग को बढ़ावा देते है। ये विश्व व्यापार व्यवस्था में

आवश्यक संरचनात्मक तत्व की भूमिका निभाते हैं। इम्मेनुअल वालेस्टाइन का मानना है कि ये शरीर में प्रवाहित रक्त की तरह काम करते हैं, जो अगर नहीं होते तो परिवर्तन परिधि राष्ट्रों तक उस मात्रा में नहीं पहुंच पाता जितना अभी तक पहुंचा है। ये देश उत्पाद एवं कच्चे पदार्थो का निर्यात करते हैं तथा निर्मित उत्पाद और कच्चे पदार्थों का आयात करते हैं। ये क्षेत्र परिधि तथा केन्द्रीय देशों के बीच मध्यवर्ती का काम करते हैं। उदाहरण के लिय स्पेन तथा पुर्तगाल जो कभी केन्द्रीय राष्ट्र थे बाद में अर्ध परिधि बन गये। वे अन्तर्राष्ट्रीय व्यापार पर अपना प्रभुत्व ज्यादा दीर्घकाल तक कायम नहीं रख सकें परिणामस्वरूप उन्हें ज्यादा लाभ नहीं हुआ। द्वितीय विश्वयुद्ध के बाद वैश्विक संरचना में काफी बदलाव आया तथा कई परिवर्तन हुये। पुराने साम्राज्य समाप्त हो गये तथा उनकी जगह नयी शक्तियों ने ले ली। एक परिणाम यह भी हुआ कि दक्षिण पूर्व एशिया के कई देश परिधि के क्षेत्र से निकल कर अर्ध परिधि के क्षेत्र में प्रवेश कर गये।

इम्मेनुअल वालेस्टाइन का मानना है कि जहाँ केन्द्रीय राज्य अर्ध परिधि राज्यों का शोषण करते हैं वहीं अर्ध परिधि राज्य परिधि राज्यों का शोषण करते हैं। जैसे कि एक तरफ स्पेन तथा पुर्तगाल जहाँ अपने उपनिवेशों से सोना और चाँदी लेते थे वहीं दूसरी तरफ इनका एक बहुत बड़ा भाग उन्हें अपने देश में उत्पादन क्षेत्र को बढ़ावा देने के बजाय इंग्लैण्ड तथा फ्रांस से निर्मित वस्तुओं के आयात के लिये खर्च करना पड़ता था।

इम्मेनुअल वालेस्टाइन का मानना है कि विश्व अर्थव्यवस्था में ये तीनों क्षेत्र आपस में जुड़े हुये है जिसमें धन–सम्पदा परिधि देशों से केन्द्रीय देशों की तरफ प्रवाहित हो रही है। जैसे–जैसे इस व्यवस्था का आकार बढ़ता जा रहा है धनी देश और धनी हो रहे हैं तथा गरीब देश और गरीब। वैश्विक व्यवस्था इस तरह से कार्य कर रही है जिसमें विकसित राष्ट्रों को ज्यादा फायदा हो रहा है। दूसरे शब्दों में कहा जाय तो विकास तथा गरीबी एक दुसरे से परस्पर जुड़े हुये हैं। विश्व व्यवस्था सिद्धांत का तर्क है कि पूंजीवाद का वर्तमान ढांचा शोषणकारी है जिसका व्यापक एवम गहन प्रसार केन्द्र (Core) में विकास तथा परिधि (Periphery) में पिछड़ेपन के लिये उत्तरदायी है।

इस व्यवस्था की कार्यप्रणाली

केन्द्रीय देश आर्थिक रूप से तो शक्तिशाली होते ही हैं साथ ही सामरिक रूप से भी काफी प्रभावकारी होते हैं। केन्द्रीय देश (Core Countries) ऐसी व्यवस्था को संचालित करते हैं जिनमें उनका हित तो सुरक्षित रहता ही है, अपने ऊपर आश्रित शक्तिशाली आर्थिक वर्गों के हितों की भी पूर्ति होती रहती है। वर्तमान विश्व व्यवस्था में केन्द्रीय राष्ट्र ऐसी वैश्विक संरचना के निर्माण को प्रश्रय देते हैं जिसमें परिधि राष्ट्र हमेशा उन पर निर्भर बने रहें। अर्ध परिधि राष्ट्र हमेशा इस तरह से कार्य करते रहते हैं जिससे उनकी सम्भावनाओं की ज्यादा हानि ना हो। इस सम्पूर्ण व्यवस्था में शासक समूह की साक्षी विचारधारा इनकी प्रतिबद्धताओं को दृढ़ करती है। उनमें यह भावना हमेशा बनी रहती है कि उनका कल्याण इस व्यवस्था के अस्तित्व पर निर्भर करता है। निम्न वर्गो की अपनी कोई विशिष्ट निष्ठा नहीं होती, उन्हें शासक समूहों द्वारा स्थापित राष्ट्रीय एकीकृत संस्कृति में आत्मसात कर लिया जाता है। वैलेस्टाइन का मानना है कि धीरे–धीरे इस शोषणकारी व्यवस्था का औचित्य सिद्ध करने के लिये विभिन्न तर्कों तथा विचारधाराओं का विकास कर लिया जाता है जैसे उदारवाद, मुक्त बाजार आदि ताकि इसको तार्किक जामा पहनाया जा सके। यह सारी व्यवस्था क्रमिक रूप से एक दुसरे से जुड़ी हुई है। कुछ देशों को इस व्यवस्था से लाभ है तो कुछ देशों का इसके माध्यम से शोषण होता है। यह त्रिस्तरीय आयाम वैश्विक अर्थव्यवस्था का महत्वपूर्ण पहलू है तथा विश्व व्यवस्था को समझने हेतु इनकी व्यवस्थित जानकारी जरूरी है। विश्व व्यवस्था एक ऐतिहासिक सामाजिक व्यवस्था है जो कि अन्तर्सम्बन्धित है तथा विभिन्न सन्दर्भों में कार्यरत है जिसमें कि एक तरफ श्रम का एकआयामीय विभाजन होता है वहीं दूसरी तरफ संस्कृति तथा संरचना के सन्दर्भ में भिन्नता आ जाती है।

विश्व व्यवस्था में परिवर्तन

अभी हमें जो विश्व आर्थिक व्यवस्था देखने को मिल रही है वह औद्योगिक क्रांति के बाद अस्तित्व में आयी थी। औद्योगिक क्रांति के पूर्ण होने के बाद वैश्विक स्तर पर कई परिवर्तन हुये। नये साम्राज्यों तथा भूभागों का निर्माण हुआ तथा प्राचीन व्यवस्था तथा साम्राज्य खत्म हो गये। संपूर्ण

विश्व में आवागमन के साथ–साथ संपर्कों के माध्यम बेहतर होने से वैश्विक व्यवस्था एकीकृत होनी शुरू हुई। इस एकीकरण से जहां लाभ हुआ वहीं हानियां भी शुरू हो गयी। एक देश का आर्थिक तथा राजनीतिक संकट दूसरे देशों को भी प्रभावित करने लगा। व्यापार में कभी–कभी मन्दी आने से वैश्विक अर्थव्यवस्था में ठहराव उत्पन्न होने लगा तथा इसका परिणाम यह हुआ कि पूंजी संचय का दौर प्रारम्भ हो गया।

वालेस्टाइन कहते हैं कि यह व्यवस्था लगातार बदलती रही है। इस व्यवस्था में एक शक्ति के प्रभुत्व में परिवर्तन के कई कारण हो सकते हैं जैसे नई उत्पादन प्रणाली का विकास, एकाधिकार में कमी, अथवा नयी तकनीकों का आविष्कार आदि। पूरा विश्व इतिहास इस तथ्य का प्रमाण है कि कोई भी साम्राज्य या शक्तिशाली विकसित राष्ट्र लगातार कायम नहीं रहा। रोमन साम्राज्य के बाद काफी साम्राज्य शासन में रहे परन्तु लगातार सबका पतन होता रहा। 17वीं शताब्दी में हॉलैण्ड सर्वोच्च शक्ति बना तो 19वीं सदी में उसकी जगह ब्रिटेन ने ले ली। 20वीं सदी की शुरूआत में यह जगह संयुक्त राज्य अमरीका ने ले ली। वालेस्टाइन का मानना है कि आगे भी यह प्रक्रिया चलती रहेगी और नई शक्ति तथा सत्ता के केन्द्र का निर्माण होगा जो अपने हिसाब से विश्व व्यवस्था का निर्माण करेगी।

इस समय जो विश्व व्यवस्था विद्यमान है उनमें सामाजिक तथा आर्थिक समानता की मांग से संबंधित गतिविधियाँ बदलाव ला सकती है। हम जब प्राचीन समय से लेकर अद्यतन समय तक का अध्ययन करते हैं तो पाते हैं कि सुधार की मांग हर कालखण्ड में लगातार बनी रही और इसी का परिणाम रहा कि व्यवस्थायें लगातार परिष्कृत होती रहीं। आज के तात्कालिन समय में जारी आंदोलन वैचारिक अथवा वर्तमान व्यवस्था का विकल्प प्रस्तुत करने वाले हो सकते हैं। पिछले दो सौ सालों में सबसे महत्वपूर्ण व्यवस्था विरोधी आंदोलन समाजवाद रहा है। इस आंदोलन ने केन्द्रीय राष्ट्रों को अपनी व्यवस्था में संशोधन करने पर मजबूर किया है। इस आंदोलन से जहां विश्व व्यवस्था में इस बात को महसूस किया गया कि संसाधनों का न्यायोचित्त वितरण हो वहीं ऐसे कई राष्ट्रों का उदय हुआ जिन्होंने इस विचारधारा को अपना कर उसे अपने आर्थिक तथा सामाजिक विकास का आधार बनाया। किसी भी व्यवस्था में लगातार परिवर्तन होते

रहना प्रकृति का नियम है और आने वाले समय में ऐसा हो सकता है कि पूंजीवादी व्यवस्था का नया विकल्प उभर कर सामने आये। इसके लिये इस वैश्विक व्यवस्था में विरोधाभासों का बना रहना जरूरी है।

इस व्यवस्था का परिणाम

वालेस्टाइन का मानना है कि वर्तमान विश्व व्यवस्था में सबसे महत्वपूर्ण संरचना केन्द्रीय (Core) तथा परिधि (Periphery) में शक्ति अनुक्रम (Power hierarchy) है जिसमें सम्पन्न तथा शक्तिशाली राष्ट्र कमजोर राष्ट्र का शोषण करते हैं। कोई राज्य केन्द्र में है या परिधि में इसका निर्णय 'तकनीकी का विकास' करती है। इस तत्व के आधार पर विकसित देश केन्द्रीय (Core) अथवा अर्ध परिधि (Semiperphery) में आते है जबकि विकासशील देश परिधि क्षेत्र (Periphery) में माने जाते हैं। इन विभिन्न राष्ट्रों में शक्ति में जो भिन्नता है वह सम्पूर्ण व्यवस्था को बनाये रखने में निर्णायक भूमिका निभाती है। शक्ति वह तत्व है जिसके आधार पर शक्तिशाली देश यानि की केन्द्रीय राष्ट्र (Core Countries) आर्थिक अधिशेष अथवा लाभ को अपने पक्ष में ज्यादा झुका लेते हैं परिणामस्वरूप विकासशील यानि परिधि राष्ट्रों को न्यूनतम लाभ प्राप्त होता है। इम्मेनुअल वैलेस्टाइन इस प्रक्रिया को असमान विनिमय (unequal exchange) का नाम देते हैं अर्थात परिधि राष्ट्रों से केन्द्रीय राष्ट्रों की तरफ आर्थिक लाभ का हस्तान्तरण।

यह विश्व व्यवस्था राजनीतिक व्यवस्था को भी प्रभावित करती है। वैलेस्टाइन के अनुसार इस पूंजीवादी विश्व व्यवस्था में राष्ट्र राज्य परिवर्तीय तत्व होते हैं। इतिहास के किसी चरण में एक राज्य विशेष अपनी क्षमताओं तथा सैनिक ताकत के आधार पर प्राधान्य (Hegemon) हो सकता है परन्तु कोई अकेला राष्ट्र इस व्यवस्था पर स्थायी प्रभुत्व नहीं जमा सकता। यह एक ऐसी विश्व अर्थव्यवस्था है जिसमें सभी राष्ट्र प्रतिस्पर्धा कर रहे हैं। जब औद्योगिक क्रांति हुई तो इसका जो लाभ यूरोप को मिला उन्होंने उसका प्रयोग पूंजीवादी व्यवस्था को बनाने में किया। उसी का परिणाम है कि आज सारी व्यवस्था पूंजी संचय तथा मुनाफे की होड़ में लगी हुई है जिसमें वस्तुयें, सेवायें, श्रम और पूंजी आदि सभी कुछ बाजार में खरीदी बेची जा

सकने वाली वस्तुयें बन गयी है। औद्योगिक क्रांति के दौर में साम्राज्यवाद का जो दौर चला उस समय शक्तिशाली राष्ट्रों यानि केन्द्रीय राष्ट्रों (Core countries) ने परिधि राष्ट्रों को अपना उपनिवेश बनाया तथा उन्हें आर्थिक रूप से इतना निचोड़ा जिसका परिणाम परिधि राष्ट्र (periphery countries) आज तक भुगत रहे हैं। जो भी देश प्राधान्य (Hegemon) है वह शक्ति संतुलन बनाये रखते हैं तथा मुक्त बाजार प्रणाली को वहीं तक लागू करते है जहां तक यह उनके हित में होती है। वालेस्टाइन का मानना है कि हितों के संघर्ष तथा तकनीकी के विकास के लगातार प्रसार के कारण यह प्राधान्य स्थिति अस्थाई होती है। अन्त में यह शोषणकारी व्यवस्था वर्ग संघर्ष को जन्म देती है। श्रम का असमान विभाजन राष्ट्रों के बीच मतभेदों को जन्म देता है तथा जो राष्ट्र विकास के क्रम में केन्द्र में आता है वह तथा पहले से विकसित राष्ट्र, दोनों में टकराव होना शुरू हो जाता है।

निष्कर्ष

विश्व व्यवस्था सिद्धांत इस तथ्य को विश्लेषित करने का प्रयास करता है कि आधुनिकीकरण की प्रक्रिया का प्रभाव विश्व व्यवस्था पर कैसा पड़ा। वालेस्टाइन ने इस तथ्य को स्पष्ट किया कि किस तरह सामन्तवाद का पतन हुआ तथा औद्योगिक क्राति की आड़ में साम्राज्यवाद का दौर शुरू हुआ जिसने यूरोप को एक समय विशेष तक के लिये राजनीतिक तथा व्यापारिक शक्ति तथा सत्ता का केन्द्र बना दिया। जहां–जहां भी पूंजीवादी व्यवस्था का प्रसार हुआ वहां–वहां इसने व्यवस्था में बदलाव किया तथा आर्थिक, राजनीतिक तथा श्रमिकों की स्थिति पर भी इसका प्रभाव पड़ा। ये भी इस बदलाव से अछूते नहीं रह सके। विश्व व्यवस्था में एक तरफ जहां शक्तिशाली राष्ट्रों ने गरीब राष्ट्रों का शोषण किया वहीं दूसरी तरफ वैश्विक स्तर पर ऐसी कई संरचनाओं का उदय हुआ जिन्होंने इस शोषण को कम करने की कोशिश की जैसे अर्ध परिधि राष्ट्र (semiperipheral countries)। वालेस्टाइन का मानना है कि पूंजीवादी विश्व व्यवस्था के इतिहास का विश्लेषण यह दर्शाता है कि इसने ऐसे विषम विकास को जन्म दिया जिसने विश्व अर्थव्यवस्था के विभिन्न क्षेत्रों के मध्य समृद्धि लाने की अपेक्षा राजनीतिक, आर्थिक एवम् सामाजिक असमानताओं में वृद्धि की है।

20वीं सदी में पूंजीवादी व्यवस्था का प्रसार अपनी चरम सीमा पर पहुंच गया है। इसी काल में विश्व व्यवस्था में अमरीका का एक प्रधान शक्ति के रूप में उदय दिखा है तो वहीं दूसरी तरफ साम्यवादी राष्ट्रों द्वारा उसको मिली चुनौती, हालांकि वे सफल नहीं रहे। 1950 के दशक के बाद कई परिधि राष्ट्रों ने अपने आर्थिक तथा तकनीकी विकास में नये आयामों को छुआ तथा वे अर्धपरिधि व्यवस्था में शामिल हो गये। इम्मेनुअल वालेस्टाइन का मानना है कि संक्रमण का दौर शुरू हो गया है तथा विरोधाभासों के नये संकटों को बाजारों के शोषण द्वारा हल नहीं किया जा सकता। जैसे–जैसे आर्थिक ह्रास की गति तीव्र होगी संघर्षों की तीव्रता बढ़ेगी। एक शक्ति तथा एक विचारधारा के प्रभावी नहीं रह जाने से केन्द्रीय राष्ट्रों को चुनौती मिलेगी। ध्रुवीकरण इस विश्व व्यवस्था को टूटने के कगार पर ला सकता है। इस वैश्विक व्यवस्था में भले ही किसी समानता पर आधारित व्यवस्था का निर्माण ना हो पर यह भूमंडलीकृत वैश्विक शोषणकारी व्यवस्था के अन्त की शुरूआत हो सकता है।

Bibliography

वालेस्टीन, इम्मैनुअल, दि डेक्लाइन ऑफ अमेरिकन पावर, न्यूयार्क : द न्यू प्रेस, 2003

वरमानी, आर.सी, समकालीन अन्तर्राष्ट्रीय सम्बन्ध, गीतांजली पब्लिशिंग हाऊस, नई दिल्ली, 2007

वालेस्टीन आई. द एंड ऑफ द वर्ल्ड वी नो इट : सोशल साइन्सेज फॉर द 21 सेंचुरी, मिनापोलिस, युनिवर्सिटी ऑपफ मिनोसेटा प्रेस, 1999

वालेस्टीन आई. द कैपिटलिस्ट वर्ल्ड एकोनॉमी, कैम्ब्रिज युनिवर्सिटी प्रेस, 1979

वालेस्टीन इम्मेनुअल, वर्ल्ड सिस्टम एनालसिस, ड्यूक युनिवर्सिटी प्रेस, 2004

शर्मा प्रभुदत्त, अन्तर्राष्ट्रीय राजनीति।

चेज–डन, क्रिस्टोफर एंड पीटर ग्राइम्स, ''वर्ल्ड सिस्टम एनालिसिस'', रिव्यु ऑफ सोशियोलाजी, वोल्यूम 21, पृष्ठ 387–417, 1995

5

नारीवाद एवं अन्तर्राष्ट्रीय सम्बन्धों के इतिहास का अवलोकन

प्रमोद कुमार*

परिचय (Introduction)

नारीवाद अन्तर्राष्ट्रीय सम्बन्धों की एक वैकल्पिक (Alternative) एवं उत्तर–प्रत्यक्षवादी (Post-Positivist) विचारधारा है। यह अन्तर्राष्ट्रीय राजनीति के आधारभूत सिद्धान्तों (foundational theories of International Relations) के प्रति उत्तर में एक परिवर्तनकारी दृष्टिकोण का प्रतिपादन करती है। अन्तर्राष्ट्रीय सम्बन्धों में नारीवादी विचारधारा लैंगिक दृष्टिकोण के आधार पर अन्तर्राष्ट्रीय राजनीति का चित्रण प्रस्तुत करती है। नारीवादी परिप्रेक्ष्य अन्तर्राष्ट्रीय राजनीति के सैद्धान्तिक आयामों को लैंगिक दृष्टिकोण से समस्यात्मक (problematized) बनाता है। यह अपने विश्लेषण के केन्द्र में इस मूलभूत प्रश्न को उठाती है कि किस प्रकार अन्तर्राष्ट्रीय राजनीति लैंगिक आधार पर विभाजित है, तथा समस्त अन्तर्राष्ट्रीय राजनीति के सैद्धान्तिक परिप्रेक्ष्य से नारी एवं नारीवादी मूल्यों (Feminine value) को बाहर (Exclude) किया गया है। साथ ही पुरूषवादी मूल्यों (Patriarchal value) की केन्द्रीयता एवं सर्वोच्चता स्थापित की गई है। यह नारी अधीनता एवं द्वितीयक स्थिति परिवार से समाज एवं समाज से राज्य तक होती हुई अन्तर्राष्ट्रीय स्तर तक स्थापित हो जाती है। जहां महिलाओं को निजी क्षेत्र तक सीमित किया गया एवं पुरूष स्वयं सार्वजनिक जीवन पर अपना आधिपत्य रखता है। किन्तु एक मौलिक प्रश्न यह उठता है कि पुरूषत्व की

---

* असिस्टेंट प्रोफेसर, राजनीति विज्ञान विभाग, दिल्ली विश्वविद्यालय

श्रेष्ठता एवं नारी अधीनता क्या प्राकृतिक रूप से निर्मित है? या इसमें किसी प्रकार का मूलभूत एवं वांछित परिवर्तन सम्भव है? नारीवादी चिंतक उपरोक्त विभाजन को प्राकृतिक न मानकर सामाजिक और कृत्रिम मानते हैं। इसीलिए जूली.ए. नेल्सन (Julie. A. Nelson) का मानना है कि जो सामाजिक रूप से निर्मित है वह सामाजिक रूप से ही परिवर्तित हो सकता है। यही कारण है कि नारीवादी चिन्तक सामाजिक सम्बन्धों की मूल संरचना पर ही प्रश्नचिन्ह लगाते हैं। इसी का सीधा सम्बन्ध वे अन्तर्राष्ट्रीय राजनीति की संरचना में भी ढूंढने का प्रयास करते हैं।

नारीवादी सिद्धान्त का ऐतिहासिक परिप्रेक्ष्य

राजनीतिक सिद्धान्त की विचारधाराओं में एक महत्वपूर्ण सिद्धान्त के रूप में नारीवाद हमें जे.एस. मिल (J.S.Mill) एवं मेरी वॉल्स्टनक्राफ्ट (Mary Wollerstonecraft) जैसे विचारकों के लेखों में 19वीं शताब्दी में देखने को मिलता है। यही धारा अनवरत् रूप से राजनैतिक सिद्धांत में आज भी गतिशील है उदाहरणार्थः उदारवादी नारीवाद, समाजवादी नारीवाद, उग्रवादी नारीवाद, अश्वेत नारीवाद, पर्यावरण नारीवाद इत्यादि। किन्तु अन्तर्राष्ट्रीय राजनीति में नारीवाद एक वैचारिक आन्दोलन के रूप में 1980 के दशक में महत्व प्राप्त कर पाया। जहां तक अन्तर्राष्ट्रीय राजनीति के सिद्धान्तों का सवाल है तो हम इन्हें मुख्यतः दो भागों में विभाजित करते हैं।

प्रत्यक्षवाद (Positivism)	उत्तर–प्रत्यक्षवाद (Post-Positivism)
मुख्य धारा सिद्धान्त	वैकल्पिक सिद्धान्त
(Mainstream theories)	(Alternative theories)
या	या
तार्किकतावादी	नारीवाद
(Rationalist)	(Feminism)]
नव–यथार्थवाद	आलोचनात्मक सद्धांत
(Neo-Realism)	(critical theory)
नव–उदारवाद	रचनावाद
(Neo-Liberalism)	(Constructivism)
	उत्तर–आधुनिकतावाद
	(Post-modernism)

नारीवादी सिद्धान्त की पहली प्रतिक्रिया मुख्य धारा सिद्धान्तों की मूल मान्यताओं के रूप में प्रभाव में आयी। दोनो ही मुख्य धारा सिद्धान्त शक्ति एवं ज्ञान पर एकाधिकार का दावा करते हैं। वहीं नारीवादी सिद्धान्त शक्ति एवं ज्ञान के सम्बन्धों की पुनःव्याख्या करता है क्योंकि अन्तर्राष्ट्रीय राजनीति के मुख्य धारा सिद्धान्त पुरूषवादी ज्ञान एवं मूल्यों को केंद्र में रखकर समस्त अन्तर्राष्ट्रीय सम्बन्धों का विश्लेषण व उनका सैद्धान्तिकरण करते हैं। नारीवादी विचारक उपरोक्त पुरूषवादी ज्ञानमीमांसा एवं सत्तामीमांसा को चुनौती देते हैं।

नारीवाद की दूसरी प्रतिक्रिया वैश्विक राजनीति को समग्रता प्रदान करती है। यह ऐतिहासिक एवं भौगोलिक संदर्भों के द्वारा विदेश नीति, सुरक्षा, वैश्विक राजनैतिक अर्थव्यवस्था का विश्लेषण करने के क्रम में जेन्डर को केन्द्रीय स्थान प्रदान करती है। जेन्डर की इस अवधारणा का अत्यधिक प्रयोग तथा विश्लेषण अन्तर्राष्ट्रीय आलोचनात्मक सिद्धान्त, निर्माणवाद, राजनैतिक अर्थव्यवस्था, नारीवाद, ऐतिहासिक और मानववादी तरीकों में गहराई से जुड़ा है।

अन्तर्राष्ट्रीय सम्बन्धों की नारीवादी समझ

अन्तर्राष्ट्रीय राजनीति का सैद्धान्तिक विकास 20वी शताब्दी के प्रारंभ में हुआ। इसी दौरान विश्व ने प्रथम विश्वयुद्ध एवं तत्पश्चात् द्वितीय विश्वयुद्ध को झेला। इसी क्रम में अन्तर्राष्ट्रीय राजनीति में आदर्शवाद एवं यथार्थवाद का सैद्धान्तिक वर्चस्व रहा। 1970 एवं 80 के दशक में वैकल्पिक सिद्धान्त के रूप में नारीवाद ने तार्किकतावादी सिद्धान्तों को अधूरा एवं अपूर्ण बताया। नारीवाद के अनुसार अन्तर्राष्ट्रीय राजनीति के चिन्तन की समस्त प्रणाली लिंग–परक है। इसीलिए नारीवादी विचारकों के अनुसार चिन्तन की समस्त प्रणाली से महिलाओं को बहिष्कृत किया गया, इसका परिणाम यह हुआ कि अन्तर्राष्ट्रीय राजनीति की सैद्धान्तिकरण की प्रक्रिया पुरूष केन्द्रित एवं पितृसत्तात्मकता पर आधारित हो गई।

नारीवादियों के अनुसार, कैनेथ वाल्ट्ज (Kenneth Waltz) ने अपनी पुस्तक 'Classical Men, The State, and War : A Theoretical Analysis' में व्यक्ति, राज्य एवं व्यवस्था (System) का जो चित्रण प्रस्तुत किया उसमें

मानव–स्वभाव निःसन्देह पुरूष स्वभाव को इंगित करता है। अन्तर्राष्ट्रीय राजनीति की अराजकतापूर्ण स्थिति वस्तुतः पुरूष स्वभाव की अराजकतापूर्ण प्रवृति को विश्लेषित करती है। इस प्रकार व्यक्ति, राज्य एवं व्यवस्था का एक आयामी चित्रण पुरूष स्वभाव पर आधारित करके वाल्ट्ज ने यह प्रस्तुत किया। नारीवादी विद्वानों का मानना है कि इसमें महिला स्वभाव तो सम्मिलित ही नहीं है।

इसी प्रकार अन्तर्राष्ट्रीय राजनति के नव–उदारवादी सिद्धान्त जो व्यक्ति को अराजकता पूर्ण मानते हुये जिस कॉब बेव (Cob-Web) मॉडल में राज्य को सर्वोच्चता देते हैं, यहां भी पुरूष स्वभाव एवं पितृसत्तात्मकता ही प्रभावी है। क्योंकि व्यक्ति को जिस तरीके से नव–उदारवादी विद्वान स्वकेन्द्रित एवं विवेकशील मानते हैं, वे विवेकशीलता के मानदण्ड पुरूषवादिता (masculinity) को इंगित करते हैं। साथ ही नारीवादियों का मानना है कि महिलायें स्वकेन्द्रित नहीं बल्कि सर्वहित एवं परोपकार की भावना से प्रेरित होती है।

लैंगिगता : रचनात्मक एवं परिर्तनकारी (Gender : Constitutive and Transformative)

विश्व राजनीति के उपरोक्त पुरूषवादी चरित्र का खुलासा करते हुए एवं उसके समाधान के रूप में सिंथिया एन्लोए (Cynthia Enloe) ने कहा कि जो निजी है वह राजनीतिक भी है (The personal which is political), उसी प्रकार वह अन्तर्राष्ट्रीय (International) भी है। एन्लोए ने 'Bananas, Beaches and the Bases : Making Feminist Sense of International Politics' में बताया कि पुरूष सामाजिक संरचना में सार्वजनिक जीवन पर प्रभुत्व हासिल कर लेता है। जिसके परिणामस्वरूप वह शक्ति के क्षेत्र पर काबिज हो जाता है एवं महिलायें नीजि क्षेत्र अर्थात् शक्ति हीनता के दायरे में सिमट जाती है। इसी का तार्किक परिणाम यह होता है कि पुरूष अन्तर्राष्ट्रीय राजनीति में भी पुरूष स्वभाव (Masculinity) को निष्पादित करने में सफल हो जाता है। अतः पूरी अन्तर्राष्ट्रीय राजनीति पुरूष हितों की पूर्ति का साधन बन जाती है।

जैकी ट्रू (Jacqui True) का भी मानना है कि अन्तर्राष्ट्रीय राजनीति लैंगिकृत अवधारणात्मक ढांचे से निर्मित है। शक्ति, सम्प्रभुता, सुरक्षा, अराजकता,

स्वायत्तता पुरूषवादी अध्ययन का केंद्र बिन्दु है। सुरक्षा के सिद्धांत में मार्स (Mars) को युद्ध के देवता के रूप में इंगित किया जाता है। वहीं महिलाओं को विनस (Venus) अर्थात शांति की देवी के रूप में इंगित करते हैं।

स्पाईक पीटरसन (Spike Peterson) का राज्य संबंधी विश्लेषण बताता है कि राज्य की शक्ति का ढांचा विशुद्ध रूप से लिंग–परक है। क्योंकि स्त्रियों के समाजिकरण (Socialization) की प्रक्रिया उन्हें भावुक, स्नेहशील व पर–निर्भर के रूप में निर्मित करती है। जबकि पुरूषों का समाजीकरण उन्हें हिंसक, स्वायत्त, शक्तिशाली एवं आत्मनिर्भर आदि बनाता है। अन्तर्राष्ट्रीय राजनीतिक अर्थव्यवस्था के दृष्टिकोण में भी महिलाओं द्वारा किये गये निजी क्षेत्र के कार्यों को गैर उत्पादनकारी (Non-productive) क्षेत्र में शामिल किया जाता है। महिलायें जो घरेलू क्षेत्र में देखभाल, संतान उत्पत्ति, घरेलू कार्य इत्यादि करती है उन्हें राष्ट्र के सकल घरेलू उत्पाद (GDP) में शामिल नहीं किया जाता। वहीं पुरूषों द्वारा किया गया सार्वजनिक क्षेत्र का कार्य वैतनिक कार्यों (Paid job) के रूप में परिभाषित किया जाता है, तथा वह राष्ट्र के सकल घरेलू उत्पाद का हिस्सा बन जाता है। इस प्रकार घरेलू एवं सामाजिक स्तर पर निर्मित पुरूष आधिपत्य महिलाओं को सोपानिक स्तर में निम्न स्थिति में धकेल देता है।

राज्य एवं राष्ट्रवाद के संबंध में नारीवादी विचार

नारीवादियों के अनुसार राज्य मूलतः समाज का विस्तार है। जब समाज ही पितृसत्तात्मक है, तो सभी राज्य अनिवार्यतः पितृसत्तात्मक ही हैं। चाहे वह मध्यकालीन सामन्तवादी राज्य (Feudal state) हो, समाजवादी राज्य (Socialist state) हो या फिर आधुनिक पूंजीवादी राज्य (Capitalist state)। इनका मानना है कि राज्य कोई तटस्थ या निष्पक्ष संस्था नही है बल्कि पितृसत्तात्मक सत्ता का छुपा हुआ रूप है। राज्य के द्वारा इसी पितृसत्तात्मक सत्ता को और अधिक मजबूत किया जाता है क्योंकि राज्य द्वारा उत्तराधिकार लैंगिक संबंध और पुनर्उत्पादन क्रियाओं को नियंत्रित किया जाता है। राज्य द्वारा आरोपित न्याय, समानता की संकल्पना आदि परिवार में लागू नहीं होती। राज्य की मूल संस्थाओं जैसे सेना, पुलिस में भर्ती के मानदण्ड भी पुरूष के अनुसार निर्धारित होते हैं।

राष्ट्रवाद मूलतः भाषा, धर्म या संस्कृति आदि के आधार पर एक भौगोलिक क्षेत्र में रहने वाले लोगों के मध्य निष्ठा का एक समान केन्द्र निर्मित करता है। सिंथिया एन्लोए के अनुसार राष्ट्रीय पहचान और जेन्डर का आपस में घनिष्ठ संबंध है। इनके अनुसार, महिलाओं को राष्ट्रीय संस्कृति की वाहक के रूप में वर्णित किया गया। महिलाओं को भविष्य के नागरिक तैयार करने की भूमिका सौंपी गई। महिलाओं से यह अपेक्षा की जाती है कि वे राष्ट्र के सांस्कृतिक प्रतीकों को धारण करें। बारा–बारा वार्ड ने कहा कि महिला होने के नाते मेरा कोई देश नहीं है, क्योंकि महिलाओं के ऊपर आरोपित संस्कृति, पारिवारिक परंपराएं और धर्म महिलाओं को नवीन भूमिका ग्रहण करने से प्रतिबंधित करते हैं। और राष्ट्रवाद के नाम पर समाज में व्याप्त लिंग विभाजन को छुपाने का प्रयास किया जाता है, तथा इस प्रकार की मांगों को राष्ट्र की एकता व अखण्डता के लिये विघटनकारी भी मान लिया जाता है। राष्ट्रवाद को सामान्यतः देश–प्रेम के रूप में चित्रित किया जाता है। राष्ट्र मूलतः एक सामूहिक पहचान है, जिसे आगे बढ़ाने का दायित्व महिलाओं को सौंपा जाता है। इसीलिए राष्ट्र को सामान्यतः महिला के शरीर के रूप में चित्रित किया जाता है जैसे भारत में राष्ट्र को माँ के रूप में पहचाना गया है। यही कारण है कि महिला पर आक्रमण को राष्ट्र की गरिमा और पहचान पर आक्रमण मान लिया जाता है। महिलाओं के साथ किये गये बलात्कार को समूचे राष्ट्र का अपमान के रूप में चित्रित किया जाता है। अतः नारीवादियों के अनुसार राष्ट्रवाद की मान्यता से पुरूषों का प्रभुत्व कायम हो जाता है, और पुरूष को युद्ध व हिंसा जैसी गतिविधियों से जोड़ा जाता है, तो महिलाओं को निष्क्रिय, शांति स्थापना करने वाली और पालन–पोषण करने वाली गतिविधियो के रूप में चित्रित किया जाता है।

अन्तर्राष्ट्रीय राजनीति में युद्ध एवं शांति की नारीवादी व्याख्या

नारीवादियों ने मॉग्रेन्थो (Morgenthau) की मान्यता को अस्वीकार करते हुए कहा कि मानवीय स्वभाव आक्रामक और शक्ति प्राप्त करने वाला नहीं होता, बल्कि यह मूलतः पुरूषों का स्वभाव है। इसलिए उग्र–नारीवादियों (Radical Feminist) के अनुसार, अन्तर्राष्ट्रीय राजनीति में युद्ध का मूल

कारण शासन–सत्ता पर स्थापित पुरूषो का नियंत्रण है। यदि अन्तर्राष्ट्रीय राजनीति में महिलाओं का शासन–सत्ता पर नियंत्रण हो जाये, तो पूरे विश्व में शांति होगी। नारीवादियों के अनुसार, युद्ध के दौरान भी महिलाओं की स्थिति द्वितीयक होती है। इनके अनुसार, युद्ध मूलतः जेन्डर से संबंधित है। युद्ध से सर्वाधिक पीड़ित महिलायें होती हैं। वे उन नीतियों का शिकार होती है, जिनका निर्माण और क्रियान्वयन उन्होंने स्वयं नहीं किया। अतः युद्ध का प्रभाव पुरूष एवं महिलाओं पर अलग–अलग रूप में होता है। युद्ध में महिलाओं के साथ घटनायें भी होती हैं। शरणार्थियों में भी अधिकांश संख्या महिलाओं एवं बच्चों की होती है। युद्ध से प्राकृतिक पर्यावरण भी प्रभावित होता है। इसलिये महिलाओं को घरेलू कार्यों का संपादन करने में भी कठिनाई आती है।

नारीवाद एवं सुरक्षा

नारीवादी विचारकों ने सुरक्षा की राज्य केन्द्रित यथार्थवादी संकल्पना को पूर्णतः अस्वीकृत कर दिया। इनके अनुसार सुरक्षा मूलतः समाज केन्द्रित संकल्पना है। इन्होंने यथार्थवादियों की आलोचना करते हुये कहा कि राष्ट्र–राज्यों द्वारा अर्जित हथियारों का भण्डार राज्य की सुरक्षा की बजाय, पितृ–सत्तात्मक व्यवस्था को बनाये रखने के लिये किया जाता है। इनके अनुसार, सुरक्षा का अभिप्राय, मानवीय सुरक्षा है। इसलिए स्वास्थ्य, शिक्षा जैसी सुविधाओं को सुरक्षा का अपरिहार्य भाग माना जाता है। इनके अनुसार, कुपोषण समाप्त करना एवं गरीबी निवारण सुरक्षा का व्यापक रूप है। जिसमें ये विचारक, नव–मार्क्सवादियों और संरचनावादियों के निकट विचार रखते हैं।

उग्र–नारीवादियों की यह मान्यता स्वीकार करना कठिन है, जिसके अन्तर्गत उन्होंने कहा कि, जेन्डर के कारण विश्व में युद्ध एवं अशान्ति उत्पन्न होती है, क्योंकि अनेकों उदाहरणों से यह अस्पष्ट है कि महिला नेतृत्व के द्वारा भी अन्तर्राष्ट्रीय राजनीति में उसी प्रकार व्यवहार किया गया जैसा कि पुरूषों के द्वारा व्यवहार किये गये। उदाहरण के लिये पूर्व ब्रिटिश प्रधानमंत्री मॉग्रेट थैचर (Margaret Thatcher) ने अर्जेन्टीना पर आक्रमण किया। वर्ष 1971 में भारत ने इंदिरा गांधी (Indira Gandhi) के नेतृत्व में

पाकिस्तान के आक्रमण का करारा जवाब दिया गया। ठीक इसी प्रकार पूर्व अमेरिकी विदेश सचिव कोडंलीजा रॉईस (Condoleezza Rice) और अमेरिकी विदेश सचिव हिलेरी क्लिंटन (Hillary Clinton) के सत्ता संभालने से संयुक्त राज्य अमेरिका की विदेश नीति में कोई परिवर्तन नहीं हुआ। यद्यपि उग्र–नारीवादियों की यह मान्यता अभी भी प्रमाणित नहीं है कि, जब समूचे विश्व में महिलाएं सत्ता में आ जायेंगी, तो उस समय अन्तर्राष्ट्रीय राजनीति का स्वरूप कैसा होगा?

उग्र–नारीवादियों की जगह, उदारवादी नारीवादियों की मान्यता ज्यादा संतुलित और व्यावहारिक है। उनके अनुसार, जेन्डर से राजनीति की प्रकृति निर्धारित नहीं होती। इसलिए इन्होंने राजनीतिक निर्णय–निर्माण और संस्थाओं में एवं सैन्य व्यवस्थाओं में महिलाओ के समान प्रतिनिधित्व का समर्थन किया। इनके अनुसार, विश्व के अधिकांश देशों में अभी भी महिलाओं को शासन एवं सेना में द्वितीयक दर्जा प्राप्त है। सेना में महिलाओं की भर्ती, नर्सिंग एवं खाना बनाने वाले क्षेत्रों में ही होती है। अमेरिका जैसे देशों में आज भी जल–पनडुब्बियों में महिलाओं की भर्ती नहीं होती। उदारवादी नारीवादियों के अनुसार, महिलाओं को समान प्रतिनिधित्व देने से राष्ट्रीय–हित में वृद्धि होगी। राष्ट्र अत्यधिक शक्तिशाली होगा। यदि देश की आधी जनसंख्या, अशक्त एवं कमजोर है तो समूचे राष्ट्र का विकास संभव नहीं है।

विचार

अन्तर्राष्ट्रीय संबंधों की व्याख्या करने के क्रम में जे.एन. टिकनर ने पाया कि अन्तर्राष्ट्रीय राजनीति 'पुरूषों के विश्व' के रूप में स्थापित है। महिलायें अन्तर्राष्ट्रीय राजनीति, विदेश नीति निर्माण, सेना एवं सैद्धान्तिकरण की प्रक्रिया से बहिष्कृत है। जे.एन. टिकनर का मानना है कि मॉग्रेन्थो द्वारा 'The Politics Among Nations 1948', में दिये गये यथार्थवाद के छः मूलभूत सिद्धान्तों में पुरूष आधिपत्य को अन्तर्राष्ट्रीय राजनीति में स्थापित करने की गहरी रणनीति मिलती है। इसीलिये टिकनर ने क्रमवार मॉग्रेन्थो की सभी छः बौद्धिक आधारशिलाओं की जमकर आलोचना की। साथ ही टिकनर ने मॉग्रेन्थो द्वारा प्रतिपादित वैज्ञानिक एवं प्रत्यक्षवादी अध्ययन पद्धति का भी खण्डन किया। टिकनर का मानना है कि मॉग्रेन्थो के यथार्थवादी सिद्धान्त

में वैज्ञानिक विश्लेषण की कमी तो है ही, साथ ही भाषायी दोहरापन एवं पूर्वाग्रह भी भरे पड़े हैं।

मॉग्रेन्थो के छः यथार्थवादी सिद्धान्तों की टिकनर द्वारा क्रमशः आलोचना –

1) मॉग्रेन्थो का मानना है कि अन्तर्राष्ट्रीय राजनीति कुछ वस्तुनिष्ठ नियमों पर आधारित होती है जिनकी जड़े मानव स्वभाव में निहित होती है।

   टिकनर के अनुसार मॉग्रेन्थो द्वारा प्रतिपादित मानव स्वभाव मूलतः पुरूष पूर्वाग्रह (biasness) पर आधारित है। क्योंकि मानव स्वभाव में पुरूष एवं महिला दोनों का स्वभाव अन्तर्निहित होना चाहिए किन्तु मॉग्रेन्थो द्वारा परिभाषित व्यक्ति की विवेकशीलता एवं स्वहित केन्द्रीत (Self-centered) होना मात्र पुरूष स्वभाव को ही इंगित करता है। यह मूल रूप से पितृसत्तात्मकता को महिलावादी गुणों पर प्राथमिकता देता है।

2) मॉग्रेन्थो के अनुसार, अन्तर्राष्ट्रीय राजनीति की केन्द्रीय अवधारणा राष्ट्रीय हितों पर आधारित है। इन राष्ट्रीय हितों को मॉग्रेन्थो शक्ति के रूप में परिभाषित करता है। साथ ही मॉग्रेन्थो का मानना है कि व्यक्ति के मन एवं कार्यों पर नियंत्रण करना ही शक्ति है।

   टिकनर ने उपरोक्त राष्ट्रीय हितों की एक आयामी एवं शक्ति एकलवादी मान्यता का जोरदार खंडन किया। वह मानते है कि राष्ट्रीय हितों की प्रकृति बहु आयामी होती है एवं वे संदर्भ अनुसार परिभाषित होनी चाहिए। उन्हें केवल शक्ति के साथ ही परिभाषित कराने का अर्थ पुरूषवादिता को अन्तर्राष्ट्रीय राजनीति में स्थापित करना है। समकालीन विश्व मे अनेक समस्यायें हैं जैसे पर्यावरणीय क्षय, आर्थिक विपन्नता, विकास, परमाणु हथियार आदि भी राष्ट्रीय हितों के लिये बहु आयामी हितों की मांग करते हैं।

3) मॉग्रेन्थो के अनुसार, राष्ट्रीय हित, देश, काल, परिस्थितियों के सापेक्ष सदैव परिवर्तनशील होते हैं।

टिकनर का मानना है कि मॉग्रेन्थो की परिवर्तनशील राष्ट्रीय हितों की परिभाषा परिवर्तित पुरूष हितों के मद्देनजर अन्तर्राष्ट्रीय राजनीति को स्वरूप देने का प्रयास है।

4) मॉग्रेन्थो के चौथे सिद्धान्त का मानना है कि राष्ट्र–राज्यों की राजनीतिक क्रियायें नैतिक मानदण्डों से प्रभावित नहीं होनी चाहिए बल्कि नैतिक मानदण्ड राजनीतिक क्रियाओं द्वारा परिभाषित होते हैं। इस प्रकार मॉग्रेन्थो राष्ट्र–राज्यों को नैतिकता के मानदण्डों से तटस्थ एवं निरपेक्ष बना देता है।

टिकनर के अनुसार नैतिकता विहिन व्यवहार एवं नैतिकता के समस्त मानदण्डों को दर–किनार करते हुये क्रूर राष्ट्र–हितों की पूर्ति एवं शक्ति स्पर्धा में संलग्न रहना केवल और केवल पुरूष स्वभाव की ही पहचान है। क्योंकि टिकनर का मानना है कि महिलायें स्वभावतः नैतिकता के नियमों को धारण किये होती है। किन्तु मॉग्रेन्थो ने नैतिकता को अन्तर्राष्ट्रीय राजनीति से बहिष्कृत करके अप्रत्यक्ष रूप से महिलाओं का ही बहिष्करण कर दिया। टिकनर का मानना है कि राष्ट्र–राज्यों के कृत्यों का नैतिक मूल्यांकन अनिवार्य रूप से होना ही चाहिये। अन्यथा यह मानवीय सभ्यता के लिये नुकसानदेह होगा।

5) मॉग्रेन्थों द्वारा प्रतिपादित यथार्थवाद का पांचवा नियम राष्ट्र–राज्यों की क्रियाओं को सार्वभौमिक नैतिक मान्यताओं व कानूनों से स्वतंत्र बनाता है। इसके अनुसार राजनेताओं को राष्ट्रीय हितों की परवाह करनी चाहिए।

टिकनर के अनुसार राष्ट्र–राज्यों को अपनी क्रियाओं में न्यूनतम मानवीय नैतिक मानदण्डो को सम्मिलित करना ही चाहिये। मॉग्रेन्थों द्वारा वर्णित उपरोक्त अनियंत्रित एवं अमर्यादित स्वतंत्र, नैतिक, राजनैतिक व्यवहार सीधे–सीधे उस पुरूष स्वभाव को इंगित करता है जो सभी जगह अपना आधिपत्य स्थापित करना चाहता है।

6) मॉग्रेन्थों ने अन्तर्राष्ट्रीय राजनीति के क्षेत्र को स्वायत्त माना। उनके अनुसार राजनीतिक गतिविधियां नैतिकता, वैधानिकता, आर्थिक कारकों इत्यादि से स्वतंत्र एवं अप्रभावित होती हैं।

टिकनर के अनुसार स्वायत्तता की संकल्पना पुरूषत्व (Masculinity) की अवधारणा के साथ जुड़ी हुई है क्योंकि स्वायत्तता की संकल्पना मानवीय चरित्र के बहुलवाद को नकार कर पुरूष एकलवाद को स्थापित कर देती है। टिकनर का मानना है कि आर्थिक, राजनैतिक, वैधानिक, नैतिक सभी क्षेत्र आपस में अन्तर्सम्बन्धित है। दुनिया की एक वस्तु अन्य वस्तु को प्रभावित करती है तो साथ ही उससे प्रभावित भी होती है।

निष्कर्ष (Conclusion)

नारीवादी विचारक अन्तर्राष्ट्रीय सम्बन्धों में पुरूषवादी आधिपत्य पर केवल सवाल ही नहीं उठाते, बल्कि उसकी मूल संरचना को ही विखण्डित करने का प्रयास करते हैं। ये अन्तर्राष्ट्रीय राजनीति की पुरूषवादी ज्ञान संरचना की सत्तामीमांसा एवम् ज्ञानमीमांसा को चुनौती देते हुए इसे विस्थापित कर महिलावादी ज्ञान एवं सत्तामीमांसा की स्थापना या उसे समुचित महत्व देने का आन्दोलन करते हैं। अन्तर्राष्ट्रीय राजनीति की पुरूषवादी मूल्यात्मक सहमति में छुपे हुए जेण्डर दोहरेपन को उजागर कर उसके पूर्वाग्रहों को स्पष्टतः दिखाने का प्रयास करते हैं।

अन्तर्राष्ट्रीय राजनीति के तर्कवादी (Rational) या मुख्य धारा सिद्धान्तों को चुनौती देते हुए नारीवादियों ने पितृसत्तात्मक–पुरूषवादी (Male masculinity) ज्ञानमीमांसा (Ontologies) में अन्तर्निहित प्रत्यक्षवादी सत्तामीमांसा का पर्दाफाश किया। इन्होंने अन्तर्राष्ट्रीय राजनीति के अध्ययन को प्रत्यक्षवादी आवरण से बाहर निकाल कर उसे व्यापकता प्रदान की। यह नारीवादी आन्दोलनों व सिद्धान्तों का ही प्रभाव है कि जिसके कारण महिलावादी मूल्यों को अन्तर्राष्ट्रीय राजनीति में महत्व मिलना आरम्भ हो गया। आज नारीवाद अन्तर्राष्ट्रीय राजनीति में एक स्वायत्त सिद्धान्त के रूप में उभर रहा है अर्थात यह मात्र तर्कवादी सिद्धान्तों की प्रतिक्रिया तक ही सिमट कर नहीं रहा बल्कि एक समुचित सैद्धान्तीकरण की प्रक्रिया का हिस्सा बन चुका है।

नारीवाद ने उन मूलभूत प्रश्नों को अन्तर्राष्ट्रीय राजनीति में खड़ा कर दिया जो महिलाओं की दोयम दर्जे की स्थिति हेतु उत्तरदायी थे। इन्होंने सामाजिक संरचना की भेदभावपूर्ण पितृसत्तात्मकता को जेण्डर के संदर्भ में परिभाषित कर व्यापक तरीके से उसे उजागर किया। नारीवादियों ने अन्तर्राष्ट्रीय राजनीति का अध्ययन एवं उसके सैद्धान्तीकरण की पुरूष केन्द्रित प्रक्रिया, जो की आधे–अधूरेपन की शिकार थी, यह दुनिया की आधी आबादी का प्रतिनिधित्व करने वाली महिलाओं एवम् उनके मूल्यों (सद्गुणों) को समाहित नहीं कर पा रही थी, को पूर्णता प्रदान की। इस प्रकार निसंदेह नारीवादी सिद्धान्तों ने अन्तर्राष्ट्रीय राजनीति के अध्ययन को ज्यादा समावेशी (inclusive) बनाकर उसे प्रासांगिकता प्रदान की, किन्तु अभी भी एक लम्बी दूरी तय करना बाकि है। क्योंकि लिंग–असमानता की खाई कम जरूर हुई है, किन्तु पूर्णतः भर नहीं पाई। अतः एक समतामूलक समाज व बेहतर विश्व की परिकल्पना जब तक वास्तविक नहीं हो पायेगी, तब तक सम्पूर्ण सामाजिक संरचना में बदलाव के साथ अन्तर्राष्ट्रीय राजनीति का अध्ययन जेण्डर पूर्वाग्रहों (Gender Baisness) से ग्रसित रहेगा। इसलिए नारीवादी सिद्धान्तों के द्वारा जिस चेतना का विकास हो रहा है, यह अनवरत् रूप से गतिशील रहनी चाहिए।

References

1. अजय कुमार, (2011), *अन्तर्राष्ट्रीय संबंधों के सिद्धान्त : एक परिचय,* दिल्ली, पिअर्सन प्रकाशन।
2. Biswal, Tapan, (2009), 'Feminist Perspective in International Relations: J. Ann Tickner', in Tapan Biswal (eds.), *International Relations*, India, Macmillan Publishers.
3. बी.बी. तायल, (2013), *अन्तर्राष्ट्रीय संबंध,* नई दिल्ली : सुल्तान चन्द एण्ड सन्स।
4. Burchill, Scott et al., (2005), "*Theories of International Relations*", Newyork, Palgrave.
5. Chenoy, Anuradha M, (2012), 'Gender and International Relations', in Chimni Bhupinder S and Siddharth Mallavarappu (eds.), *International Relations: Perspectives For The Global South*, India: Pearson Publication, pp. 82-95.

6. Enloe, C, (1989), *Bananas, Beaches and the Bases: Making Feminist Sense of International Politics*, London, Pandora Press.

7. Enloe, C, (1997), 'Margins, Silences and Bottom-rungs: How to Overcome the Underestimation of Power in the Study of International Relations', in Smith, K. Booth and M. Zalewski (eds.), *International Theory: Positivism and Beyond*, Cambridge University Press.

8. Goldstein, Joshua S, (2003), "*International Relations*", Fifth Edition, India, Pearson Education.

9. Morgenthau, Hans J., (1965), *Politics Among Nations: The Struggle for Power and Peace*, Newyork, Alfred Knopf.

10. आर.सी. वरमानी, (2007), *समकालीन अन्तर्राष्ट्रीय संबंध*,, नई दिल्ली : गीतांजली पब्लिशिंग हाउस।

11. Sylvester, Christine, (2002), *Feminist International Relations: An Unfinished Journey*, UK, Cambridge University Press.

12. Tickner, J. Ann, (1992), *Gender in International Relations: Feminist Perspective on Achieving Global Security*, Newyork: Columbia University Press.

13. Tickner, J.Ann, (2008), 'Gender in World Politics', in John Baylis, Steve Smith and Patricia Owen (eds)., *The Globalization of World Politics*, 4th Edition, Oxford University Press, pp. 266-268.

14. Tickner, J. Ann., (1988), 'Hans Morgenthau's Principles of Political Realism: A Feminist Reformulations', *Journal of International Studies*, Vol. 17 (3), Pp.429-40.

15. True, Jacqui, (2001), 'Feminism' in Scott Burchill and Andrew Linklater (eds.), *Theories Of International Relations*, 2nd Edition, New York: Macmillan Press, pp. 231-276.

16. Waltz, Kenneth N, (1959), *Man, the State and War: A Theoretical Analysis*, Newyork: Columbia University Press.

6

प्रथम विश्वयुद्ध : कारण व परिणाम

डॉ. राखी चौहान*

प्रथम विश्वयुद्ध (1914–1918) बीसवीं शताब्दी का सबसे भयंकर व विनाशकारी युद्ध था। यह युद्ध जल, थल व वायु तीनों जगह लड़ा गया। पिछले कुछ समय से यूरोप में जो घटनाएँ घटित हो रही थीं उन्होंने यूरोप की ही नहीं बल्कि पूरे विश्व को युद्ध की ओर धकेल दिया। फ्रांसीसी क्रान्ति (1789) ने लोकतंत्र के साथ ही राष्ट्रवादी प्रवृत्ति की भी स्थापना की। इन प्रवृत्तियों का प्रयोग साम्राज्यवाद के प्रसार के लिए किया जाने लगा। 1848 के बाद यूरोप के ज्यादातर राज्यों में लोकतंत्र आधारित शासनों की स्थापना का प्रयास किया जाने लगा जबकि बहुसंख्यक राज्यों का निर्माण राष्ट्रीयता के सिद्धांतनुसार नहीं हो सका था।

18वी शताब्दी के अंत में औद्योगिक क्रान्ति के कारण भी साम्राज्यवाद की प्रवृत्ति को बल मिला था। नए वैज्ञानिक अविष्कारों के कारण बहुत हद तक मानव ने प्रकृति पर विजय प्राप्त करनी शुरू कर दी थी। इंगलैंड, फ्रांस आदि यूरोपीय राष्ट्रों को व्यावसायिक क्रान्ति के फलस्वरूप कच्चे माल व तैयार माल के लिए सुरक्षित ठिकानों की आवश्यकता थी। इसके लिए दो रास्ते मौजुद थे– संधियाँ और आधिपत्य। इस प्रकार से कमजोर राष्ट्रों पर प्रभाव व प्रभुत्त्व जमाने का नाम ही साम्राज्यवाद था। इन परिस्थितियों में यूरोप के शक्तिशाली देशों द्वारा एशिया व अफ्रीका के पिछडे व कमजोर राष्ट्रों को अपने प्रभाव क्षेत्र में लाया गया। धीरे–धीरे एशिया व अफ्रीका के महाद्वीपों में एक–दूसरे से ज्यादा देशों को अपने प्रभुत्व में लाने के लिए संघर्ष का भी सुत्रपात हो गया। यह साम्राज्यवाद का एक स्वाभाविक

* असिस्टेंट प्रोफेसर, राजनीति विज्ञान विभाग, कालिन्दी कॉलेज, दिल्ली विश्वविद्यालय

परिणाम था। यूरोपीय देशों के ये आर्थिक हित केवल अन्य महाद्वीपों में ही नही बल्कि यूरोप में भी टकराने लगे। जहाँ एक ओर ग्रेट ब्रिटेन तेजी से पांचों महाद्वीपों में पैर पसार रहा था वहीं उत्तरी एशिया रूस के कब्जें में, अफ्रीका व पूर्वी एशिया पर फ्रांस अपना साम्राज्य स्थापित कर रहा था। यही नहीं हालैण्ड, बेल्जियम, पुर्तगाल व डेन्मार्क भी अपना प्रभुत्त्व कायम कर रहे थे। इन सभी यूरोपीय राष्ट्रों ने एक–दूसरे के उपनिवेशों पर प्रभुत्त्व कायम करने के लिए भी संघर्ष आरम्भ कर दिया और एक–दूसरे के प्रतिस्पर्द्धी हो गये।

समय के साथ पहले यूरोप के राष्ट्र और फिर विश्व के अन्य राष्ट्र दो गुटों में विभाजित हो गए। पहला गुट **मित्र व संयुक्त राष्ट्रों** का था जिसके सदस्य इंग्लैड, फ्रांस, रूस, सर्बिया, जापान, पुर्तगाल, इटली, संयुक्त राज्य अमरीका, रोमानिया, स्याम, साइबेरिया, क्यूबा, पनामा, ब्राजील, ग्वाटेमाला, निकारगुआ, कोस्टारिका आदि देश थे जबकि दूसरे गुट को **केन्द्रीय शक्ति** कहा गया जिसमें जर्मनी, आस्ट्रिया–हंगरी, बुल्गेरिया व टर्की थे। यूरोपीय राष्ट्रों के उपनिवेश लगभग पूरे विश्व में फैले थे इसीलिए प्रथम विश्वयुद्ध का प्रत्यक्ष व अप्रत्यक्ष प्रभाव भी लगभग समस्त विश्व पर पड़ा। अतः इस युद्ध को प्रथम विश्व युद्ध कहा गया।

फ्रांस, इंग्लैंड, प्रशिया, रूस, इटली व आस्ट्रिया यूरोप की छह शक्तियाँ थीं जिनमें 19वी शताब्दी के अन्तिम सालों में शक्ति संतुलन बिगड़ने लगा। 1870 में जर्मनी–फ्रांस युद्ध में जर्मनी ने विजय प्राप्त की, और अल्सेस व लॉरेन, जो खनिजों के भण्डार थे, को फ्रांस से छीन लिया। जर्मनी इन प्रदेशों को नस्ल व भाषा की दृष्टि से अपना समझता था जबकि फ्रांस राष्ट्रीय दृष्टि से उसे अपने राज्य में सम्मिलित करना चाहता था। लेकिन दोनों ही देश यह जानते थे कि आर्थिक दृष्टि से अल्सेस व लारेन महत्त्वपूर्ण हैं। फ्रांस इन समृद्ध प्रदेशों को वापिस पाना चाहता था। जर्मनी ने स्वयं को इस क्षेत्र में सैनिक दृष्टि से काफी शक्तिशाली बना लिया था।

आस्ट्रिया–हंगरी साम्राज्य का निर्माण भी जाति व राष्ट्रीयताओं को अनदेखा करके हुआ था। यहाँ पोल, चेक, स्लोवाक, स्लाव, रूथेनियन, रूमानियन, इटेलियन सभी जातियों का निवास था। इन जातियों में स्वतंत्र होने की भावना प्रबल होती जा रही थी। स्लाव एक राष्ट्र में, पोल जनता

पोलैण्ड में इकट्ठा होना चाहती थी, चेक और स्लोवाक भी पृथक व स्वतंत्र होना चाहते थे। इस प्रकार इन जातियों की आकाक्षाएँ कवेल युद्ध के द्वारा ही पूर्ण हो सकती थी।

बाल्कन प्रायद्वीप की भी अपनी ही समस्या थी। सर्बिया सर्ब या स्लाव जाति को एक राज्य में संगठित करना चाहता था। बाल्कन के कुछ प्रदेशों पर अब भी टर्की का राज्य था। मैसिडोनिया के निवासी जातीय दृष्टि से एक नहीं थे। बुल्गारिया के राजा ने जार की उपाधि ग्रहण कर ली थी। रूस बाल्कन प्रदेशों को अपने आधिपत्य में रखना चाहता था। ताकि कालासागर को भूमध्यसागर से मिलाने वाले जलमार्ग पर उसका कब्जा रहे। आस्ट्रिया व सर्बिया के बीच भी पूरी तरह शान्ति नहीं थी। इस प्रकार बाल्कन प्रदेशों पर कब्जा करने के लिए विभिन्न यूरोपियन शक्तियाँ आपस में युद्ध करने को तैयार थी। वैसे भी राष्ट्रीयता की दृष्टि से यूरोप का राजनीतिक नक्शा यही माँग कर रहा था कि उसका 'एक राष्ट्रीयता, एक राज्य' के नाम पर पुनः निर्माण किया जाए।

दूसरी ओर संयुक्त राज्य अमरीका एक शक्तिशाली राष्ट्र के रूप में उभर कर आ रहा था। वह सभी यूरोप के राष्ट्रों को अस्त्र–शस्त्र भी दे रहा था। लेकिन अमरीका ने अभी तक उपनिवेश स्थापित करने की इच्छा नहीं जतायी थी। वह ना तो यूरोप के झगड़ों में हस्तक्षेप कर रहा था और ना ही अपनी आंतरिक समस्याओं में किसी और राष्ट्र का हस्तक्षेप चाहता था। अमरीका के साथ साथ जापान एक अन्य ऐसा देश था जो धीरे–धीरे शक्ति के रूप में उदय हो रहा था। स्पष्ट है कि विश्व में चारों ओर प्रतिस्पर्द्धा का वातावरण तैयार हो रहा था।

28 जून 1914 को बोस्निया के प्रमुख शहर सराजिवो में आस्ट्रिया के युवराज आर्क डयूक फ्रांसीस फर्डिनेंड व उनकी पत्नी की हत्या कर दी गई। आस्ट्रिया ने सर्बिया की सरकार को इसके लिए उत्तरदायी ठहराया और 48 घंटे का अल्टीमेटम दिया कि आस्ट्रिया के विरूद्ध कार्रवाई को रोक दिया जाए। 28 जुलाई को आस्ट्रिया ने सर्बिया के विरूद्ध युद्ध छेड़ दिया। रूस ने इस प्रश्न को यूरोप की शक्तियों के सामने रखने की मांग की लेकिन ऑस्ट्रिया के विरोध करने पर रूसी सेना को उस ओर भेजना आरम्भ कर दिया। जर्मनी ने 1 अगस्त 1914 को रूस के विरूद्ध युद्ध की घोषणा

कर दी। अगले ही दिन फ्रांस के विरूद्ध भी युद्ध छेड़ दिया। इस प्रकार यूरोप में महायुद्ध आरम्भ हो गया और धीरे–धीरे पूरा विश्व ही महायुद्ध की लपटों में आ गया।

प्रथम विश्वयुद्ध के कारण

(1) **राष्ट्रीयता** – फ्रांस की राज्यक्रान्ति ने यूरोप में अनेकों नई प्रवृत्तियों को जन्म दिया। इनमें राष्ट्रीयता की भावना एक मुख्य व आवश्यक प्रवृत्ति थी। निःसन्देह एक जगह के निवासियों में जाति, भाषा, धर्म, रीतिरिवाज, सभ्यता व परम्पराएँ एकता ही की भावना को उत्पन्न करती हैं। इसी राष्ट्रीयता की भावना के कारण इटली व जर्मनी में एकीकरण सम्भव हुआ। लेकिन राष्ट्रीयता की भावना ने धीरे–धीरे उग्र राष्ट्रीयता को जन्म दिया। जिसका परिणाम यह हुआ कि कुछ जातियों में श्रेष्ठता की भावना पैदा हो गई और भ्रमता फैल गई कि वे सारी दुनिया में असभ्य व पिछड़े लोगों को राभ्य बनाने आए हैं। इन देशों में ब्रिटेन, फ्रांस, हालैण्ड, जर्मनी आदि प्रमुख थे। देशभक्ति की भावना विकृतता की हद तक बढ़ गई। अतिराष्ट्रीयता की भावना प्रथम विश्वयुद्ध के मूलभूत कारणों में से एक थी।

(2) **कूटनीति व गुप्त सन्धियाँ** – कूटनीति व गुप्त सन्धियों ने यूरोप के वातावरण को युद्ध के अनुकूल बना दिया था। सभी राष्ट्र एक दूसरे के साथ गुप्त मन्त्रणाएँ कर रहे थे और जहाँ सम्भव था वहीं सन्धियों पर हस्ताक्षर भी कर रहे थे। बिस्मार्क की कूटनीति के कारण यूरोप की राजनीति में जर्मनी की स्थिति सुरक्षित व सुदृढ़ हो गई थी। यूरोप में सन्धियों के द्वारा एक ओर इंग्लैंड, फ्रांस और रूस का गुट था जबकि दूसरी तरफ त्रिगुट में जर्मनी, आस्ट्रिया और इटली मुकाबले में खड़े थे। इस प्रकार यूरोप में दो सशक्त विरोधी गुट तैयार हो चुके थे। इन गुटों, गुप्त सन्धियों व कूटनीति से आम जनता अनजान थी लेकिन यह सत्य था कि यदि एक देश भी युद्ध शुरू करता तो बाकी अपने आप ही उस जाल में फंस जाते। हालांकि ये सन्धियां एक–दूसरे की रक्षा में साथ देने के लिए की गई थी लेकिन फिर भी इसमें प्रतिद्वंदी भावना तो पैदा हुई ही थी।

(3) **सैनिकवाद** – फ्रांसीसी क्रांन्ति के बाद उत्पन्न हुई उग्र राष्ट्रीयता का परिणाम था सैनिकवाद। अनिवार्य सैनिक शिक्षा व सैनिक सेवा की प्रथा

यूरोपीयन देशों में अपनाई जा रही थी। कुछ सालों के लिए प्रत्येक नागरिक के लिए यह अनिवार्य था कि वह सेना मे भर्ती होगा। इस प्रकार एक निश्चित आयु के पश्चात् देश के हर नागरिक को सैनिक बनाया जा रहा था ताकि समय आने पर उनका युद्ध के काम के लिए इस्तेमाल किए जा सकें। प्रशिया में यह सबसे पहले शुरू हुआ ताकि नेपोलियन का मुकाबला किया जा सके। धीरे–धीरे यूरोप के लगभग सभी राष्ट्रों ने इस प्रथा को ग्रहण कर लिया था। दूसरे शब्दों में यह कहा जा सकता है कि यूरोप की लगभग सभी बालिग जनता सैनिक बन चुकी थी। यूरोपियन राष्ट्र वैसे भी सुरक्षा व सेना पर बड़ा खर्चा कर रहे थे। ब्रिटेन को देखकर अन्य यूरोपियन देश अपने नौ सेना के बेड़े में भी वृद्धि कर रहे थे। बडे–बड़े जंगी जहाजों का निर्माण किया जा रहा था। अकेले जर्मनी के पास ही 1914 में आठ लाख पचास हजार सैनिक थे। फ्रांस ने भी एक बड़ी संख्या में सेना को तैयार कर रखा था। रूस के पास भी लगभग पन्द्रह लाख सैनिक थे। विज्ञान की सहायता से आधुनिक हथियारों का भी निर्माण किया जा रहा था। एक राष्ट्र–दूसरे को देख कर अपनी सैनिक क्षमता में वृद्धि करता जा रहा था। एक प्रकार की प्रतिद्वंद्विता शुरू हो गई थी जिससे चारों और घृणा व भय का वातावरण तैयार हो रहा था।

सैनिक प्रतिद्वंद्विता में केवल राजनीतिज्ञ ही संलग्न थे ऐसा नहीं था। इन के साथ–साथ कवि, इतिहासकार, लेखक भी अपने विचारों को फैला कर युद्ध का वातावरण तैयार कर रहे थे। मतस्य न्याय का चारों और प्रचार–प्रसार किया जा रहा था। इस प्रकार युद्ध के लिए वातावरण तैयार हो चुका था केवल एक चिन्गारी जलानी ही बाकी थी।

(4) **आर्थिक साम्राज्यवाद** – सैनिकवाद के साथ साथ साम्राज्यवाद भी उग्र राष्ट्रवाद का ही परिणाम था। औद्योगिक क्रान्ति ने ऐसी बहुत सी जरूरतों को जन्म दिया जिस के कारण समृद्ध यूरोपीय देश एशिया व अफ्रीका के राष्ट्रों तक अपना साम्राज्य फैलाने को लालायित हो गए। ग्रेट ब्रिटेन ने तो विश्व का कोई ऐसा कोना ही नहीं छोड़ा जहाँ अपनी उपस्थिति महसूस ना करायी हो। यूरोप में औद्योगिकरण के कारण ज्यादा धन कमाने की इच्छा ने कमजोर राष्ट्रों को अपने अधीन कर लिया। इन राष्ट्रों को अपने उपनिवेशों से कच्चा माल भी मिलता और तैयार माल बेचने को बाजार भी

मिला। इस प्रकार एशिया व अफ्रीका के राष्ट्रों पर अधिकार करके यूरोपीय राष्ट्रों को सिर्फ फायदा ही फायदा था। अफ्रीका के उपनिवेश यूरोपीय देशों में बंट चुके थे जिनमें से बड़ा हिस्सा इंग्लैंड व फ्रांस के पास था। जर्मनी अभी इस दौड़ में शामिल नहीं था। जब बीसवीं शताब्दी के आरम्भ में जर्मनी वे इंग्लैंड में यह प्रतियोगिता आरम्भ हुई तब पारस्परिक तनाव बढ़ना स्वाभाविक ही था। बाल्कन क्षेत्र मे भी रूस व आस्ट्रिया के आर्थिक हित टकरा रहे थे। अपने अपने साम्राज्य को बढ़ाने के लिए ये यूरोपीय राष्ट्र एक दूसरे को विद्वेष की दृष्टि से देखने लगे। जिस प्रकार जर्मनी का माल ब्रिटिश माल के मुकाबले ज्यादा प्रसिद्ध हो रहा था ब्रिटेन में हलचल शुरू हो चुकी थी। जर्मनी की बढ़ती नौसेनिक शक्ति से भी ब्रिटेन अनजान नही था। वास्तविकता यह थी कि बीसवीं शताब्दी के आरम्भ में ब्रिटेन–जर्मनी एक दूसरे के प्रबल प्रतिस्पर्धी हो गये थे। यह प्रतिस्पर्धा प्रथम विश्वयुद्ध का सबसे बड़ा व महत्त्वपूर्ण कारण बनी।

(5) **विश्वयुद्ध से पहले अन्तर्राष्ट्रीय तनाव** – बाल्कन क्षेत्र में रूस सभी राजनीतिक दांव–पेंचों का इस्तेमाल कर रहा था। लेकिन रूस को इसमें कोई खास सफलता नहीं मिल पाई। रूसी महत्त्वाकाक्षाओं से जागान परिचित था क्योंकि अब रूस ने प्रशान्त महासागर में पैर पसारने शुरू कर दिए थे। जापान ने भी वैज्ञानिक उन्नति करके अपना स्थान विश्व राजनीति में मजबूत कर लिया था। मंचूरिया, कोरिया व लाओतुंग प्रायद्वीप में रूस व जापान के हित आपस में पहले से ही टकरा रहे थे। 1904–05 मे रूस–जापान युद्ध में रूस की पराजय हुई। मोरक्को की ओर से जर्मनी ने लड़ते हुए फ्रांस को चुनौती दी। फ्रांस पर प्रतिबंध लगाने के लिए 1906 में अन्तर्राष्ट्रीय सम्मेलन का आयोजन अल्जीसिरास में किया गया जिस की कार्यवाही से जर्मनी असंतुष्ट ही रहा जबकि इंग्लैंड ने फ्रांस को समर्थन दिया। विश्वयुद्ध से पहले अन्तर्राष्ट्रीय तनाव साफ दिख रहा था।

(6) **जर्मनी के प्रति फ्रांस की प्रतिशोध भावना** – बिस्मार्क की कूटनीति ने फ्रांस को अकेला कर दिया था। आस्ट्रिया व इटली पहले ही जर्मनी के साथ मिल कर त्रिगुट बना चुके थे। रूस के साथ भी बिस्मार्क सन्धि कर चुका था। फ्रांस जर्मनी से बदला लेने की फिराक में था। जब तक बिस्मार्क रहा, फ्रांस अपन सिर नहीं उठा पाया। जर्मनी के एकीकरण

से भी फ्रांस असहाय महसूस कर रहा था। फ्रांस आल्सेस–लारेन को भी वापिस पाना चाहता था। जर्मनी ने मोरक्को में भी फ्रांस का विरोध ही किया था। प्रथम विश्वयुद्ध ने फ्रांस को वह मौका प्रदान किया जिस का इंतजार वह लम्बे समय से कर रहा था।

(7) **समाचार पत्रों द्वारा झूठा प्रचार** – यूरोपीय राष्ट्रों में यह होड़ सी लगी थी कि कौन एक–दूसरे को समाचार पत्रों के द्वारा ज्यादा नीचा दिखाए। अपने देशों के प्रति देश भक्ति दिखाने का तरीका यही था कि स्वयं के राष्ट्र को अच्छा बताया जाए और दूसरों की उत्तेजनाओं को बढ़ावा दिया जाए। छोटी छोटी घटनाओं को बड़ा दिखा कर तनाव उत्पन्न किया जाता। इंग्लैंड के समाचार पत्रों ने जर्मनी के शासक कैसर विलियम के कार्यों की आलोचना की जिसका परिणाम यह निकला कि जर्मनी की जनता इंग्लैड़ के विरूद्ध हो गई। इसी प्रकार जर्मनी में इंग्लैंड के प्रति गलत धारणाएँ फैलाई गईं। इसी प्रकार फ्रांसीसी समाचार पत्रों ने भी जर्मनी के विरूद्ध अपनी जनता की भावनाओं को बढ़ाने में विशेष योगदान दिया। इसी प्रकार आस्ट्रिया व सर्बिया के समाचार पत्रों ने भी एक–दूसरे के प्रति प्रतिद्वन्द्विता को बनाए रखा। इस प्रकार समाचार पत्रों ने झूठे प्रचार द्वारा शत्रुता के वातावरण को बनाए रखने में बड़ा योगदान दिया जो प्रथम विश्वयुद्ध का एक कारण बना।

(8) **कैसर विलियम द्वितीय की महत्त्वाकांक्षाएँ** – जर्मनी का सम्राट कैसर विलियम द्वितीय अत्यंत महत्त्वाकांक्षी व्यक्ति था। वह संसार में अपनी शक्ति का लोहा मनवाना चाहता था। वह विश्व नेता बनना चाहता था। जबकि बिस्मार्क ने उपनिवेश स्थापित करने के लिए प्रयत्न नहीं किये था। पर कैसर विलियम सामुद्रिक शक्ति भी बनना चाहता था। ऐसी दशा में इंगलैंड व जर्मनी परस्पर आमने सामने आ खड़े हुए। 19वीं शताब्दी के मित्र जिन्होंने नेपोलियन का मुकाबला मिलकर किया था, प्रतिद्वन्द्वी बन गए। कैसर विलियम के इस चरित्र ने जर्मनी को प्रथम विश्वयुद्ध तक पहुँचाया।

(9) **अन्तर्राष्ट्रीय संस्था का अभाव** – सारा यूरोप युद्ध के लिए तैयार था लेकिन युद्ध से बचाने के लिए कोई संस्था विद्यमान नहीं थी। एक अन्तर्राष्ट्रीय न्यायालय का होना समय व परिस्थितियों की मांग थी लेकिन

किसी भी देश के शासक द्वारा कोई भी प्रयत्न नहीं किया जा रहा था। 1898 में रूस के जार निकोलस ने बहुत से राज्यों को निमंत्रण देकर हेग में अन्तर्राष्ट्रीय सम्मेलन किया। 26 राज्यों के प्रतिनिधि सम्मिलित भी हुए। लेकिन हेग सम्मेलन को कोई विशेष सफलता नहीं मिली। 1907 में हेग में ही एक बार फिर अन्तर्राष्ट्रीय सम्मेलन बुलाया गया। इसमें चार बडे राज्यों के प्रतिनिधि शामिल हुए। इस सम्मेलन की सबसे बड़ी सफलता यही थी कि एक अन्तर्राष्ट्रीय न्यायालय की स्थापना की गई। और यह भी निर्णय हुआ कि राष्ट्र चाहें तो आपसी झगड़े वहाँ ला सकते हैं। कुछ झगड़े न्यायालय के सामने लाए भी गए, शान्ति से कुछ को निबटाया भी गया। लेकिन यह भी उल्लेखनीय है कि हेग में अन्तर्राष्ट्रीय न्यायालय के होते हुए भी युद्ध चलते रहे। छोटे–छोटे झगड़ों का निबटारा तो हुआ लेकिन बड़े–बड़े देश न्यायालय को मानने से इंकार करते रहे। दूसरी और आपसी मनमुटाव से झगड़े बढ़ते ही गए।

(10) **तात्कालिक कारण** – आर्क ड्यूक फ्रांसीस फर्डिनेंड की हत्या से विश्वयुद्ध का श्री गणेश हुआ। हत्यारा सार्बिया की एक क्रान्तिकारी गुप्त समिति का सदस्य था। ब्लैक हैण्ड (*Black Hand*) नामक संस्था के एक सदस्य ने आस्ट्रिया की गद्दी के उत्तराधिकारी आर्क ड्यूक का वध कर दिया। आस्ट्रिया की सरकार सर्बिया से बदला लेने को उतारू हो गई। उसने फैसला लिया कि सर्बिया जो पूरी स्लाव जाति का केन्द्र है उसे तहस नहस कर दिया जाए। आस्ट्रिया ने जर्मनी से सम्पर्क स्थापित किया। जर्मनी ने साथ दिया और 28 जुलाई 1914 को आस्ट्रिया ने सर्बिया के विरूद्ध युद्ध की घोषणा कर दी।

जर्मनी ने 1 अगस्त को रूस के विरूद्ध युद्ध की घोषणा कर दी। तीसरे दिन फ्रांस के विरूद्ध भी युद्ध की घोषणा कर दी गई। 2 अगस्त को जब जर्मन सेनाएँ बेल्जियम की ओर बढ़ी तो इंग्लैंड ने भी युद्ध की घोषणा जर्मनी के विरूद्ध कर दी। 23 अगस्त को जापान भी ब्रिटेन की ओर से जर्मनी के विरूद्ध विश्वयुद्ध में शामिल हो गया। 5 मई, 1915 को इटली, बुल्गारिया, रूमानिया और यूनान ने भी युद्ध की घोषणा कर दी। 6 अप्रैल, 1917 को अमरीका भी जर्मनी के विरूद्ध युद्ध की आग में शामिल हो गया। अमरीका के साथ क्यूबा और पनामा और उनके बाद स्याम, चीन, साइबेरिया

व ब्राजील भी मित्र राष्ट्रों की ओर से युद्ध लडने लगे। शीघ्र ही आस्ट्रिया–सर्बिया युद्ध विश्वव्यापी हो गया।

अमरीका के मित्र राष्ट्रों में सम्मिलित होने के बाद से ही जर्मनी युद्ध में पराजित होने लगा। 29 सितम्बर, 1918 को बल्गारिया, 31 अक्टूबर 1918 को टर्की ने आत्मसमर्पण किया। केन्द्रीय शक्तियों के हालात बदतर होते गए। 3 नवम्बर को आस्ट्रिया भी मैदान से पीछे हटने लगा। अब मैदान मे केवल जर्मनी ही बच गया था। जिसकी सेनाएँ सभी मोर्चों पर पराजित हो रही थीं। जर्मनी की आन्तरिक स्थिति भी कमजोर हो रही थी। दूसरी तरफ साम्यवाद अपने पैर जर्मनी में पसार रहा था। जनता युद्ध से तंग आ चुकी थी और अब शांति चाहती थी। ऐसे हालातों में सम्राट विलियम को 9 नवम्बर 1918 का गद्‌दी छोड़नी पड़ी। जर्मनी से राजतन्त्र का अन्त हुआ और साम्यवादी नेता फ्रेड़रिक के नेतृत्व में जर्मन जनतंत्र की स्थापना की घोषणा हुई। शर्तो को मानते हुए 11 नवम्बर 1918 को युद्ध विराम की सन्धि पर दोनों पक्षों की ओर से हस्ताक्षर हुए और प्रथम महायुद्ध का अन्त हुआ।

कुल मिलाकर 80 लाख के लगभग सैनिक युद्ध क्षेत्र में मारे गए। घायलों की संख्या तो इससे कहीं अधिक 1 करोड़ 90 लाख थी जिनमें से 60 लाख ऐसे घायल तो हमेशा के लिए अपाहिज हो चुके थे। मित्र राष्ट्रो के भी 50 लाख लोग मारे गए और 1 करोड़ दस लाख घायल हुए। 70 लाख से अधिक लोग दोनों ही ओर से लापता थे। संसार का यह ऐसा पहला महायुद्ध था जिसमें से जीता कोई भी हो लेकिन मनुष्य की दोनों ही ओर से हार हुई। 4 साल, 3 महीने और 11 दिन तक चलने वाला यह एक अभूतपूर्व युद्ध था। यह आँकड़े सिर्फ युद्ध क्षेत्र में मरने वाले सैनिकों की व्यथा ही ब्यान कर रहे हैं। इसके अतिरिक्त आम नागरिक भी इस युद्ध के भेंट चढ़े। 692 अमरीकी व 20,620 ब्रिटिश आम नागरिक जहाज डुबो देने के कारण मारे गए। 1270 के लगभग ब्रिटिश नागरिक हवाई गोलीबारी के शिकार हुए। टर्की शासकों ने यहूदी व ईसाई प्रजा पर अत्याचार किए। विश्व युद्ध के बाद महामारी फैल जाने से भी नागरिक मारे गए। इसके अतिरिक्त शारीरिक व मानसिक दृष्टि से भी नागरिकों ने परिस्थितियों को झेला। एक बड़ी संख्या में नवयुवक यूरोप के विभिन्न देशों में मृत्यु को प्राप्त हुए जिससे आर्थिक हानि भी हुई।

जन के अतिरिक्त धन की भी हानि हुई। अर्थशास्त्रियों के अनुमान के अनुसार प्रथम विश्वयुद्ध में लगभग साढे अट्ठावन हजार करोड़ रूपये व्यय हुए और लगभग तेरह हजार दौ सौ करोड़ रूपये की संपत्ति का विनाश हुआ। इतने अधिक जन–धन की हानि के पश्चात् यूरोप का सामाजिक, राजनीतिक, आर्थिक व सांस्कृतिक ढाँचा ही बदल गया। इसके परिणाम भी अत्यंत विनाशकारी हुए।

प्रथम विश्व युद्ध के परिणामः सामाजिक

(1) **जनहानि** : प्रथम महायुद्ध मानव इतिहास की सबसे भयंकर त्रासदी थी। इस महायुद्ध में 36 राष्ट्रों ने भाग लिया, लगभग साढ़े छह करोड़ सैनिक शामिल हुए। तीस लाख सैनिकों के मारे जाने का परिणाम यह हुआ कि कई यूरोपीय देशों में युवा पुरूषों की कमी हो गई।

(2) **अल्पसंख्यकों की समस्या** – यह विश्वयुद्ध राष्ट्रीयता के आधार पर लड़ा गया था। 'एक राष्ट्रीयता, एक राज्य' के आधार पर निर्माण करना भी आसान नहीं थी। पेरिस शान्ति सम्मेलन में आत्मनिर्णय के अधिकार को मानते हुए बहुत से अल्पसंख्यकों को नवीन राज्यों में समाविष्ट कर दिया गया फिर भी लाखों अल्पसंख्यक बच गए। लेकिन केवल पोलैंड, चकोस्लावाकिया जैसे राज्यों की समस्या ही नहीं थी बल्कि आस्ट्रिया, हंगरी, बुल्गारिया और तुर्की में भी बहुत से लोग स्थायी रूप से बसे थे जो उन राष्ट्रीयताओं के नहीं थे। इन लोगों की रक्षा का दायित्व राष्ट्रसंघ को सौंपा गया। राष्ट्रसंघ ने इन राज्यों से अलग अलग संधियाँ करके इस समस्या का हल करना चाहा लेकिन अल्पसंख्यकों की समस्या का स्थायी समाधान नहीं निकल सका। अल्पसंख्यकों में पृथकता की भावना बनी रही। इसी स्थिति का लाभ उठा कर आस्ट्रिया व चकोस्लावाकिया को हिटलर ने अपने राज्य में मिला लिया।

(3) **स्त्रियों की स्थिति में परिवर्तन** – विश्वयुद्ध के समय करोड़ों की संख्या में पुरूष अपने देशों की ओर से युद्ध क्षेत्र में लड़ रहे थे। इस महायुद्ध ने घर में काम करने वाली स्त्रियों को चारदिवारी से बाहर निकलने का अवसर प्रदान किया। दफ्तरों, दुकानों, उद्योग–धंधों, कारखानों सभी

जगह पुरूषों की जगह स्त्रियों ने ले ली। युद्ध में पुरूषों के संलग्न होने के कारण स्त्रियों को काम करने का अवसर मिला जिसने उनमें आत्मविश्वास पैदा किया। ऐसे काम जो पहले सिर्फ पुरूषों के ही समझे जाते थे जैसे लोहे के कारखाने, ढलाई का काम, भट्टी आदि का काम भी स्त्रियाँ ही करने लगी। यही नही उन्होंने युद्ध क्षेत्र में घायल सैनिकों की सेवा का काम भी किया। आर्थिक रूप से स्वतंत्र होने के कारण उनमें राजनीतिक चेतना भी उत्पन्न हुई और उन्होंने राजनीतिक अधिकारों की भी माँग की। परिणामस्वरूप 1918 में इंग्लैंड में 30 वर्ष से अधिक आयु की स्त्रियों को मताधिकार प्राप्त हुआ। 1917 में रूस में तथा 1920 में जर्मनी में भी वोट का अधिकार मिल गया। रूस में तो स्त्रियों को संसद सदस्य, मंत्री व प्रशासक बनने का अवसर भी मिला। धीरे–धीरे बाकी देशों में भी स्त्री–पुरूष समानता को स्वीकार किया जाने लगा। प्रथम विश्वयुद्ध में एक बड़ी संख्या में पुरूषों के मारे जाने के कारण जर्मनी, फ्रांस, रूस, ब्रिटेन तथा आस्ट्रिया–हंगरी में स्त्रियों की संख्या पुरूषों की तुलना में अधिक हो गई। अधिक संख्या में होने के कारण स्त्रियों ने शासन तथा समाज दोनों जगह ही प्रधान भूमिका का निर्वाह किया।

(4) **सांस्कृतिक क्षति** – प्रथम विश्व युद्ध सांस्कृतिक दृष्टि से भी अत्यंत हानिकर सिद्ध हुआ। युद्ध के दौरान बहुत से सांस्कृतिक धरोहरों को ध्वस्त कर दिया गया। बहुत से कलाकार, बुद्धिजीवी व वैज्ञानिकों को भी युद्ध ने लील लिया। लाखों नवयुवकों को भी महायुद्ध का ग्रास बन जाना पड़ा। इन नवयुवकों को महाविद्यालय व विश्वविद्यालय छोड़ कर सेना में भर्ती होना पड़ा। स्कूल, कॉलेज भी युद्ध के दौरान तहस–नहस कर दिए गए। इस सब के साथ ही पूरानी ऐतिहासिक इमारतों, पुस्तकालयों वे कलाकृतियों को भी भारी नुकसान पहुँचा। इस प्रकार ना केवल यूरोप बल्कि पूरे विश्व के सांस्कृतिक विरासत को भारी धक्का लगा।

(5) **वैज्ञानिक प्रगति** – उल्लेखनीय है कि यह युद्ध विश्वव्यापी युद्ध था और इस युद्ध में नवीनतम व विनाशकारी शस्त्रों का प्रयोग किया गया। पहली बार टैंकों, हवाई जहाजों, पनडुब्बियों व जहरीली गैसों का भी प्रयोग किया गया। यातायात के भी नवीन व क्रांतिकारी साधनों का उपयोग हुआ। घायलों की तत्काल चिकित्सा के लिए नई औषधियों का भी उपयोग किया

गया। वास्तव में युद्धकालीन आवश्यकताओं के कारण नई वैज्ञानिक खोजों ने दुनिया को युद्ध के बाद भी फायदा पहुँचाया।

(6) **नस्लों की समानता** – विश्वयुद्ध में केवल यूरोप के लोगों ने ही नहीं बल्कि एशिया व अफ्रीका के सैनिकों ने भी भाग लिया। इसका अर्थ यह था कि युद्ध सिर्फ गोरे नही बल्कि, काले, भूरे लोगों द्वारा भी लड़ा गया। जिन्हें अब तक हीन समझा जाता था। युद्ध में आवश्यकता के कारण भारत, जापान व अफ्रीका महाद्वीप के भी सैनिक यूरोप में आए और गोरे सैनिकों के सामने काले लोगों ने बराबर की बहादुरी व शौर्य दिखाते हुए युद्ध लड़ा। इस प्रकार यूरोपीय गोरे लोगों की उत्कृष्टता की सोच निराधार साबित होने लगी। इस विचारधारा को बल मिला कि रंग से बहादुरी का कोई लेना–देना नहीं। इस विश्वयुद्ध ने बहुत सा विनाश तो किया लेकिन इसी युद्ध के कारण नस्लों की समानता की विचारधारा को बल मिला। इसी वजह से अन्तर्राष्ट्रीयता, सुख, शांति की वृद्धि में सहायता मिली। राष्ट्रसंघ की स्थापना इसी नस्लों की समानता की विचारधारा पर आधारित थी।

आर्थिक परिणाम

(1) **आर्थिक विनाश** – अर्थशास्त्रियों ने महायुद्ध के खर्चें का साल दर साल हिसाब लगाया। पहले साल में 6 हजार करोड़, दूसरे में 10 हजार करोड़, तीसरे में सवा बारह हजार करोड़ तथा चौथे साल में 30 हजार करोड़ रूपये का खर्चा हुआ। कुल मिला कर यह योग साढ़े 98 हजार करोड़ जितनी विशाल धन राशि दोनों पक्षों द्वारा फूंक दी गई। अमरीका और ब्रिटेन की कुल सम्पत्ति भी इतनी नहीं थी। इस असाधारण खर्च के कारण सार्वजनिक ऋणों की मात्रा भी बढ़ी थी। महायुद्ध में 13 हजार दो सौ करोड़ की कीमत की सम्पत्ति का भी विनाश हुआ। इतने भारी धन विनाश का परिणाम यह हुआ कि वस्तुओं की कीमतें बढ़ने लगीं, मजदूरी की दर भी ऊँची उठने लगी, पैदावार कम होती गई, मुद्रा की कीमत भी नीचे जाने लगी। कुल मिलाकर व्यापार क्षेत्र में अव्यवस्था की सी स्थिति उत्पन्न हो गई थी। परिणामस्वरूप महायुद्ध के समाप्त होने के कुल तीन साल के अन्दर ही आर्थिक संकट का अनुभव होने लगा जिससे उबरने में यूरोप को कई साल लग गए। खासतौर पर मध्यम वर्ग की दशा शोचनीय हो गई। यह आर्थिक संकट 1913 तक चलता रहा।

(2) **सम्पदा की हानि** – महायुद्ध ने आर्थिक असन्तुलन पैदा कर दिया था। युद्ध काल में पोलैंड की खानें बर्बाद हो चुकी थीं, फसलें नष्ट हो गई, रेलमार्ग छिन्न–भिन्न हो गए, मशीनों को तोड–फोड़ दिया गया। कुछ देशों में सड़कें भी नष्ट हो गईं। जमीनें अनुपजाऊ हो गई, कारखानें–मकान भी ध्वस्त कर दिए गए। जर्मनी को तो पूरी तरह से रूसी सेना ने नष्ट ही कर दिया था। युद्ध के बाद भी जर्मनी को ही सबसे बड़ा नुकसान उठाना पड़ा। इन सबका परिणाम यह हुआ कि पूरा यूरोप ही बियावान हो चुका था। जिसे दोबारा से खड़ा करना आर्थिक रूप से एक मुश्किल काम था।

(3) **युद्ध–ऋणों की समस्या**– युद्धकाल में असाधारण खर्चा किया गया था। दोनों पक्षों ने सार्वजनिक ऋण लेकर इस युद्ध को लड़ा। 1914 में दोनों पक्षों पर कुल मिलाकर 8 हजार करोड़ रूपये का ऋण था जो 1918 तक बढ़कर 40 हजार करोड़ हो गया। लगभग सभी यूरोपीय राष्ट्र ऋण के बोझ तले दबे थे। जिसे चुकाना इतना आसान नहीं था। अधिकांश राष्ट्रों ने अमरीका व इंग्लैंड से कर्जा लिया था जबकि इगलैंड ने स्वयं अमरीका से ऋण ले रखा था। इस युद्धकालीन ऋण को सभी राष्ट्र जर्मनी से क्षतिपूर्ति के द्वारा लेना चाहते थे। लगभग सभी राष्ट्र आर्थिक संकट अनुभव करने लगे थे।

(4) **अन्तर्राष्ट्रीय व्यापार को क्षति** – अरबों रूपये के विनाश का सीधा असर पड़ा। हर राष्ट्र निर्यात को बढ़ाना चाहता था जबकि आयात कम करने के लिए नीतियाँ बना रहा था। हर देश को राष्ट्रीय स्तर पर पुनर्निमाण, पुनर्वास और बेरोजगारी जैसी चुनौतियाँ का सामना करना पड़ रहा था। सरकारों ने तटकरों में भी वृद्धि कर दी। इन सबका परिणाम अन्तर्राष्ट्रीय व्यापार पर भी पड़ा। वह व्यापार जिस पर ब्रिटेन व जर्मनी का अधिकार था अब अमरीका, जापान व लेटिन अमरीकी देशों के हाथों में आ गया। इस सबका फायदा संयुक्त राज्य अमरीका को मिला। 1925 तक अमरीकी विदेशी व्यापार में वृद्धि होती गई। अमरीका जो युद्ध से पहले कर्जदार देश था युद्ध के बाद संसार का प्रमुख कर्ज देने वाला देश बन गया।

(5) **मुद्रास्फीति** – युद्धकाल में अरबों रूपये का खर्चा केवल विनाश के लिए हुआ, उत्पादन के लिए नहीं। साथ ही औद्योगिक प्रतिष्ठानों, संचार,

यातायात आदि को भी क्षति पहुँची। ऋण वापस लेने के लिए दबाव होने के कारण कई देशों ने अन्धाधुन्ध कागजी मुद्रा जारी कर दी जिस से कीमतों में भारी वृद्धि हुई। इस प्रकार मुद्रास्फीति ने सम्पूर्ण यूरोप को आर्थिक संकट में ड़ाल दिया।

(6) **श्रमिकों की स्थिति में सुधार** – महायुद्धकाल में नवयुवकों को सिपाही बन कर लड़ना पड़ा जिसके कारण युद्धरत देशों में श्रमिकों की भारी कमी हो गई और उनकी माँग बढ़ गई। इस कारण श्रमिकों का महत्त्व बढ़ गया। उनमें अपने अधिकारों के प्रति जागरूकता भी आई। रूस में श्रमिक आन्दोलन व साम्यवादी शासन ने श्रमिकों को भविष्य के प्रति ओर आशावान बनाया। सरकारें भी अब श्रमिकों के महत्त्व को स्वीकार करने लगी। फ्रांस व जर्मनी में श्रमिकों के आराम व काम के घण्टे निश्चित कर दिए गए। बहुत से देशों में तो बीमारी, आकस्मिक दुर्घटना व बीमा व्यवस्था को भी मान्यता दी गई। इस प्रकार श्रमिक संघों व ट्रेड़ युनियनों की भी स्थापना की गई। धीरे–धीरे सरकारों में भी श्रमिकों का प्रतिनिधित्व बढने लगा।

(7) **कृषकों की सुरक्षा** – श्रमिकों के साथ–साथ किसानों की स्थिति में भी सुधार आ रहा था। अधिकांश यूरोपीय देशों में किसानों की भूमि बांट दी गई। किसानों को भूमि का मालिक बना दिया गया। सामन्तवादी व्यवस्था आखिर दौर में थी। इस प्रकार किसानों की आर्थिक व्यवस्था में भी सुधार आया।

(8) **बेरोजगारी** – युद्धकाल में आर्थिक व्यवस्था पर जबरदस्त चोट हुई थी। कारखाने, उद्योग–धन्धे नष्ट हो चुके थे। परिणामस्वरूप बेरोजगारी ने विकराल रूप धारणा कर लिया था।

(9) **राजकीय समाजवाद का विकास** – युद्ध काल में उद्योगों के स्वामित्त्व तथा संचालन पर सरकार का नियंत्रण होने लगा था। युद्ध की समाप्ति के बाद भी स्थिति में ज्यादा परिवर्तन नहीं आया। युद्ध से पूर्व भी साम्यवादी विचारधारा यूरोप के लोगों को प्रभावित करने लगी थी। इस प्रकार पूरे आर्थिक जीवन पर सरकारी नियंत्रण स्थापित हो चुका था और राजकीय समाजवाद की स्थापना हो गई थी। युद्ध के बाद भी साम्यवादियों

को विश्वास था कि सारे उद्योगों पर सरकारी नियंत्रण रहे ताकि उद्योगपतियों को मनमानी करने का अवसर ना मिले। रूस में साम्यवादियों को इस प्रकार की सफलता मिल चुकी थी। जर्मनी व इटली में भी समाजवाद का विकास हुआ।

राजनीतिक परिणाम

(1) **निरकुंश राजतन्त्रों का अन्त** – 1789 में फ्रांस की राज्यक्रान्ति के बाद जनतंत्र के विचार का विकास हुआ। यूरोप के तीन प्राचीन राजवंश आस्ट्रिया का हैप्सबर्ग, जर्मनी का होहेनजोलर्न और रूस का रोमेनाफ राजवंश समाप्त हो गये। तुर्की के आटोमन सम्राट जो खलीफा भी थे और विश्व के मुस्लिम उन्हें अपना धर्मगुरू मानते थे। इस महायुद्ध के बाद तुर्की सल्तनत का अंत हुआ और वहाँ गणतन्त्र की स्थापना हुई। इस प्रकार प्रथम विश्वयुद्ध के बाद कई प्राचीन राजवंश समाप्त हो गए।

(2) **नए गणतन्त्रों की स्थापना** – 1914 में महायुद्ध के शुरू होने से पहले फ्रांस, स्विट्जरलैण्ड व पुर्तगाल में ही गणतन्त्र थे। दो छोटे राज्यों सन मरीनो व अन्दोरा में भी रिपब्लिक था। बाकी यूरोपीयन राष्ट्रों में वंशानुगत राजतन्त्र थे। महायुद्ध के वाद रूस, जर्मनी, आस्ट्रिया, पोलैण्ड, लाटविया, चकोस्लावाकिया, लिथुएनिया, एस्टोनिया, फिनलैण्ड व युक्रेन में गणतंत्र स्थापित हुए। यूरोप ही नहीं बल्कि उसके बाहर भी एशिया व अफ्रीका में नए गणतन्त्रों का उदय हुआ। धीरे–धीरे यूगोस्लाविया, रोमानिया, बुल्गारिया, यूनान, अल्बानिया और तुर्की में भी गणतंत्र शासन की स्थापना हुई।

(3) **सामाजवादी विचारधारा का विकास** – श्रमिकों के अधिकारों व रूस में साम्यवादी शासन के साथ समाजवादी विचारधारा को भी विश्व में मान्यता मिली। आरंभ में जर्मनी में भी समाजवादी विचारों का प्रचार हुआ व सरकार की स्थापना हुई। परिणामस्वरूप श्रमिकों की समस्याओं को लेकर बहुत से देशों में समाजवादी दलों की स्थापना हुई।

(4) **राष्ट्रीयता की भावना का विकास** – महायुद्ध के पश्चात् यूरोप के राजनीतिक जीवन का आधार ही राष्ट्रीयता थी। नए राज्यों का

निर्माण राष्ट्रीयता के अनुसार हो गया। पेरिस की शान्ति परिषद ने राष्ट्रीयता के आधार पर यूरोप का पुनः निर्माण कर आठ राज्य बनाए– चकोस्लोवाकिया, यूगोस्लाविया, पौलेण्ड, लिथुएनिया, लाटविया, फिनलैण्ड, एस्टोनिया व हंगरी। ऐसा नहीं की यह राष्ट्रीयता की भावना केवल यूरोप तक सीमित रही यह भावना उपनिवेशों तक भी पहुँच गई। एशिया व अफ्रीका के देशों में जब यह लहर आई तो वहाँ स्वतन्त्रता के लिए आन्दोलन शुरू हो गए।

(5) **लोकतंत्र के विरूद्ध प्रतिक्रिया** – युद्धकाल में संसदीय, प्रजातांत्रिक पद्धति द्वारा कोई भी निर्णय लिया जाना आसान नहीं था इसलिए सरकारों को असाधारण शक्ति व अधिकार प्रदान किए गए। सैनिक दृष्टि से यह उपयोगी भी था। युद्ध की दृष्टि से यह भी आवश्यक था कि प्रेस पर कड़ा नियंत्रण रखा जाए। इन सब प्रवृत्तियों का परिणाम यह निकला कि युद्धकाल के समय लगभग सभी देशों में सरकारें स्वेच्छाचारी व तानाशाह हो गई। युद्ध समाप्ति के बाद भी राष्ट्रों की आर्थिक स्थिति खराब होने के कारण राजनीतिक स्थिति में परिवर्तन आना स्वाभाविक ही था। इसी का परिणाम था कि इटली व स्पेन में सबसे पहले लोकतंत्रात्मक शासनों का अंत हो गया। इसी प्रवृत्ति को आगे चलकर जर्मनी ने भी अपनाया और वहाँ फासीवाद का जन्म हुआ। इन तानाशाही शासनों में कठोर अनुशासन द्वारा राष्ट्रों का संगठन किया गया।

(6) **सैन्य शक्ति में वृद्धि** – महायुद्ध के शुरू होने का सबसे बड़ा कारण जर्मनी में बढ़ता सैन्यवाद था। युद्ध में जर्मनी पराजित हुआ। परिणाम तो यह होना चाहिए था कि युद्ध के बाद सैनिकों की संख्या में कमी आनी चाहिए थी लेकिन फ्रांस, ब्रिटेन और बेल्जियम ने अपनी सेना में और वृद्धि की। साथ ही फ्रांस ने आल्सेस–लॉरेन व जर्मनी के राइन प्रदेश पर भी कब्जा जमा लिया जो अनेक व्यवसायों का केन्द्र था। इन प्रदेशों पर कब्जा बनाए रखने के लिए भी सैनिकों को भर्ती किया गया। ब्रिटेन व बेल्जियम ने भी महायुद्ध के बाद नये प्रदेश व उपनिवेशों को प्राप्त किया। इटली ने आस्ट्रिया के प्रदेशों को प्राप्त किया। आर्थिक साधन ना होते हुए भी हुए इन देशों ने हथियारों की खरीदारी पर कोई रोक नहीं लगाई। युद्धोपयोगी सामग्री के साथ ही सैन्य शक्ति को बढ़ाने की भी जैसे होड़ सी लग गई। 1921 में एक अन्तर्राष्ट्रीय सम्मेलन का आयोजन भी हुआ ताकि सेना की

संख्या को बढ़ाया ना जाए लेकिन समझौते होने के बाद भी न तो अस्त्रों–शस्त्रों के निर्माण में ही कोई कमी आई और ना ही सैन्य शक्ति को कम करने के प्रयास किए गए।

(7) **शरणार्थियों की समस्या** – महायुद्ध के बाद जो यूरोप के देशों के बीच बंदर बाँट हुई तथा जो आपस में उपनिवेशों का विभाजन हुआ उस के कारण शरणार्थियों की समस्या पैदा हुई। यूरोप मे लगभग 8 करोड़ व्यक्तियों को अपने देश छोड़ कर दूसरे देशों की नागरिकता को स्वीकारना पड़ा। इतने प्रादेशिक आदान–प्रदान हुए कि यूरोप के लगभग सभी देशों की जनसंख्या इधर से उधर हो गई। बड़ी संख्या में लोगों को बेघर भी होना पड़ा। इन असंख्य शरणार्थियों के रहने व खाने की समस्याएँ थी। इस समस्या को सुलझाने के लिए 1930 में राष्ट्रसंघ में *International Office for Refugee* की स्थापना की गई। जिसने रूसी, आर्मेनियन व तुर्की शरणार्थियों की समस्या को सुलझाने में मदद की।

(8) **अन्तर्राष्ट्रीयता का विकास** – विश्वयुद्ध से पहले भी एक अन्तर्राष्ट्रीय संगठन की जरूरत महसूस की जा रही थी। विद्वानों के अनुसार 19वीं शताब्दी राष्ट्रीयता तथा बीसवीं सदी अन्तर्राष्ट्रीयता की है। इसी कारण राष्ट्रपति विल्सन ने पेरिस की शान्ति परिषद में अन्तर्राष्ट्रीय संगठन राष्ट्रसंघ की स्थापना पर जोर दिया। महायुद्ध के बाद जो पृथक सन्धियाँ हुई वह भी राष्ट्रसंघ के संविधाननुसार ही सम्पन्न हुई। यही नही मादक वस्तुओं के व्यापार को रोकने के लिए, श्रमिकों के कल्याण के लिए अन्तर्राष्ट्रीय श्रमिक संघ (*International Labour Organisation*), कानूनी प्रश्नों के समाधान के लिए अन्तर्राष्ट्रीय न्यायालय की स्थापना भी की गई। अन्तर्राष्ट्रीय संगठन राष्ट्रसंघ ज्यादा लम्बे समय तक भले ही ना चल पाया हो लेकिन यह अन्तर्राष्ट्रीयता की ओर एक महत्वपूर्ण कदम था।

(9) **साम्राज्यवाद को प्रोत्साहन** – महायुद्ध के पश्चात् यूरोप के जीते हुए राष्ट्रों ने आपस में उपनिवेशों को बाँटा। फ्रांस ने जर्मनी से अल्सेस लारेन वापिस लिया। साथ ही मैण्डेट व्यवस्था के अन्तर्गत सीरिया, लेबनान, कैमरून व टोगोलैण्ड भी उसे प्राप्त हुआ। इटली का एड्रियाटिक सागर पर, ग्रेट ब्रिटेन का तुर्की व जर्मन के उपनिवेशों पर कब्जा हो गया। मैण्डेट व्यवस्था के अन्तर्गत बेल्जियम, दक्षिण अफ्रीका, आस्ट्रेलिया, न्यूजीलैंड व

जापान सभी देशों की औपनिवेशिक सत्ता का विकास हुआ। इस प्रकार साम्राज्यवाद को विश्वयुद्ध के बाद फिर से प्रोत्साहन मिला।

(10) **शस्त्रीकरण की होड़** – महायुद्ध के बाद वर्साय सन्धि सम्पन्न हुई जिसके द्वारा जर्मनी व धुरी राष्ट्रों को निःशस्त्र किया गया। निःशस्त्रीकरण की योजना को राष्ट्रसंघ के अन्तर्गत लाया तो गया लेकिन मित्र राष्ट्रों ने भले ही मूल रूप में इसे स्वीकार किया लेकिन नए शस्त्रों का निर्माण तथा शस्त्रों का आयात–निर्यात लगातार चलता रहा। भले ही राष्ट्रों को आर्थिक तंगी थी लेकिन फिर भी शस्त्रों की होड़ लगातर जारी रही। प्रतिवर्ष युद्ध सम्बन्धी व रक्षा सम्बन्धी बजट बढते गए। रोजगार के नाम पर शस्त्रों के कारखाने लगाए गए। यूरोप की इसी होड़ ने द्वितीय महायुद्ध का मार्ग प्रशस्त किया।

(11) **अन्तर्राष्ट्रीय तनाव में वृद्धि** – प्रथम विश्वयुद्ध से पहले सम्पूर्ण यूरोप में तनाव का माहौल था जिसका परिणाम महायुद्ध हुआ। युद्ध के पश्चात् शांति सम्मेलन (1919) हुआ, राष्ट्रसंघ की भी स्थापना हुई। लेकिन फ्रांस व जर्मनी के बीच अभी भी तनाव था। जर्मनी क्षतिपूर्ति की भारी रकम अदा करने के हालत में नहीं था।फ्रांस बार–बार जर्मनी के रूहर क्षेत्र में दखल करता। फ्रांस व ग्रेट ब्रिटेन के बीच भी मनमुटाव चल रहा था। संयुक्त राज्य अमरीका ने वर्साई संधि की शर्तों को पूरा नहीं किया और न। ही राष्ट्रसंघ का सदस्य बना। यूरोप में प्रादेशिक हेर–फेर ने भी हलचल मचा रखी थी। पोलिश गालियारे के कारण जर्मनी व पोलैंड में मनमुटाव था। रूस में फ्रांस व ब्रिटेन क्रान्ति को बढ़ावा दे रहे थे। स्पष्ट है कि पूरा का पूरा यूरोप सुलग रहा था। हर देश का दूसरे देश के साथ वैमनस्य था जो लम्बे समय तक चलता रहा। इसका अन्त द्वितीय विश्वयुद्ध में हुआ।

धार्मिक प्रभाव

विश्वयुद्ध से पहले यूरोप में अंधविश्वास का बोलबाला था लेकिन युद्ध के बाद यह दूर होने लगा। धार्मिक कट्टरता के स्थान पर उदारवाद व सहिष्णुता फैलने लगी तथा धर्म निरपेक्षता की आवधारणा पर भी जोर दिया जाने लगा। धर्म का उद्देश्य मानव कल्याण को माना गया। राष्ट्रों की सरकारें भी धर्मनिरपेक्षता को अपनाने लगी। तुर्की का राज्य जो खलीफा

आधारित था। 1924 में वह भी धर्म निरेपक्ष घोषित कर दिया गया। रूस में भी बोल्शेविक क्रान्ति के बाद चर्च की संपत्ति जब्त कर ली गई। इस प्रकार प्रथम विश्वयुद्ध ने मानव इतिहास के हर क्षेत्र को प्रभावित किया।

1919 के पेरिस शांति सम्मेलन में युद्ध से संबधित समस्याओं को सुलझाने के प्रयत्न किए गए। लेकिन पर्याप्त सफलता प्राप्त नहीं हो पाई। वर्साय सन्धि के द्वारा मित्र राष्ट्रों के प्रतिनिधियों ने जर्मनी की शक्ति का दमन करने की भरसक चेष्टा की। प्रथम विश्वयुद्ध से पहले भी 222 बार अन्तर्राष्ट्रीय संस्था स्थापित करने का प्रयत्न किया गया। आखिरकार 1918 में राष्ट्रसंघ का निर्माण हुआ। इस संस्था के द्वारा यह कामना की गई कि अन्तर्राष्ट्रीय विषयों में सहयोग की भावना को प्रोत्साहन मिलेगा। लेकिन राष्ट्रसंघ भी अन्तर्राष्ट्रीय तनाव को कम नहीं कर पाई और 1939 में ही विश्व को दूसरे महायुद्ध का सामना करना पड़ा।

सन्दर्भ सूची

डा. हुकम चन्द्र जैन व डा. कृष्ण चन्द्र माथुर ''आधुनिक विश्व इतिहास (प्रबोधन से वैश्वीकरण तक) 1500–2000,'' जैन प्रकाशन, जयपुर, 2005।

राधेश्याम चौरसिया, ''अन्तर्राष्ट्रीय सम्बन्ध, 1914–1950,'' एटलांटिक पब्लिशर्स, दिल्ली, 2001।

कौलेशवर राय, ''आधुनिक यूरोप 1789–1945,'' किताब महल, दिल्ली, 2011

डा. कालू राम शर्मा व डा. प्रकाश व्यास, ''पश्चिम विश्व का इतिहास,'' पंचशील प्रकाशन, जयपुर, 2005

Carr, "TheTwenty Years Crisis, 1919-1939," MacMilan,1946.

F.L.Shuman, "International Politics," McGraw Hill, New York, 1941.

G.M.Gathorne-Hardy, "A Short History of International Affairs, 1920-1939," OUP, London, 1964.

M.G. Gupta, "International Relations since 1919, Part I," Chaitanya, 1969.

Temperlay (ed.), "A History of the Peace Conference of Paris," OUP, London, 1920.

7

बोल्शेविक क्रान्ति के परिणाम

डॉ. राखी चौहान*

1917 की रूसी क्रान्ति, जिसे **मार्क्सवादी क्रान्ति**, **अक्टुबर क्रान्ति** और **बोल्शेविक क्रान्ति** के नाम से भी जाना जाता है, को विश्व इतिहास की एक सबसे महत्वपूर्ण घटना माना जा सकता है। इस क्रान्ति से पहले भी अठारहवीं व उन्नीसवीं शताब्दियों में अमरीका व फ्रांस में क्रान्तियाँ हो चुकी थीं। जहाँ अमरीकी क्रान्ति ने उपनिवेशवाद की समाप्ति की ओर कदम उठाया वहीं फ्रांसीसी क्रान्ति ने विश्व को स्वतन्त्रता, समानता व भ्रातृत्त्व की भावना का संदेश दिया। बोल्शेविक क्रान्ति ने केवल सामाजिक न्याय के लिए ही नहीं बल्कि आर्थिक क्षेत्र में भी समानता को फैलाया। बोल्शेविक क्रान्ति तथा फ्रांसीसी क्रान्ति दोनों ही निर्बल व निरकुंश राजाओं के विरोध में एक प्रतिक्रिया थीं। इसके अतिरिक्त दोनों ही क्रान्तियों का नेतृत्व दोनों देशों के मध्यम वर्गों ने किया। वास्तविकता तो यही थी कि 1789 की फ्रांसीसी क्रान्ति ने राष्ट्रीयता की भावना को उग्रता से पूरे विश्व को समझाया और लोकतंत्रवाद की लहर चारों ओर फैल गई। जहाँ फ्रांसीसी क्रान्ति के द्वारा प्रजातांत्रिक संवैधानिक शासन की स्थापना हुई वहीं 1917 की बोल्शेविक क्रान्ति ने विश्व को समाजवाद का पाठ पढ़ाया। दोनों ही क्रान्तियों ने समस्त विश्व को प्रभावित किया।

क्रान्ति से पहले रूस की स्थिति – भौगोलिक दृष्टि से रूस विश्व का सबसे बड़ा देश था। जिस की कुल आबादी अठारह करोड़ थी। 1904–05 के रूस–जापान युद्ध में रूस की जबरदस्त हार हुई जिसने रूस की श्रेष्ठता को कुछ हद तक समाप्त ही कर दिया था। रूस का सम्राट

---

* असिस्टेंट प्रोफेसर, राजनीति विज्ञान विभाग, कालिन्दी कॉलेज, दिल्ली विश्वविद्यालय

जिसे जार भी कहा जाता था निकोलस द्वितीय (1894–1917) था जिसे एक शक्तिशाली राजा माना जाता था लेकिन रूस–जापान युद्ध में हारने के बाद जार का मिथक भी टूटने लगा। यह पराजय कहीं न कहीं क्रान्ति का एक कारण बनी। 1905–1917 के बीच रूस में जो परिवर्तन का सिलसिला शुरू हुआ वह बोल्शेविक क्रान्ति पर जाकर ही समाप्त हुआ। जापान के हाथ से पराजय पाने के बाद एक और राजनीतिक हालात बेकाबु हो रहे थे तो दूसरी ओर विश्व के सामने भूखे, बेकार व बैचेन रूसी नागरिकों में व्यापक असंतोष भी सामने आया। ऐसी स्थिति में भी जार ने अपनी नीतियों से आम नागरिकों का दमन जारी रखा। 1905 में रूसी पार्लियामेण्ट बन चुकी थी लेकिन फिर भी जार स्वेच्छाचारी शासन मे केवल उसी के सलाहकारों का बोलबाला था। जार के सलाहकार चाहे पोबीदोनोस्तेव हो या प्लेहवे सभी आम रूसी नागरिकों को अधिकार देने के घोर विरोधी थे और कुलीन वर्गों के विशेषाधिकारों के भी पक्षधर थे। जार पर उसकी पत्नी जारीना का विशेष प्रभाव था और जारीना एलेक्जेन्ड्रा फेडरोवना पर रासपुटिन का एक अनदेखा प्रभाव था। जार धीरे धीरे उसके हाथ की कठपुतली के समान होता जा रहा था। 1916 में विरोधियों ने रासपुटिन की हत्या कर दी लेकिन इससे पहले वह रूस को दो क्रान्तियों (1905–1917) की ओर धकेल चुका था। जिसके साथ ही तीन सौ साल पुराने 'रोमानोव वंश' का भी अन्त कर दिया था।

इसके अतिरिक्त आम जनता पर चर्च का भी प्रभाव था। रूसी जनता अशिक्षित व पिछड़ी हुई थी जिसके कारण चर्च जिस तरफ लोगों को ले जाना चाहती ले जा पाती थी। चर्च का यही मानना था कि राजा के दैवी अधिकार हैं और राजा भगवान का दूत हैं। इसके अलावा रूसी समाज कुलीन श्रेणी, मध्यम वर्ग तथा मजदूर–किसान जनता तीन श्रेणियों में विभक्त था जिसमें से कुलीन वर्ग सदा जार की सहायता के लिए तैयार रहता जबकि बाकी वर्ग समाज में नीचा स्थान रखते थे। कुलीन वर्ग हमेशा निरकुंश राजाओं के साथ रहता और उन्हें बनाए रखने में भी मदद करता। नौकरशाही भी सम्राट के पक्ष में थी क्योंकि उनकी उन्नति जार के बने रहने पर ही निर्भर थी। रूसी सेना भी जार की कृपा दृष्टि पर ही थी। ये सभी कारण रूसी जार को बनाए रखने में सहायक थे।

रूसी इतिहास में यह समय इसलिए भी महत्त्वपूर्ण माना जा सकता है क्योंकि ऐसे निरकुंश व स्वेच्छाचारी माहौल में भी निरन्तर नए विचारों का विकास होता रहा। रूस में साम्यवाद का जन्म 1883 में ही हो चुका था। प्लेखनोव वह व्यक्ति थे जिन्होंने रोमनोव वंश के निरकुंश माहौल में भी अपनी विचारधारा को रूसी जनता तक पहुचाँया। साम्यवादी प्लेखनोव को जल्द ही देश से निकाल दिया गया और उस को स्विट्जरलैण्ड में शरण लेनी पड़ी वहीं से उन्होंने 'मजदूरों की मुक्ति' के आन्दोलन की शुरूआत की। कार्ल मार्क्स के विचारों का प्रचार–प्रसार भी प्लेखनोव ने ही किया। उन्होंने ही मार्क्स व ऐंजल्स की किताबों का रूसी भाषा में अनुवाद किया और जनता तक पहुँचाने का कार्य किया। इन विचारों ने मजदूर श्रेणी को जागृत करने में भी महत्वपूर्ण भूमिका निभाई। 19वीं शताब्दी के अन्त तक क्रान्तिकारी समाजवादी तथा उदारवाद दो मुख्य विचारधाराओं का जन्म हो चुका था। परिणामस्वरूप 1898 में सभी मार्क्सवादी दलों ने मिलकर सोशल डेमोक्रटिक पार्टी का गठन किया। जो आगे चलकर 1903 में मतभेदों के कारण **बोल्शेविक** व **मेन्शेविक** दलों में विभाजित हो गए। बोल्शेविक शब्द का अर्थ है बहुमत हालांकि यह अल्पमत लोगों की पार्टी थी जिनका विचार था कि क्रान्तिकारी उपायों के बिना मार्क्स के सिद्धान्तों को क्रियाशील नहीं बनाया जा सकता। लेनिन इस धड़े का नेता था। मेन्शेविक का अर्थ है अल्पमत। यह दल बहुमत में था जिनका विचार धीरे–धीरे सुधारों पर था। ये धड़ा साम्यवादी विचारों के पक्ष में तो था, प्रभावशाली भी था लेकिन ये क्रान्ति पर विश्वास नहीं करते थे। ये शिक्षा के प्रसार से साम्यवाद की स्थापना करना चाहते थे। इस धडे के नेता थे मार्तोव। यह दल मजदूरों के साथ–साथ अन्य वर्गों का सहयोग भी चाहते थे।

1905 मे जो रूस में क्रान्ति आई वह स्वेच्छाचारी जार का अन्त तो नहीं कर पाई लेकिन पार्लियामेण्ट जिसे डयूमा कहा गया की स्थापना में जरूर सफल हुई। भले ही जार का दमनचक्र जारी रहा लेकिन विभिन्न मार्क्सवादी दलों के द्वारा राजनीतिक चेतना का विकास होता रहा। भले ही 1905 की क्रान्ति असफल रही लेकिन इसने मार्च 1917 और फिर अक्टुबर 1917 क्रान्तियों की नींव डालने का काम किया।

बोल्शेविक क्रान्ति के कारण

(1) **जारशाही की निरकुंशता** रूसी साधारण जनता जार के निरकुंश शासन से परेशान आ चुकी थी। वह पूरी तरह से निरकुंश था और किसी के भी प्रति उत्तरदायी नहीं था। दूसरी ओर चर्च ने उसे भगवान बना दिया था। जार भले ही पीटर महान हो या जार एलेक्जेण्डर प्रथम या द्वितीय सभी ने दमनकारी नीति का अनुसरण किया। जब 1905 में क्रान्ति के बाद पार्लियामेण्ट की स्थापना हुई ओर निर्वाचन की घोषणा हुई तब भी प्रतिनिधियों को अधिकार नहीं दिए गए और प्रतिक्रियावादी शासन को स्थापित कर लिया गया। रासपुटिन जैसे दुष्ट व्यक्ति के प्रभाव में आकर जार निकोलस द्वितीय ने स्वेच्छाचारिता व निरंकुशता की सभी सीमाओं को पार कर लिया था। वह ना केवल रूढिवादी था बल्कि सुधारों व परिवर्तनों का विरोधी भी था। 1916 में विरोधियों ने रासपुटिन की हत्या कर दी लेकिन तब तक जार के दमन से जनता बुरी तरह परेशान हो चुकी थी। उस पर जापान के हाथों रूस की हार ने रूसी जनता को भड़का दिया और फलस्वरूप 1905 की क्रान्ति हो गई। यह क्रान्ति शान्त हो गई और कुछ परिवर्तन भी हुए लेकिन कुछ समय बाद ही शासन फिर निरंकुश होता गया और असंतोष की इस आग के बीच 1907 की क्रान्ति की शुरूआत हुई।

(2) **पार्लियामेण्ट (डयूमा) के प्रभाव को कुचलने का प्रयास** 1905 की क्रान्ति ने रूसी पार्लियामेण्ट डयूमा की स्थापना की। इस क्रान्ति के भय में जार निकोलस ने कुछ शासन सुधारों की घोषणा भी की लेकिन ये सुधार लम्बे समय तक नहीं चल पाए। इन सुधारों में लोगों को भाषण देने, विचार प्रकट करने व संघ बनाने की स्वतंत्रता भी प्रदान की गई। इन शासन सुधारों में डयूमा का विशेष स्थान था जिसकी सहमति के बिना कोई भी कानून लागू नहीं हो सकता था। डयूमा में जनप्रतिनिधियों को विशेष अधिकार दिए गए थे। निःसंदेह यह लोकतंत्र की ओर पहला कदम माना जा सकता था लेकिन जैसे ही 1905 की क्रान्ति का असंतोष लोगों के बीच कम हुआ जार ने अपना शक्ति प्रदर्शन फिर से शुरू कर दिया। डयूमा को प्रथम सदन तथा 'साम्राज्य परिषद' के नाम से एक और सदन का निर्माण किया जिसमें सदस्य सम्राट द्वारा नियुक्त किए जाने थे। धीरे–धीरे डयूमा का भी विघटन ही गया। डयूमा की शक्ति नष्ट हो गई। जार के इस कदम से

सर्वसाधारण के बीच अविश्वास बढ़ता चला गया जिसका अन्त 1917 की क्रान्ति में हुआ।

(3) **जनता का बढ़ता अविश्वास** – 19वीं सदी के मध्य तक यूरोप के ऐसे अनेक राज्य थे जिनमें लोकतंत्र की स्थापना हो चुकी थी। ऐसे अनेक लेखक स्वतंत्रता व समानता के विचार प्रकट करने लगे थे। बहुत से देशों में उत्तरदायी शासन की स्थापना ने संविधान और उसमें सर्वसाधारण जनता के लिए अधिकारों को घोषणा भी की जबकि रूसी जार आज भी तानाशाह विचारों से चिपके रहना चाहते था। ***'एक जार, एक चर्च, एक रूस'*** का नारा अब लोगों के बीच फीका पड़ चुका था। जनता शासन व्यवस्था में सुधार चाहती थी, अधिकारों को पाना चाहती थी। दूसरी ओर जारशाही का अत्याचार बढ़ता ही जा रहा था। साथ ही जनता का असंतोष व विरोध भी बढ़ रहा था। जनता स्वतंत्रता व समानता चाहती थी और जार अभी भी शासन का विरोध करने पर कठोर दण्ड देते, जनता से मताधिकार देकर छीन लिया गया। इन परिस्थितियों में साधारण रूसी जनता के पास क्रान्ति करने के अलावा दूसरा कोई रास्ता ही नहीं था जिसकी परिणती 1917 की क्रान्ति में हुई।

(4) **कृषकों की बिगड़ती स्थिति** – 19वीं शताब्दी के अन्तिम वर्षों तक भी रूस को एक कृषि प्रधान देश होते हुए भी कृषि में एक पिछड़ा राष्ट्र माना जाता था। जार ऐलक्जेण्डर द्वितीय ने 1861 में कृषिदासों की मुक्ति की घोषणा भी की लेकिन फिर भी कृषकों की स्थिति में कोई खास परिवर्तन नहीं हो पाया। बड़े बड़े जमींदारों के पासं भूमि का बड़ा हिस्सा था जबकि छोटे किसानों के पास कुल भूमि का छोटा सा हिस्सा ही था। किसानों की स्थिति भी दयनीय थी। एक तिहाई कृषक भूमिहीन थे। कृषि करने के तरीके भी वही थे जो पुराने समय से ही चले आ रहे थे। नवीन तकनीकों से कृषक अनजान थे। भूमिहीन कृषक जमींदारों की भूमि पर काम करते जो उनका जी भर के शोषण करते। इसके अलावा उन पर तरह तरह के कर लगाए गए जिसके कारण उनकी आर्थिक दशा शोचनीय होती चली गई। बहुत से कृषकों के हालात ऐसे थे जबकि वे दोनों समय के भोजन से भी वंचित रहते। 1902 में हारकोव व पोल्टावा के कृषकों ने आन्दोलन भी किए। जो समय के साथ उग्र होता गया। 1905 में यूक्रेन, काकेशस, पोलैण्ड आदि

क्षेत्रों में भी कृषक विद्रोह हुए। इसी साल 'रूसी कृषक संघ' भी बनाया गया। किसानों में असंतोष की निरंतर वृद्धि हो रही थी। इसी कारण से 1917 की क्रान्ति में किसानों ने बढ़चढ़ कर हिस्सा लिया।

(5) **श्रमिकों में असन्तोष** – व्यावसायिक क्रान्ति के कारण रूस में बहुत से कल कारखाने स्थापित हो चुके थे। लाखों मजदूर देहातों से शहरों में आ बसे। जो अब राजनीति से भी परिचित होने लगे थे। शहरों में इकट्ठे हो उन्होंने क्लबों का निर्माण किया जहाँ बैठकर मजदूर अपनी दशा पर विचार करते। कार्ल मार्क्स ने जर्मनी में जो साम्यवाद की स्वर लहरी छेड़ी वह रूस तक भी पहुँच चुकी थी। साम्यवादी विचारधारा अत्यन्त आकर्षक थी जो मजदूरों में अपनी पैठ बनाती जा रहे थी। एलेक्जेण्डर तृतीय के समय से ही औद्योगिकरण व उसके प्रभाव रूसी जनता पर दिख रहे थे जबकि अनेक भूमिहीन कृषक ग्रामों को छोड़ शहरों की ओर जा रहे थे। उद्योगपति उनकी स्थिति का लाभ उठाते हुए उन्हें कम से कम मजदूरी पर नौकरी मे रखते। जार भी क्योंकि उद्योगपतियों के साथ ही थे इसलिए श्रमिकों की समस्याओं को सुनने वाला कोई नहीं था। 1885 के बाद कुछ श्रमिक कानून बनाए गए लेकिन श्रमिकों की स्थिति में कोई विशेष परिवर्तन नही आया। शासन अक्सर श्रमिकों के विरोध में ही दिखाई देता था। क्रान्तिकारी समाजवादी दल ने मजदूरों के पक्ष में समाजवादी विचारों का प्रचार किया। मजदूरों को अपने विचार व्यक्त करने के लिए एक प्लेटफार्म मिला। वे अब संघर्ष के लिए तैयार होने लगे। 1902–03 में बहुत से औद्योगिक संस्थानों में मजदूरों ने हड़तालें की। 1905 की क्रान्ति की शुरूआत भी मजदूरों के जुलूस से ही हुई। मजदूरों ने सेन्ट पीटर्सबर्ग में एक अलग अपनी सरकार भी बनाई। परिणामस्वरूप 1905 में श्रमिक दुर्घटना क्षतिपूर्ति की व्यवस्था भी की।1912 में स्वास्थ्य–बीमा तथा दुर्घटना बीमा अधिनियम भी लागू किया लेकिन इन सब व्यवस्थाओं के बाद भी असंतोष दूर नहीं हुआ और श्रमिक सर्वहारा वर्ग की तानाशाही की स्थापना के लिए इकट्ठे हुए व 1917 की क्रान्ति में भाग लिया।

(6) **गैर–रूसी जातियों में असंतोष** – जार का कानून न केवल रूसी जनता बल्कि गैर रूसी जनता पर भी उतना ही शोषणकारी था। जारों ने गैर–रूसी जातियों का रूसीकरण करना शुरू कर दिया था। रूस अनेक

जातियों के सम्मिश्रण से बना था जहाँ बहुत से धर्म व भाषाओं को जानने वाले लोग रहते थे जैसे यहूदी, पोल, फिन, तातार, आर्मीनियन, कजाक व उजबेक आदि। रूसी इन सब में ज्यादा ताकतवर व प्रभावशाली थे अतः वे शासन प्रमुख बने। लेकिन रूसी जारों को बाकी अल्पसंख्यकों से ना तो कोई हमदर्दी थी और ना ही वे उनकी उन्नति के लिए प्रतिबद्ध थे। गैर–रूसी जनता का शोषण किया जा रहा था। 'एक जार, एक धर्म' की नीति ने गैर–रूसी जनता को बहुत निराश किया। कुछ जातियों का दमन यहाँ तक हुआ कि उनकी सम्पत्ति छीन ली गई, उनकी भाषाओं पर प्रतिबन्ध लगा दिए गए। उन्हें जबरदस्ती दूसरे धर्मों को मानने को मजबूर किया गया। परिणामस्वरूप 1905 में जोर्जिया, पोलैण्ड व बाल्टिक प्रान्तों में भंयकर विद्रोह हुए। जार निकोलस ने इन्हें अमानुषिक तरीके अपनाकर दबाया। धीरे–धीरे गैर–रूसी जनता जारशाही की विरोधी होती गई और जैसे ही उन्हें पहला अवसर मिला उन्होंने क्रान्ति में भाग लिया।

(7) **आर्थिक व सामाजिक विषमता** – समस्त रूसी समाज दो भागों में विभाजित था पहला वह वर्ग, जो जार, कुलीन वर्ग व उनके कृपापात्र लोगों का था जो जार की स्वेच्छाचारिता व निरकुंशता में उनके साथ था। यह धनी व सम्पन्न वर्ग था। अधिकांश शासन व उसके अंगों पर इन्ही का अधिकार था। भूमि तथा आर्थिक अंगों पर भी इसी वर्ग का अधिकार था। दूसरा वर्ग किसान व मजदूर वर्ग था जो अधिकारहीन था, गरीब था, आर्थिक स्थिति से शोचनीय था, अत्याचार सहने वाला वर्ग था। भले ही दास प्रथा समाप्त हो चुकी हो लेकिन फिर भी इन पर कोई प्रभाव नहीं पड़ा था। इस प्रकार रूसी समाज आर्थिक रूप से विषम था इसीलिए समाजवादी विचारों में उन्हें भविष्य के लिए आशा नजर आई और वे क्रान्ति में साथ हो लिए।

(8) **बुद्धिजीवियों का समाज पर प्रभाव** – जारों ने रूसी जनता को पाश्चात्य विचारों से दूर रखने का हर प्रयास किया और काफी समय तक सफल भी रहे लेकिन ज्यादा समय तक वे ऐसा कर नहीं पाए। पश्चिमी यूरोप में उदारवादी विचार जोर पकड़ रहे थे। रूस के प्रबुद्ध विचारकों टॉल्सटाय, तुर्गनेव, दोस्तोवस्की ने स्वयं समाज के गन्दे रूप को सामने लाने के लिए उपन्यास लिखे। इन विचारों को रूसी जनता तक पहुँचने में

देर नहीं लगी। धीरे–धीरे शिक्षित वर्ग अपने अधिकारों की माँग करने लगे। यूरोपीय साहित्य का भी रूसी भाषा में अनुवाद किया गया। कार्ल मार्क्स, गोर्की व बाकुनिन के समाजवादी विचारों का प्रभाव रूसी श्रमिकों व कृषकों पर भी पड़ा। परिणामस्वरूप रूस में समाजवादी दल भी बने। इस प्रकार शिक्षित रूसी, मजदूर व कृषकों पर इस प्रकार के साहित्य ने एक अनोखा प्रभाव डाला। मार्च 1917 की क्रान्ति में इन सभी वर्गों के साथ मध्यमवर्ग व सैनिकों ने भी भरपूर योगदान दिया। रूसी युवा वर्ग भी इन नए विचारों को पढ़कर यह समझ चुका था कि रूस अभी उन्नति की दौड़ में पिछ़ड़ा है और युवा होने के नाते उनका कर्त्तव्य है कि वे देश को आगे बढ़ाए। दूसरी ओर 1905 की क्रान्ति ने रूसी जनता को वोट की कीमत का आभास भी कराया।

1883 के बाद समाजवादी विचारधारा का प्रभाव भी आम जनता पर पड़ा । समाजवादी विचारक कृषकों व श्रमिकों को साथ ला कर क्रान्ति लाना चाहते थे। 1917 की क्रान्ति में ये दोनों ही वर्ग विशेष प्रभावी रहे।

(9) **भ्रष्ट नौकरशाही** – देश के सरकारी कर्मचारी जार के साथ थे। वे देश के लिए नहीं बल्कि जार के कार्य पूरे करने के लिए नियुक्त होते थे। उनका आदर्श केवल सम्राट को खुश करने का होता। नौकरशाह रिश्वतखोर तथा विकृत होते गए फलस्वरूप सर्वत्र अशान्ति फैलने लगी। सरकार स्थिति पर काबू नहीं रख पाई। अनाज की कमी होने लगी। गरीब गुजारा भी नहीं कर पा रहे थे। ऐसे में उद्योगपतियों ने बाजार को कब्जे में ले लिया। शासन मूक दर्शक बना रहा। इस प्रकार शासन के प्रति असंतोष बढ़ता ही चला गया।

(10) **भ्रष्ट जार** – जार निकोलस द्वितीय ने रासपुटिन के प्रभाव में आकर रूसी जनता पर अनेकों प्रकार के अत्याचार किए। जार एक अन्धविश्वासी व मंदबुद्धि शासक सिद्ध हो रहा था। यहाँ तक कि जार के दरबार में ही रासपुटिन के विरोध में एक दल का निर्माण हो गया था। यदि जार अपनी निरकुंशता को समय से संभाल पाता तो रूस को 1917 की क्रान्ति से दूर रखा जा सकता था।

(11) **योग्य क्रान्किारी नेता** – मेन्शेविको तथा बोल्शेविकों दोनों ही दलों ने क्रान्तिकारियों को योग्य नेतृत्व प्रदान किया। इसके अतिरिक्त

समाजवादी व उदारवादी विचारों का योगदान भी रहा। ट्राटस्की व स्टालिन के नेतृत्त्व को भी नकारा नहीं जा सकता इनके अतिरिक्त मिल्यूकाव तथा करेन्सकी का भी योगदान रहा। बोल्शेविक दल ने लेनिन के नेतृत्व में जिस प्रकार क्रान्ति को पूर्णता प्रदान की वह इतिहास में दर्ज हो चुकी है।

(12) **तात्कालिक कारण**

(क) **प्रथम विश्वयुद्ध के समय रूस की स्थिति** – महायुद्ध में रूस मित्र राष्ट्रों की ओर से सम्मिलित हुआ था। रूस की विशाल सेना ने विश्वयुद्ध में अच्छा प्रदर्शन किया लेकिन दो साल के लगातार युद्ध ने रूस को कमजोर कर दिया। धीरे–धीरे सेना राष्ट्रीयता व देशभक्ति से दूर होती जा रही थी। जब सेना पराजित होने लगी जनता व सेना में असंतोष की भावना फैलने लगी।

(ख) **आर्थिक संकट** – जार सुधारों के पक्ष में नही थे लेकिन 1905 की क्रान्ति के बाद यह मांग जोर पकड़ रही थी। प्रथम विश्वयुद्ध काल में रूस गम्भीर आर्थिक संकट से गुजर रहा था। सेना के पास भी कपड़ों व पैसों की कमी होने लगी थी। सेना तक रसद पहुँचाने के लायक भी पैसा शासन के पास नहीं था। रोना को लगातार युद्ध में झौंकने से कृषकों की कमी होने लगी, उत्पादन में गिरावट आयी, खाद्य सामग्री की कमी आम जनता में भी महसुस होने लगी। महँगाई बढ़ने लगी और रूसी जनता में असंतोष भी। जार की अयोग्यता ने पूरे समाज को क्रान्ति में झौंक दिया।

(ग) **1916–17 का दुर्भिक्ष** – 1916–17 में रूस में भंयकर दुर्भिक्ष की स्थिति उत्पन्न हो गई। कृषि उत्पादन में गिरावट होने लगी, खाने–पीने की वस्तुओं की कमी हुई। चारों ओर रूस में हाहाकार उत्पन्न हुआ। जार व कुलीन वर्ग ने जन साधारण की ओर ध्यान ही नहीं दिया। ऐसे में हड़ताल व दंगे होने लगे और क्रान्ति के स्वर चारों ओर सुनाई देने लगे।

क्रान्ति का विस्फोट

प्रथम विश्वयुद्ध में जब रूस ने प्रवेश किया तो डयूमा के लगभग सभी सदस्यों ने इसका स्वागत किया। यदि जार और उनके अधिकारियों ने उसी समय सोच समझ कर यह निर्णय लिया होता तो विश्वयुद्ध में अनावश्यक हस्तक्षेप का परिणाम भुगतान नहीं पड़ता। युद्ध में लगभग 20 लाख सैनिक मारे गए व 50 लाख घायल हुए फिर भी रूस युद्ध हार गया। 1916 में रासपुटिन की हत्या के बाद दंगे–फसाद होने लगे। लोगों में तीव्र असंतोष फैला हुआ था। आम रूसी जनता युद्ध से छुटकारा पाना चाहती थी और उनकी माँग थी कि 'भूमि व रोटी' दो। रूस की राजधानी पैट्रोग्राड में 7 मार्च 1917 को मजदूरों ने एक जुलूस की अगुवाई की। स्थिति अनियंत्रित हो गई थी। मजदूरों ने दुकानों को लूटा जिसके विरोध में जार ने उन पर गोलियाँ चलाने का आदेश दिया लेकिन सिपाहियों ने आदेश की अवहेलना की। 8 मार्च, 1917 को कपड़ा कारखाने की स्त्रियाँ भी सड़को पर आ गई। 'रोटी दो, युद्ध बन्द करो', 'अत्याचारी शासन का नाश हो' आदि नारे लगाए गए। 10 मार्च तक पैट्रोग्राड के सभी कारखानों में काम बन्द हो चुका था और मजदूर सड़कों पर जार व शासन के विरोध में उतर आए थे। सैनिक भी आन्दोलनकारियों के साथ बने रहे। परिणामस्वरूप डयूमा को जार के आदेश से भंग कर दिया गया। मजदूरों व सैनिकों ने मिल कर ''सैनिक व मजदूरों के प्रतिनिधियों की क्रान्तिकारी सोवियत'' *(Soviet of Workmen and Solder's Deputies)* का निर्माण किया गया। 14 मार्च को डयूमा के साथ मिलकर एक अस्थायी सरकार का गठन किया गया जिसका नेता प्रिंस गल्वोव था। कुछ अन्य महत्वपूर्ण नेता जैसे एलेक्जेण्डर करेन्सकी (क्रान्तिकारी समाजवादी दल) गुशकाव (अक्टूबरिस्ट दल), मिल्यूकाव (कान्स्टीटूयशनल डेमोक्रेटिक दल) को भी सरकार में सम्मलित किया। जार ने 25 मार्च 1917 को सिंहासन छोड़ दिया। इस सरकार ने कुछ सुधारों की घोषणा की लेकिन सरकार में आपसी मतभेदों के कारण यह लम्बे समय तक शासन का कार्यभार संभाल नहीं पाई।

बोल्शेविक क्रान्ति, नवम्बर 1917

अस्थायी सरकार के दौरान बोल्शेविक दल काफी शक्तिशाली हो चुका था। आन्तरिक अराजकता व प्रथम विश्वयुद्ध में मिल रही लगातार हार

ने रूस को आन्तरिक तौर पर झकझोर कर रख दिया था। सारा रूस बोल्शेविकों के नारे ''युद्ध समाप्त हो , किसानो को खेत मिले व गरीबो को रोटी' से गूँजायमान था। लेनिन बोल्शेविक दल को नेतृत्व प्रदान कर रहा था जो मार्च, 1917 क्रान्ति के समय देश में नहीं था। बोल्शेविक दल ने **'प्रावदा'** समाचार पत्र से अपने कार्यक्रम का प्रचार–प्रसार करने का निर्णय लिया। लेनिन का मानना था कि क्रान्ति का पहला दौर जिसमें सत्ता बुजुर्आ वर्ग के हाथों में थी वह समाप्ति पर था अतः अब सत्ता श्रमिकों व कृषकों अर्थात सर्वहारा वर्ग के हाथों में जानी चाहिए। लेनिन के इन विचारों का साथ स्टालिन व जिनोविव ने भी दिया। हालांकि मई 1917 में ट्राटस्की ने एक पृथक दल बनाया लेकिन लेनिन को सहयोग प्रदान किया। जब करेस्की सरकार ने नेताओं की गिरफ्तारी शुरू की लेनिन देश छोड फिनलैण्ड भाग गया ऐसे समय पर ट्राटस्की ने बोल्शेविक दल को नेतृत्व प्रदान किया व पेट्रोग्राड–सोवियत का प्रधान भी बन गया।

लेनिन भले ही देश से बाहर था लेकिन वह अपने गुप्त पत्रों के द्वारा दल की मुख्य कार्यकारिणी को निर्देशित करता रहा। 23 अक्टूबर को लेनिन के आदेश पर सशस्त्र क्रान्ति के लिए 'पोलिट ब्यूरो' की नियुक्ति की गई। 6–7 नवम्बर की रात में 25 हजार मजदूरों जिन्हें 'लाल रक्षक' कहा जाता था रेलवे स्टेशन, बैंक, डाकघर व अन्य सरकारी इमारतों पर कब्जा कर लिया। रूसी जार के भूतपूर्व महल पर भी अधिकार कर लिया गया जिसमें अस्थायी सरकार के शासकों ने शरण ले रखी थी। उन सब को गिरफ्तार कर लिया। 7 नवम्बर की सुबह करेंस्की पैट्रोग्राड छोड़ भाग खड़ा हुआ। पूरी राजधानी में अस्थायी सरकार को समाप्त करने व उसके स्थान पर सर्वहारा वर्ग की क्रान्तिकारी समिति तथा पैट्रोग्राड के सत्तासीन होने के पोस्टर चिपका दिए गए। रूस को **'सोवियत समाजवादी जनतंत्र'** घोषित कर दिया गया।

7 नवम्बर, 1917 को अखिल रूसी सोवियत सम्मेलन आयोजित किया गया जिसके 649 प्रतिनिधि 2 करोड़ मतदाताओं द्वारा चुने गये थे। इनमें से 390 बोल्शेविक दल से सम्बन्धित थे। व्लादीमिर इल्यीच लेनिन की अध्यक्षता में सोवियत मन्त्रिमण्डल बना और दो महत्वपूर्ण प्रस्ताव पेश किए गए–

- युद्धरत राष्ट्रों से युद्ध बन्द करके शान्तिपूर्ण बातचीत करने की अपील की गई ।
- भूमिपतियों की भूमि बिना मुआवजे के छीन लेने का निश्चय किया गया। इस प्रकार रूस में समाजवादी क्रान्ति सफल हो गयी थी।

रूसी क्रान्ति के परिणाम

1917 की रूसी क्रान्ति एक युगान्तकारी घटना थी। इस क्रान्ति ने न केवल रूस, उसकी आर्थिक, राजनीतिक व सामाजिक नीतियों को प्रभावित किया बल्कि पूरे विश्व को ही झकझोर कर रख दिया। 300 साल पुराने निरकुंश व स्वेच्छाचारी शासकों का अंत करके लेनिन ने सर्वहारा वर्ग की सरकार की स्थापना की। यही नहीं पूरे विश्व को एक नई विचारधारा साम्यवाद का भी प्रकाश दिया।

(1) **जारशाही का अन्त** – यूरोप के अन्य राष्ट्रों की ही भाँति रूस में भी एक लम्बे समय से राजाओं अर्थात जारों का शासन चला आ रहा था जो समय–समय पर अत्यन्त निरकुंश हो जाता था। जार निकोलस द्वितीय का शासन इसी प्रकार के मनमाने अत्याचारों से भरा था। बोल्शेविक क्रान्ति ने जारशाही का अन्त किया और एक वर्गहीन समाज की स्थापना की ओर पहले कदम बढाए।

(2) **साम्यवादी शासन की स्थापना** – रूस में साम्यवाद का जन्म बोल्शेविक क्रान्ति के बाद ही हुआ। क्रान्ति की सफलता में मार्क्सवादी विचारों ने महत्वपूर्ण योगदान दिया। क्रान्ति का लक्ष्य था 'सर्वहारा वर्ग का प्रभुत्व' स्थापित करना। मजदूरों व किसानों को सर्वहारा वर्ग का हिस्सा माना गया और उनकी योग्यता व श्रम का उन्हें पूरा हिस्सा मिले इसी व्यवस्था को स्थापित करने तथा धन व सत्ता के लालची पूंजीपतियों के दमन की बात की गई। साम्यवाद के विरोधियों को बख्शा नहीं गया। बड़े–बड़े जागीरदारों, धर्माधिकारियों व शासकों को या तो मौत के हवाले कर दिया गया, या देश निकाला दे दिया गया अथवा जेलों में बंद कर दिया। क्रान्ति के प्रारंभ होने और सफलता में मार्क्सवादी विचारों का योगदान उल्लेखनीय था।

ना केवल रूस को ही बल्कि बोल्शेविक क्रान्ति ने विश्व को भी एक नई विचारधारा साम्यवादी विचारधारा से अवगत कराया। रूस में मार्क्सवादी विचारधारा गरीब व शोषित वर्ग में काफी लोकप्रिय हुई। धीरे–धीरे यही विचारधारा पूरे विश्व में प्रसारित हो गई। 1919 मार्च में इसी ओर आगे बढ़ने के लिए मास्को मे तृतीय इन्टरनेशनल जिसे कोमिन्टर्न कहा गया की स्थापना हुई।

(3) **रूस से पूंजीवाद की समाप्ति** – जार के अन्त के साथ ही रूस से पूंजीवाद भी समाप्त हो गया। क्रान्ति के बाद से रूस में उत्पादन के साधनों पर सरकारी नियंत्रण स्थापित हो गया राज्य के प्रभावी होने के बाद ही सर्वसाधारण को भी शोषण से मुक्ति मिली। और ना केवल रूस में बल्कि सम्पूर्ण विश्व में ही पूंजीवाद के विरूद्ध भावना जागृत हुई।

(4) **प्रथम विश्वयुद्ध का अन्त** – बोल्शेविक क्रान्ति का सबसे बड़ा तात्कालिक कारण प्रथम विश्वयुद्ध था। केवल रूसी जनता या वहाँ के समाजवादी संगठन ही नहीं बल्कि यूरोप के सभी समाजवादियों की एकजुट राय थी कि प्रथम विश्वयुद्ध को समाप्त कर दिया जाए। युद्धरत राष्ट्र ना केवल युद्ध भूमि में बल्कि अपने–अपने देशों में भी अनेकों परेशानियों का सामना कर रहे थे। केवल सैनिक ही नहीं बल्कि मजदूर, किसान व आम जनता भी युद्ध के कारण आर्थिक संकट का सामना कर रही थी। इन परेशान देशों व जनता को समाजवादी आन्दोलन ने एक महत्वपूर्ण प्लेटफार्म दिया। इस प्रकार के अन्तर्राष्ट्रीय मंच ने विश्व युद्ध के विरूद्ध केवल आवाज उठाने ही की प्रेरणा नही दी बल्कि सर्वसाधारण के बीच विद्रोह को भी पैदा किया जिसका परिणाम रूस में बोल्शेविक क्रान्ति था। रूस में जनता युद्ध से तंग आ चुकी थी। रूस को इस युद्ध में निरन्तर जर्मनी के हाथों पराजय का सामना करना पड़ रहा था। अतः रूसी जनता भी इस युद्ध में भाग नही लेना चाहती थी। क्रान्तिकारी सरकार ने बिना मित्र राष्ट्रों की मर्जी के जर्मनी के साथ ब्रेस्ट लिटोवस्क की संधि कर ली। इस संधि के बाद से रूस विश्वयुद्ध से पृथक हो गया। रूसी जनता इस से खुश थी जबकि यह संधि रूस के पक्ष में नहीं थी। रूस को लगभग 5 लाख वर्गमील प्रदेश से हाथ धोना पड़ा। जर्मनी को रूसी तेल कुँए भी मिल गए। लेकिन रूस ने इन सब शर्तो को शांतिपूर्वक स्वीकार किया क्योंकि उन्हें विश्वास

था कि जितने अधिक प्रदेश जर्मनी रूस से ले लेगा उतने अधिक रूसी जर्मनी में जाएगें या जर्मन रूस में प्रवेश करेगें उतने अधिक क्रान्ति के सन्देशवाहक बनेंगे।

(5) **विश्व में साम्यवाद का प्रसार** – बोल्शेविक क्रान्ति तक सम्पूर्ण विश्व केवल एक ही विचारधारा को जानता व मानता था वह थी पूंजीवादी। लेकिन इस क्रान्ति ने समाजवाद व साम्यवाद के विचारों को जनता तक पहुंचाया। मार्क्स के विचारों की परिणति क्रान्ति के द्वारा ही हुई। एक नई विचारधारा समाजवाद ने लोगों को प्रभावित भी किया। बहुत से पूंजीवादी राष्ट्रों ने भी साम्यवादी विचारों को अपनाने के लिए प्रयास किए। यूरोपीय राष्ट्रों को छोड कर लगभग पूरा विश्व समाजवादी विचारों से प्रभावित हुआ।

(6) **विश्व के देशों का दो गुटो में बँटना** – जैसे–जैसे साम्यवादी विचार अन्य देशों में पहुंचे वैसे वैसे जनता में यह विचारधारा लोकप्रिय होने लगी। कुछ देश जो पूंजीवादी व्यवस्था के कट्टर समर्थक थे उन्होंने यह प्रयास किए की समाजवाद को ना अपनाया जाए। इस प्रकार धीरे–धीरे पूरा विश्व ही पूंजीवाद व साम्यवादी दो गुटों में बंटा दिखाई देने लगा। लेनिन की मृत्यु के बाद ट्राटस्की का यही विचार था कि ना केवल रूस में बल्कि सम्पूर्ण विश्व में ही साम्यवाद का प्रचार–प्रसार होना चाहिए। अन्य साम्यवादी स्टालिन के विचार थे कि पहले रूस को साम्यवादी विचारधारा से खुशहाल बनाना चाहिए और जब एक देश इस प्रकार से आर्थिक वैभव प्राप्त कर लेगा तब बाकी देश स्वंय इस व्यवस्था की ओर खिंचे चले आऐगें।

(7) **सर्वहारा वर्ग की क्रान्ति** – बोल्शेविक क्रान्ति की सफलता ने मार्क्स के उस विचार को दृढ़ता प्रदान की जिसके अनुसार समाजवाद की स्थापना केवल सर्वहारा वर्ग की क्रान्ति द्वारा ही की जा सकती है। यह समाजवादी विचारधारा केवल रूस तक ही सीमित नहीं रही अन्य देशों में भी इसका विस्तार हुआ। अन्य देशों ने भी साम्यवादी विचारधारा वाली सरकारों का निर्माण हुआ और अधिकांश देशों में साम्यवादी दलों का उदय हुआ जो सत्ता प्राप्त करने का प्रयास करते रहे। इस प्रकार मार्क्स का यह विचार की सर्वहारा वर्ग ही क्रान्ति का प्रणेता है बोल्शेविक क्रान्ति का अग्रणी कहा जा सकता है।

(8) **मजदूरों व किसानों के आत्मविश्वास में वृद्धि** – मार्क्स ने जिस समय सर्वहारा वर्ग का विचार दिया उस समय कोई यह सोच भी नहीं सकता कि सर्वहारा वर्ग क्रान्ति कर भी पाएगा। रूस में श्रमिक व कृषक दोनों ही वर्ग सबसे अधिक शोषित थे। सर्वहारा व कुलीन–शासक वर्ग के बीच एक बडी खाई थी। बोल्शेविक क्रान्ति ने इस भेद को समाप्त कर दिया। पहले रूस में और फिर अन्य राष्ट्रों में भी सामाजिक व आर्थिक समानता स्थापित करने का प्रयास किया। रूसी क्रान्ति ने कुलीन वर्गों के विशेषाधिकारों की समाप्ति की। भूमि पर जिनका अधिकार होना चाहिए कृषकों को प्रदान की गई। उद्योगों में श्रमिकों को उनका स्थान मिला। इस प्रकार क्रान्ति के बाद कृषकों व श्रमिकों दोनों का ही आत्मविश्वास बढ़ा। यह प्रेरणा केवल रूस तक ही सीमित नहीं रही बल्कि अन्य राष्ट्रों में भी किसान व मजदूर उठ खड़े हुए और अपने अधिकारों के लिए आन्दोलन किए।

(9) **अधिनायकवाद का उदय** – रूसी क्रान्ति के बाद देश में सर्वहारा वर्ग का शासन स्थापित किया जाना था लेकिन धीरे–धीरे सत्ता अधिनायकवादी व सर्वाधिकारी होती गयी। धीरे–धीरे यही प्रभाव पड़ोसी यूरोपीय देशों में भी फैलता चला गया। जहाँ जर्मनी में नाजीवादी शासन में आए और हिटलर का उदय हुआ वहीं इटली में फासीवादी सत्ता में आए और अधिनायक मुसोलिनी शासक बन बैठा। इस प्रकार के तानाशाही शासकों के सत्तासीन होने के कारण ही संसार को द्वितीय विश्वयुद्ध का सामना करना पड़ा।

(10) **रूस का विश्व शक्ति के रूप में उदय** – 1905 में रूस को जापान के हाथों न केवल पराजय का सामना करना पड़ा बल्कि राष्ट्रीय रूप से अपमानित भी होना पड़ा। प्रथम विश्वयुद्ध के दौरान भी जर्मनी ने रूस को पराजित किया लेकिन रूसी क्रान्ति के बाद से ही विश्व में रूस की इज्जत वापिस लौटी, आर्थिक रूप से प्रगति की और सामाजिक ढांचा भी सुदृढ़ होता गया। इस प्रकार रूस की चौतरफा प्रगति ने उसकी साख को वापिस लौटाया और विश्व में एक शक्ति के रूप में उदित हुआ। समय के साथ–साथ रूस की शक्ति में इतनी वृद्धि हुई कि वह पूंजीवादी गुट के सामने एक महाशक्ति बना।

(11) **अभिजात वर्ग के विशेषाधिकारों की समाप्ति** – रूस में जारों के समय में समाज अनेकों वर्गों में बंटा था। जिनमें से कुछ वर्ग जो अभिजात कहे जाते थे एवं अधिकारों से परिपूर्ण थे। लेकिन कुछ वर्ग ऐसे थे जिनके पास अधिकार नहीं थे। जहाँ एक और अधिकारयुक्त राजपरिवार के सदस्य व नौकरशाह थे वहीं अधिकारहीन वर्ग के रूप में मजदूर व किसान थे। बोल्शेविक क्रान्ति ने इस वर्ग भेद को समाप्त किया विशेषाधिकारों का भी अन्त हुआ। बोल्शेविक क्रान्ति के दो स्तम्भों श्रमिकों व कृषकों के संगठित होने के कारण ना केवल क्रान्ति सफल हुई बल्कि सर्वहारा वर्ग सत्तासीन हुआ और पूरे विश्व में इन दो वर्गों में जागरूकता उत्पन्न हुई। स्त्री–पुरूषों के भी समानाधिकारों की बात हुई। स्त्रियों को मताधिकार, शिक्षा व आजीविका कमाने का अधिकार भी प्रदान किया गया। इस प्रकार स्त्रियों की आर्थिक दशा में भी सुधार हुआ और वे आत्मनिर्भर हुईं।

(12) **धर्मनिरपेक्षता का उदय** – बोल्शेविक क्रान्ति से पहले रूस में चर्च का अधिकार था। जो जार के निरकुंश शासन की समर्थक थी। मार्क्सवादी विचार धर्म विरोधी थे। वे धर्म को अफीम मानते थे अतः रूसी क्रान्ति के समय से चर्च व उसके मानने वाले लोग कमजोर पड़ते गए। चर्च ने जार, कुलीन लोगों का समर्थन किया इस प्रकार जार की समाप्ति के साथ चर्च के अधिकारों का भी अन्त हुआ। चर्च को राज्य से अलग कर दिया गया। क्रान्ति के साथ ही धर्म पर चलने वालों की शक्ति क्षीण होती गई और बोल्शेविकों के धर्म के खिलाफ विचारों का उदय हुआ।

(13) **रूस में समाजवादी विचारों पर उद्योगों का निर्माण** – रूसी क्रान्ति के बाद से ही देश में तेजी से उद्योगों का विस्तार हुआ। कारखानों का राष्ट्रीयकरण समाजवादी विचारों के आधार पर किया गया। जिसके पास भूमि ज्यादा थी उनसे लेकर गरीब किसानों में बाँट दी गई। पूंजीपति वर्ग तथा बड़ा जमींदार वर्ग समाप्त हो गया। शुरू में तो उत्पादन घटा व 1921 में भंयकर अकाल पड़ा। लेकिन लेनिन की 1921 की नव आर्थिक नीति ने स्थिति को संभाल लिया। इस प्रकार औद्योगिक विकास व कृषि उत्पादन ने रूस को नई ऊँचाइयों पर पहुँचाया।

निः सन्देह बोल्शेविक क्रान्ति एक युगान्तकारी घटना थी। इतिहास में क्रान्ति (1917) के समय से 1991 तक सोवियत संघ एक महाशक्ति के

रूप में विश्व के बहुत से राष्ट्रों को नेतृत्त्व प्रदान करता रहा। रूस में जिस प्रकार सर्वहारा वर्ग ने सत्ता की स्थापना की, साम्यवादी विचारों का प्रसार किया उसने पूरे विश्व को ही एक नई विचारधारा से अवगत कराया। विश्व में जब दो शक्तियाँ होती हैं तो शक्ति संतुलन बना रहता है। पूँजीवादी व्यवस्था बोल्शेविक क्रान्ति से पहले विश्व में फैली अकेली विचारधारा थी लेकिन साम्यवादी विचारों के द्वारा विश्व के बहुत से राष्ट्रों को नई व्यवस्था व विचार मिले जिन्हे अपनाने में राष्ट्रों को ज्यादा समय नहीं लगा।

बोल्शेविक शासन पिरामिड़ के आकार का था जिसका आधार हजारों सोवियतें थीं और जिसकी केन्द्रीय सरकार अपनी सब शक्ति इन स्थानीय सोवियतों से ही प्राप्त करती थीं। बोल्शेविक शासन ने भी यही व्यवस्था की कि सम्पत्ति पर व्यक्तियों का स्वामित्त्व ना रहे। खानें, जंगल, बैंक, कारखानों आदि पर राज्य का प्रभुत्त्व रहे। व्यवसायों तथा कारखानों का संचालन मजदूर करें। प्रत्येक व्यक्ति के लिए श्रम आवश्यक था, जो श्रम ना करे उसे भोजन ना मिले इस प्रकार की व्यवस्था की गई।श्रमिकों को भी अस्त्र शस्त्र की शिक्षा दी गई। लेनिन ने इस सरकार को लोकतान्त्रिक सरकार कहा। इस नई सरकार के नेता लेनिन, चिचेरिन व ट्राटस्की थे। निःसन्देह मार्क्स ने जिन सिद्धान्तों का प्रतिपादन किया लेनिन ने उन्हें मूर्त रूप प्रदान किया। बोल्शेविक सरकार की राजधानी मास्को को बनाया गया।

रूस की क्रान्ति के विश्व की भावी योजनाओं पर दूरगामी प्रभाव हुए। जहाँ एक ओर जारों की तानाशाही का अन्त हुआ वहीं इस क्रान्ति ने विश्व को एक ऐसी विचारधारा से भी परिचित कराया जो श्रमिकों तथा कृषकों के हितों की बात करती थी। रूसी साम्यवादी सरकार ने एक नई प्रशासनिक व्यवस्था से दर्शन कराया जिसके बाद साम्यवाद का विस्तार तेजी से होने लगा। साथ ही क्रान्ति ने पूंजीवादी शोषण से पूरे विश्व को मुक्त कराया। इस क्रान्ति ने किसानों व मजदूरों को उनके अधिकारों का पूरे संसार में अहसास कराया। उन्हें केवल आर्थिक अधिकारों की हीं प्राप्ति नही हुई बल्कि सामाजिक व राजनीतिक अधिकार भी मिले। यही कारण था कि रूसी क्रान्ति के बाद चीन, वियतनाम, युगोस्लाविया, रोमानिया, तथा चकोस्लावाकिया आदि देशों में भी साम्यवादी सरकारों की स्थापना हुई।

सन्दर्भ सूची

Acton Edward, Russia: The Tsarist and Soviet Legacy, Longman, London, 1995.

Claude, I, Power and International Relations, New York,1963.

Fischer, Germany aim in the First World War, OUP, London, 1967.

Andreas Wenger and Doron Zimmermann, International Reltions, Viva Books, New Delhi, 2004.

http://www.brittanica.com

Crozier, Brian, The Rise and Fall of the Soviet Empire, CA: Forum, Rocklin, 1999.

http://www.armonkinstitute.org/resourcecenter

8

फासीवाद और नाजीवाद का उत्कर्ष

डॉ. सीमा माथुर*

इटली की ऐतिहासिक पृष्ठभूमि

इटली के शासक सदा ही महत्त्वाकांक्षी रहे हैं, लेकिन वहाँ की भौगोलिक और आर्थिक परिस्थितियों ने उनकी महत्त्वकांक्षाओं पर अंकुश लगाने का काम किया है। यही कारण है कि उन्होंने अपनी महत्त्वकांक्षाओं की सिद्धि के लिए सदैव एक धूर्त और अवसरवादी रियार नीति का अनुसरण किया। इटली के शासक एक सियार या गीदढ़ की भांति लघु एवं निर्बल राष्ट्रों को अपने हमले का शिकार बनाते रहे। इटली की महत्त्वाकांक्षाओं में वास्तविक उभार 1870 ई. के बाद देखने को मिला जब 1870 ई. के फ्रेंच–प्रशियन युद्ध ने जर्मनी और इटली दोनों ही राष्ट्रों के एकीकरण की प्रक्रिया को पूरा कर दिया। इटली के एकीकरण के बाद वह एक संवैधानिक राज्य बन गया परिणामतः 1882 ई. में इटली में समाजवादी दल की स्थापना हुई परंतु वे रूसी क्रांति के प्रभाव में आकर शक्ति प्रयोग करके शासन को हथियाना चाहते थे, लेकिन उदारवादी दल की स्थिति उच्च बनी रही परन्तु वे इतने उदासीन थे कि देश की तत्कालिक समस्याओं को हल करने में समर्थ नहीं हो सके जिससे इटली की स्थिति लगातार बिगड़ती चली गयी।

1870 ई. के बाद ही विदेश नीति के क्षेत्र में इटली की तीन महत्वाकांक्षाएँ दृष्टिगोचर हुई –

---

* असिस्टेंट प्रोफेसर, राजनीति विज्ञान विभाग, कालिन्दी कॉलेज, दिल्ली विश्वविद्यालय

1. इटालियन भाषा–भाषी प्रदेशों की विदेशी शासन से मुक्त करकर इटली में सम्मिलित करना।
2. अफ्रीका में विशाल साम्राज्य की स्थापना करना।
3. भूमध्यसागर पर इतना प्रभुत्व स्थापित कर देना कि उसे एक रोमन–झील कहा जा सके।[1]

अपनी इन तीनों आकांक्षाओं की पूर्ति के लिए 'सियार नीति' का आश्रय लेते हुए इटली ने बिस्मार्क के इस कथन की सत्यता को प्रमाणित कर दिया कि 'अतृप्त इटली ताक–झाँक करता हुआ भ्रष्टाचार एंव दुर्भाग्य की गंध से आकर्षित हो कर इधर–उधर बेचैनी से फिरता है। कभी किसी पर पीछे से आक्रमण करने के लिए तो कभी थोड़े से लूट के माल को ले भागने के लिए वह हमेशा तैयार रहता है।'[2] अतः प्रथम व द्वितीय महायुद्ध में विभिन्न राष्ट्रों के साथ सन्धिबद्ध होने पर भी युद्ध आदि के अवसरों पर वह एक धूर्त, और अवसरवादी चतुर सियार की भांति बड़ी देर तक यह देखता रहा कि किस पक्ष के जीतने की संभावना है। जब उसे किसी पक्ष के जीतने का पक्का विश्वास हो गया तो वह उसका समर्थक बनकर युद्ध में कूद पड़ा और लूट के माल में अपना हिस्सा माँगने लगा।

1882 ई. में इटली त्रिगुट सन्धि (इटली, जर्मनी और आस्ट्रिया) का सदस्य बना। लेकिन जब लीबिया के सम्बन्ध में अपनी योजनाओं पर फ्रांसीसी समर्थन पाने का अवसर आया तो उसने 1902 ई. में फ्रांस को यह आश्वासन देकर अपनी 'सियार–नीति' का परिचय दिया कि वह फ्रैंच–जर्मन युद्ध में फ्रांस के विरूद्ध नहीं लड़ेगा। त्रिगुट संधि के बावजूद इटली ने प्रथम महायुद्ध में अपनी सियार नीति का अनुसरण किया और मित्र राष्ट्रों की ओर से युद्ध में लड़ा क्योंकि अप्रैल 1915 ई. की लंदन में गुप्त संधि द्वारा मित्र राष्ट्रों ने उसे निम्न आश्वासन दिये जो कि उसकी महत्वाकांक्षाओं की पूर्ति करते थे–

1. युद्धोपरांत इटालियन भाषा–भाषी प्रदेशों को विदेशी शासन से मुक्त करके इटली को सौंप दिया जायेगा।
2. अफ्रीका में साम्राज्य विस्तार के लिये उसे सहयोग दिया जायेगा।
3. भूमध्य सागर पर उसके प्रभुत्व को स्वीकार किया जायेगा।

यद्यपि उसके भूतपर्व मित्रों – आस्ट्रिया और जर्मनी ने भी उसे फ्रांस का अफ्रीका का साम्राज्य देने की तत्परता दिखाई थी, लेकिन वह मित्रराष्ट्रों की ओर से युद्ध में इसलिए सम्मिलित हो गया क्योंकि उसमें उसे अधिक लाभ दिखाई दिया।

जब युद्ध समाप्त हुआ तो इटली ने अपने आपको विजेताओं की पंक्ति में खड़ा पाया। पेरिस में हुई गुप्त सन्धि के आधार पर युद्ध की लूट में हिस्सा प्राप्त करने के लिये इटली ने विभिन्न प्रदेशों पर अपने दावे प्रस्तुत किये। किन्तु इन दावों का विल्सन के द्वारा घोर विरोध किया गया क्योंकि ये दावे उनके अन्तर्राष्ट्रीय आदर्शवाद के विरूद्ध थे। अतः शान्ति सम्मेलन में इटली को कुछ महत्वपूर्ण प्राप्ति नहीं हुई। इटली को स्वयं अर्जित यूम द्वीप, डोडकेनोज और अलवानिया को भी मित्र राष्ट्रों के दबाब में आकर छोड़ना पड़ा जिससे इटली में घोर निराशा का वातावरण फैल गया। वह अपने आपको ''असंतुष्ट और अतृप्त राष्ट्र'' समझने लगा। इटालियन जनता का यह विश्वास दृढ़ हो गया कि मित्र राष्ट्रों के द्वारा उनके साथ धोखा किया गया है। इसके लिये उसने अपने देश की सरकार को दोषी ठहराया, जो शांति सम्मेलन में इटली के दावों को भली–भांति पेश करके पूरा करवाने में असफल रही थी।

प्रथम महायुद्ध के बाद की निराशाः

इटली में फासीवाद (मुसोलिनी) का उदय तथा फासीवादी संगठन

प्रथम महायुद्ध में मित्र राष्ट्रों की विजय हुई और इटली ने विजेता राज्यों में स्थान ग्रहण किया किन्तु उसे यह अनुभव हुआ कि वह जीतकर भी हार गया है। जिस लूट के माल को पाने की आशा से इटली युद्ध में कूदा था, युद्ध के बाद उसे लूट का वह माल नहीं मिला। पेरिस के शान्ति सम्मेलन ने उसकी समस्त आशाओं पर पानी फेर दिया। उसे केवल अफ्रीका में लीबिया की सीमा के कुछ प्रदेश, पूर्व में डोडेकेनीज ओर रेडसे द्वीप मिले, उत्तर में आस्ट्रिया से ट्रैण्टिनों, टिरोल, ट्रीस्ट, इस्ट्रिया तथा जारा और लोगस्टा द्वीप प्राप्त हुए। 1919 ई. इस शान्ति समझौते के फलस्वरूप फ्रांस को 60 लाख व्यक्तियों की आबादी वाली 2 लाख 53 हजार वर्ग मील भूमि और ब्रिटेन को 90 लाख से भी अधिक जनसंख्या वाली 9 लाख 89

हजार वर्ग मील भूमि मिली। जबकि उनके साथ कंधे से कंधा मिलकर जर्मनी के विरूद्ध युद्ध करने वाले विजेता इटली को केवल 16 लाख 72 हजार व्यक्तियों वाली 8 हजार 900 वर्ग मील भूमि ही प्राप्त हुई।[3] मित्र राष्ट्रों और अमेरिका के दोहरे प्रहार से केवल निराशा और असंतोष ही इटली के पल्ले पड़ा। उसकी सियार–नीति उसके ही दुःख और निराशा का कारण बन गयी और इटली के गौरव का सपना मिटटी में मिल गया। इस निराशा एवं द्वेष के वातावरण ने इटली के इतिहास के क्रूर शासक मुसोलिनी को जन्म दिया अतः मुसोलिनी के उदय के कारण निम्नलिखित थे –

1. राजनैतिक संकट– फासीवाद के उत्कर्ष का मुख्य कारण इटली की तत्कालीन लोकतंत्रीय सरकार थी जिसे पेरिस सम्मेलन से मिले निराशा और असंतोष के उपहार ने बहुत बदनाम कर दिया जिसका इटली के जनमानस पर गहरा प्रभाव पड़ा। तत्कालीन संसदीय सरकार युद्धोत्तर समस्याओं को सुलझाने में नितांत अक्षम थी जिससे असुरक्षा और अराजकता का वातावरण फैलता जा रहा था। समाजवादी दलों की शक्ति बढ़ने लगी। वे मजदूरों और किसानों में फैले हुए असंतोष का लाभ उठाकर उन्हें अपने अधिकारों की रक्षा के लिए संगठित करने लगे। फलस्वरूप समाजवादी दलों की बढ़ती हुई शक्ति से सशंकित होकर पूंजीवाद और जमींदार लोग घबराने लगे। सम्पूर्ण जनमानस इससे भयभीत होकर ऐसे दल और नेता की तलाश करने लगा जो इटली में एक सुदृढ़ और राष्ट्रीय स्वार्थ को पूर्ण कर सकने वाली शासन व्यवस्था स्थापित कर सके तथा देश के सम्मान की रक्षा करके उसे ऊँचा उठा सके।

तत्कालीन परिस्थिति का लाभ उठाकर बैनितो मुसोलिनी (1888–1945) ने 23 मार्च 1919 ई. को अवकाश प्राप्त सैनिकों का सम्मेलन बुलाया और स्वयं सेवक दल की स्थापना की बाद में जिसका नाम बदलकर फासिस्ट दल रख दिया गया था। साम्यवाद का कट्टर विरोधी होने के नाते और अपने निहित स्वार्थों तथा व्यक्तिगत सम्पत्ति की रक्षा करने के लिए पूंजीपति और जमींदार मुसोलिनी के फासिस्ट दल की मुक्तहस्त से सहायता करने लगे। अपनी शक्ति से मुसोलिनी समाजवादी और अन्य प्रगतिशील आन्दोलनों के प्रभाव को नष्ट करने लगा। फासिस्टों की संख्या जो 1919 ई. में कुल 22,000 थी वह 1921 ई. में 5 लाख पर पहुँच गयी। मुसोलिनी ने अपने अनुयायियों को सैनिक ढंग से काली कमीजों की अनुशासित सेना के रूप

में संगठित किया। इस सेना के अपने उच्च अधिकारी पद, सांकेतिक चिन्ह, सज्जा तथा अभिवादन तरीके थे। यह सेना भयभीत मध्यम वर्ग की सुरक्षा गारंटी जैसी लगती थी।

मई 1921 ई. के निर्वाचनों में 35 सीटें जीतने के बाद नवम्बर, 1921 ई. में फासिस्टों ने संविधानिक रूप अपना लिया परन्तु अपना पुराना कार्यक्रम नहीं छोड़ा और वे तेल की बोतलों, गदाओं, छुरों और बंदूकों से अपना आतंक फैलाते रहे। साम्यवादियों की हिंसा का जवाब फासिस्ट सैनिकों ने और अधिक हिंसा से दिया। 24 अक्तूबर 1922 ई. को फासिस्ट नेता मुसोलिनी ने नेपल्स में एक सभा की और अन्तिम कार्यवाही की योजना पर बातचीत करने के उपरांत तत्कालीन सरकार को यह धमकी दी कि यदि शासन सत्ता उसे नहीं सौंपी गयी तो रोम पर चढ़ाई कर दी जाएगी। 27 अक्तूबर, 1922 ई. को 30 हजार फासिस्ट सैनिकों ने चार विभिन्न दलों में विभाजित होकर रोम की ओर प्रस्थान कर दिया। एक विनाशकारी गृहयुद्ध से बचने के लिए सम्राट विक्टर इमेनुअल तृतीय ने तत्कालीन मंत्रीमंडल से त्यागपत्र दिलवा दिया जिससे लोकतंत्रीय सरकार का पतन हो गया। 31 अक्तूबर, 1922 ई. को मुसोलिनी को प्रधानमंत्री नियुक्त कर दिया गया। वह शीघ्र ही इटली का अधिनायक एवं सर्वेसर्वा बन गया और 1943 ई. तक एक तानाशाह के रूप में कार्य करता रहा।

फासिस्टों ने शीघ्र ही समस्त विरोधी दलों को निर्दयतापूर्वक दबा दिया, प्रेस की स्वतंत्रता छीन ली, स्थानीय स्वायत्तता एवं जन संस्थाओं तथा पद्धतियों को नष्ट कर दिया। निर्वाचन नियमों को फासिस्ट दल के पक्ष में परिवर्तित कर दिया गया। इस प्रकार, मुसोलिनी के नेतृत्व में इटली में फासिस्ट तानाशाही प्रतिष्ठित हो गयी। गेथोर्न हार्डी (Gathorne Hardy) के शब्दों में "इटली में जिन परिस्थितियों में फासीवाद का विकास हुआ, वह यद्यपि उस देश के लिए विचित्र था, उसने इस विचारधारा की पुष्टि की कि जब प्रभावी संसदीय सरकार के साथ लोकतांत्रिक भावना का सामंजस्य नहीं होता तो ऐसी स्थिति में स्वेच्छाचारिता का यह रूप प्रकट होता है।"[4]

2. आर्थिक दशा– प्रथम महायुद्ध के कारण देश की आर्थिक दशा बहुत सोचनीय हो गयी थी। हजारों लोग बेकारी और भुखमरी के शिकार थे। इटली के 6 लाख सैनिक काल के ग्रास बने और हताहत हुए और 12

अरब डालर खर्च हुए। युद्ध से लौटकर आये सैनिकों को रोजगार नहीं मिला, राष्ट्रीय ऋण बढ़कर छः गुना हो गया था, बजट में घाटा बढ़ गया, इटालियन मुद्रा का मूल्य घट गया। औद्योगिक उत्पादन की कमी के कारण खाद्य साम्रगी का मूल्य बढ़ गया। सरकारी कर्मचारी वेतन और सेवा की मांगों की पूर्ति के लिए हड़तालें व प्रदर्शन करने लगे। परिणामतः इटली में अराजकता की स्थिति उत्पन्न हो गयी। महायुद्ध के कारण इटली की आर्थिक दशा अत्यंत सोचनीय हो गयी। उसकी मुद्रा का मूल्य 7 प्रतिशत कम हो गया। वस्तुओं के मूल्य आकाश छूने लगे। जन साधारण का जीवन निर्वाह कठिन हो गया। इस आर्थिक पतन की अवस्था ने इटली की पहले से ही कमजोर राजनितिक अवस्था को एक अन्तिम धक्का दिया। असंतुष्ट और निराश जनता का प्रजातंत्रीय शासन पद्धति से विश्वास हट गया। स्थान–स्थान पर विद्रोह और हड़तालें होने लगी। इस अर्द्ध अराजकता की स्थिति में धनिक लोग साम्यवाद के प्रसार के भय से आतंकित हो उठे। इटली के सभी वर्ग राष्ट्रीय अपमान का बदला लेने और खोई हुई गौरवपूर्ण स्थिति और प्रतिष्ठा पाने के लिए फिर से बैचेन हो उठे। ऐसी स्थिति में इटली में मुसोलिनी का उदय हुआ और उसके नेतृत्व में फासिस्ट दल शक्तिशाली होने लगा।

3. आंतरिक अव्यवस्था– फासीवाद वास्तव में इटली में किसानों और मजदूरों की साम्यवादी क्रांति को विफल बनाने के लिए जमींदारों और पूँजीपतियों द्वारा समर्पित आंदोलन था जो इटली की संसदीय सरकार की अक्षमता, अराजकता, साम्यवाद के आतंक और जनता के सभी वर्गों में तीव्र असन्तोष का सहारा पाकर तेजी से सफलता की सीढ़ियां चढ़ता गया। फासीवादी आन्दोलन को तेजी से लोकप्रियता इसलिए हासिल हुई क्योंकि सारी जनता किसी न किसी कारण तत्कालीन समाजवादी सरकार से रूष्ट थी। दुकानदार इसलिए नाराज थे कि सरकार मूल्य निश्चत कर रही थी और कर बढ़ा रही थी। जमींदारों को कृषक संघों और भूमि के पुनर्वितरण से अनेक प्रकार की आशंकाएँ थी। मिल मालिक हड़तालों से और श्रमिकों की बढ़ती हुई शक्ति से भयभीत थे। पूंजीपति सरकार से असंतुष्ट थे क्योंकि वह उनकी वैयक्तिक संपत्ति की रक्षा करने में असमर्थ थी। मध्यम वर्ग भी तत्कालीन शासन में असुरक्षा के भय से ग्रस्त था। सैनिक सेवा से निवृत सिपाही, छात्रगण एवं अन्य युवक मजदूर आन्दोलनों से तथा राजनीतिज्ञों

की अयोग्यता से पीड़ित और परेशान थे तथा ऐसे किसी भी आन्दोलन में शामिल होने को तैयार थे जो उनके देश में सुदृढ़ तथा देशभक्त सरकार स्थापित कर सके।

फासिस्ट आंदोलन के नेता मुसोलिनी ने इस सब समस्याओं को हल करने का वचन दिया। जनता में आशा की किरण फूट पड़ी। आन्दोलन ने नगरों और गांवों में जोर पकड़ा। अदभुत साहस और संगठन शक्ति से धनी तथा कुशल प्रवक्ता मुसोलिनी के नेतृत्व में फासिस्ट दल निरन्तर शक्तिशाली बनता गया।

4. फासीवादी दल के आकर्षक सिद्धांत– फासीवादी नेता मुसोलिनी ने कहा था, ''शक्ति को प्राप्त करने का उपाय है निर्वाचन में बहुमत प्राप्त करना या क्रांति के मार्ग से शासन को हथियाना।'' अतः फासीवाद के उदय के प्रमुख कारण थे – मुसोलिनी का व्यक्तित्व, उग्र राष्ट्रवाद, तथा फासीवाद के मूल तत्व तथा सिद्धांत जो निम्नलिखित थे –

1. उग्र राष्ट्रवाद
2. राज्य की व्यक्ति के ऊपर सत्ता
3. प्रजातंत्र का विरोध
4. एकल नेतृत्व में विश्वास
5. वैयक्तिक उद्योग व पूंजीनिवेश को प्रोत्साहन
6. वर्ग संघर्ष के सथान पर वर्ग सहयोग में आस्था
7. हिंसा द्वारा शक्ति संचय
8. अनुशासन तथा देशभक्ति पर बल

विश्व राजनीति पर फासीवादी क्रांति का प्रभाव

गेथोर्न हार्डी ने लिखा है ''इतिहास के व्यापक दृष्टिकोण से इटली के हाल के इतिहास में अक्तूबर, 1922 ई. में फासिस्ट शासन की स्थापना को सबसे अधिक अंतर्राष्ट्रीय महत्त्व की घटना कहा जा सकता है। व्यक्तिवाद, प्रजातंत्रवाद, समाजवाद और शान्तिवाद की शत्रु फासिस्ट क्रांति ने अंतर्राष्ट्रीय संबंधों की गंभीर रूप से प्रभावित किया।''[5] फासिस्ट क्रांति के निम्नलिखित प्रभाव दृष्टिगत हुए –

1. इसने यूरोप के अन्य देशों में भी प्रजातंत्र विरोधी भावनाओं को प्रोत्साहन दिया। यद्यपि मुसोलिनी ने एक बार यह घोषणा की कि फासिज्म कोई ऐसी वस्तु नहीं है जिसका दूसरे देशों से आयात किया जा सके। किन्तु फिर भी फासिस्ट क्रांति ने यूरोप में अधिनायकवादी प्रवृति की प्रेरणा दी। इटली के फासिस्ट तंत्र से ही प्रेरित होकर जर्मनी स्पेन आदि में अधिनायकवाद की स्थापना हुई।

2. इसका प्रभाव संसार में शांति विरोधी वातावरण के रूप में हुआ क्योंकि मुसोलिनी ने स्पष्ट घोषणा की थी, ''हम अनतं शांति की मूर्खता को अस्वीकार करते हैं। हमें सदैव शक्ति संपन्न होना चाहिए।'' शक्ति और अशांति में आस्था रखने वाली ऐसी घोषणाओं ने राष्ट्रसंघ द्वारा प्रतिपादित सामूहिक सुरक्षा के सिद्धांत को आघात पहुँचाया जिससे अंतर्राष्ट्रीय जगत का वातावरण तनावपूर्ण हो गया।

3. इससे साम्यवादी विरोधी आन्दोलन में तीव्रता आयी क्योंकि फासिस्टों ने शक्ति हथियाने के बाद सोवियत रूस एवं अंतर्राष्ट्रीय साम्यवादी आन्दोलन के विरूद्ध विष फैलाना शुरू कर दिया।

4. इसने पूंजीवादी राष्ट्रों में इटली एवं जर्मनी के प्रति तुष्टिकरण की नीति अपनाने की प्रेरणा दी। फासीवाद के साम्यवाद विरोधी रूप ने ब्रिटेन जैसे व्यापारिक और पूंजीवादी राष्ट्र का इस सीमा तक सर्मथन प्राप्त कर लिया कि वे ऊपर से तो राष्ट्रसंघ में अंतर्राष्ट्रीय सुरक्षा के ठेकेदार बनने का दिखावा करते रहे लेकिन अंदर से इटली और जर्मनी की अनुचित कार्यवाहियों का समर्थन भी करते रहे। उन्होंने इटली और जर्मनी को हर कार्य में इसलिए छूट दी कि वे दोनों राष्ट्र साम्यवाद से सुरक्षा का काम करेंगे, इसलिए जब स्पेन के गृहयुद्ध में इटली ने विद्रोहियों को सहायता दी और ऐवीसीनिया पर कब्जा कर लिया तो पश्चिमी देश केवल खड़े–खड़े तमाशा देखते रहे और शांति विरोधी शक्तियों को प्रोत्साहित करते रहे।

मुसोलिनी की विदेश नीति

मुसोलिनी ने सत्ता पर अधिकार करते ही विस्तारवादी उग्र राष्ट्रवादी विदेश नीति का पालन करना शुरू किया जिसका उद्देश्य विभिन्न इटालियन राष्ट्रीय महत्वाकांक्षाओं को पूर्ण करके इटली को शक्तिशाली बनाकर अन्तर्राष्ट्रीय जगत में उसे महान और गौरवशाली स्थान प्राप्त कराना था। उसकी विदेश नीति के लक्ष्य थे – भूमध्य सागर में इटालियन प्रभुसत्ता स्थापित करके उसे एक रोमन झील के रूप में परिवर्तित करना तथा अफ्रीका में इटली का विशाल साम्राज्य स्थापित करना। इन उददेश्यों की पूर्ति के लिए उसने परम्परागत "सियार नीति का अनुसरण करके छोटे राज्यों को दबाकर अपनी अन्तर्राष्ट्रीय धाक और प्रभाव स्थापित करने का प्रयास किया।"

मुसोलिनी ने 1927 ई. में अपनी विदेश नीति की व्याख्या करते हुए कहा था कि 'इटली का यह कर्तव्य है कि वह अपनी थल, जल व नभ में आगनी शक्ति संगठित करे। हमें इस परिस्थिति में होना चाहिए कि हम किसी भी समय 5 करोड़ व्यक्तियों की सेवा का निर्माण करने में सक्षम और उन्हें अस्त्र–शस्त्र प्रदान करने सफल हो सकें। उस समय हम ऐसी परिस्थिति में होंगें कि विश्व हमारी बातों का आदर करें और हमारे अधिकारों को स्वीकार करे।'

उपर्युक्त विचारों से यह स्पष्ट हो जाता है कि मुसोलिनी साम्राज्यवाद में विश्वास करता था और इसी कारण अपनी सैन्य–शक्ति का पर्याप्त विस्तार करना चाहता था। वह अच्छी तरह से जानता था कि पश्चिमी राष्ट्रों की ओर वह साम्राज्य विस्तार नहीं कर सकता क्योंकि वहाँ ब्रिटेन और फ्रांस जैसे शक्तिशाली देश थे अतः वह चुपचाप केवल पूर्व की ओर ही विस्तार कर सकता था।

कोर्फू कांड

अल्बानिया की सीमा निर्धारित करने वाले आयोग के सदस्यों (जिनमें 1 इटेलियन और 4 अन्य सदस्यों) का यूनान में 23 अगस्त 1923 ई. को अपहरण कर लिया गया जिससे मुसोलिनी बहुत क्रोधित हुआ और यूनान को 24 घंटे का अल्टीमेटम निम्न शर्तों के साथ दिया कि–

1. इस मामले की जाँच इटालियन अधिकारियों की सहायता से की जाए।
2. अपराधियों को 5 दिन के अन्दर मृत्युदण्ड दिया जाए।
3. यूनान के झण्डे के सामने उन्हें नत्मस्तक किया जाए।
4. 5 करोड़ रूपयें यूनान द्वारा इटली को क्षतिपूर्ति के रूप में दिये जांए।

यूनान ने मुसोलिनी की माँगों को नहीं माना क्योंकि ऐसा करना उसकी सर्वोच्च संप्रभुता पर आँच आना होता। अतः मसोलिनी ने यूनान के कोर्फू टापू पर बमबारी द्वारा 31 अगस्त 1923 ई. को अपना अधिकार स्थापित कर लिया। यह मामला राष्ट्रसंघ में चला गया लेकिन मुसोलिनी के विरोध करने पर यह मामला पेरिस की राजदूत परिषद में हस्तातंरित कर दिया गया जिससे मुसोलिनी की उपर्युक्त माँगों को स्वीकार करने के साथ ही उसे यह भी हिदायत दी गई कि वह यूनान के कोर्फू टापू से तुरंत अपना अधिकार छोड़ दे । अतः ग्रेट ब्रिटेन के दबाव के कारण 12 सितंबर 1923 ई. को मुसोलिनी ने 27 सितम्बर तक टापू खाली करने की घोषणा कर दी। इस प्रकार इटली यूनान के सामने शेर बना रहा लेकिन ब्रिटेन के सामने भीगी बिल्ली। परन्तु इस घटना से मिली क्षतिपूर्ति की रकम और राष्ट्रसंघ के आदेशों की अवहेलना ने मुसोलिनी को इटली में लोकप्रिय बना दिया।

लुसाने की संधि

इस संधि के द्वारा भूमध्य सागर में स्थित डोडेकेनीज द्वीप पर इटली के आधिपत्य को स्वीकार कर लिया गया। मुसोलिनी ने इस द्वीप का इस्तेमाल नौसेनिक अड्डे के रूप में किया जिससे इटली का प्रभाव भूमध्य सागर में बढ़ गया।

रोम की संधि

रूस व जर्मनी की रैपोलो संधि द्वारा यूम के बन्दरगाह को स्वतंत्र नगर के रूप में घोषित कर दिया गया परंतु इटली को यह मंजूर नहीं था

इसलिए उसने 27 फरवरी 1924 ई. को युगोस्लाविया के साथ रोम की मैत्रीपूर्ण संधि 3 वर्ष के लिए की जिससे यूम इटली के अधिकार में आ गया और इसकी मुख्य शर्त थी कि तीसरी शक्ति के युद्ध करने पर दूसरा देश युद्ध से अलग रहेगा।

टिराना की संधि

कुछ समय बाद यूगोस्लाविया की मित्रता रूस से होने के कारण इटली पर से उसकी निर्भरता कम हो गयी जिसका जवाब देने के लिए इटली ने अल्बानिया से टिराना नामक स्थान पर संधि कर अल्बानिया को अपने संरक्षण में ले लिया। लेकिन इटली को इतने पर भी संतुष्टि नही हुई और 1929 ई. में अल्बानिया पर आक्रमण कर उसे अपने साम्राज्य में सम्मिलित कर लिया।

पश्चिमी भूमध्य सागर पर प्रभुत्व पाने का प्रयास

मोरक्को के टेजिंयर बंदरगाह का अंतर्राष्ट्रीय शासन के अधीन होने के कारण स्पेन और फ्रांस के प्रतिनिधि 1927 ई. में शासन में संशोधन करने के लिए एकत्रित हुए लेकिन इटली भी तीन युद्धपोतों के साथ टेजिंयर पहुँच गया और घोषणा कर दी कि इटली भूमध्सागर की एक शक्ति होने के कारण इस विषय के प्रति उदासीन नहीं रह सकता । अतः प्रतिनिधियों के सम्मेलन में इटली को शामिल कर लिया गया। इससे इटली का प्रभाव बढ़ गया परन्तु उसके पारंपरिक मित्रों फ्रांस और ब्रिटेन से दूरी बढ़ गयी।

यूरोप के राज्यों के साथ संधियाँ

मुसोलिनी ने यूरोप में अपने प्रभाव का विस्तार करने के लिए वर्साय संधि से असंतुष्ट राज्यों को एकसूत्र में बांधना प्रारम्भ कर दिया। उसने 23 सितम्बर 1928 ई. में यूनान, 6 फरवरी 1930 ई. में आस्ट्रिया तथा 1936 ई. में हंगरी के साथ संधियां की और अपने प्रभाव का विस्तार किया। आगे चलकर जर्मनी, इटली और जापान की मैत्री संधि हुई जिसका प्रभाव संपूर्ण विश्व पर पड़ा।

फासीवाद का अंतर्राष्ट्रीय राजनीति पर प्रभाव

मुसोलिनी ने विदेश नीति की दुर्बलताओं को दूर कर इटली को अंतर्राष्ट्रीय जगत में सम्मान व गौरव दिलाया। उसकी विदेशी नीति के अंतर्राष्ट्रीय राजनीति पर प्रभाव का आलोचनात्मक मूल्यांकन इस प्रकार किया जा सकता है –

इथोपिया या एबीसीनिया पर इटली का आक्रमण

इटली ने आधुनिक अस्त्र शस्त्रों से सुसज्जित सेना के साथ इथोपिया पर आक्रमण कर दिया जिसे इथोपिया के 3 लाख सैनिक भी नहीं रोक पाये और 9 मई 1936 ई. को इथोपिया को इटली शहर में मिला लिया गया। इटली की इथोपिया पर विजय से राष्ट्रसंघ की निर्बलता सिद्ध हो गई क्योंकि एक बड़े राष्ट्र ने छोटे राष्ट्र को हड़प लिया और राष्ट्रसंघ दुर्बल राष्ट्र इथोपिया को सहायता देने में असफल रहा। राष्ट्रसंघ की दण्डादेश शक्ति का अभाव सर्वविदित हो गया। आक्रामक इटली ने राष्ट्रसंघ का परित्याग कर दिया जिससे सामूहिक सुरक्षा का सिद्धांत भी असफल हो गया। जर्मनी, जापान और अमेरिका पहले से ही राष्ट्रसंघ से अलग थे। इस कारण यह और भी दुर्बल हो गया। इस प्रकार राष्ट्रसंघ की असफलता से नाजीवादी तानाशाह हिटलर की विस्तरवादी नीति को भी प्रोत्साहित किया जिसने द्वितीय विश्व युद्ध का मार्ग प्रशस्त किया।

रोम–बर्लिन मैत्री

इटली के विरूद्ध ब्रिटेन व फ्रांस के दण्डादेश व आर्थिक प्रतिबन्धों के कारण मुसोलिनी असंतुष्ट हो गया और उसने जर्मनी विरोधी नीति का त्याग कर जर्मनी के तानाशाह हिटलर से मित्रता स्थापित कर ली। 11 जुलाई 1936 ई. को आस्ट्रिया जर्मन समझौते से स्पष्ट हो गया कि अब इटली जर्मनी का पक्ष ले कर उसका आस्ट्रिया पर अधिकार कर लेने का विरोध नहीं करेगा। इस प्रकार 25 अक्तूबर को रोम बर्लिन धुरी का निमार्ण हुआ जिसने 1936 ई. में ही जापान से भी संधि कर ली और विश्व में 'जर्मन–जापान व इटली' के एक धुरी राष्ट्र का निर्माण हो गया जो ब्रिटेन, फ्रांस, रूस व अमेरिका का विरोधी था और राष्ट्रसंघ में विश्वास नहीं रखता था। इस त्रिगुट के निर्माण से विश्व–शांति की संभावनाएँ क्षीण हो गई इन सबके

पीछे मुसोलिनी का एक मात्र उद्देश्य था रोम के गौरव की पुर्नस्थापना, इटली के लिए अफ्रीका में उपनिवेश प्राप्ति और इटली को शक्तिशाली और सम्पन्न राष्ट्र बनाना।

यही कारण है कि 1938 ई. में जर्मनी द्वारा आस्ट्रिया पर अधिकार करने का मुसोलिनी ने शांत रहकर अप्रत्यक्ष समर्थन किया। मुसालिनी का मानना था कि युद्ध सुरक्षा के लिए उतना ही आवष्यक है 'जितना कि एक स्त्री के लिए मातृत्व सुख' और इसी सिद्धांत को अपनाते हुए उसने साम्राज्यवादी नीति को आगे बढ़ाया और 7 अप्रैल 1939 ई. को अल्बानिया पर आक्रमण कर उसे अपने क्षेत्र में मिला लिया। 1 सितम्बर 1939 ई. को जब हिटलर ने पौलेण्ड पर आक्रमण किया तो मुसोलिनी ने तटस्थता की नीति अपनाई। हिटलर ने 10 मार्च 1940 ई. को मुसोलिनी को संदेश भेजा कि "दो राष्ट्रों की जनता, दो क्रांति और दो शासन के भविष्य निश्चित रूप से एक दूसरे से जुड़े हुए हैं"। 8 दिन पश्चात हिटलर से मुलाकात कर मुसोलिनी ने कहा "यह अपमानजनक है कि जब दूसरे राष्ट्र इतिहास का निर्माण कर रहे हों तब हम हाथ बांधे खड़े रहें।"[6] अतः मसुोलिनी ने द्वितीय विश्व युद्ध में भाग लेने का निश्चय किया।

द्वितीय विश्व युद्ध में इटली की भूमिका

द्वितीय विश्व युद्ध में जब जर्मनी ने डेनमार्क, नॉर्वे, हॉलैंड और बेल्जियम पर अधिकार कर लिया तो इटली भी 10 जून 1940 ई. को फ्रांस के विरूद्ध युद्ध में शामिल हो गया। फ्रांस के आत्मसमर्पण के बाद इटली को फ्रांस के क्षेत्र और सैनिक सामान की प्राप्ति हुई। इटली ने अफ्रीका में सोमालीलैंड, केन्या और सूडान पर भी आधिपत्य कर लिया लेकिन ब्रिटेन ने नवम्बर 1941 ई. को इटली के अधीन लीबिया पर अधिकार कर इटली को पराजित कर दिया। 130 तोप और लगभग 1 लाख इटालियन सैनिकों को कैद कर लिया गया जिनकी सहायता के लिए जर्मनी को आगे आना पड़ा। लेकिन जर्मनी के प्रसिद्ध जनरल रोमेल के घायल होने पर जर्मन सेना ने ब्रिटिश सेना के समक्ष आत्मसमर्पण कर दिया जिससे इटली को अत्यंत क्षति पहुँची। 8 नवम्बर 1942 ई. को अमेरिका ने भी इटली के विरूद्ध मोर्चा खोल दिया और 13 मई 1943 ई. को इटली के जनरल मैसी 2 लाख 62 हजार सैनिकों के साथ गिरफ्तार कर लिये गये। अब मित्र राष्ट्रों ने

इटली के भूखण्ड पर भी आक्रमण कर दिया और 29 जुलाई 1943 को रोम पर पहली बार बमबारी की। 6 दिन बाद फासिस्ट महान परिषद् की बैठक बुलाकर मुसोलिनी को बर्खास्त कर दिया गया और फासिस्ट दल को भी विघटित कर दिया गया।

मुसोलिनी के शासन का अंत

मुसोलिनी, जो 'एवयजो पहाड़'नामक होटल में कैद था, को जर्मनी सेना ने आजाद कराया लेकिन अमेरिकी सेना की तत्परता से 4 जून 1943 ई. को रोम का पतन हो गया और जर्मन सेना को पीछे हटना पड़ा। 28 अप्रैल 1944 ई. को मित्र राट्र और इटली की सेना ने मुसोलिनी, उनकी पत्नी क्लारेटा पटाको को गिरफ्तार कर मार डाला। मुसोलिनी की मृतक देह प्लाजा नारेटो फासिस्ट के मुख्य कार्यालय पर तख्तों पर लटका दी गयी। इस प्रकार मुसोलिनी का दुःखद अंत हुआ। 29 अप्रैल 1945 को इटली में जर्मनी सेना ने भी आत्मसर्मपण कर दिया और फासिज्म तथा मुसोलिनी का सत्ता व प्रभाव समाप्त हो गया। युद्ध के पश्चात् इटली में प्रजातांत्रिक सरकार की स्थापना की गयी। 10 जून 1946 ई. में एक जनमत संग्रह द्वारा इटलीवासियों ने राजतंत्र को समाप्त कर एक गणतंत्र की स्थापना की।

परन्तु इन सब बातों के होते हुए भी यह कहा जा सकता है कि मुसोलिनी एक ऐसा तानाशाह था जिसने अपने कार्य–कलापों से उस समय की अंतर्राष्ट्रीय परिस्थितियों व संबंधों को प्रभावित किया और कुछ समय के लिए हिटलर से मिलकर समस्त विश्व में हलचल पैदा कर दी थी।

जर्मनी में नाजीवाद का उदय और अंतर्राष्ट्रीय राजनीति पर उसका प्रभाव

जर्मनी की ऐतिहासिक पृष्ठभूमि

जिस संयुक्त और शक्तिशाली जर्मनी का निर्माण बिस्मार्क ने किया था वह प्रथम विश्व युद्ध में पराजय के बाद समाप्त हो गया। जर्मनी की पराजय ने जनता का धैर्य तोड़ दिया और अनेक स्थानों पर विद्रोह भड़क

उठे। पराजित होने के बाद जर्मन सम्राट विलियम केसर ने हॉलैण्ड मे शरण ली । संसदात्मक प्रणाली पर आधारित जर्मनी के सामाजिक प्रजातंत्रीय दल की ओर से बाइमर नामक स्थान पर अपने नये गणराज्य के लिए संविधान बनाया गया इसलिए उसे बाइमर गणराज्य के नाम से पुकारा जाता है। दल का नेता एबर्ट चांसलर पद पर आसीन हुआ और उसी ने युद्धविराम संधि पर 11 नवम्बर 1918 ई. को हस्ताक्षर किये। साम्यवादियों ने भी सत्ता पर अधिकार करने का प्रयास किया परन्तु शासन पर उनके अधिकार के प्रयास विफल रहे।

लेकिन जर्मन गणतंत्र शासन को अनेक कठिनाइयों का सामना भी करना पड़ रहा था। क्योंकि जहाँ एक ओर साम्यवादी, राजतंत्रवादी और सैनिक अपना अपना आधिपत्य स्थापित करने का असफल प्रयास कर रहे थे तो वहीं दूसरी ओर जनता व सरकार आर्थिक तंगी से भी जूझ रही थी। युद्धकाल में बहुत से कारखानों में युद्ध सामग्री तैयार करने वाले मजदूर बेराजगार हो गये थे। औद्योगिक प्रदेशों पर मित्र राष्ट्रों का कब्जा हो गया था, कृषि व्यवस्था भी चौपट हो गयी थी। इन सबमे बड़ी समस्या मित्र राष्ट्रों को क्षतिपूर्ति के रूप में बड़ी धनराषि देने की थी। यह राषि 6,60,00,000 पौंड (छः अरब साठ करोड़ लाख) थी जिसे जर्मनी को प्रति वर्ष 30 करोड़ सोने के मार्क के रूप में चुकानी थी जो उसकी की क्षमता से बहुत अधिक थी। 1922 ई. तक 226 करोड़ पौंड चुका दिये गये और जर्मनी द्वारा मित्र राष्ट्रों से धनराषि देने से मुक्त कर देने का निवेदन किया गया जिसे मित्र राष्ट्रों नहीं माना और जर्मनी के औद्योगिक क्षेत्रों पर फ्रांस और बेल्जियम ने कब्जा कर लिया।[7]

जर्मनी की जनता और सरकार को यह सहन नहीं हो पाया और वहाँ के मजदूरों ने हड़ताल कर दी और यह प्रश्न डेविस समिति को सौंप दिया गया परन्तु यह भी कोई समाधान नहीं निकाल सकी। लेकिन जर्मनी धीरे–धीरे आर्थिक उन्नति करने लगा और 1928 तक व्यापार में अत्याधिक वृद्धि हुई। परंतु 1929 के विश्वव्यापी आर्थिक संकट के कारण देश में फिर से बेकारी फैलने लगी और देश में राजनैतिक संकट उत्पन्न हो गया और 1930 में सरकार ने क्षतिपूर्ति राषि देने से साफ इंकार कर दिया परन्तु आर्थिक संकट बना रहा।

15 वर्ष के अपने अल्पजीवन में यह बड़ा अप्रिय और दुर्भाग्यग्रस्त रहा तथा इसकी विफलताओं ने नाजीवाद के उत्थान में बड़ा सहयोग दिया जिसका प्रभाव न सिर्फ जर्मन राजनीति पर पड़ा बल्कि उसने सम्पूर्ण विश्व राजनीति को गहरे ढंग से प्रभावित किया ।

जर्मनी में नाजीवाद (हिटलर) का उत्कर्ष

हिटलर का उत्कर्ष वास्तव में धूमकेतु की भांति इतना आकस्मिक था कि अंतर्राष्ट्रीय राजनीति के कुशल प्रेक्षक 1932 ई. तक भी यह कल्पना नहीं कर सके कि जर्मनी में हिटलर और उसका दल कभी सत्ता हथियाने की स्थिति में आ सकेगा। विख्यात ब्रिटिश इतिहासकार टॉयनबी ने दिसम्बर, 1932 ई. में यह मत प्रकट किया कि ''बहुत सी बातें अस्पष्ट हो सकती हैं किन्तु एक बात निश्चित है कि नाजी दल पतानोन्मुख है।'' और तो और हिटलर के चांसलर बनने से कुछ ही दिन पूर्व राष्ट्रपति हिंडेनबर्ग (Hinderberg) ने स्ट्रेसेर (Strasser) को आश्वासन दिया था कि ''मैं आपके सामने प्रतिज्ञा करता हूँ कि वह वोटेमियन सिपाही (हिटलर) कभी भी जर्मनी का चांसलर नहीं बनेगा। मैं उसे पोस्टमास्टर बना दूंगा और वह दिन में सौ बार मेरा मुख चाटेगा।''[8] लेकिन ये सब धारणाएं मिथ्या सिद्ध हुई और जनवरी 1933 ई. में हिटलर एक पोस्टमास्टर नहीं वरन् जर्मनी का प्रधानमंत्री बन गया और नाजी क्रांति सफलतापूर्वक सम्पन्न हुई। जर्मनी में नाजीवाद के प्रेरक तत्व जो उसके उत्थान के लिए उत्तरदायी रहे, निम्नांकित हैं :

1. वाइमर गणतंत्र की अक्षमता और संसदीय व्यवस्था के प्रति जनता का असंतोष

हिटलर के उत्थान का एक अन्य महत्त्वपूर्ण कारण संसदीय पद्धति के अनुसार कार्य करने वाला 'वाइमर गणतंत्र' था जिसकी स्थापना युद्ध के बाद मित्र राष्ट्रों की प्रेरणा से जर्मन जनता द्वारा की गयी थी। इसके संविधान में आनुपातिक प्रतिनिधित्व की व्यवस्था थी। फलस्वरूप राइकस्टांग (जर्मनी संसद) में कई छोटे–बड़े परस्पर विरोधी सिद्धांतों और नीतियों में विश्वास रखने वाले दलों को प्रतिनिधित्व प्राप्त हो गया। अतः वहाँ कार्यक्रम और बहस अधिक होती थी जिसके कारण वह व्यर्थ विलम्ब, राजनीतिक झगड़ों और षड्यंत्रों का अखाड़ा बन गयी थी। अतः उससे भी जर्मन जनता

ऊब गयी और यह चाहने लगी कि कोई ऐसा शक्तिशाली और कर्मठ व्यक्ति आये जो जर्मनी को इस गतिरोध से मुक्ति दिलाकर उसकी समृद्धि और प्रतिष्ठा को पुनः स्थापित करे। हिटलर का व्यक्तित्व जर्मन जनता की इन आकांक्षाओं की पूर्ति करता था। अतः वह और उसका दल अधिकाधिक लोकप्रिय होने लगा। कार्ल एच.पेग (Carl H. Pegg) के अनुसार–

"वाइमर संविधान अपने उत्तम मूल अधिकारों की सूची के रूप में जर्मन जनता के लिए आवश्यकता से अधिक जनतांत्रिक था और यही समय उसकी असफलता का एक मूल कारण भी बन गया। राज्य सरकार के संचालन का उत्तरदायत्वि उन्हीं लोगों के हाथों में था जो प्राचीन साम्राज्य से संबद्ध थे। सेना, न्यायपालिका, और शिक्षालयों में भी गणतंत्रीकरण के लिए कोई प्रयत्न नहीं किया गया था। राष्ट्रीय जीवन की सभी संगठित शक्तियाँ गणतांत्रिक शासन की विरोधी थीं। जर्मन जाति की यह बहुसंख्या जो वास्तविक प्रभाव डालने की क्षमता रखती थी, वह मानती थी कि प्रजातंत्र की अपेक्षा प्रशासन का निरकुंशवाद कहीं ज्यादा अच्छा है। वास्तव में आदि से अंत तक तथाकथित गणतांत्रिक पद्धति आंतरिक जीवन से शून्य तक एक खाली छिलके से कुछ ही अधिक थी।"[9]

वाइमर गणराज्य का जन्म अत्यंत दुर्भाग्यपूर्ण परिस्थितियों में हुआ था। क्षतिपूर्ति और निरस्त्रीकरण के कड़वे घूंट पीने पड़े, उस पर फ्रांसीसी अधिकार तथा मुद्रास्फीति का दुःख सहन करना पड़ा। जर्मनी दिवालिया हो गया था। वाइमर गणतंत्र ने अपने 15 वर्षीय जीवन काल में अंतर्राष्ट्रीय क्षेत्र में यद्यपि अनेक सुविधाएं प्राप्त की तथापि वह अपने अधिक महत्त्वपूर्ण लक्ष्यों तथा डेंजिग और पोलिश गलियारे की पुनः प्राप्ति, आस्ट्रिया के साथ एकीकरण, उपनिवेशों की प्राप्ति, शस्त्रीकरण एंव सैन्यीकरण के मामलों में यह राष्ट्रों के साथ समान अधिकारों की प्राप्ति आदि को पाने में असफल रहा। अतः जर्मनी की समस्याओं को हल करने में गणराज्य की अक्षमता भी जर्मनी में तानाशाही की स्थापना का एक प्रमुख कारण थी।

2. पापेन षडयंत्र (Papen Plot)

यह राजनीतिक षडयंत्र अन्तिम प्रजातंत्रवादी चांसलर कुर्त वॉन श्लीचर (Kurt-Von Schleicher) के विरूद्ध रचा गया और उसका रचियता

उसका पुराना मित्र भूतपूर्व प्रधानमंत्री फ्रांज वॉन पॉपेन (Franz-Von-Popen) था। पापेन श्लीचर को अपदस्थ करके स्वयं सत्ता हथियाना चाहता था और इसके लिए उसने हिटलर का एक साधन के रूप में प्रयोग किया। जर्मनी के पूंजीपतियों के सहयोग से तथा साम्यवाद का हौवा खड़ा करके पॉपेन ने राष्ट्रपति हिन्डनवर्ग पर यह दबाव डाला कि वह हिटलर को प्रधानमंत्री नियुक्त करे क्योंकि अब वह ही जर्मनी को बोल्शेविज्म से बचा सकेगा।इस दबाव में आकर राष्ट्रपति हिन्डनवर्ग ने 30 जनवरी 1933 ई. वोल्शेविज्म से जर्मनी की रक्षा के लिए श्लीचर को पदच्युत करके हिटलर को प्रधानमंत्री तथा पॉपेन को उप–प्रधानमंत्री बना दिया। हिटलर के नेतृत्व में संयुक्त मंत्रीमंडल की स्थापना हुई और जर्मन में हिटलर के नेतृत्व का युग प्रारम्भ हुआ। इस प्रकार संविधानिक तरीकों से जर्मन गंणतंत्र की हत्या कर दी गयी और हिटलर का कहना सत्य प्रमाणित हुआ कि "मैं वैध उपायों से सत्ता हस्तगत करूँगा।"[10]

हिटलर ने सत्ता अवश्य वैध उपायों से प्राप्त की लेकिन इसे बनाये रखने और अपनी शक्ति को निरंतर सुदृढ़ करने लिए उसने वैध–अवैध सभी उपायों का आश्रय लिया। सत्ता में आने के बाद उसने जर्मन संसद अर्थात राइकस्टांग को भंग कर दिया। 5 मार्च 1933 ई. को नये चुनाव कराये जाने की घोषणा हुई परन्तु उससे कुछ ही दिनों पूर्व 27 फरवरी, 1933 ई. को रहस्यपूर्ण परिस्थितियों में राइकस्टांग के भवन में आग लग गयी। जिसका फायदा हिटलर ने उठाया और आग लगवाने का दोष साम्यवादियों पर लगाया गया। उनको कुचलने के लिए बड़े पैमाने पर उनकी गिरफ्तारियाँ करके उन्हें जेलों में बंद कर दिया गया। इस तरह निरकुंश सत्ता प्राप्त करने का रास्ता उसके लिए साफ हो गया। कुछ विद्वानों का मत है कि इस अग्निकाण्ड में नाजी दल का ही हाथ था।[11] इस निर्वाचन में नाजी दल को राइकस्टांग में बहुमत प्राप्त हो गया। फलस्वरूप हिटलर के नेतृत्व में पूर्णतः नाजी मंत्रीमंडल का निर्माण हुआ। कुछ दिनों के बाद हिटलर द्वारा नाजी दल के अतिरिक्त अन्य सभी दलों को अवैध घोषित कर दिया गया। 2 अगस्त 1934 ई. को हिंडनवर्ग का देहान्त हो गया। 14 अगस्त 1934 ई. को एक जनमत संग्रह द्वारा राष्ट्रपति और प्रधानमंत्री के पद रिचस–फ्यूरहर (Reichs -Fureher) के नाम से एक कर दिये गये और हिटलर जर्मनी का भाग्य–विधाता, सर्वेसर्वा और समस्त कानूनों का निर्माता बन गया। दूसरे

शब्दों में नाजी दल राष्ट्र का और हिटलर नाजी दल का प्रतीक बन गया। इस तरह नाजी क्रांति पूर्ण हुई।

3. वर्साय की संधि

नाजीवाद के उत्थान का प्रमुख कारण वर्साय की संधि थी क्योंकि जर्मनी अपनी पराजय और अपमान को कभी नहीं भूल पाया था। वर्साय संधि का उद्देश्य जर्मनी को सदा सदा के लिए पंगु बना देना था। फलस्वरूप यह संधि जर्मन महत्त्वाकांक्षाओं पर एक प्रतिबंध के समान थी। जर्मनी में इस संधि के कारण निराशा का साम्राज्य फैल गया जिससे मुक्ति का कोई मार्ग उसे दृष्टिगोचर नहीं होता था। इतिहासकार लैगंसम के शब्दों में 'फ्रांस की निरन्तर शत्रुता, रूस के झगड़े, राइन प्रदेश पर अधिकार, क्षतिपूर्ति तथा निःशस्त्रीकरण जैसे मुददों पर वाद–विवाद से जर्मनी के लोगों के असंतोष का अंत नहीं हो पाया था।' ई. एच. कार (Carr) के शब्दों में "वाइमर गणतंत्र का प्रारंभ बहुत ही निराशाजनक परिस्थितियों में हुआ। उसे चारों ओर अव्यवस्था, असंगठन और अनिश्चितता का सामना करना पड़ा। उसका पहला कार्य वर्साय की संधि का अनुसमर्थन करना था। इस कारण जर्मन जनता के मन में उसका नाम राष्ट्रीय अपमान के साथ जुड़ गया।"[12] आर्थिक रूप से पंगु, राजनीति के रूप से जाति बहिष्कृत, सैनिक रूप से पराजित, राष्ट्रीय रूप से अपमानित और शारीरिक रूप से क्लान्त जर्मनी की जनता का 1920 ई. में एक ही नारा बन गया – 'वर्साय की संधि का अंत हो।'

किन्तु निराशा और असंतोष की यह भावना पुरानी पीढ़ी तक ही सीमित नहीं थी, जर्मन युवा–वर्ग विभिन्न प्रतिबंधों से बंधकर भी अपने राष्ट्र के उत्थान के लिए व्याकुल था। उसकी यह मान्यता थी कि जर्मनी के सभी दुखों का एक मात्र कारण वर्साय की अन्यायपूर्ण संधि है। जब तक जर्मनी को इस अपमानजनक व्यवस्था से मुक्त नहीं किया जाएगा तब तक जर्मन राष्ट्र का उत्थान संभव नहीं है। अतः वे एक ऐसे नेता और दल की खोज में थे जो जर्मनी को इस राष्ट्रीय अपमान से मुक्ति दिला कर उसके गौरव को पुनः प्रतिष्ठित कर सकें। हिटलर के व्यक्तित्व में उन्हें ऐसा नेता मिल गया जो उन्हें इस दिशा में प्रभावपूर्ण और सफल मार्गदर्शन प्रदान कर

सकता था तथा उसके दर्शन के रूप में उन्हें वह दर्शन प्राप्त हो गया था जो जर्मनी का एक महान और शक्तिशाली राष्ट्र के रूप में पुनर्निर्माण कर सकता था।

यद्यपि युद्ध के बाद होने वाली विभिन्न संधियों और समझौतों के द्वारा जर्मन जनता की बहुत सी मांगे पूरी हो गयी थीं। किन्तु उसे जो युद्ध में पराजय और वर्साय की संधि के रूप में जो अपमान का कड़वा घूँट पीना पड़ा था, उसे भूल नहीं सकी थी। उसके हृदय में प्रतिशोध की भावना निरंतर बलवती होती रही। हिटलर ने वर्साय–संधि के बारे में अपनी पुस्तक मीन कैम्फ (मेरा संघर्ष) में लिखा है कि "वर्साय की संधि का सबसे अच्छा उपयोग यही है कि उसकी प्रत्येक बात को जर्मन जाति के मस्तिष्क में इस तरह से भर दिया जाए कि वे उससे घृणा करने लगे और हर हालात में उसे तोड़ने के लिए उग्र हो जाएं।"

4. आर्थिक संकट

हार्डी ने विश्व में 1929–30 ई. में उत्पन्न आर्थिक संकट को नाजी क्रांति के लिए सबसे प्रमुख कारण माना है। आर्थिक संकट के प्रभाव से जर्मनी में 60 लाख व्यक्ति बेरोजगार हो गये। हिटलर ने आर्थिक संकट के लिए पूंजीपतियों को और मुख्य रूप से यहूदियों को दोषी ठहराया, क्योंकि अधिकांश यहूदी लोग बड़े–बड़े कल कारखानों के मालिक थे। जर्मन जनता की यह धारणा थी कि यद्ध में पराजय यहूदी लोगों के कारण ही हुई है, क्योंकि उनमें राष्ट्र के प्रति श्रद्धा और त्याग की भावनाओं के बजाय अपने स्वार्थों की पूर्ति की भावनाएँ ही अधिक उग्र थी। हिटलर ने जनता की इन्हीं यहूदी विरोधी भावनाओं को भड़काया और यह कहा कि जर्मन राष्ट्र के भले के लिए इन्हें जर्मनी से निकाल दिया जाना चाहिए।

5. हिटलर का व्यक्तित्व

नाजी दल की सफलता का एक अन्य प्रमुख कारण उसके नेता हिटलर का व्यक्तित्व था। उसमें जनता की मनोदशा को समझने, ओजस्वी भाषणों द्वारा उसकी भावनाओं को उत्तेजित करने की विलक्षण क्षमता थी। उसकी इस प्रतिभा ने जर्मन जनता को मुग्ध कर दिया। गुन्थर के अनुसार–

"उसने अपनी वाणी के जादू से जर्मन सत्ता पर अपना सर्वाधिकार स्थापित कर लिया। अपनी आम सभाओं में गरज कर जब वह यह कहता कि 'हमें वर्साय संधि का अंत करना है, सारी जर्मन जाति को एक सूत्र में बांधकर विशाल जर्मन साम्राज्य का निर्माण करना है तो जर्मन जनता भावुक होकर पागल हो उठती और यह समझने लगती कि जर्मनी का पुनरूद्धार हिटलर और उसका नाजी दल ही कर सकता है।"[13]

6. साम्यवाद का भय

नाजी दल की सफलता का एक अन्य कारण जर्मनी में साम्यवाद का बढ़ता हुआ भय था। सोवियत रूस में जो साम्यवाद का प्रयोग हो रहा था उसका प्रभाव जर्मनी पर पड़ना स्वाभाविक था। फलस्वरूप जर्मन साम्यवादी दल दिन प्रतिदिन शक्तिशाली होता जा रहा था। चुनावों में उसके अधिक से अधिक उम्मीदवारों को सफलता मिलती जा रही थी। हिटलर साम्यवादी दल को अपनी सफलता के लिए सबसे बड़ी बाधा समझता था अतः उसे अपने रास्ते से हटाना चाहता था। अपने इस उद्देश्य की प्राप्ति के लिए उसने साम्यवाद की अंतर्राष्ट्रीयता को लेकर उसे बदनाम करना आरम्भ कर दिया तथा उसे जर्मन राष्ट्रीयता का सबसे बड़ा शत्रु घोषित किया। इससे हिटलर की लोकप्रियता और जनसमर्थन के साथ–साथ साम्यवाद के भय से आंतकित पूंजीपतियों से भी सहायता मिलने लगी जिससे हिटलर और उसका दल शीघ्र ही लोकप्रियता के शिखर पर पहुँच गये।

7. जर्मन जनता की सैनिक मनोवृत्ति

हिटलर जर्मन जनता की सैनिक मनोवृति से अच्छी तरह परिचित था क्योंकि जर्मन जाति हमेशा वीरों की पूजा करने वाली रही है। कठोर अनुशासनपूर्ण सैनिक जीवन के प्रति उसमें हमेशा आकर्षण रहा। किन्तु वर्साय की संधि द्वारा जर्मन सैन्य शक्ति की सीमा बांध दी गयी और जर्मनी के सैनिकों की संख्या बहुत कम कर दी गयी थी। लाखों जर्मन युवक बेकार हो गये। आर्थिक संकट ने उनके जीविका निर्वाह के संसाधनों को चौपट कर दिया था। अतः वे स्वभाव और परिस्थितियों से बाध्य होकर सैनिक बनने को उत्सुक थे। किन्तु सेना के विस्तार पर प्रतिबंध होने से उनकी यह मनोकामना पूर्ण नहीं हो सकती थी। नाजियों ने इस स्थिति का लाभ

उठाकर व्यक्तिगत आधार पर एक स्वयं–सेवक सेना का संगठन किया। जर्मन युवक बहुत उत्साह से उसमें भर्ती होने लगे। उनका यह विश्वास दृढ़ हो गया था कि नाजी दल के उत्थान से ही उन्हें बेकारी से मुक्ति मिलेगी एवं सैनिक जीवन व्यतीत करने की उनकी मनोकामना पूर्ण होगी। फलतः नाजी स्वयं–सेवकों की संख्या और शक्ति दिन प्रति दिन बढ़ती गयी जिससे हिटलर के उत्थान का मार्ग और सुगम हो गया। हिटलर ने कहा "जर्मन शुद्ध आर्य नस्ल के हैं। वे जहाँ जहाँ भी रहते हैं, वे प्रदेश उनके हैं। वे संसार के सर्वश्रेष्ठ लोग हैं, अतः हर दृष्टि से उन्हें अधिकार है कि वे संसार के सब लोगों पर शासन करें।" हिटलर ने राज्य को मनुष्य का सर्वश्रेष्ठ संगठन बताते हुए एक सर्वाधिकारवाद के सिद्धांत का प्रतिपादन किया।

8. नाजी दल का कार्यक्रम

हिटलर की सफलता का एक अन्य महत्वपूर्ण कारण यह भी था कि नाजी दल का कार्यक्रम जर्मन जनता की आकांक्षाओं और आवश्यकताओं के अनुरूप था। उसके कार्यक्रम में निम्नलिखित बातों को प्रमुख रूप से स्थान दिया गया था –

1. अपमानजनक वर्साय–संधि को रद्द घोषित किया जाए।
2. समस्त जर्मन भाषा भाषियों को एक सूत्र में बांधकर एक विशाल जर्मन राष्ट्र की स्थापना की जाए।
3. जर्मनी से छीने हुए उपनिवेशों को उसे वापिस लौटाया जाऐ तथा सैन्य विस्तार पर लगा हुआ प्रतिबंध हटाया जाऐ।
4. यहूदी लोग विदेशी है, उनसे जर्मनी को अपार हानि हुई है अतः उन्हें देश से बाहर निकाल दिया जाए।
5. साम्यवाद, जनतंत्र और संसदात्मक शासन व्यवस्था जर्मनी की राष्ट्रीय उन्नति के लिए बाधा है, अतः उनका अंत कर दिया जाऐ।
6. जर्मन जनता के भरण पोषण के लिए और बढ़ती हुई जनसंख्या को बसाने के लिए और अधिक क्षेत्र प्राप्त किये जाऐं। जर्मनी का

यह विस्तार पूर्व की ओर अर्थात् पूर्वी यूरोपीय देशों ओर सोवियत रूस की ओर ही हो सकता है। अतः उन पर जर्मन नियंत्रण स्थापित किया जाए।

हिटलर ने खूब खुलकर इसका प्रचार किया और सत्ता प्राप्त होने की स्थिति में उसे पूरा करने का जर्मन जनता से वादा किया। फलस्वरूप जर्मन जनता ने इसका हार्दिक समर्थन किया और उसे सर्वोच्च सत्ता का अधिपति बना दिया।

1933 ई. में सत्ता प्राप्त करने के बाद हिटलर ने अपनी पुस्तक मीन कैम्फ (मेरा संघर्ष) में प्रतिपादित अपनी विदेश नीति के तीन मुख्य उद्देश्यों को पूर्ण करने का कार्यक्रम प्रारंभ किया। ये उद्देश्य निम्नलिखित थे –

प्रथम, वर्साय एवं सार्जेमें की संधियों को रद्द करना।

द्वितीय, तृतीय जर्मन साम्राज्य (Third Reich) राष्ट्र के अंतर्गत समस्त जर्मन जातियों को एक सूत्र में संगठित करना।

तृतीय, जर्मन जनता की बढ़ती हुई जनसंख्या को बसाने के लिए अधिक प्रदेशों को प्राप्त करना अर्थात जर्मन साम्राज्य का विस्तार करना।

उपर्युक्त उद्देश्यों की पूर्ति के लिए हिटलर की विदेश नीति मुख्य रूप से तीन दिशाओं में प्रवाहित होने लगी–

1. वर्साय संधि की अवहेलना करते हुए एक शक्तिशाली युद्ध मशीनरी का निर्माण करना।
2. युद्ध कार्य में सहयोग देने वाले मित्रों की खोज करना।
3. क्षेत्रीय विस्तार करना।

अतंर्राष्ट्रीय राजनीति पर नाजी क्रांति का प्रभाव

हिटलर न तो शांति का समर्थक था और न ही अंतर्राष्ट्रीय सहयोग का। वह शक्ति का उपासक था और युद्ध को राष्ट्रीय शक्ति का अनिवार्य परिणाम मानता था। उसके मन की प्रत्येक कार्यवाही गुप्त होती थी और उसकी सबसे बड़ी अपील राष्ट्रीय गौरव की अपील होती थी। हिटलर

अपनी दूरदर्शी नीति के फलस्वरूप जर्मनी को एक बार फिर विनाश के गर्त में ले गया जबकि जर्मन एकता के चतुर निर्माता बिस्मार्क के समान स्ट्रेसमान की नीति इस सत्य की दूरदर्शितापूर्ण अनुभूति पर आधारित थी कि जर्मनी को, चाहे वह कितना ही शक्तिशाली क्यों न हो जाए, ऐसी नीति का आलिंगन नहीं करना चाहिए जिससे ब्रिटेन, रूस अथवा अमेरिका से युद्ध करना पड़ जाए। मीन कैम्फ में हिटलर ने लिखा है कि ''जर्मनी के सीमांत आकस्मिकता के परिणाम है और वे केवल अस्थायी सीमांत हैं जिनकी स्थापना विभिन्न समयों पर लड़े गये राजनीतिक संघर्षों के फलस्वरूप हुई है। राज्यों की सीमाएँ मनुष्यों के द्वारा स्थापित की जाती है और मुनष्यों के द्वारा उन्हें बदला भी जा सकता है।''

जर्मनी की नाजी क्रांति का प्रभाव न केवल यूरोप बल्कि सारे संसार पर पड़ा। शूमैन (Schuman) के शब्दों में, 'जिस प्रकार सन् 1918 ई. से पूर्व की 5 शताब्दियों में यूरोप एवं विश्व की राजनीति केसर द्वितीय के जर्मन साम्राज्य (Second Reich) के चारों ओर घूमती थी उसी प्रकार सन् 1933 ई. में हिटलर के उत्कर्ष के बाद वह तृतीय जर्मन साम्राज्य (Third Reich) के चारों और परिभ्रमण करने लगी।[14] इसी तरह हार्डी (Hardy) के मतानुसार, ''एडोल्फ हिटलर के नेतृत्व में जर्मन शक्ति के पुनर्जीवन का अकेला तथ्य न केवल इस समय के यूरोपीय इतिहास पर अपितु कुछ अंशों में संपूर्ण विश्व के इतिहास पर हावी रहा।''[15]

नाजी क्रांति ने सचमुच अखिल विश्व पर अपना प्रभाव डाला। ई.एच. कार के अनुसार ''यह प्रभाव दो प्रकार का था –एक, कुछ देशों में हिटलरी तानाशाही की क्रूरताओं के प्रति नैतिक रोष की भावना प्रधान थी, तो दूसरे, अन्य देशों में इस बात की गहरी चिंता थी कि इसके द्वारा सन् 1919 ई. के शांति समझौते को खुली चुनौती दी गयी थी। दूसरे प्रकार की प्रतिक्रिया पहले प्रकार की प्रतिक्रिया से अधिक प्रभावशाली प्रतीत होती थी। ग्रेट ब्रिटेन व अमेरिका में जहाँ रोष की ही भावना प्रधान थी, जर्मनी के प्रति नीति में कोई स्पष्ट परिवर्तन नहीं हुआ। इटली और सोवियत संघ में, जहाँ सरकारें स्वयं की हिंसा द्वारा सत्तारूढ़ हुई थीं, नैतिक भर्त्सना के लिए गुजांइश कम थी। यह हिटलर के सत्तारूढ़ होने के अंतर्राष्ट्रीय परिणामों की आशंका से इन देशों ने एकाएक अपनी नीति बदल ली।''[16]

सचमुच हिटलर का उत्कर्ष एक अंतर्राष्ट्रीय महत्व की घटना थी जिसकी विभिन्न देशों में गंभीर प्रतिक्रियाएं हुई और उसकी विदेश नीति के विश्व राजनीति पर निम्नांकित प्रभाव दिखाई दिये :–

1. हिटलर के उत्थान का पहला प्रभाव लघुमैत्री संघ में आबद्ध जर्मनी के पड़ौसी देशों चैकोस्लावाकिया, यूगोस्लाविया और रूमानिया पर हुआ। जर्मन आक्रमण से बचने के लिए इन तीनों देशों ने आपस में एक 'एकता समझौता' कर लिया जिसके अनुसार इन तीनों देशों के प्रतिनिधियों ने समय समय पर आपस में मिलकर सामान्य हितों पर विचार विमर्श करने की व्यवस्था को स्वीकार किया।

2. नाजीवाद के उदय के बाद हंगरी और जर्मनी एक दूसरे के निकट आने लगे क्योंकि दोनों ही देश वर्साय संधि द्वारा उत्पीड़ित थे और दोनों ही लघु–मैत्री–संघ के देशों से घृणा करते थे। इस समय हंगरी में नाजीवाद से सहानुभूति रखने वाला जूलियस गोम्बस प्रधानमंत्री था । मैत्री का वातावरण पैदा होने पर दोनों ही देशों के नेता एक दूसरे के देश में भ्रमण करने लगे और यह संभावना पैदा होने लगी कि यदि द्वितीय महायुद्ध छिड़ गया तो हंगरी संभवतः जर्मनी का साथ देगा।।

3. नाजी क्रांति की तीसरी प्रतिक्रिया चतुर्शक्ति संधि (Four Power Point) थी। 15 जुलाई 1933 ई. को रोम में सम्पन्न हुई इस संधि के द्वारा फ्रांस, ब्रिटेन, जर्मनी और इटली ने शांति की रक्षा और निःशस्त्रीकरण की प्रगति के उद्देश्य से परस्पर विचार–विमर्श करने का वचन दिया। यह संधि इटली की प्रेरणा से हुई क्योंकि वह चाहता था कि जर्मनी शक्तिशाली राष्ट्र बने। ऐसा होने पर ही वह वर्साय संधि के सुधार की बात कर सकता था।

4. नाजी क्रांति की सफलता के कारण पोलैंड को यह भय होने लगा कि शक्तिशाली हिटलर पोलिश गलियारे का अंत करने का प्रयास करेगा। साथ ही नाजी कार्यक्रम को देख कर यह भी निश्चित लगता था कि रूस–जर्मन संघर्ष अवश्यम्भावी है जिसमें पोलैंड की धरती रणभूमि के रूप में प्रयुक्त हो सकती

थी। पोलैंड के लिए जर्मनी का खतरा अब राष्ट्रीय जीवन–मरण का प्रश्न बन गया अतः वह जर्मनी के साथ समझौता कर लेने में ही अपना कल्याण समझने लगा। उधर मित्रहीन नाजी जर्मनी भी मित्रों की तलाश में था। परिणामतः 1934 ई. में दोनों देशों में समझौता हो गया। जर्मन और पोलिश समाचार पत्रों में एक दूसरे के विरूद्ध विष उगलना बंद कर दिया।

5. नाजी क्रांति के फलस्वरूप सर्वाधिक क्रांतिकारी परिवर्तन सोवियत संघ की विदेश नीति में हुए। जर्मनी में साम्यवाद विरोधी सरकार की स्थापना से और पूर्वी एशिया में जापानी साम्राज्य के नग्न नृत्य से मित्रहीन सोवियत संघ अपनी सुरक्षा के लिए चिन्तित हो गया। स्वयं को खतरों से घिरा हुआ देखकर अपनी परराष्ट्र नीति में आमूल परिवर्तन करते हुए सोवियत रूस ने राष्ट्रसंघ की सदस्यता यह सोचकर स्वीकर कर ली कि संभवतः राष्ट्रसंघ विश्व शांति और सुरक्षा को मजबूत बनाने के संबध में अब ईमानदारी से काम करेगा।[17] इसके अतिरिक्त एक तरफ से जर्मनी के सामान्य खतरे को रोकने के लिए फ्रांस और रूस के मध्य मित्रता बढ़ने लगी तो दूसरी तरफ से जापान के विरूद्ध अपनी सुरक्षा मजबूत करने के उद्‌देश्य से रूस संयुक्त राज्य अमेरिका के साथ मैत्री संबंध स्थापित करने की चेष्टा करने लगा। उसने अमेरिका को समुचित आश्वासन देकर उसकी मान्यता भी प्राप्त कर ली। अमेरिका और फ्रांस से मैत्री संबंध स्थापित करने के बाद रूस ने चैकोस्लोवाकिया के साथ भी एक पारस्परिक सुरक्षा संधि कर ली।

6. नाजी क्रांति के प्रति इटली और आस्ट्रिया में गंभीर प्रतिक्रिया हुई। नाजी और फासिस्ट विचारधाराओं में काफी एकरूपता होने के कारण इटली की नाजी क्रांति के प्रति प्रारम्भिक प्रतिक्रिया बड़ी अनुकूल थी, लेकिन आस्ट्रिया के प्रश्न पर दोनों देशों में मतभेद हो गया। इटली जर्मनी और आस्ट्रिया के एकीकरण का विरोधी था। उधर आस्ट्रिया की मनोदशा ने भी पलटा खाया जो आस्ट्रिया नाजी क्रांति से पहले जर्मनी से मिलने की मांग कर

रहा था वह नाजियों की अधिनायकवाद गतिविधियों से आतंकित हो उठा और उसने जर्मनी के साथ एकीकरण का आन्दोलन बंद कर दिया। इसके साथ ही 1934 ई. में आस्ट्रिया और इटली तथा हंगरी के मध्य विभिन्न राजनीति–आर्थिक समझौते हुए। अंत में एबीसीनिया संकट के कारण जर्मन इटेलियन समझौता हो जाने के फलस्वरूप 'रोम–बर्लिन धुरी' का विकास हुआ।

7. जर्मनी में नाजियों के उत्कर्ष से फ्रांस में असुरक्षा की भावना बढ़ गयी, फलस्वरूप उसने रूस, इटली और चैकोस्लोवाकिया के साथ मैत्री संबंध स्थापित किये। किन्तु राष्ट्रीय स्वार्थों में गंभीर विरोध के कारण फ्रांस और इटली की मित्रता अल्पजीवी सिद्ध हुई। लेवाल–मुसोलिनी समझौते के द्वारा जनवरी 1935 ई. में फ्रांस इटली मैत्री संधि की चर्चा करते हुए ई. एच. कार ने लिखा है, "हिटलर के सत्तारूढ़ होने से जो कूटनीतिक उथल–पुथल हुई उसमें अन्तिम महत्त्वपूर्ण उथल पुथल फ्रांस और इटली में पुनः मैत्री थी।"[18]

8. नाजी क्रांति का एक और गंभीर परिणाम यह निकला कि हिटलर के साम्यवाद विरोधी रूप के कारण ब्रिटेन एवं अमेरिका के सरकारी क्षेत्रों में जर्मनी में प्रजातंत्र की हत्या को विशेष चिन्ता की दृष्टि से नहीं देखा गया। उन्होंने हिटलर के उत्कर्ष को अपने सोवियत विरोधी लक्ष्यों की प्राप्ति के लिए वांछनीय समझा। इसलिए वे ऐसे किसी भी कदम को उठाने में हिचकिचाते रहे जिससे हिटलर के रूष्ट होने का भय हो। उसके विपरीत उन्होंने हिलटर के प्रति तुष्टिकरण की नीति का अनुसरण किया और इस प्रकार 1938 ई. के कुख्यात म्यूनिख समझौते की पृष्ठभूमि तैयार की।

9. हिटलर के उत्कर्ष ने सामूहिक सुरक्षा के सिद्धांत पर जबरदस्त प्रहार किया। नाजी क्रांति के बाद लगभग सभी यूरोपीय राष्ट्रों ने अपनी सुरक्षा व्यवस्थाओं को मजबूत किया, अपितु पूर्वी एवं दक्षिण पूर्वी यूरोप के छोटे–छोटे राष्ट्र भी अपनी सुरक्षा के लिए चिन्तित हो उठे। इसीलिए 'बाल्कान मैत्री संघ' का जन्म हुआ।

वास्तव में जिन देशों को जर्मनी के आक्रमण का भय था उन सभी ने जर्मनी के समीपवर्ती देशों में समझौता करने की चेष्टा की। इस प्रकार हिटलर के आगमन से यूरोप के रंगमंच पर तहलका मच गया। स्वयं जर्मनी भी अपनी रक्षा व्यवस्था सुदृढ़ करने के प्रयत्नों में लग गया, फलतः रोम–बर्लिन–टोकियो धुरी का निर्माण हुआ।

10. नाजी क्रांति ने सुरक्षा और शस्त्रीकरण की दौड़ को तीव्रतम गति देकर चारों तरफ संदेह और भय का वातावरण व्याप्त कर दिया। सभी यूरोपीय राष्ट्र अपनी सुरक्षा व्यवस्था दृढ़ बनाये रखने में संलग्न हो गये। बड़ी शक्तियों ने ही नहीं बल्कि छोटे राष्ट्रों ने भी सुरक्षा की दृष्टि से आपसी समझौते करने प्रारंभ कर दिये जिसके कारण गुटबंदी के दौर आरम्भ हुआ। शीघ्र ही द्वितीय महायुद्ध के काले बादल अंतर्राष्ट्रीय राजनीतिक क्षितिज पर मंडराने लगे। हिटलर का उत्कर्ष प्रत्यक्ष रूप से सितम्बर 1939 ई. में प्रारंभ होने वाले द्वितीय विश्व युद्ध के नरसंहार और विध्वंस के साथ संबद्ध हो गया।

संदर्भ ग्रंथ सूची:

1. शर्मा, डॉ. मथुरालाल, 'आधुनिक विश्व–1917–45', कालेज बुक डिपो, जयपुर, पृ.सं.– 283.
2. वही, पृ.सं.–38.
3. वही, पृ.सं.–258.
4. वही, पृ.सं.–287.
5. चौरसिया, राधेश्याम अंतर्राष्ट्रीय संबध–1914–1950, एटलान्टिक पब्लिशर्स एंड डिस्ट्रीब्यूटर्स, 2001 पृ.सं.–219–220.
6. वही, पृ.सं.–231.
7. वही, पृ.सं.–237.
8. शर्मा, डॉ. मथुरालाल, 'आधुनिक विश्व–1917–45', कालेज बुक डिपो, जयपुर, पृ.सं.–334.
9. वही, पृ.सं.–326.
10. वही, पृ.सं.–341.

11. Gunther, John, 'Inside Europe', pg-42.
12. कार, ई. एच., 'दो विश्वयुद्धों के बीच अंतर्राष्ट्रीय संबंध', पृ.सं. 30.
13. वर्मा, डॉ. शंतिप्रसाद 'अंतर्राष्ट्रीय संबंध आधुनिक विश्व', पृ.सं.–39.
14. Schuman, 'International Politics' pg-553
15. Hardy, Gathorne, 'A Short History of International Affairs', pg-357
16. कार, ई. एच., 'दो विश्वयुद्धों के बीच अंतर्राष्ट्रीय संबंध', पृ.सं.–137.
17. Hardy, Gathorne, G.M., 'A Short History of Internatinal Affairs', pg-373
18. कार, ई. एच., 'दो विश्वयुद्धों के बीच अंतर्राष्ट्रीय संबंध', पृ.सं. 143

Further Readings:

Hobsbawan, E., 'Age of extreme: The Short Twenteeth Century-1914-1991', Abacus, 1995

Carr, E.H., International Relations between the Two World Wars-1919-1939, New York, Palgrave, 2004

खन्ना, वी. एन. 'इन्टरनेशनल रिलेशनस्', विकास पब्लिसिंग हाउस, 2013.

चौरसिया, राधेश्याम 'अंतर्राष्ट्रीय संबध आधुनिक विश्व–1914–1950', एटलान्टिक पब्लिशर्स एंड डिस्ट्रीब्यूटर्स, नई दिल्ली, 2001.

शर्मा, डॉ. मथुरालाल, 'अंतर्राष्ट्रीय संबंध 1917–45', कालेज बुकडिपो, जयपुर.

विस्वाल, तपन 'अंतर्राष्टीय संबंध', दि मैकमिलन कम्पनी ऑफ इंडिया लि0, 2010.

डर्फलर, लेस्ली, 'यूरोपीय वामपंथ के सौ वर्ष', दि मैकमिलन कम्पनी ऑफ इंडिया लिमिटेड, 1977.

ओझा, एन. एन. (संपादित) 'राजनीति विज्ञान एवं अंतर्राष्ट्रीय संबंध', दिल्ली, 2006.

9

द्वितीय विश्व युद्ध : कारण और परिणाम

प्रीति चाहल*

1914 के प्रथम विश्व युद्ध के बाद अंतर्राष्ट्रीय संस्था राष्ट्रसंघ ने यह आश्वासन दिया था कि भविष्य में युद्ध, अन्याय, शक्ति प्रयोग नहीं होगा तथा प्रथम विश्व युद्ध की भूलों को दोहराया नहीं जाएगा परंतु अंतर्राष्ट्रीय संस्था को निराशा का मुख देखना पड़ा क्योंकि पौलेण्ड पर 1 सितम्बर, 1939 को जर्मन आक्रमण के साथ द्वितीय विश्वयुद्ध का प्रारंभ हुआ। इससे पूर्व दो भूतपूर्व शत्रुओं जर्मनी तथा सोवियत संघ ने गैर आक्रमण समझौते पर हस्ताक्षर कर अपने बीच पोलैण्ड के विभाजन के मार्ग को प्रशस्त किया। एक ओर सोवियत संघ दूसरी ओर ब्रिटेन एवं फ्रांस के बीच समझौता करने के सभी प्रयास व्यर्थ साबित हुए। किंतु ठीक उसी समय सोवियत संघ एवं जर्मनी के बीच और जर्मनी एवं ब्रिटेन के बीच गुप्त बातचीत जारी रही। ब्रिटेन एवं फ्रांस ने सोवियत संघ को स्वतः अपना मित्र मान लिया था और उसके साथ एक सैनिक गठबंधन करने की कोशिश नहीं की। इसी प्रक्रिया ने सोवियत जर्मन गैर आक्रामक समझौते के मार्ग को प्रशस्त किया और जर्मनी ने पोलैण्ड पर आक्रमण कर दिया।

द्वितीय विश्वयुद्ध के प्रारंभ होने के कुछ माह पूर्व ब्रिटेन तथा फ्रांस दोनों ने पोलैण्ड को आश्वस्त करते हुए यह गारन्टी दी थी कि यदि पोलैण्ड पर आक्रमण होता है, तब ब्रिटेन एवं फ्रांस उसकी सभी संभावित सहायता

---

* असिस्टेंट प्रोफेसर, राजनीति विज्ञान विभाग, श्यामा प्रसाद मुखर्जी कॉलेज, दिल्ली विश्वविद्यालय

करेंगे। जब युद्ध टालने तथा पोलैण्ड की रक्षा करने के सभी प्रयास असफल हो गये और जर्मनी ने पोलैण्ड पर आक्रमण कर दिया, तो ब्रिटेन एवं फ्रांस ने 3 सितम्बर, 1939 को जर्मनी के विरुद्ध युद्ध की घोषणा कर दी। इसके बाद शीघ्र ही अन्य देशों ने जर्मनी के विरुद्ध युद्ध की घोषणा कर दी। जापान ने चीन के विरुद्ध युद्ध छेड़ दिया, किन्तु उसने कुछ समय तक न तो सोवियत संघ और न ही संयुक्त राज्य अमरीका के विरुद्ध युद्ध घोषित किया। कुछ समय तक इटली भी युद्ध में तटस्थ बना रहा, और अंततः वह जून, 1940 में जर्मन की ओर से युद्ध में सम्मिलित हो गया। जर्मनी ने यूरोप में बहुत से देशों के विरुद्ध युद्ध प्रारंभ कर दिया। इस घटना ने सोवियत संघ को मित्र राष्ट्रों के खेमे में ला खड़ा किया। 7 दिसम्बर, 1941 को पर्ल हार्बर पर जापान द्वारा बम वर्षा करने के साथ अंततः संयुक्त राज्य अमरीका भी युद्ध में शामिल हो गया। यह युद्ध एक ओर मित्र राष्ट्रों, (ब्रिटेन, फ्रांस, सोवियत संघ, अमरीका तथा उनके अन्य मित्र देशों) और दूसरी ओर धुरी शक्तियों (जर्मनी, इटली एवं जापान) के बीच लड़ा गया।

द्वितीय महायुद्ध के कारण

(1) धुरी राष्ट्रो का युद्ध आरम्भ कराने हेतु उत्तरदायित्व

द्वितीय महायुद्ध का सर्वोपरि प्रमुख कारण जर्मनी का घोर उग्रवादी राष्ट्रवाद था। वर्साय की सन्धि की अपमान जनक शर्तों ने जर्मनी के राजनीतिक सम्मान और राष्ट्रीय मानस को गम्भीर आघात पहुँचाया था। इन शर्तों का उद्देश्य जर्मनी को सदैव के लिए दुर्बल बना देना था। प्रथम महायुद्ध की अपमानजनक पराजय और उसपर थोपी गई अपमानजनक वर्साय सन्धि ने जर्मन जनता के हृदय में प्रतिशोध तथा उग्र राष्ट्रवाद का संचार कर दिया गया था। वर्साय की सन्धि के द्वारा जर्मनी का अंग भंग कर दिया था जर्मनी व अन्य पराजित राष्ट्रों से क्षतिपूर्ति की विशाल राशि की माँग अनाचार और शोषण की पराकाष्ठा थी। सन् 1937 तक अन्तर्राष्ट्रीय क्षेत्र में दो शक्तिशाली पक्ष बन गए। एक तरफ जर्मनी, इटली व जापान जैसे असन्तुष्ट धुरी राष्ट्र थे तो दूसरी तरफ मित्र राष्ट्रों के सुदृढ़ संगठन का उदय हुआ। फलतः ज्यों ही ब्रिटेन और फ्रांस ने पौलेण्ड को समर्थन दिया त्यों ही द्वितीय महायुद्ध भड़क उठा।

(2) वर्साय की संधि

प्रथम विश्वयुद्ध के बाद 1919 में होने वाले पेरिस शांति सम्मेलन में न्याय, शांति तथा निरस्त्रीकरण पर आधारित एक आदर्श विश्व व्यवस्था को स्थापित करने का प्रयास किया गया। लेकिन वर्साय संधि के रूप में अंततः जो उभर कर आया वह जर्मनी पर थोपी गयी शांति संधि थी। विजयी राष्ट्रों में उद्देश्य की गंभीरता का अभाव था, जर्मनी के हाथों 1871 की अपनी पराजय एवं अपमान का बदला लेकर फ्रांस अपनी पुरानी शत्रुता को चुकाने का इच्छुक था।

एक सार्वभौमिक देश के प्रतिनिधियों द्वारा सामान्य मानदण्डों की आशा को जर्मनी तक विस्तारित नहीं किया गया था। शांति सम्मेलन का प्रारंभ जनवरी, 1919 में हुआ। पराजित जर्मनी के साथ किसी भी प्रकार की बातचीत किये बगैर मित्र राष्ट्रों द्वारा शांति संधि के प्रारूप को तैयार किया गया। 7 मई 1919 को संधि के प्रारूप को जर्मनी के पास उसके सुझावों के लिए भेजा गया जिसमें तीन सप्ताह का समय दिया गया था। संधि की शर्तों की घोषणा के प्रति जर्मनी में जबरदस्त प्रतिक्रिया हुई। जर्मनी ने इससे इंकार कर दिया कि केवल वह अकेला ही युद्ध के लिए उत्तरदायी था। जर्मनी ने बहुत से प्रश्नों को उठाया और उनमें संशोधन का सुझाव दिया, लेकिन मात्र उसके एक संशोधन के अलावा उसके द्वारा उठाये गये सभी प्रश्नों को दबा दिया गया और 28 जून 1919 को अंततः जर्मनी से वर्साय संधि पर हस्ताक्षर करा लिये गये। जर्मनी के लोगों ने इसे अन्यायपूर्ण कहा और इस अनादर एवं अपमान को सहन किया।

जर्मनी को न केवल समुद्रपार उपनिवेशों से बेदखल कर दिया गया अपितु यूरोप में भी उसके आकार में पर्याप्त कटौती की गई। उसकी कीमत पर पोलैण्ड, फ्रांस तथा बेल्जियम ने भूभागों को प्राप्त किया। उसकी सेना तथा नौसेना में भी भारी कटौती की गयी। उसको किसी भी प्रकार की हवाई सेना न रखने को कहा गया। जर्मनी को युद्ध अपराधों को करने का दोषी घोषित किया गया और उससे विजयी राष्ट्रों को विशाल युद्ध हर्जाना अदा करने को कहा गया। वर्साय संधि ने जर्मनी को विकलांग और अपमानित किया। बीस वर्षों के बाद जर्मनी को बदला लेने का अवसर प्राप्त

हुआ। हिटलर का एक ताकत के रूप में उद्‌भव हुआ और उसने अपनी अभिमानी जनता को उनके अपमान का बदला लेने के लिये नेतृत्व प्रदान किया और इस प्रकार द्वितीय विश्व युद्ध का मार्ग प्रशस्त हुआ।

(3) सामूहिक सुरक्षा व्यवस्था की असफलता

सामूहिक सुरक्षा व्यवस्था एक महत्वपूर्ण आदर्श था और प्रथम विश्वयुद्ध के अंत में नेताओं ने इसकी शपथ ली थी। आक्रमण से पीड़ित देश को सामूहिक साधनों द्वारा सुरक्षा उपलब्ध कराना लीग ऑफ नेशन्स का उद्‌देश्य था। यदि किसी देश पर आक्रमण होता है तब लीग ऑफ नेशन्स के सदस्य गण अपनी सामूहिक कार्यवाही के द्वारा हमलावर देश को युद्ध से हटाने के लिये दबाव डालेंगे। यह सामूहिक कार्यवाही हमलावर देश के विरुद्ध आर्थिक प्रतिबंध लगाकर या फिर आक्रमण के शिकार देश की सैनिक सहायता या दोनों कार्यवाहियों को करके की जा सकती थी।

अंतर्युद्ध के वर्षों के दौरान यदि किसी शक्तिशाली देश ने किसी छोटे देश के विरुद्ध युद्ध कर उसके भागों पर अधिकार कर लिया, तब ऐसी स्थिति में लीग ऑफ नेशन्स एक प्रभाव हीन संगठन बना रहा। 1931 में ज़ापान ने चीन पर आक्रमण कर दिया और 1932 तक उसने चीन के मंचूरिया प्रांत पर विजय प्राप्त कर ली। जापान बड़ी चालाकी से लीग को यह कहता रहा कि मंचूरिया में उसकी कार्यवाही आत्म–रक्षा के लिए है अर्थात् (मंचूरिया में वह जापानी जीवन एवं सम्पत्ति की रक्षा कर रहा है और यह मात्र पुलिस कार्यवाही है न कि आक्रमण)। लीग के स्थायी सदस्य जापान ने मंचूरिया में कठपुतली मंचुकुओं के शासन की स्थापना की। जब लीग ने सदस्य राष्ट्रों से मंचुकुओ सरकार को मान्यता न देने को कहा तब जापान ने लीग की सदस्यता का परित्याग कर दिया किन्तु विजित क्षेत्र पर अपना नियंत्रण बरकरार रखा। 1933 में इटली ने अबीसीनिया के विरुद्ध युद्ध प्रारंभ कर उसे पराजित कर दिया और मई, 1936 में उसे औपचारिक तौर पर इटली साम्राज्य में मिला लिया गया। लीग ने सामूहिक सुरक्षा व्यवस्था को लागू करने की कोशिश की, इटली को एक हमलावर घोषित किया और उसके विरुद्ध आर्थिक प्रतिबंध लगा दिये गये। लेकिन यह सब किसी उपयोग का न था क्योंकि इटली के विरुद्ध कोई सैनिक कार्यवाही

नहीं की गई और इटली अब एक बड़ी शक्ति तथा लीग काउंसिल का एक स्थायी सदस्य था। ठीक इसी प्रकार से कमजोर लीग ऑफ नेशन्स के द्वारा उस समय जर्मनी के विरुद्ध कोई कार्यवाही नहीं की गयी जब उसने 1933 में वर्साय संधि की धाराओं का उल्लंघन किया था उसने लोकार्णो समझौते का उन्मुक्त तरीके से उल्लंघन किया था और चेकोस्लोवाकिया के अस्तित्व को ही समाप्त कर दिया था (1938–39)। इस प्रकार सामूहिक सुरक्षा व्यवस्था की असफलता द्वितीय विश्वयुद्ध का एक महत्वपूर्ण कारण बन गयी।

(4) निरस्त्रीकरण की असफलता

पेरिस शांति सम्मेलन में यह सहमति हुई थी कि विश्व शांति को तभी सुनिश्चित किया जा सकेगा जब सभी राष्ट्र अपनी घरेलू सुरक्षा या रक्षा की आवश्यकताओं के अनुरूप अपने हथियारों में कटौती करें। इसका अभिप्राय था कि आक्रमक प्रवृत्ति के सभी हथियारों को नष्ट किया जाए। हथियारों की कटौती की योजना को तैयार करने का कार्य लीग ऑफ नेशन्स को सौंपा गया। लीग ने 1920 में आयोग की अस्थायी नियुक्ति की जो कोई पर्याप्त कार्य न कर सका क्योंकि फ्रांस ने निरस्त्रीकरण से पूर्व सुरक्षा पर जोर दिया था। 1925 मे प्रारंभिक आयोग का गठन किया गया। राष्ट्रों के भिन्न–भिन्न विचारों के कारण आक्रामक हथियारों की पहचान न की जा सकी। अंततः बिना किसी विशेष प्रारंभिक कार्य के फरवरी, 1932 में जिनेवा में निरस्त्रीकरण सम्मेलन आयोजित किया गया। एक बार फिर आपसी अविश्वास तथा संदेह के कारण लम्बी वार्ताओं के बाद यह सम्मेलन भी असफल रहा है। जर्मनी को वर्साय की संधि द्वारा हथियार विहीन कर दिया गया था। विजयी राष्ट्रों को बाद में हथियार विहीन किया जाना था। यद्यपि वे स्वयं को कभी हथियार विहीन नही करना चाहते थे। इसलिए जर्मनी ने 1933 में घोषणा की कि वह निरस्त्रीकरण सम्मेलन तथा लीग ऑफ नेशन्स दोनों को छोड़ रहा है। बाद में 1935 में उसने घोषणा की कि अब वह वर्साय संधि की सैनिक या निरस्त्रीकरण संबंधी धाराओं को मानने के लिए बाध्य न होगा। दूसरे देशों के पास पहले से ही विशाल मात्रा में शस्त्र एवं बड़ी सशस्त्र सेनाएँ विद्यमान थी। जर्मनी के निर्णय ने एक व्यापक हथियारों की होड़ को

प्रारंभ कर दिया जिसके कारण सशस्त्र संघर्ष हुए। निरस्त्रीकरण की असफलता द्वितीय विश्वयुद्ध का एक महत्वपूर्ण कारण थी।

(5) विश्व आर्थिक संकट

अमरीकी वित्तीय घरानों द्वारा यूरोपीय देशों को अचानक कर्जों को रोक देने के साथ ही 1929 में विश्व में आर्थिक संकट प्रारंभ हो गया। उनमें से कई देश विशेषकर जर्मनी अधिकतर उधार लिये गये अमरीकी धन की सहायता से तेजी के साथ औद्योगिक प्रगति कर रहा था। इस संकट का भयंकर प्रभाव 1930–32 के दौरान हुआ। इस संकट ने अधिकतर देशों की अर्थव्यवस्था को प्रत्यक्ष या अप्रत्यक्ष रूप से प्रभावित किया। जर्मनी सबसे बुरी तरह प्रभावित होने वाले देशों में से था और वहाँ पर 7,00,000 लोग बेरोज़गार हो गये। उसको यह घोषणा करने के लिए बाध्य होना पड़ा कि वह अब ओर युद्ध हर्जाने की अदायगी नहीं करेगा। जर्मनी के आर्थिक संकट से एडोल्फ हिटलर की नाजी तानाशाही का उद्गम हुआ। 1933 में वह जर्मनी का चांसलर बन गया, लेकिन उसने शीघ्र ही लोकतंत्र को नष्ट कर दिया और अपनी तानाशाही की स्थापना कर दी। इसी बीच ब्रिटेन को भी स्वर्णमान का परित्याग करना पड़ा अर्थात् कुछ कठोर कदमों को उठाना पड़ा। जर्मनी, जापान तथा इटली ने इस आर्थिक संकट का लाभ उठाया और आक्रमक नीतियों को शुरू कर दिया। इस प्रकार विश्व आर्थिक संकट द्वितीय विश्वयुद्ध के प्रारम्भ का एक और महत्वपूर्ण कारण बन गया।

(6) रोम–बर्लिन–टोकियो धुरी

प्रथम विश्वयुद्ध की पूर्व संध्या के अवसर पर भी यूरोप दो शत्रुतापूर्ण खेमों में विभाजित था। 1936–37 के दौरान कोमिन्टर्न विरोधी समझौते के माध्यम से जर्मनी, जापान एवं इटली के द्वारा एक गठबंधन का निर्माण करने के साथ एक बार फिर उस प्रक्रिया को दोहराया गया। फासीवादी ताकतों के इस साम्यवाद विरोधी गठजोड़ को सामान्यतः रोम–बर्लिन–टोकियो धुरी कहा जाता है और इस गठबंधन का लक्ष्य साम्राज्यवादी प्रसार था। उन्होंने युद्ध का गुणगान किया और खुले तौर पर झगड़ों के शांतिपूर्ण निबटारे का तिरस्कार किया। उन्होंने पश्चिमी देशों को धमकाया और चीन, आस्ट्रिया, चैकोस्लोवाकिया, अल्बानिया एवं पोलैण्ड जैसे छोटे देशों को उत्पीड़ित

किया। उनके द्वारा किये गये युद्ध और आक्रमणों की ओर ध्यान तो दिया गया लेकिन उनको दंडित नहीं किया गया। धुरी शक्तियों के व्यवहार से चिन्तित होकर इंग्लैण्ड तथा फ्रांस एक दूसरे के और समीप आये तथा ऐंग्लो–फ्रैंच–सोवियत मोर्चे को बनवाने का असफल प्रयास किया। यद्यपि फ्रांस तथा सोवियत–संघ का गठबंधन था, लेकिन फ्रांस और इंग्लैण्ड को हिटलर के प्रति तुष्टीकरण की नीति के कारण उन्होंने सोवियत संघ की अवहेलना की और जब स्टालिन ने गैर–फासीवादी ताकतों के बीच सैनिक समझौता किया तब उन्होंने इसको गम्भीरता से नहीं लिया। सोवियत संघ को संदेह होने लगा और उसने जर्मनी के साथ आक्रमण विहीन समझौता कर दुनिया को आश्चर्यचकित कर दिया। इसने प्रत्यक्ष रूप से पोलैण्ड पर जर्मन आक्रमण का मार्ग प्रशस्त कर दिया और यह द्वितीय विश्वयुद्ध का कारण बन गया। जिस समय सोवियत संघ ने पोलैण्ड पर आक्रमण किया, इंग्लैण्ड तथा फ्रांस ने भी जर्मनी के विरुद्ध की घोषणा कर दी।

(7) राष्ट्रीय अल्पसंख्यकों की समस्या

प्रथम विश्वयुद्ध के बाद होने वाली शांति संधि का परिणाम यूरोप में कई नये राष्ट्र राज्यों के निर्माण के रूप में हुआ, लेकिन इनके साथ बड़ी संख्या में राष्ट्रीय अल्पसंख्यकों की स्थिति की कोई परवाह किये बगैर उन्हें छोड़ दिया गया था। संयुक्त राज्य अमरीका के राष्ट्रपति विल्सन ने आत्मनिर्णय के सिद्धांत की वकालत की थी। लेकिन बहुत से सामरिक सोच–विचारों के कारण इस सिद्धांत को उचित प्रकार से लागू नहीं किया गया। दृष्टांत के तौर पर, विशाल अल्पसंख्यकों ने स्वयं को पोलैण्ड तथा चैकोस्लोवाकिया में गैर जर्मनों की संगत में पाया। पोलैण्ड और रूमानिया में रूसी अल्पसंख्यक थे। पेरिस सम्मेलन के बाद होने वाली अल्पसंख्यक संधियों के बावजूद भी 7,50,000 जर्मन विदेशी शासन के अधीन थे। हिटलर ने स्थिति का लाभ उठाया और चैकोस्लोवाकिया एवं पोलैण्ड में जर्मन अल्पसंख्यकों के अधिकारों के हनन के नाम पर आक्रमण की तैयारी की। उसने आस्ट्रिया को अधीन कर लिया, चैकोस्लोवाकिया को नष्ट और अस्तित्वविहीन कर दिया तथा अंततः पोलैण्ड को रौंद डाला। इस प्रकार अल्पसंख्यकों की समस्या एक महत्वपूर्ण सवाल एवं युद्ध के लिए एक बड़ा बहाना बन गया था।

(8) ब्रिटेन एवं फ्रांस की तुष्टीकरण की नीति

नाज़ी–फासीवादी तानाशाहों की तुष्टीकरण पर आधारित विदेश नीति और द्वितीय विश्वयुद्ध के पश्चात् ब्रिटेन तथा फ्रांस की नीतियों में टकराव प्रकट होने लगा। ब्रिटेन की विदेश नीति का आधारस्तंभ शक्ति संतुलन का सिद्धांत था। ब्रिटेन को भय था कि शक्तिशाली फ्रांस शक्ति संतुलन में बाधा डाल सकता था। इसलिए उसने युद्ध के बाद के वर्षों में फ्रांस के विरुद्ध जर्मनी की सहायता की। जैसे ही जर्मनी में हिटलर सत्ता में आया और इटली नाजी तानाशाह का सहयोगी हो गया वैसे ही ब्रिटेन की फ्रांस के साथ समीपता बढ़ने लगी क्योंकि शत्रुता से भरे जर्मनी के विरूद्ध फ्रांस को ब्रिटेन की सहायता की भी अति आवश्यकता थी। 1933 के बाद फ्रांस की विदेशी नीति वास्तव में ब्रिटिश विदेश नीति का विस्तारित रूप बन गयी। ब्रिटेन साम्यवाद के बढ़ते प्रभाव से चिन्तित था, न केवल सोवियत संघ को प्रभावशाली ढंग से चुनौती देनी थी अपितु फ्रांस तथा स्पेन में तथाकथित लोकप्रिय मोर्चे को भी नष्ट करना था। इस उद्देश्य को ध्यान में रखते हुए ब्रिटेन ने हिटलर तथा मुसोलिनी के प्रति तुष्टीकरण की नीति को अपनाया। फ्रांस ने भी शीघ्र ही इसका अनुसरण किया। तुष्टीकरण का प्रारंभ बाल्डविन द्वारा किया गया था, लेकिन 1938 में नोविल चेम्बरलेन ने इसको गहनता से जारी रखा। अबीसीनिया युद्ध के दौरान ब्रिटेन और फ्रांस मुसोलिनी का समर्थन करना चाहते थे जबकि वे लीग के प्रयासों का भी समर्थन कर रहे थे, म्युनिख सम्मेलन में इन दोनों ने हिटलर के सम्मुख बिल्कुल ही समर्पण कर दिया था। आस्ट्रिया तथा अल्बीनिया जैसे कमजोर राष्ट्रों की सुरक्षा करने के मामले में उनकी असमर्थता स्पष्ट तौर पर ब्रिटेन तथा फ्रांस की कमज़ोरी के साक्ष्य थे और इसने युद्ध के लिए एक और आधार तैयार किया।

(9) राष्ट्रसंघ की निर्बलता

राष्ट्रसंघ की स्थापना अन्तर्राष्ट्रीय शांति की प्राप्ति के लक्ष्य को लेकर हुई थी किन्तु महाशक्तियों के असहयोगी रूख के कारण और जर्मनी, इटली एवं जापान द्वारा घोर उपेक्षा के कारण यह संस्था अपने लक्ष्य को प्राप्त नहीं कर सकी। राष्ट्रसंघ की असफलता के निम्न कारण रहे;

(1) राष्ट्रसंघ की स्थापना ही बदनाम वर्साय सन्धि के अन्तर्गत हुई थी।

(2) इसके उदय के साथ ही अमेरिका द्वारा इसे स्वीकार न करना उस पर कुठाराघात के समान थी।

(3) आरम्भ से ही पराजित राष्ट्रों को इसकी सदस्यता न देने और रूस को इसका सदस्य बनने के लिए निमंत्रित न करने से अनेक राज्यों के मन में यह भावना बढ़ गई थी कि राष्ट्रसंघ विजेताओं का गुट है।

(4) जब बड़े–बड़े राज्यों के स्वार्थो के प्रश्न राष्ट्र संघ के उद्देश्यों से टकराये तो सिवाय पारित प्रस्तावों को पास करने और आयोगों की नियुक्ति करने के अलावा राष्ट्रसंघ कुछ भी न कर सका। राष्ट्रसंघ की शक्ति में तब कुछ वृद्धि हो गयी थी जब 1924 में जर्मनी ने उसकी सदस्यता ग्रहण की। परन्तु जर्मनी द्वारा, हिटलर के उदय के बाद सदस्यता त्याग देने के उपरान्त राष्ट्र संघ निरन्तर निर्बल होता गया।

द्वितीय विश्व युद्ध का तात्कालिक कारणः पोलैण्ड पर जर्मनी का आक्रमण

पोलैण्ड पर 1 सितम्बर, 1939 को जर्मनी का आक्रमण प्रकट एवं तात्कालिक कारण था। इससे पूर्व जब सोवियत संघ के साथ गठबंधन करने के ब्रिटेन–फ्रांस के प्रयास असफल हो गये, फिर हिटलर ने स्टालिन के साथ गैर–आक्रमक समझौता किया। यह बिल्कुल भी अपेक्षित न था क्योंकि नाज़ी जर्मनी तथा सोवियत संघ के बीच कई वर्षों तक केवल घृणा विद्यमान थी। अब जर्मनी तथा सोवियत संघ स्वयं अपने बीच पोलैण्ड का विभाजन करने के लिए उत्सुक थे और दोनों ने एक दूसरे के विरुद्ध युद्ध न करने के लिए एक समझौते पर हस्ताक्षर किये। लेकिन घटनाक्रम इस समझौते की सीमाओं के बाहर भी घटित होने लगा और इसके आलोचकों ने इसे ''पोलैण्ड के विरुद्ध साधारण आक्रमण'' कहा। एक गुप्त समझौते द्वारा जिसका खुलासा केवल 1945 में हुआ, दोनों देशों ने 1 सितम्बर 1939 को पूर्वी यूरोप को अपने प्रभावी क्षेत्रों में विभाजित करने का प्रस्ताव किया

था। ब्रिटेन और फ्रांस ने आक्रमण होने की स्थिति में पोलैण्ड को सहायता देने का आश्वासन दिया था। जहाँ जर्मनी ने पोलैण्ड पर पश्चिम की ओर से आक्रमण किया वहीं सोवियत सेनाएँ 17–18 सितम्बर, 1939 को पोलैण्ड में पूरब की ओर से प्रवेश कर गयी। सोवियत–जर्मन सीमा तथा 28 सितम्बर, 1939 की मित्रता संधि द्वारा जर्मनी एवं सोवियत संघ ने पोलैण्ड को अपने बीच विभाजित कर लिया। इसी बीच अन्य कई देशों ने जर्मनी के विरुद्ध युद्ध घोषणा कर दी यद्यपि ये घोषणाएँ प्रतीक मात्र थीं क्योंकि ब्रिटेन एवं फ्रांस भी युद्ध की तैयारियों में व्यस्त थे जबकि पोलैण्ड को नष्ट किया जा रहा था।

द्वितीय विश्व युद्ध का विकास

प्रथम चरण

23 मार्च 1939 को जर्मनी सेनाओं ने लिथूनिया पर कब्जा किया और कहा कि वह उसके समक्ष समर्पण कर दे। ठीक उसी दिन विदेश मंत्री रीवनट्रोप ने पोलैण्ड के राजदूत को बुलाया और उसके सम्मुख शर्तों को रखते हुए कहा कि जर्मनी इनको पोलैण्ड पर लागू करना चाहेगा। उसने डाजिंग को (डाजिंग का पहले ही नाजीकरण किया जा चुका था) जर्मनी को लौटाने के लिए कहा और पूरब–पश्चिम मार्ग तथा पोलैण्ड के गलियारे से गुजरने वाले रेल मार्ग की माँग की जिससे पूर्वी प्रशिया को जर्मनी से सीधे जोड़ा जा सकता था जिसका अभिप्राय था कि एक गलियारे को पार करता हुआ एक ओर गलियारा। हिटलर ने आशा की थी कि ब्रिटेन म्युनिख जैसी एक और गलती करेगा लेकिन ऐसा न हो पाया। प्रधानमंत्री चेम्बरलैन ने बगैर किसी संदेह के पोलैण्ड को ब्रिटेन के द्वारा गारंटी देने की घोषणा की। बाद में जब इटली ने 7 अप्रैल, 1939 को अल्बानिया पर अधिकार कर लिया तो ब्रिटेन ने इसी प्रकार की गारंटियाँ यूनान तथा रूमानिया को भी दी। फ्रांस ने ब्रिटेन का अनुसरण करते हुए अनिवार्य सैनिक सेवा की घोषणा की। अगले दिन हिटलर ने बदले के लिए कार्यवाही की और 1934 के जर्मन–पोलैण्ड गैर–आक्रमण समझौते तथा 1933 की एँग्लों–जर्मनी नौसैनिक संधि को रद्द कर दिया। द्वितीय विश्व युद्ध के दौरान नवम्बर, 1936 में जापान तथा जर्मनी ने कौमिन्टर्न विरोधी समझौते पर हस्ताक्षर किए

तथा एक वर्ष बाद इटली भी इसमें शामिल हो गया। इस प्रकार रोम–बर्लिन–टोकियो धुरी विश्व साम्यवाद को समाप्त करने की तीन देशों की निश्चयता का प्रतिनिधित्व करती थी। वास्तव में यह सोवियत संघ के विरुद्ध एक गठबंधन था। अगस्त, 1939 तक हिटलर अपनी स्वयं की शर्तों पर पोलैंड के प्रश्न को हल करने के लिए तैयार था। अब वह एक उचित बहाने की तलाश में था। उसको अवसर प्राप्त हो गया और उसने ब्रिटेन को कूटनीतिक तौर पर उस समय मात दी जब हिटलर डाजिंग के मामले पर पोलैण्ड से प्रत्यक्ष बातचीत करने के लिए सहमत हुआ। हिटलर ने 29 अगस्त, 1939 को बर्लिन में ब्रिटिश राजदूत के माध्यम से ब्रिटेन से पोलैंड प्रतिनिधि मंडल की व्यवस्था करने को कहा। उसने कहा कि इस प्रतिनिधि मंडल को अगले दिन ही बर्लिन पहुंचना चाहिए और इसे बातचीत करने तथा जर्मनी के साथ समझौते करने के अधिकार प्राप्त हों। यह बिल्कुल ही असामान्य मांग थी। सामान्यतः अन्तर्राष्ट्रीय वार्ता शुरू करने के लिए काफी समय लगता है। किसी भी मामले में विदेशी प्रतिनिधि मंडल को आमंत्रित करने से पूर्व औपचारिक प्रस्तावों को कूटनीतिक माध्यम से पहले भेजा जाता है। इससे स्पष्ट है कि शांतिपूर्ण ढंग से समस्या का समाधान करने की हिटलर की कोई इच्छा न थी। क्योंकि पोलैंड का प्रतिनिधिमंडल स्पष्ट तौर पर 30 अगस्त को नहीं पहुँच सकता था और जर्मनी ने वार्ता के सभी दरवाजों को बंद कर दिया था। इसने हिटलर को पोलैंड पर उस योजनाबद्ध आक्रमण का बहाना दिया जिसकी उसे बड़ी प्रतीक्षा थी। 1 सितम्बर 1939 की प्रातः उस समय युद्ध प्रारंभ हो गया जब जर्मन सेनाओं ने पोलैंड पर आक्रमण किया। 3 सितम्बर, 1939 को इंग्लैंड तथा फ्रांस ने भी जर्मनी के विरुद्ध युद्ध की घोषणा कर दी। 18 सितम्बर को सोवियत संघ ने भी पोलैंड पर आक्रमण कर दिया, किंतु न तो इटली और न ही संयुक्त राज्य अमरीका कुछ समय तक युद्ध में शामिल हुए। इसी बीच इंग्लैंड तथा उसके मित्र राष्ट्र युद्ध में व्यस्त थे, लेकिन अभी भी किसी प्रकार के समाधान हेतु प्रयास जारी थे। लेकिन जर्मनी एक सम्पूर्ण युद्ध के लिए दृढ़प्रतिज्ञ था।

द्वितीय चरण

जिस समय युद्ध का प्रारंभ हुआ उस समय जर्मनी तथा इटली राजनीतिक मित्र थे, लेकिन सोवियत जर्मन गैर–आक्रमण समझौते ने

मुसोलिनी को बड़ा हताश किया। इटली जून, 1940 तक युद्ध में शामिल नहीं हुआ। जिस समय फ्रांस पराजय तथा आत्मसमर्पण के कगार पर था, इटली फ्रांस तथा मित्र राष्ट्रों के विरुद्ध जर्मनी के पक्ष की ओर से युद्ध में शामिल हो गया। सोवियत संघ युद्ध में शामिल नहीं हुआ, लेकिन पोलैण्ड पर आक्रमण द्वारा जर्मनी की मदद कर रहा था। बाद में सोवियत संघ ने फिनलैण्ड पर आक्रमण किया और सोवियत संघ को लीग ऑफ नेशन्स की सदस्यता से निष्कासित कर दिया गया। स्टालिन हिटलर पर तब तक विश्वास करता रहा जब तक कि नाज़ी तानाशाही ने अधिकतर यूरोपीय पड़ोसियों को पराजित नहीं कर दिया और फिर 22 जून, 1941 को सोवियत संघ पर आक्रमण किया। इसी बीच स्टालिन ने तीन बाल्टिक राष्ट्रों, लाटविया, लिथूनिया तथा इस्टोनिया को अपने संघ गणराज्यों के रूप में सोवियत संघ में सम्मिलित होने के लिए बाध्य किया। उन्होंने अपनी स्वतंत्रता को खो दिया था क्योकि उनको स्टालिन ने बताया कि यदि वे सोवियत संघ में शामिल होने से इंकार करते हैं तो उनको जर्मनी द्वारा नष्ट कर दिया जायेगा। सोवियत संघ ने रूमानिया के सम्मुख भी शर्तें रखी और बेरूसेरबिया तथा बुकोविना को उससे ले लिया। इस तरह सोवियत संघ 1941 के मध्य तक युद्ध में न होने के बावजूद भी युद्ध की उपलब्धियों को एकत्रित करने मे संलग्न था।।

तृतीय चरण

इस चरण में 7 दिसम्बर, 1941 को जापान ने अमेरिका के पर्ल हार्बर पर बमबारी की जिसका परिणाम अमेरिका का युद्ध में सक्रिय प्रवेश था। जापान ने 1941 के प्रारम्भ में दक्षिण–पूर्वी एशिया में मलाया, फिलीपीन, इन्डोनेशिया व बर्मा आदि पर अधिकार कर लिया। उत्तरी अफ्रीका में जर्मन जनरल रोमेल, ब्रिटिश सेनापति मोंटेगोमरी 2 नवम्बर, 1943 को अल अलामैन के प्रसिद्ध युद्ध में हार गये और 1400 मील पीछे हटे। इसके कारण रोमेल को वापिस बुला लिया गया। उत्तरी अफ्रीका की लड़ाई में जर्मनी की 9 लाख सेना और 8 हजार विमानों को भारी क्षति हुई थी। अब मित्रराष्ट्रों ने अमेरिका जनरल आइजनहावर की अध्यक्षता में इटली पर आक्रमण किया तथा 25 जुलाई, 1943 को इटली के राजा विक्टर मैन्युअल तृतीय ने

मुसोलिनी को पदच्युत कर बड़ोगलियो को प्रधानमन्त्री बनाया। 3 सितम्बर, 1943 को इटली ने मित्रराष्ट्रों से संधि की तथा इटली के मुसोलिनी का वध कर दिया गया।

3 सितम्बर, 1943 से 7 मई, 1945 में स्टालिनवाद के युद्ध में रूसी लाल फौज जर्मनी के विरुद्ध विजयी हुई जिसमें जर्मनी की 1,85,000 से अधिक सेना ने आत्म–समर्पण किया और लगभग इतने ही मारे गये। भागती हुई जर्मन सेना का 600 मील तक पीछा करती हुई रूसी सेना ने जर्मनी में प्रवेश किया जिसमें लगभग 9 लाख जर्मन मारे गये व 18 लाख कैद हुए। 6 जून, 1944 को मित्रराष्ट्रों ने फ्रांस के तट पर दूसरा मोर्चा खोल दिया तथा 25 अगस्त, 1944 को पेरिस पर मित्रराष्ट्रों का अधिकार हो गया और बेल्जियम व नीदरलैंड आदि को भी जर्मन सेना ने खाली कर दिया। पश्चिम की ओर से मित्रराष्ट्र व पूर्व की ओर से रूसी सेना बर्लिन की ओर बढ़ने लगी। अतः उत्तरी इटली में लगभग 10 लाख जर्मन सेना ने आत्म–सर्मपण किया। 30 अप्रैल, 1945 को हिटलर ने आत्महत्या कर ली और 2 दिन पश्चात् रूस ने बर्लिन पर अधिकार कर लिया तथा 7 मई को जर्मनी ने पराजय स्वीकार कर आत्म–सर्मपण कर दिया तथा ब्रिटेन, फ्रांस, अमेरिका व रूस का जर्मनी पर अधिकार हो गया।

7 मई से 2 सितम्बर, 1945 में जर्मनी और इटली के पतन के पश्चात् अब युद्ध केवल जापान के विरूद्ध ही चलता रहा। 6 अगस्त को हिरोशिमा पर अमेरिका ने प्रथम अणुबम डाला, जिससे 80,000 से अधिक लोग मारे गए व नागासाकी पर अणुबम व रूस की युद्ध घोषणा के कारण जापान ने आत्म–समर्पण का निश्चय किया तथा 2 सितम्बर, 1945 को विराम संधि की। अब जापान पर अमेरिका का प्रभाव स्थापित हो गया तथा द्वितीय विश्व युद्ध समाप्त हो गया और अंत में अमेरिका व रूस सर्वाच्च शक्ति कहलाये।

द्वितीय महायुद्ध के परिणाम

द्वितीय महायुद्ध एक सम्पूर्ण युद्ध था। यह युद्ध इतना व्यापक था कि प्रायः समूचा विश्व इसकी लपेट में था। यूरोप, अफ्रीका, एशिया, अटलांटिक सागर, प्रशान्त महासागर आदि सभी क्षेत्रों में भीषण नर–संहार हुआ। हिटलर के विद्युत वेणीय युद्ध ने समग्र संसार को चकित कर दिया। जो

विजय महीनों और वर्षों में होती थी, वह सप्ताहों और दिनों में हो गई। एक तरफ तो नाजीवाद, फासीवाद थे। दूसरी तरफ साम्यवाद व लोकतन्त्र था। यह युद्ध इन विचारधाराओं का टकराव था।

महायुद्ध के प्रमुख परिणाम

(1) जन धन की अपार हानि

द्वितीय महायुद्ध इतना विनाशवादी था कि अभी तक इस विनाश का सही अनुमान नहीं लगाया जा सकता है। फिर भी लगभग 2000 करोड़ रूपये के मूल्य की सम्पत्ति अकेले ब्रिटेन में नष्ट हुई। रूस की राष्ट्रीय सम्पत्ति का 1/4 भाग नष्ट हुआ और फ्राँस, जर्मनी, पोलैण्ड आदि देशों की संपति की क्षति का तो अनुमान लगाना भी कठिन है। दोनो पक्षों के लगभग करोड़ से अधिक सैनिक मारे गए और करोड़ों से अधिक घायल हुए । इसके अतिरिक्त करोड़ों असैनिक नागरिको का जीवन बम वर्षा आदि कारणों से नष्ट हो गया। 1 लाख करोड़ से अधिक रूपयों का व्यय तो केवल मित्र राष्ट्रों का हुआ और धुरीराष्ट्रों को भी अपार क्षति हुई।

(2) उपनिवेशो को स्वतन्त्रता मिलना

यूरोपीय देशों के साम्राज्यों मे स्वतंत्रता की भावनाएँ जाग्रत हुई, परिस्थितियों से बाध्य होकर महायुद्ध के बाद ब्रिटिश साम्राज्य में अपनी नीति में परिवर्तन कर भारत, बर्मा, पाकिस्तान, मलाया, मिस्त्र आदि देशो को स्वतंत्रता प्रदान की, बाद में अफ्रीकी देशों को भी स्वतंत्रता मिली। फ्रांसीसी हिन्द चीन में फ्रांसीसी साम्राज्य समाप्त हो गया। कम्बोडिया, लाओस और वियतनाम स्वतंत्र हो गए, हॉलैण्ड के उपनिवेशों– जावा, सुमात्रा, बोर्नियो आदि हिन्देशिया नामक संघ–राज्यों की स्थापना हुई और वे स्वतंत्रत हो गये। जर्मनी, इटली और जापान के साम्राज्य भी अस्त व्यस्त हो गए। जर्मनी, दो भागों में विभक्त हुआ–पश्चिमी जर्मनी और पूर्वी जर्मनी। पश्चिमी जर्मनी मित्रराष्टों के प्रभाव क्षेत्र में आया तो पूर्वी जर्मनी रूसी प्रभाव क्षेत्र में आया। जापान को महायुद्ध से पहले जो द्वीप संरक्षण व्यवस्था के अंन्तर्गत दिए गए थे वे संयुक्त राष्ट्रसंघ की देख–रेख में न्यास–व्यवस्था के अन्तर्गत संयुक्त राज्य अमेरिका को हस्तांतरित कर दिए गए और इटली को भी

अपने औपनिवेशिक साम्राज्य से वंचित कर दिया गया। लीबिया और अल्बानिया की स्वतंत्रता और सम्प्रभुता को मान्यता प्रदान कर दी गई।

(3) अमेरिका का एक महान् शक्ति के रूप में उभरना

विश्व का नेतृत्त्व ग्रेट–ब्रिटेन के हाथ से निकलकर संयुक्त राज्य अमेरिका के हाथों में चला गया और उधर साम्यवादी रूस में विश्व–नेतृत्व की महत्त्वाकांक्षा ने घर कर लिया। युद्ध ने यह स्पष्ट कर दिया कि अब संसार में दो ही महानतम् शक्तियाँ हैं– सोवियत संघ और संयुक्त राज्य अमेरिका। सोवियत संघ साम्यवादी विचार की विजय का प्रतीक बन गया तथा संयुक्त राज्य अमेरिका लोकतंत्रवादी आकाँक्षाओं का। संयुक्त राज्य अमेरिका ही संसार में एकमात्र ऐसा देश था जिसे युद्ध से हानि नहीं पहुँची थी। युद्ध न तो उसकी भूमि पर लडा गया था और न उसे जन–धन की क्षति पहुंची थी। इसके विपरीत युद्ध के परिणामस्वरूप उसके उद्योगों में लगभग 50% और खेत में 36% वृद्धि हुई थी। उसके पास अणु बम का रहस्य था जो उसे संसार में सर्वाधिक शक्ति प्रदान कर रहा था। उसकी मुद्रा भी स्थिर थी। प्रत्येक देश उसकी सहायता के लिए लालायित था।

(4) फ्रांस की दयनीय दशा

फ्रांस की स्थिति भी दयनीय थी जर्मनी के आधिपत्य ने उसे तहस नहस कर डाला था। और उसकी राजनीतिक व आर्थिक स्थिति बहुत चिन्ताजनक हो गई थी। पराजय के कंलक और उसकी लज्जा ने फ्रांस की जनता के नैतिक साहस पर गहरा आघात किया था। चीन, इण्डोचाइना, बर्मा आदि ने जन–धन की भारी क्षति सहन की थी। और वे मानव–जाति के इतिहास में सबसे भंयकर आर्थिक एवं राजनीतिक संकट में फंस गए थे। रूमानिया, बुल्गेरिया, हंगरी, फिनलैण्ड आदि देशों की सीमाएं निश्चित कर दी गई और उन्हें मानव–अधिकारों तथा मूलभूत स्वतन्त्रताओं को प्रदान करने का आश्वासन दिया गया था।

(5) संयुक्त राष्ट्र संघ की स्थापना

विश्व की अशन्ति को दूर करने के लिए मानव ने अपने हृदय को पुनः टटोला। एक बार फिर विश्व के देशों ने शान्ति की खोज के प्रयास

किए और 24 अक्टुबर 1945 को संयुक्त राष्ट्र संघ की स्थापना कर दी गई। संयुक्त राष्ट्र संघ का उद्देश्य सदस्य देशों के मध्य सौहार्दपूर्ण सबंधों की स्थापना करना और तृतीय विश्व युद्ध को रोकना था क्योंकि द्वितीय विश्व युद्ध के भंयकर परिणामों ने सभी देशों को भली भाँति परिचित करा दिया था।

(6) रूस का विस्तार होना

युद्ध के फलस्वरूप सर्वाधिक लाभ यदि किसी राज्य को पहुँचा था एवं उसकी भूमि का विस्तार हुआ था तो वह रूस था। उसके राज्य में आधा पौलेण्ड, इस्टोनिया, लाटविया, लिथुआनिया, फिनलैण्ड का कुछ भाग, रूथेनिया का कुछ भाग आदि मिला दिए गए और रूस का जर्मन–क्षेत्र बर्लिन से एल्ब तक बना दिया गया। रूस अब यूरोप में एक अत्यन्त शक्ति शाली राष्ट्र बन गया। केन्द्रीय यूरोप और बाल्कन देशों की स्वतन्त्रता की अभिव्यक्ति रूस के अन्तर्गत विलीन हो गई।

(7) विभिन्न युद्धकालीन शान्ति सन्धियाँ

विभिन्न देशों के साथ युद्ध कालीन समस्याओं के समाधान के लिए शांति सन्धियाँ सम्पन्न हुई। इनका क्रम महायुद्ध समाप्त होने के वर्षो बाद तक चलता रहा।

विभिन्न शांति सन्धियां निम्नलिखित हैं जो कि शांति की स्थापना के लिए हुई–

1. अटलाण्टिक चार्टर, 14 अगस्त 1941

14 अगस्त 1941 में ब्रिटिश प्रधान मन्त्री चर्चिल और संयुक्त राज्य अमेरिका के राष्ट्रपति रूजवेल्ट अटलाण्टिक महासागर में एक युद्धपोत पर मिले और उन्होंने मित्रराष्ट्रों के युद्ध उद्देश्यों से सम्बन्धित एक घोषणा–पत्र तैयार किया। इस घोषणा– पत्र को अटलांटिक चार्टर के नाम से सम्बोधित किया जाता है। इस चार्टर का उद्देश्य उस समय तक हिटलर द्वारा पराजित तथा उसके आक्रमण के शिकार पौलेण्ड, नार्वे, डेनमार्क, हॉलैण्ड, बेल्जियम, फ्रांस, रूस तथा बाल्कन प्रदेशों की जनता में नाजियो के साथ लड़ने का

उत्साह पैदा करना था। अटलाण्टिक चार्टर विल्सन के 14 शर्तों जैसी घोषणा थी। इस चार्टर में दोनो देशों के उन सामान्य सिद्धान्तों का प्रतिपादन किया गया था। जिनके आधार पर भविष्य में उन्हें अपनी राष्ट्रीय नीतियों का संचालन करना था। यह चार्टर एक अष्टसूत्री साधन था जिसमें 8 सिद्धान्तों का प्रतिपादन किया गया था, जो निम्नलिखित हैं–

1. उनके देश, प्रादेशिक या अन्य प्रकार की शक्ति वृद्धि नहीं चाहते।
2. वे ऐसा कोई भी प्रादेशिक परिवर्तन नहीं देखना चाहते जो उनसे सम्बन्धित लोगों की स्वतन्त्रतापूर्वक प्रकट की गई इच्छाओं के अनुकूल न हो।
3. वे प्रत्येक राष्ट्र के अपनी सरकार के अन्तर्गत रहेंगे, स्वरूप को चुनने के अधिकार का सम्मान करते है, तथा वे यह देखना चाहते है कि जिन राज्यों में सत्तात्मक अधिकारों और स्वशासन को बलपूर्वक छीना गया है, वह उन्हें पुनः प्राप्त हो जायें।
4. वे अपने वर्तमान कर्त्तव्यों का पूर्ण ध्यान रखते हुए सभी राज्यों के लिए समान रूप से संसार के व्यापार व कच्चे माल की प्राप्ति के साधन उपलब्ध कराऐंगे। जो उनकी आर्थिक उन्नति के लिए आवश्यक हों
5. वे सभी के लिए मजदूरी के उन्नत स्तरों, आर्थिक उन्नति एवं सामाजिक सुरक्षा की दृष्टि से आर्थिक क्षेत्र में सभी राष्ट्रों के बीच पूर्ण सहयोग की आकांक्षा करते हैं।
6. नाजी अत्याचार को समाप्त करने के बाद वे शान्ति स्थापना की आशा करते हैं जो राष्ट्रों को अपनी–अपनी सीमाओं में सुरक्षा व सभी मनुष्य व देशों को भय से मुक्त कर सकें।
7. इस प्रकार की शक्ति सागरों एवं महासागरों को निर्बाध पार करने का अधिकार प्रदान कर सकेगी।
8. उनका विश्वास है कि संसार के सभी राष्ट्रों को वास्तविक एवं आध्यात्मिक कारणों की दृष्टि से शक्ति के प्रयोग को छोड़ देना चाहिए, क्योंकि यदि राज्य स्थल, जल या वायु सैनिक शस्त्रों

को प्रयोग करते रहेंगे जो उनकी सीमाओं के बाहर आक्रमण की धमकी का रूप ले सकते हैं तो भविष्य में शान्ति नहीं रह सकती। अतएव उनका विश्वास है कि सामान्य सुरक्षा की एक विस्तृत एवं स्थाई व्यवस्था की स्थापना के समय तक ऐसे राज्यों का निशस्त्रीकरण आवश्यक है।

संयुक्त राज्य अमेरिका ने जर्मनी के साथ युद्धरत न होते हुए भी ब्रिटेन के साथ शांति स्थापना के इन उद्देश्यों के साथ सहमति प्रकट की। लेकिन वास्तव में यह दुर्भाग्यपूर्ण था कि युद्ध की समाप्ति के बाद मित्रराष्ट्र इन उच्च उद्देश्यों को पूरा न कर सके।

2. मास्को सम्मेलन, 19–30 अक्टुबर 1943

19 अक्टूबर, 1943 को मास्को में मित्रराष्ट्रों के प्रतिनिधियों का एक महत्वपूर्ण सम्मेलन हुआ जो 30 अक्टूबर तक जारी रहा। इस सम्मेलन में पहली बार युद्ध के सम्बन्ध में आंग्ल–समझौता सम्पन्न किया गया। पहली बार ही मित्रराष्ट्रों ने धुरी राष्ट्रों के सम्बन्ध में अपनी नीति की धोषणा की। इस सम्मेलन में अमेरिका, ब्रिटेन व रूस के विदेशमंत्री सम्मिलित हुए।

सम्मेलन में संयुक्त राज्य अमेरिका, इंग्लैण्ड और रूस की सरकारों में सामंजस्य स्थापित करने तथा यूरोप की समस्याओं पर विचार करने के लिए लन्दन में यूरोपीय परामर्शदाता आयोग स्थापित करने का निर्णय लिया गया। 15 मार्च, 1938 को आस्ट्रिया का जर्मनी में सम्मिलित होना अवैध घोषित करते हुए यह व्यवस्था की गई कि युद्धोपरान्त उसे पुनः जर्मनी से पृथक कर दिया जाएगा और एक स्वतन्त्र राष्ट्र का दर्जा दिया जाएगा। इटली के बारे में यह निश्चिय किया गया कि फासिस्टवाद को जड़–मूल से समाप्त कर दिया जाए, वहाँ लोकतन्त्र की स्थापना की जाए और उस देश के निवासियों को उपासना, भाषण, प्रेस आदि की स्वतन्त्रता प्रदान की जाए। जर्मनी के भविष्य के बारे में यह व्यवस्था की गई कि महायुद्ध के लिए उत्तरदायी व्यक्तियों को कठोर दण्ड दिए जाएँ।

इसी सम्मेलन में सुरक्षा और शान्ति कायम रखने के लिए एक अन्तर्राष्ट्रीय संगठन बनाने का निश्चय किया गया। यही संगठन बाद में U.N.O के रूप में विकसित हुआ।

3. काहिरा सम्मेलन 22 नवम्बर 1943

मास्को सम्मेलन में यूरोप के शत्रुराष्ट्रों के सम्बन्ध में महत्वपूर्ण निर्णय किए गए लेकिन सुदूरपूर्व की समस्याओं का समाधान होना बाकी था। इस क्षेत्र में जापान अभी तक मित्रराष्ट्रों का डटकर मुकाबला कर रहा था अंततः 22–25 नबम्बर 1943 के बीच मिस्त्र की राजधानी काहिरा में रूजवेल्ट, चर्चिल और च्यांगकाई शेक का एक सम्मेलन हुआ। 4 दिन के विचार–विमर्श के उपरान्त ये नेता एक निश्चय पर पहुंचने में सफल हो गए। यह निश्चय निम्न प्रकार था–

1. जापान के विरूद्ध जल, थल और वायु सेनाओं द्वारा पूरी कार्यवाही की जाए।
2. चीन को यह आवश्वासन दिया गया कि सन् 1914 से जापान ने उसके जो प्रदेश मंचूरिया, फारमोसा तथा पेस्काडोरेज के 48 टापू बल पूर्वक हस्तगत कर लिए हैं, वे सब उसे वापस कर दिए जायंगे।
3. 'तीन महान् शक्तियों' को कोरिया की जनता की दासता का ध्यान है। उनका यह संकल्प है कि कोरिया को स्वतन्त्र राष्ट्र बनाया जाएगा।
4. रूस और जापान अभी तक एक–दूसरे के विरूद्ध युद्ध में सम्मिलित नहीं हुए थे, अतः सोवियत रूस ने इस सम्मेलन में भाग नहीं लिया था। सम्मेलन की सरकारी विज्ञप्ति पर संयुक्त राज्य अमरीका, ब्रिटेन व चीन के ही हस्ताक्षर थे।

4. तेहरान सम्मेलन 28 नवम्बर 1943

इस सम्मेलन में पहली बार तीन बड़े राष्ट्रों के अध्यक्ष चर्चिल, रूजवेल्ट और स्टालिन, ईरान की राजधानी तेहरान में एकत्र हुए। यहाँ तीनों मित्र देशों के सेनाध्यक्षों ने जर्मन सेनाओं के विनाश की योजनाएँ तैयार की।

1. प्रथम भाग में जर्मनी के विरूद्ध लड़ने का दृढ़ निश्चय और विजय पर दृढ़ विश्वास व्यक्त किया गया। दासता और अत्याचार को मिटाने के लिए अन्य देशों का सहयोग माँगा गया।

2. दूसरा भाग ईरान से सम्बन्धित था। इसमे तीन महान् शक्तियों ने ईरान की स्वतन्त्रता, सर्वोच्च सत्ता और प्रादेशिक अखण्डता बनाए रखने की इच्छा अभिव्यक्त की।

5. याल्टा सम्मेलन, 4 फरवरी 1945

याल्टा सम्मेलन 4 फरवरी 1945 को हुआ और 11 फरवरी 1945 तक जारी रहा। इस सम्मेलन में अनेक नेताओं ने भाग लिया जिसके प्रमुख थे– रूजवेल्ट, चर्चिल, स्टालिन।

इस सम्मेलन में निम्नलिखित महत्वपूर्ण निर्णय लिये गये थे–

1. यह निश्चय लिया गया कि विश्व–संगठन के सम्बन्ध में 25 अप्रैल 1945 को सेन–फ्रांसिस्को में संयुक्त राष्ट्रो का एक सम्मेलन आमन्त्रित किया जाए। 1 मार्च 1945 तक जर्मनी के विरूद्ध युद्ध की घोषणा करने वाले राज्यों को निमन्त्रण भेजे जाये और यूक्रेन श्वेत रूस को मित्र राष्ट्रो द्वारा पृथक रूप में आमन्त्रित किया जाए। 5 राष्ट्रों, संयुक्त राज्य अमेरीका एवं सोवियत संघ, ब्रिटेन, चीन, फ्रांस को इस संघ की सुरक्षा परिषद में स्थाई सदस्य बनाया जाए तथा सुरक्षा परिषद के प्रत्येक सदस्य को वीटो का अधिकार प्राप्त हो।
2. यूरोप में नाजी और फासी दासता से मुक्त देशों में अटलांटिक चार्टर के अनुसार प्रजातान्त्रिक पद्धति की सरकारें स्थापित की जाएं तथा आक्रमणकारी देशों द्वारा छीने हुए प्रदेश उन राज्यों को वापस लौटा दिए जाए जिनसे उन्हें छीन लिया गया था।
3. यूरोप में युद्ध समाप्ति के आगामी 3 महीनों के अन्तर्गत रूस ने जापान के विरूद्ध युद्ध घोषणा करने तथा मित्रराष्ट्रों को सहयोग देने का आश्वासन दिया।

6. सान–फ्रांसिस्को सम्मेलन, 25 अप्रैल 1944–1945

25 अप्रैल 1944 से 26 जून 1945 तक सान फ्रांसिस्को में संयुक्त राष्ट्रों का एक सम्मेलन हुआ। यह सम्मेलन संयुक्त राष्ट्र संघ की स्थापना

से संबधित था। जिसमें सभी राष्ट्र एक ऐसे अंतर्राष्ट्रीय सगठनं की स्थापना करना चाहते थे जिसकी सहायता से विश्व शांति की स्थापना हो, और सपूंर्ण विश्व को तृतीय विश्व युद्ध का मुहँ न देखना पड़े।

उपसंहारः

द्वितीय विश्व युद्ध प्रारंभ होने पर ब्रिटेन ओर उसके सहयोगी राष्ट्रों की ओर से कई देश इसमें शामिल हो गये थे। लेकिन अमरीका इस युद्ध से उस समय तक बाहर रहा जब तक जापान ने पर्ल हार्बर पर आक्रमण नहीं किया। जापान की इस कार्यवाही ने अमरीका को मित्र राष्ट्रों की ओर से दिसम्बर 1941 में युद्ध में शामिल हाने के लिए बाध्य कर दिया। सोवियत संघ ने तुरन्त ब्रिटेन के साथ गठबंधन कर लिया। इसी बीच इटली ने फ्रांस के विरूद्ध घोषणा करते हुए जून, 1940 में जर्मनी की ओर से युद्ध में प्रवेश किया। जब 1943 में इटली पर पहला आक्रमण किया गया तब धुरी राष्ट्रों को बड़ा आघात पहुँचा। मुसोलिनी को इटली के राजा द्वारा निष्कासित कर दिया गया और बाद में इटली ने बगैर किसी शर्त के आत्मसमर्पण कर दिया। यद्यपि रोम पर कुछ समय तक जर्मन सेनाओं को अधिकार बना रहा। पूर्वी यूरोप को मुक्त कराने के लिए सोवियत संघ जर्मनी के विरूद्ध कड़ा संघर्ष कर रहा था। ब्रिटेन तथा अमरीका द्वारा दूसरा मोर्चा खोले जाने के बाद जर्मनी को न केवल फ्रांस को खोना पड़ा अपितु उसने मई, 1945 में आत्समर्पण कर दिया। जापान प्रशान्त क्षेत्र में उस समय तक युद्ध करता रहा जब तक अमरीका ने अगस्त, 1945 में उस पर न केवल दो अणु बमों को गिराया बल्कि उसे आत्मसमर्पण करने के लिए बाध्य भी कर दिया। इस प्रकार युद्ध का अंत तीन फासीवादी शक्तियों की पराजय तथा मित्र राष्ट्रों की विजय के रूप में हुआ।

युद्ध के उपरांत शांति प्रयासों को चलाना बड़ा मुश्किल साबित हुआ। मित्र राष्ट्रों ने 1945 में पोट्सडम सम्मेलन में जर्मनी के साथ शांति संधि करने के लिए बुलाया। युद्ध के तुरन्त बाद किसी भी पराजित राष्ट्र के साथ कोई शांति संधि न हो सकी। लेकिन लंबी कूटनीतिक गतिविधियों के पश्चात् इटली, रूमानिया, हंगरी तथा फिनलैण्ड और बाद में आस्ट्रिया एवं जापान के साथ शांति संधियाँ सम्पन्न की जा सकी। कई वर्षों तक जर्मनी

अधीन बना रहा और स्वाभाविक था कि बहुत से वर्षों तक उसके साथ शांति संधि नही हो सकी।

युद्ध का महत्वपूर्ण परिणाम जर्मनी का चार अधीनस्थ क्षेत्रों में विभाजन होना था। बाद में तीन पश्चिमी क्षेत्र एक सार्वभौमिक देश बन गये, और पूर्व में सोवियत संघ समर्थित सरकार को स्थापित किया गया। क्योंकि पूर्वी यूरोप के देशों को सोवियत संघ की सेना द्वारा मुक्त किया गया था, इसलिए उनमें साम्यवादी सरकारों की स्थापना की गयी। शीतयुद्ध उन शक्ति गुटों के बीच शुरू हुआ जिनके बीच विश्व विभाजित था।

संयुक्त राज्य अमरीका सौभाग्यशाली था कि कोई भी युद्ध उसकी भूमि पर नहीं हुआ था और नागरिक नुकसान नगण्य था। वह ऐसा प्रथम देश था जिसने अणु बम का विकास एवं प्रयोग सर्वप्रथम किया। सोवियत संघ ने इस शक्ति को पांच वर्ष बाद प्राप्त किया। जैसे दूसरी बड़ी शक्तियों ने अपनी अधिकतर क्षमता को द्वितीय विश्व युद्ध में खोया वैसे ही संयुक्त राज्य अमरीका तथा सोवियत संघ का दो महाशक्तियों के रूप में उद्गम हुआ और शक्ति के दो गुटों का निर्माण हुआ।

संदर्भ सूची

डॉ. मथुरा लाल शर्मा, अन्तर्राष्ट्रीय संबध, कॉलेज बुक डिपो, राजस्थान 1986

दीना नाथ वर्मा, अंतर्राष्ट्रीय सम्बन्ध, ज्ञानदा प्रकाशन, दिल्ली, 2001

आर. सी. वरमानी, समकालीन अंतर्राष्ट्रीय सम्बन्ध, गीतांजली पब्लिकेशन, नई दिल्ली 2007

राधेश्याम चौरसिया, अंतर्राष्ट्रीय सम्बन्ध 1914–1950, एंटलाटिक पब्लिशर्स एण्ड डिस्ट्रीब्यूटर्स, नई दिल्ली, 2001

10

शीतयुद्ध एवं इसके विभिन्न चरण
(Cold War and Its Various Phases)

लुके खन्ना*

युद्धोत्तर कालीन अन्तर्राष्ट्रीय राजनीति का सबसे महत्वपूर्ण तथ्य संयुक्त राज्य अमेरिका और सोवियत संघ के मध्य भयंकर वैचारिक मतभेद रहा। द्वितीय विश्व युद्ध के पश्चात् ये दोनों राज्य विश्व की दो महान् शक्तियों के रूप में उभरकर सामने आये। परिणामस्वरूप सैनिक तथा राजनैतिक दृष्टि से विश्व का नेतृत्व इन दो महाशक्तियों के हाथो में चला गया और विश्व का दो ध्रुवों में विभाजन हो गया। जहां एक ओर साम्यवादी विचारधारा का समर्थन सोवियत संघ और वहीं दूसरी ओर पूंजीवादी व उदारवादी विचारधारा का समर्थन अमेरिका कर रहा था। साम्राज्यवाद के विखंडन के साथ ही इन दो महाशक्तियों ने नव–स्वतंत्र राज्यों को अपने सैनिक मित्रों की सूची में शामिल करने हेतु प्रभावित करना प्रारंभ कर दिया। फलस्वरूप इन दोनों ध्रुवों की विचारधाराओं तथा मतभेदों ने सम्पूर्ण विश्व में एक तनावपूर्ण स्थिति को जन्म दिया जिसे शीतयुद्ध के नाम से जाना जाता है।

शीत युद्ध : अर्थ

यथार्थवादियों के अनुसार अन्तर्राष्ट्रीय राजनीति, शक्ति के लिये संघर्ष है। परन्तु द्वितीय विश्व–युद्धोत्तर काल में शक्ति के लिए एक ऐसी प्रतिस्पर्धा और संघर्ष प्रारंभ हुआ, जो न तो युद्ध की स्थिति थी और न ही

* असिस्टेंट प्रोफेसर, राजनीति विज्ञान विभाग, भारती कॉलेज, दिल्ली विश्वविद्यालय

शांति की। इसे युद्ध की स्थिति कहना इसलिए ठीक नही क्योंकि इसमें सशस्त्र संघर्ष नहीं हुए परन्तु इसे शांति की स्थिति भी नही कहा जा सकता क्योंकि यहाँ युद्ध कूटनीतिक रूप से लड़ा गया। वस्तुतः इस परिस्थिति ने दो विरोधी प्रतियोगियों अमेरिका तथा सोवियत संघ के बीच में तनावपूर्ण स्थिति को बढ़ावा दिया। जॉन फास्टर डलेस ने (John Foster Dulles) शीतयुद्ध को 'नैतिक मूल्यों के लिए नैतिक धर्मयुद्ध की संज्ञा दी'। तथा माइकल बारनेट (Michael Barnett) ने शीतयुद्ध को 'गरम शांति' की संज्ञा से नवाजा।

शीतयुद्ध शब्द का सर्वप्रथम उपयोग अमेरिका राजनेता बर्नार्ड बारूच (Bernanrd Baruch) ने किया। उन्होंने 16 अप्रैल 1947 में कहा, "हमें स्वीकार कर लेना चाहिए कि हम अब शीत युद्ध के मध्य में है"। परन्तु शीत युद्ध का वृहत् पैमाने पर प्रयोग प्रोफेसर लिप्पमैन (Prof. Lippmman) ने अमेरिका तथा सोवियत संघ के मध्य उत्पन्न तनावपूर्ण सम्बन्धों को दर्शाने के लिये किया।

वस्तुतः युद्ध का यह शीत रूप परमाणु हथियारों के युग में व्यावहारिक भी था, क्योंकि सशस्त्र संघर्ष से दोनों पक्षों का विनाश स्वाभाविक ही था। इसीलिए, शीतयुद्ध को विचारधाराओं का युद्ध एवं दो गुटों का युद्ध भी कहा गया। इसमें प्रतिपक्षी दूसरे के विरूद्ध प्रचार, गुप्तचर व्यवस्था, सैनिक अड्डों का निर्माण तथा सामरिक संगठनों के निर्माण का प्रयास करता था। यह युद्ध मुख्यतः राजनैतिक विवाद एवं सुरक्षा व सैन्य मुद्दों पर केन्द्रित था। इस युद्ध में प्रतिपक्षियों के मध्य राजनायिक संबंध बने रहे किन्तु यह संबंध भ्रमितापूर्ण एवं तनावपूर्ण थे। के.पी.एस. मैनन (K.P.S. Menon) ने इसे दो विचारधाराओं जैसे पूंजीवाद बनाम साम्यवाद, दो व्यवस्थाओं बुर्जुआ लोकतन्त्र बनाम सर्वहारा तानाशाही, दो गुटों– नाटो बनाम वार्सा समझौता, दो राज्यों– अमेरिका बनाम सोवियत संघ तथा दो व्यक्तियों– जॉन फास्टर डूल्लास बनाम स्टालिन के मध्य युद्ध की संज्ञा दी।

अन्तर्राष्ट्रीय राजनीति में प्रत्येक राष्ट्र–राज्य अपने हितों की पूर्ति के लिये संघर्षरत रहता है। अतः सहयोग भी तभी संभव है जब उसमें राष्ट्र–राज्य का हित निहित हो। यही कारण है कि शीत युद्ध को शक्ति

संघर्ष की राजनीति के संदर्भ में देखा जाता है। जिसमें दोनों विचारधाराएँ साम्यवाद तथा पूंजीवाद अपनी शक्ति को विस्तृत करने के लिये प्रयासरत थीं। अन्तराष्ट्रीय राजनीति में शक्ति से अभिप्राय अधिक से अधिक भौगोलिक क्षेत्र या फिर अपने प्रभाव का विस्तार करने से है।

शीत युद्ध की प्रकृति

शीत युद्ध अपनी प्रकृति में दो महाशक्तियों के मध्य शक्ति संतुलन एवं प्रति–संतुलन की स्थिति को प्रदर्शित करता है। यह सुरक्षा दुविधा (Security dilemma) की उस स्थिति को दर्शाता है जब एक राष्ट्र दूसरे राष्ट्र के प्रति बढ़ती सापेक्षिक शक्ति से असहज महसूस करता है एवं प्रतिपक्षी की शक्ति को प्रति संतुलित करने हेतु अपनी शक्ति के कुल योग में मात्रत्मक एवं गुणात्मक अभिवृद्धि करने हेतु बाध्य होता है। शीतयुद्ध कालीन शक्ति स्पर्धा में जब सोवियत संघ की सापेक्षिक शक्ति बढ़ती थी तो यह संयुक्त राज्य के लिये सुरक्षा दुविधा उत्पन्न करती थी। परिणामस्वरूप संयुक्त राज्य अमेरिका भी अपनी सापेक्षिक शक्ति में समुचित अभिवृद्धि करता था। ठीक ऐसी ही स्थिति हम सोवियत संघ के व्यवहार में भी देख सकते हैं। चूंकि अमेरिका का परमाणु शक्ति सम्पन्न होना, सोवियत संघ के अस्तित्व के लिये खतरा था इसीलिये सोवियत संघ ने भी परमाणु भय का उत्तर परमाणु परीक्षण से दिया।

इस प्रकार शीत युद्ध परस्पर तनाव की ऐसी स्थिति को दिखाता है जहां तनाव के बावजूद परस्पर युद्ध जैसी टकराहट नहीं होती बल्कि दोनों ही राष्ट्र एक–दूसरे के विस्तार को प्रतिसंतुलित एवं सीमित करने का प्रयास करते हैं। हालांकि दोनों ही महाशक्तियों में राजनयिक संबंध गतिशील रहते हैं किन्तु सीमितता एवं तनावपूर्णता के साथ। अर्थात् एक परोक्ष युद्ध जैसी स्थिति सदैव ही बनी रहती है। जिसका कारण परस्पर अविश्वास की भावना होता है। नव यर्थाथवादी विद्वान केनेथ वाल्ट्ज (Kenneth Waltz) का भी मानना है कि राष्ट्रों के मध्य निरपेक्ष लाभ (absolute gain) की बजाय सापेक्षिक लाभ (Relative gain) का मुख्य कारण अविश्वास (lack of trust) ही है। यह अविश्वास परस्पर संचार (communication) के अभाव के कारण होता है। चूंकि शीतकालीन राजनीति में दोनों ही महाशक्तियां परस्पर संचार

व सूचनाओं का आदान प्रदान नहीं कर रही थी इसलिए यह सुरक्षा दुविधा एवं अविश्वास अपने चरम स्तर पर दृष्टिगोचर हुआ। इस प्रकार शीतयुद्ध एक रणनीतिक एवं मनोवैज्ञानिक युद्ध था। जिसमें मनोवैज्ञानिक स्तर पर दबाव उत्पन्न करने के लिये दोनों ही राष्ट्रों ने सैनिक गठबंधन एवं प्रति संतुलनकारी सैनिक गठबंधनों का निर्माण किया। इस प्रकार शीत युद्ध यर्थाथवादी नजरिये से उस बिलिआर्ड बॉल (Billiard ball) मॉडल की सत्यता को प्रमाणित करता है जिसमें एक राष्ट्र की क्रिया अवश्यंभावी रूप से दूसरे राष्ट्र की प्रतिक्रिया स्वरूप बाध्यता बन जाती है।

शीतयुद्ध : ऐतिहासिक परिप्रेक्ष्य

विचारकों के अनुसार, शीतयुद्ध की उत्पत्ति वर्ष 1917 से ही देखी जा सकती है। जब रूस में साम्यवादी क्रांति के पश्चात् साम्यवादी व्यवस्था की स्थापना हुई। जिसका मूल उद्देश्य पूरी दुनिया में साम्यवाद का प्रसार था। अतः यह पूंजीवादी उदारवादी राज्यों के सम्मुख एक बड़ी वैचारिक चुनौती के रूप में सामने आया। वस्तुतः साम्यवाद बनाम पूंजीवाद का संघर्ष दोनों विश्वयुद्धों के काल में देखा जा सकता है। विशेषकर जब अमेरिकी यूरोपीय देशों ने हिटकर के प्रति तुष्टीकरण की नीति अपनायी। यह भी उल्लेखनीय है कि सोवियत संघ की साम्यवादी सरकार को अमेरिका ने वर्ष 1933 तक कूटनीतिक मान्यता भी नहीं दी थी। अतः स्वाभाविक रूप में जहां स्टालिन ने पूंजीवादी देशों को साम्यवाद के विरूद्ध घेरा बनाने के लिये दोषी ठहराया, तो वहीं अमेरिकी यूरोपीय देशों ने साम्यवाद को गैर–लोकतांत्रिक अधिनायकवादी शासन व्यवस्था के रूप में चित्रित किया। द्वितीय विश्वयुद्ध के समय, 1941 में जब हिटलर ने सोवियत संघ पर आक्रमण किया तब जर्मनी के विरूद्ध ब्रिटेन तथा अमेरिका ने दूसरा मोर्चा नहीं खोला। सोवियत संघ को यह लगा कि यूरोपीय अमेरिकी देश सोवियत संघ के विनाश की इच्छा रखते हैं। हालांकि बाद में, साम्यवादी रूस तथा पश्चिमी राज्यों के मध्य पारस्परिक सहायता संबंध जर्मनी के विरोध में स्थापित हुए। ऐसा प्रतीत होने लगा कि पूर्व एवं पश्चिम के बीच संबंधों का नया दौर प्रारंभ होगा। परन्तु यह भी अनभिज्ञ नही कि दोनों ही महाशक्तियाँ द्वितीय विश्व युद्ध से ही पारस्परिक सन्देहजनक स्थिति से गुजर रहे थे। सोवियत संघ

का मानना था कि पश्चिमी देश हिटलर की तुष्टीकरण नीति तथा परमाणु बम के निर्माण की जानकारी को गुप्त रखने का प्रयास कर रहे थे। वहीं अमेरिका सोवियत संघ के द्वारा साम्यवाद प्रसार से भयभीत था। अन्ततः विचारकों ने शीतयुद्ध के उत्पन्न होने में वस्तुनिष्ठ स्थिति की जगह, परस्पर त्रुटिपूर्ण प्रत्यक्षण को ज्यादा उत्तरदायी माना। युद्धोपरान्त दोनों ही राष्ट्र एवं महाशक्तियाँ एक–दूसरे के लिये अजनबी बन गये तथा दो स्पष्ट राजनैतिक इकाइयों में विभक्त हो गये। निःसन्देह शीतयुद्ध, द्विध्रुवीकरण के रूप में उजागर हुआ।

शीत युद्ध : विभिन्न चरण (Cold War : Different phases)

अन्तर्राष्ट्रीय संबंधों में शीत युद्ध का काल सामान्यतः 1945 से लेकर सोवियत संघ के विघटन 1991 तक रहा। इस अवधि में शीतयुद्ध कई चरणों से होकर गुजरता है। इसके प्रथम चरण को हम वर्ष 1945–1953 अर्थात् द्वितीय विश्व युद्ध के बाद के काल से देखते हैं। जिसमें विश्व स्तर पर विभिन्न गुटों में प्रतिस्पर्धा, प्रतिबद्धतायें, गठबन्धन तथा गुट–निरपेक्ष आंदोलन में देशों का संग्लन देखने को मिलता है। द्वितीय चरण वर्ष 1953–1963 अर्थात् क्यूबा मिसाईल संकट तक रहा। इस चरण में विशेषता मुख्यतः दोनों महाशक्तियों के मध्य अत्यधिक तनाव में वृद्धि तथा शीत युद्ध के संकट का गहराना था। जिसमें प्रमुख भूमिका दोनों देशो में नेतृत्व की रही। जहां पश्चिमी देशों का नेतृत्व आइजन हॉवर कर रहे थे तो वही खुश्चैव शांति तथा युद्ध की बातों में घनिष्ट रूप से सम्बद्ध थे, और स्टालिन के बाद पूर्वी देशों के नेतृत्व की बागडोर संभाले हुये थे। तीसरा चरण वर्ष 1964 से 1978 तक चला। यह चरण कई महाशक्तियों की शक्ति ह्रास को दर्शाता है। जहां एक ओर अमेरिका के लिये वियतनाम एक समस्या बना हुआ था, वहीं सोवियत संघ चीन के साथ बिगड़े हुये संबंध तथा वारसा पैक्ट व पूर्वी यूरोपीय देशों द्वारा सोवियत संघ के विरोध की समस्या में उलझा रहा। अतः इसे हम तनाव शैथिल्य या देतान्त काल के चरण के रूप में भी देखते हैं। शीत युद्ध का चौथा चरण वर्ष 1979 से 1987 तक रहा जिसे हम सोवियत संघ द्वारा अफगानिस्तान में हस्तक्षेप के रूप में देखते हैं। यह शीत युद्ध के पुनःउत्थान का काल था। अतः 1987 के बाद का काल गोर्बाचोव की

रणनीति तथा तनाव शैथिल्य के नाम से जाना जाता है। जिसके परिणामस्वरूप सोवियत संघ का विघटन तथा शीत युद्ध का औपचारिक रूप में अंत हो गया।

शीत युद्ध के कारणों को इसके निम्न विभिन्न चरणों द्वारा समझा जा सकता है :–

प्रथम चरण : 1945–1953

वर्ष 1945 में दोनों महाशक्तियों के द्वारा विश्व शांति के लिये सैन फ्रांसिस्को (San Franscisco) बैठक में संयुक्त राष्ट्र संघ की स्थापना हुई। परन्तु द्वितीय विश्व युद्ध के पश्चात् यूरोप में उत्पन्न हुई शक्ति निर्वात (Power Vaccum) को भरने के लिये सोवियत संघ तथा अमेरिका के मध्य प्रतिस्पर्धा आरंभ हो गई। फलस्वरूप याल्टा सम्मेलन (Yalta Conference) तथा अटलांटिक चार्टर (Atlantic Charter) में किये गये समझौते तिरोहित हो गये। इस सम्मेलन के तहत समझौते में कहा गया था कि द्वितीय विश्वयुद्ध के पश्चात् राज्यों को आत्मनिर्धारण की मान्यता दी जाएगी। साथ ही पूर्वी यूरोप में लोकतांत्रिक व्यवस्था को स्थापित किया जाएगा एवं जर्मनी को विसैन्यीकृत करके उसका आर्थिक पुनर्निर्माण किया जाएगा। परन्तु व्यावहारिक रूप में यूरोप में जर्मनी, यूनान, पौलेन्ड तथा एशिया गें जापान तथा कोरिया मुद्दों पर महाशक्तियों के बीच परस्पर संघर्ष प्रारम्भ हो गया और दोनों ही महाशक्तियां अपने प्रभुत्व के विस्तार में लग गई। विचारकों के अनुसार वर्ष 1945 का फुल्टन भाषण (Fulton Speech) शीत युद्ध के प्रारम्भ का कारण बना। जिसमें ब्रिटिश प्रधानमंत्री चर्चिल (Churchill) ने सोवियत संघ को यूरोप में बन रहे लोहे के पर्दे (Iron Curtain) के रूप में चित्रित किया तथा अमेरिकी राष्ट्रपति ट्रूमैन (Trumen) ने स्पष्ट घोषणा की कि साम्यवादी शक्तियों के विरूद्ध अमेरिका अपने मित्रों की रक्षा करेगा।

वर्ष 1947 की मार्शल योजना (Marshall Plan) के तहत यूरोपियन रिकवरी प्रोग्राम, यूरोप की सामाजिक–आर्थिक सहायता, इस दिशा में एक बड़ा कदम था। जिसका मूल उद्देश्य यूरोप में बढ़ते हुए साम्यवादी प्रभाव को नियन्त्रित करना था। साथ ही अमेरिकी प्रभाव में इजाफा करना था।

जिसकी पूर्ति के लिये अमेरिका ने मुनरो डाक्ट्रिन (Munroe Doctrine) का परित्याग करके 'डॉलर डिप्लोमैसी' (Dollar Diplomacy) का प्रयोग किया तथा अमेरिकी राष्ट्रपति ट्रूमैन ने साम्यवाद को घेरने की नीति अपनायी तथा अमेरिका के नेतृत्व में नाटो का विस्तार हुआ। साथ ही दक्षिण–पूर्वी एशियाई देशों विशेषकर वियतनाम, कंपूचिया और लाओस में अपने प्रभाव को बढ़ाने तथा साम्यवादी प्रसार को रोकने के लिये सीटो (SEATO) एवं सेंटो (SENTO) का निर्माण किया।

वहीं दूसरी ओर सोवियत संघ ने ट्रूमैन सिद्धान्त तथा मार्शल योजना की विरोध प्रतिक्रिया के तहत पूर्वी यूरोपीय देशों का सोवियतिकरण करना प्रारम्भ कर दिया। बर्लिन की नाकाबंदी इसका प्रबल साक्ष्य है। साथ ही प्रतिकार्यवाही के रूप में सोवियत संघ ने मॉलोटोव योजना (Malotov Plan) बनाई। जिसके तहत उसने पारस्परिक आर्थिक सहायता समिति (Council of Mutual Economic Assistance- COMECON) का निर्माण किया ताकि समाजवादी राज्यों (पूर्वी यूरोप) की आर्थिक सुदृढ़ता के लिये काम किया जा सके। जिसके लिये उसने वर्ष 1948 में साम्यवादी सूचना केंद्र (Communist Information - COMINFORM) की स्थापना की, जिससे साम्यवादी दलों की नीतियों में सामजंस्य स्थापित किया जा सके। वर्ष 1949 में चीन में साम्यवाद की स्थापना, साम्यवादी विचारधारा की विजय के रूप में सामने आई। साथ ही सोवियत संघ द्वारा याल्टा तथा पोस्टडैम सम्मेलन (Yalta and Postdam Summit) की संधियों का उल्लंघन करने से रोमानिया, पोलैण्ड, यूगोस्लाविया, चेकोस्लोवाकिया, हंगरी तथा अल्बानिया जैसे राष्ट्र स्वंय उसके प्रभाव में आ गये।

सोवियत संघ द्वारा कोमीकॉन तथा अमेरिका द्वारा मार्शल योजनाओं ने दोनों महाशक्तियों के मध्य तनाव में बढ़ोतरी की। जो शीतयुद्ध के आकस्मिक कारण के रूप में हमारे समक्ष प्रस्फुटित हुई।

सोवियत संघ के नेता स्टालिन के उद्देश्य थे;

1) द्वितीय विश्वयुद्ध में प्राप्त बढ़त को बनाये रखने के लिये केन्द्रीय यूरोप पर नियंत्रण की आवश्यकता।

2) अमेरिका तथा नाटो के साथ सीधे संघर्ष से परहेज।

3) स्टालिन के अनुसार अमेरिका अंततः यूरोप से स्वयं को अलग कर, पुनःपृथक्तावादी नीतियों का पालन करेगा।

4) बर्लिन के मुद्दे पर सोवियत संघ का पश्चिमी शक्तियों को पीछे धकेलने की रणनीति।

5) वार्सा समझौते (Warsaw Pact) का गठन।

अमेरिका की प्रतिक्रिया

1) अमेरिकी राष्ट्रपति ट्रूमेन द्वारा साम्यवाद के प्रसार को रोकने के लिये अनेक रणनीतियों का प्रयोग किया गया। जैसे अमेरिकी विदेशी विभाग के पदाधिकारी जार्ज एफ. कैनान (George. F. Kennan) के तर्क पर आधारित सोवियत संघ को प्रत्येक बिन्दु पर शक्ति द्वारा नियंत्रित करने की रणनीति।

2) नाटो (NATO), सीटो (SEATO) एवं सेन्टो (CENTO) जैसे सैन्य संगठन का निर्माण।

3) मार्शल योजना (Marshall plan)

4) सोवियत संघ को एशिया से पीछे करने एवं जापान को सुरक्षित रखने की रणनीति।

यह उल्लेखनीय है कि 1949 से पहले केवल अमेरिका के पास परमाणु हथियार थे। किन्त फिर भी अमेरिका ने सोवियत संघ के साथ सीधे टकराव की रणनीति नहीं अपनायी। जिसके निम्नलिखित उदाहरण इस प्रकार हैं :–

1) सोवियत संघ द्वारा पश्चिमी बर्लिन तथा पश्चिमी जर्मनी के बीच सड़क तथा रेल यातायात को पूरी तरह से घेराबंदी कर देने पर भी अमेरिका ने कोई प्रत्यक्ष कार्यवाही नहीं की अपितु वायुयान के माध्यम से बर्लिन में खाद्य सामग्री की आपूर्ति की।

2) कोरिया के मुद्दे पर भी चीन की आक्रामक रणनीति के बावजूद भी अमेरिका ने चीन पर आक्रमण नहीं किया। जबकि अमेरिकी सेनापति मैकआर्थर (McArthur) चीन पर आक्रमण करने के

समर्थन में थे क्योंकि चीन, दक्षिण कोरिया में कम्युनिस्ट सत्ता स्थापित करने के लिये उत्तरी कोरिया का साथ दे रहा था।

अतः शीतयुद्ध के आरभिंक दिनों में अमेरिका तथा पश्चिमी यूरोपीय देशों ने सोवियत संघ द्वारा मध्य यूरोप पर नियंत्रण की निन्दा की। परन्तु इसे छीनने का सीधा प्रयास नहीं किया। बल्कि वर्ष 1956 तक अमेरिका की रणनीति सिर्फ सोवियत प्रभुत्व को यूरोप में कमजोर तथा विफल करना था।

द्वितीय चरण : 1953–1963

1) राष्ट्रपति आइजन हॉवर (Eisen-Hower) एवं शीतयुद्ध में अमेरिका की आक्रामक रणनीति – इस दौरान राष्ट्रपति आइजन हॉवर एवं विदेश सचिव जॉन फॉस्टर डलेस (John Foster Dullas) ने कगारवाद के सिद्धान्त (Policy of Brinkmanship) का प्रयोग किया। डलेस के अनुसार, इसका मूल उद्देश्य मध्य यूरोप को सोवियत संघ के प्रभुत्व से मुक्त कराना है। अतः इन्होंने सोवियत संघ को बिल्कुल पीछे धकेलने की रणनीति अपनाई, जहां उसे समझौता करने के लिए बाध्य किया जा सके। परन्तु व्यावहारिक रूप में देखा जाये तो अमेरिका ने उस वक्त आक्रामक रणनीति से परहेज किया। विचारकों के अनुसार, अमेरिका के यूरोपीय मित्र भी आक्रामक रणनीति के समर्थक नहीं थे। 1956 में सोवियत संघ द्वारा हंगरी में उत्पन्न विद्रोह का दमन करने के लिये सोवियत संघ ने सैन्य बल का प्रयोग किया लेकिन फिर भी अमेरिका ने इसमें सीधे हस्तक्षेप नही किया।

2) ख्रुश्चेव (Khrushchev) की रणनीति – 1953 में सोवियत संघ के नये नेता ख्रुश्चेव ने मोर्चे को सम्भाला तथा शीतयुद्ध में अमेरिकी प्रभुत्व को कम करने के लिये निम्नलिखित रणनीति का प्रयोग किया–

(क) अमेरिका की निवारक क्षमता को निष्क्रिय करना।

(ख) पाश्चात्य देशों की औद्योगिक क्षमता की बराबरी करना। क्योंकि सोवियत संघ, अमेरिका तथा पाश्चात्य यूरोपीय देशों की तुलना में पिछड़ा राष्ट्र था।

(ग) ख्रुश्चेव ने तीसरी दुनिया के देशों में राष्ट्रीय मुक्ति आन्दोलन का पूर्ण समर्थन किया। जिससे नव स्वतंत्र विकासशील देशों और सोवियत संघ के मध्य एक गठबन्धन की स्थापना हो सके और अमेरिकी शक्ति को प्रति संतुलित किया जा सके।

(घ) शीतयुद्ध बढ़ने के साथ ही, नए क्षेत्रों को नियंत्रित करने की प्रतिस्पर्धा भी तीव्र हो गई।

3) सीटो (SEATO) एवं वार्सा पैक्ट (Warsaw Pact) – अमेरिका द्वारा सामाजिक तथा आर्थिक आक्रमण को बनाये रखने के लिये उसने नाटो के समान सीटो तथा मीडो सैन्य संगठनों का निर्माण किया। ये संगठन मुख्यतः दक्षिण पूर्वी एशिया तथा मध्य पूर्व में साम्यवाद के प्रचार को रोकने के लिये बनाये गए। उसी प्रकार 1955 में सोवियत संघ ने साम्यवादी सैन्य संगठन का निर्माण किया जिसे वार्सा पैक्ट का नाम दिया गया। इसमें पूर्वी यूरोपीय समाजवादी राज्य शामिल थे। इसका उद्‌देश्य पूंजीवाद तथा साम्राज्यवाद के प्रसार को रोकना था।

4) हिन्द–चीन (Indo-China) का गृह युद्ध – हिन्द–चीन को लेकर दोनों महाशक्तियों (अमेरिका तथा सोवियत संघ) के मध्य संघर्ष तथा उग्रता का दौर प्रारंभ हुआ। हिन्द–चीन के राष्ट्र कंबोडिया, लाओस और वियतनाम, सोवियत संघ एवं फ्रांसिसी आधिपत्य के खिलाफ संघर्षरत थे, तो वहीं फ्रांस को अमेरिका का समर्थन प्राप्त था। परिणामस्वरूप 1954 के जेनेवा समझौते के पश्चात् वियतनाम पर फ्रांसिसी आधिपत्य समाप्त होने के साथ ही होची मिन्ह (Ho Chi Minh) ने जनवादी गणतंत्र की स्थापना की। परन्तु समझौते के अनुसार वियतनाम को दो हिस्सों उत्तरी तथा दक्षिणी वियतनाम में बांट दिया गया तथा 1956 के चुनावों के बाद देश को पुनः एक करने की व्यवस्था की गई। अतः वर्ष 1953 से 1970 के बीच दोनो महाशक्तियों के मध्य संबंधों में वियतनाम युद्ध तनाव का भारी कारण बना।

5) यू–2 विमान दुर्घटना तथा पेरिस शिखर सम्मेलन की विफलता– अमेरिका अपने यू–2 जासूसी विमान के जरिए सोवियत संघ की विभिन्न कार्यों पर नजर रखता था जो सामरिक रूप से महत्वपूर्ण थी। परन्तु 1 मई 1960 को अमेरिका का एक यू–2 विमान सोवियत संघ की सीमा में 2 हजार किलोमीटर तक घुस आया। जिसे सोवियत संघ ने रॉकेटों की मदद से गिरा दिया। इस विमान से जासूसी उपकरण आदि बरामद हुए। पेरिस शिखर सम्मेलन में प्रधानमंत्री ख्रुश्चेव ने इसे जासूसी कार्यवाही कहते हुए निन्दा की। वहीं अमेरिकी राष्ट्रपति आइजन–हॉवर की यह मान्यता थी कि सोवियत संघ की सामरिक गतिविधियाँ बहुत ही अधिक गुप्त रहती हैं। जिससे सोवियत संघ कभी भी अमेरिका पर आकस्मिक आक्रमण कर सकता है। अतः इसे रोकने के लिये ऐसी जासूसी कार्यवाही आवश्यक है तथा अमेरिका ऐसा सदैव करता रहेगा। इस घटना के कारण पेरिस शिखर सम्मेलन विफल हो गया। जिसने अन्तर्राष्ट्रीय तनाव में असीम वृद्धि की।

6) बर्लिन दीवार संकट (Berlin Wall Crisis) – बर्लिन नाकेबन्दी के बाद बर्लिन का पूर्वी तथा पश्चिमी बर्लिन में औपचारिक रूप से विभाजन हो गया। सोवियत संघ ने 1961 में बर्लिन को विभाजित करते हुए मीलों लंबी दीवार का निर्माण करा दिया। ताकि पूर्वी बर्लिन से शरणार्थी भागकर पश्चिमी बर्लिन में न जा सके। अमेरिका ने सोवियत संघ के इस रवैये का कड़ा विरोध किया। क्योंकि ऐसा प्रतीत होने लगा कि सोवियत संघ यूरोप को पूर्ण रूप से विभाजित कर अपना वर्चस्व स्थापित करने में लगा हुआ है।

7) क्यूबा मिसाइल संकट (Cuban Missile Crisis) – क्यूबा वेस्ट इंडीज के बड़े द्वीपों में से एक है। इसके पड़ोसी देश अमेरिका, मैक्सिको, जमैका तथा हैती है। यह अमेरिका की मुख्य भूमि से सिर्फ 140 किलोमीटर की दूरी पर स्थित है। वर्ष 1959 में फिदेल कैस्ट्रो (Fidel Castro) ने क्यूबा की सत्ता की बागडोर सम्भालने के साथ ही कम्यूनिष्ट तानाशाही को जन्म दिया।

परन्तु क्यूबा के उद्योगों में अमेरिकी पूंजी का वर्चस्व था। और इन उद्योगों पर कैस्ट्रो सरकार ने कब्जा कर लिया। जब फिडेल कैस्ट्रो को आभास हुआ कि अमेरिका किसी भी वक्त क्यूबा पर आक्रमण कर सकता है तो उसने सोवियत संघ से सैनिक तथा आर्थिक सहायता की मांग की। फलस्वरूप सोवियत संघ ने क्यूबा को शस्त्र विशेषकर परमाणु प्रक्षेपास्त्र (Nuclear Missiles) प्रदान किये। इससे सोवियत संघ को अमेरिका द्वारा जगह–जगह बनाये जा रहे सैन्य बेस तथा उसकी बढ़ती शक्ति को रोकने का मौका मिल गया। कैस्ट्रो के कहने पर सोवियत संघ ने जल्दी ही क्यूबा में मिसाइल लगाने का कार्यक्रम शुरू कर दिया। अमेरिका के तत्कालीन राष्ट्रपति जॉन कैनेडी ने क्यूबा की नाकेबंदी शुरू कर दी तथा क्यूबा की समुद्री सीमा में जहाजों के आवागमन पर रोक लगा दिया ताकि सोवियत सैन्य हथियारों को क्यूबा जाने से रोका जा सके। केनेडी ने सोवियत संघ को चेतावनी दी कि यदि क्यूबा से किसी भी प्रकार का मिसाइल आक्रमण होता है तो सोवियत संघ को दोषी माना जाएगा तथा अमेरिका इसका उचित जवाब भी देगा।

क्यूबा संकट ने तीसरे विश्व युद्ध की आशंका को ओर भी प्रबल कर दिया तथा शीतयुद्ध को उसकी चरम सीमा पर पहुंचा दिया। जिससे सोवियत संघ और अमेरिका के मध्य सशस्त्र संघर्ष की संभावनाऐं और भी अधिक हो गई। परन्तु यहाँ ख्रुश्चेव ने 1962 में क्यूबा से अपनी मिसाइलें तथा सैनिक अड्डे हटाकर अपनी दूरदर्शिता तथा समझदारी का लौहा पूरी दुनिया से मनवा लिया। ख्रुश्चेव और कैनेडी के मध्य हुए समझौते ने विश्व को परमाणु विनाश से बचा लिया।

तृतीय चरण : वर्ष 1964–1978

(तनाव शैथिल्य या देतान्त काल)

देतान्त (Detente) शब्द की उत्पत्ति फ्रैंच भाषा में हुई है जिसका अर्थ होता है तनाव में कमी। इसे तनाव शैथिल्य नाम से भी जाना जाता है। इसका प्रयोग सोवियत संघ तथा अमेरिका के मध्य बढ़ रहे सहयोग तथा

मैत्रीपूर्ण संबंधों को दर्शाने के लिये किया गया। अमेरिकी राष्ट्रपति जॉनसन और निक्सन ने तनाव को कम करने के लिये सोवियत संघ के राष्ट्रपति ब्रेझनेव (Brezhnev) के साथ महत्वपूर्ण पहल की और दोनों महाशक्तियों के मध्य निम्नलिखित मुद्दों पर सकारात्मक पहल हुई–

1) हथियारों को नियंत्रित करने के समझौते।
2) यूरोप में तनाव को घटाने पर सहमति।
3) अमेरिका तथा सोवियत संघ के मध्य हॉटलाइन की स्थापना।
4) सोवियत संघ तथा पश्चिमी यूरोपीय देशों के बीच वार्ता का आरम्भ।
5) पूर्वी तथा पश्चिमी जर्मनी के मध्य भी तनाव को घटाने पर सहमति।
6) अमेरिका और चीन के मध्य संबंधों का निर्माण।

यही कारण था कि 1963 से 1978 तक के काल को शीतयुद्ध में तनाव शैथिल्य का चरण माना जाता है। जिसकी व्याख्या सोवियत संघ तथा अमेरिका ने विभिन्न रूपों में व्यक्त की।

सोवियत संघ का पक्ष

क) विचारकों के अनुसार इस काल में सोवियत संघ शक्तिशाली बनकर उभरा।

ख) सामरिक क्षेत्र में सोवियत संघ ने अमेरिका की बराबरी की।

ग) आर्थिक क्षेत्र में उल्लेखनीय प्रगति।

घ) पश्चिमी दुनिया में अब सोवियत संघ को ज्यादा महत्व दिया गया।

अमेरिका का पक्ष

क) राष्ट्रपति निक्सन सोवियत संघ की विध्वंसक क्षमता को सीमित करना चाहते थे।

ख) अमेरिका ने सोवियत संघ के विस्तार और वृद्धि को नियंत्रित करने के लिए कूटनीतिक माध्यमों का प्रयोग प्रारंभ कर दिया।

ग) 1970 के दशक में अमेरिका और चीन के मध्य संबंधों की स्थापना के फलस्वरूप समाजवादी सुदृढ़ता की धारणा विघटित हो गई, जो अमेरिका के लिये महत्वपूर्ण राजनीतिक विजय थी।

घ) अब विश्व में साम्यवादी शक्ति एकीकृत नहीं रही।

ड़) अमेरिकी विदेशनीति में चीन का तुष्टिकरण किया गया।

शीतयुद्ध के शैथिल्य में सबसे उल्लेखनीय घटना 1972 में सामरिक हथियार परिसीमन संधि (SALT-I) पर हस्ताक्षर, 1973 में हैलंसिकी (Helsinki) सम्मेलन तथा 1977 में यूरोपीय सुरक्षा बैठक की समीक्षा हेतु बेलग्रेड सम्मेलन (Belgrade Summit) माने जाते हैं। इन सम्मेलनों के द्वारा महाशक्तियों ने यूरोप में यथास्थिति बनाए रखने का निर्णय किया तथा पश्चिमी यूरोपीय देशों ने सोवियत संघ के साथ संबंधों को बेहतर बनाने का प्रयत्न किया।

चतुर्थ चरण : वर्ष 1979–1987 (नवशीत युद्ध – New Cold War)

सोवियत संघ द्वारा वर्ष 1979 में अफगानिस्तान में हस्तक्षेप के द्वारा हेलंसिकी भावना विलुप्त हो गई और शीतयुद्ध की शिथिलता भी समाप्त हो गई। सोवियत संघ का मानना था कि हेलंसिकी में हुए समझौते का संबंध केवल यूरोपीय महाद्वीप से था न कि अफगानिस्तान से। सोवियत संघ ने अफगानिस्तान में सैनिक हस्तक्षेप करना प्रारंभ कर दिया। उसने अफगानिस्तान के नए राष्ट्रपति बाबरक करमाल (Babrak Karmal) की सहायता के लिये लगभग 90,000 सैनिक अफगानिस्तान भेजे। परन्तु यह सोवियत संघ का मात्र दिखावा था और जल्द ही सोवियत संघ ने अफगान के प्रमुख नगरों, रेडियो स्टेशन व हवाई अड्डों पर कब्जा कर लिया। हालांकि सोवियत संघ ने उसी गलती को दोहराया जैसा अमेरिका ने वियतनाम में की थी। अतः अफगानिस्तान में सोवियत संघ के हस्तक्षेप से दोनों महाशक्तियों के मध्य तनाव में वृद्धि हुई। फलस्वरूप अमेरिकी काँग्रेस ने साल्ट–2 (SALT-II) की अभिपुष्टि करने से मना कर दिया। तथा राष्ट्रपति कार्टर ने सोवियत संघ

को निर्यात किए जाने वाले अन्न एवं उच्च तकनीक पर आंशिक प्रतिबंध लगा दिया। साथ ही 1980 में मॉस्को (Moscow) में होने वाले ओलम्पिक खेल में भी हिस्सा नहीं लिया। जनवरी 1980 में सुरक्षा परिषद् बैठक में सोवियत हस्तक्षेप की निन्दा की गई और मित्र राज्यों से अनुरोध किया कि वे सोवियत संघ को किसी भी प्रकार की सहायता प्रदान न की जाये। इस पर सोवियत संघ ने अपने बचाव पक्ष में कहा कि अफगानिस्तान के पूर्व शासक सोवियत शत्रुओं (अमेरिका, ईरान और पाकिस्तान) के साथ मिलकर सोवियत संघ के खिलाफ साजिश कर रहे हैं। यह दलील किसी को भी संतुष्ट नहीं कर पायी। अमेरिका ने इसे सोवियत संघ का जानबूझकर उठाया गया आक्रमणकारी कदम बताया। वास्तव में देखा जाये तो नवशीत युद्ध साम्यवाद बनाम पूंजीवाद नहीं बल्कि सोवियत संघ व अमेरिका के मध्य था।

जिम्मी कार्टर (Jimmy Carter) तथा रॉनाल्ड रीगन (Ronald Reagon) सिद्धान्त

अमेरिकी विदेश नीति में पहली बार सोवियत सैनिकों का सामना करने के लिये ठोस आक्रमक रणनीति का निर्माण किया गया। अमेरिका ने चीन, पाकिस्तान, संयुक्त अरब, मिस्त्र तथा ब्रिटेन जैसे देशों के साथ मिलकर सोवियत संघ के सैनिकों के विरूद्ध मुजाहिद्दीनों को समर्थन दिया। तथा पाकिस्तान ने इसमें अग्रणी राज्य की भूमिका का निर्वाह किया। कार्टर के पश्चात् राष्ट्रपति रीगन ने अत्यधिक आक्रामक रणनीति का प्रयोग किया, जिसकी विशेषताएं निम्नलिखित हैं –

1) यूरोप में प्रक्षेपास्त्रों की तैनाती
2) स्टार वार योजना
3) पूर्वी यूरोपीय राज्यों में मानवाधिकार आंदोलनों को बढ़ावा दिया गया।
4) अमेरिका के द्वारा अफ्रीका में जायरे, सूडान, कीनिया और मिस्त्र जैसे देशों को समर्थन दिया गया तथा ग्रेनेडा तथा निकारागुआ में अमेरिका ने हस्तक्षेप किया।

सोवियत संघ की स्थिति

1) सोवियत संघ ने अफ्रीकी महाद्वीप में इथोपिया, इरिट्रीया, सोमालिया तथा जिबूती में अपनी समर्थक सरकारों के निर्माण का प्रयत्न किया।
2) सोवियत संघ की अर्थव्यवस्था में 80 के दशक में गहरा संकट उत्पन्न हुआ।
3) इस आर्थिक संकट से सोवियत संघ की कमजोरी उजागर हुई। सोवियत संघ में आम उपभोक्ता वस्तुओं का अभाव हो गया तथा अब वह हथियारों की दौड़ बनाये रखने में सक्षम नहीं था।
4) शासन तथा प्रशासन मे भ्रष्टाचार को बढ़ावा मिला।
5) आर्थिक संकट के कारण अब सोवियत संघ पूर्वी यूरोपीय राज्यों का सहयोग करने में असमर्थ हो गया तथा घरेलू परिस्थितियों के परिणामस्वरूप व्यवस्था में तत्काल सुधार की आवश्यकता थी।

मिखाइल गोर्बाचोव (Mikhail Gorbachev) की रणनीति तथा तनाव शैथिल्य–II

वर्ष 1985 में गोर्बाचोव सत्ता मे आए तथा उनके अथक प्रयास व संघर्षों के कारण ने फिर से तनाव में नरमी का माहौल बना। उनके सामने घरेलू संकट का सामना करने के दो विकल्प विद्यमान थे। पहला, भीषण शक्ति का प्रयोग करके लोगों पर शासन बनाए रखना तथा दूसरा, लोगों को साथ लेते हुए सुधार करना। गोर्बाचोव ने दूसरे विकल्प को ज्यादा महत्वपूर्ण माना और संयुक्त राष्ट्र संघ में नई सोच की विदेश नीति का नारा दिया। गोर्बाचोव ने अमेरिकी राष्ट्रपति रोनाल्ड रीगन के साथ मिलकर निम्नलिखित तत्वों को संचालित किया।

1) किसी वर्ग विशेष के हितों से ज्यादा महत्वपूर्ण मानवीय हित है।
2) विश्व की क्रमिक आत्मनिर्भरता पर चर्चा।
3) परमाणु हथियारों के युग में किसी का भी विजेता होना असंभव है।

4) सुरक्षा राजनीतिक माध्यमों के द्वारा होनी चाहिए न कि सैन्य तरीकों के द्वारा।

5) सुरक्षा पारस्परिक होनी चाहिए। यदि विश्व का एक भाग असुरक्षित हो तो दूसरा भाग सुरक्षित नहीं हो सकता।

गोर्बाचोव की नई सोच की विदेशनीति तात्कालिक आवश्यकता की मांग थी। क्योंकि घरेलू सुधारों की पूर्व शर्त शांति और स्थायित्व बनाए रखना था। यह बिन्दु उल्लेखनीय है कि गोर्बाचोव ने सोवियत संघ को महाशक्ति के रूप में बनाए रखने का आश्वासन दिया। लेकिन उन्होंने सोवियत संघ की भूमिका को विश्व में अलग रूप में परिभाषित किया। उस समय उनके समक्ष शांति एवं समाजवाद दो विकल्प मौजूद थे तथा सबसे बड़ी चुनौती दोनों विकल्पों में से एक के चयन की थी। गोर्बाचोव ने अपनी दूरदर्शिता से दोनों को समन्वित करने का प्रयत्न किया। उन्होंने समाजवाद को ज्यादा कुशल एवं खुला बनाने का नारा दिया। इसी संदर्भ में उन्होंने पेरेस्त्रेइका और गलासनोत्स की घोषणा की। आलोचकों के अनुसार, गोर्बाचोव ने साम्यवाद को दफन कर दिया। जबकि अमेरिकी यूरोपीय लोगों ने गोर्बाचेव की नई सोच की विदेशनीति को महज नारा करार दिया। गोर्बाचोव ने यूरोपीय यूनियन, चीन, अमेरिका को यह आश्वासन दिया कि सोवियत संघ उनके लिए खतरा नहीं है। फलस्वरूप गोर्बाचोव की सुधार की नीतियों के विरूद्ध सोवियत संघ में दो प्रकार की प्रतिक्रियायें उत्पन्न हुई –

1) उदारवादियों ने अधिक सुधारों की मांग उठायी तथा कट्टरपंथियों ने सुधारों का कड़ा विरोध किया।

2) गोर्बाचोव ने अफगानिस्तान से सोवियत सेनाओं की वापसी का आदेश दिया तथा अमेरिका के साथ निरंतर बेहतर संबंधों को बढ़ावा दिया।

पेरेस्त्रेइका (Perestroika) का अर्थ है पुननिर्माण, जिसके अन्तर्गत आर्थिक सुधार कार्यक्रमों तथा आर्थिक व राजनैतिक संस्थाओं का ढांचागत पुनःनिर्माण किया जाता है।

ग्लासनोस्त (Glasnost) को खुलेपन (Openess) की नीति भी कहा जाता है इसके अन्तर्गत विचारों को अभिव्यक्ति की स्वतंत्रता, समाचार पत्रों तथा मीडिया को सरकारी नियंत्रण से मुक्ति तथा प्रकाशन इत्यादि से सेंसरशिप को समाप्त करने का प्रयास किया जाता है।

इस प्रकार गोर्बाचोव ने राष्ट्रपति रीगन तथा बाद में राष्ट्रपति बुश के साथ शिखर बैठकों में विश्वशांति के लिये प्रयास किये तथा दोनों महाशक्तियों ने सामरिक हथियार परिसीमन संधि (START) की दिशा में कार्य भी किया। दोनों महाशक्तियों के प्रयास से पारस्परिक तनाव के स्थान पर सहभागिता तथा सहयोग प्रारंभ हो गये तथा वैचारिक मतभदों में कमी आई।

शीतयुद्ध की समाप्ति तथा सोवियत संघ का विघटन

विचारकों के अनुसार नई सोच की विदेशनीति के तहत गोर्बाचोव ने अफगानिस्तान तथा पूर्वी यूरोप से सेनाओं की वापसी का नारा दिया। पूर्वी यूरोपीय देशों गें लोकतंत्र की बहाली की मांग का सोवियत संघ द्वारा विरोध नहीं किया गया। अतः आर्थिक संकट तथा परिवर्तित क्षेत्रीय व वैश्विक परिस्थितियों के कारण सोवियत संघ का विघटन हो गया। इसे विश्व राजनीति में अत्यधिक निर्णायक घटना माना गया। क्योंकि एक महाशक्ति का पतन नाटकीय तथा शांतिपूर्ण रूप मे हुआ जिसे फ्रांसिसी फूकूयामा (Francis Fukuyama) ने अपनी पुस्तक 'End of History and the Last Man' में उदारवादी लोकतंत्र की सार्वभौमिक विजय के रूप में चित्रित किया।

विश्व राजनीति में 1990 के पश्चात् एक नई विश्व व्यवस्था का आविर्भाव तथा एक ध्रुवीय विश्व का उदय हुआ। जिसके साथ ही अमेरिका ने सम्पूर्ण विश्व पर अभूतपूर्व नियंत्रण स्थापित किया। शीतयुद्धोत्तर काल में रिचर्ड रोजेनक्रेन्स (Richard Rosencrance) की मान्यता सत्य साबित नहीं हुई जिसमें उन्होंने अमेरिका को एक सामान्य शक्ति कहा। परन्तु शीत युद्धोत्तर विश्व में बढ़ते अमेरिकी प्रभाव एवं शक्ति ने रोजेनक्रेन्स की मान्यता पर प्रश्न चिन्ह लगा दिया। 1989 में अमेरिका का पनामा पर आक्रमण, अमेरिका द्वारा कुवैत की ईराक के नियंत्रण से मुक्ति तथा खाड़ी युद्ध में अमेरिका द्वारा बेहतर सामरिक एवं सैन्य शक्ति का प्रदर्शन इस तथ्य को प्रमाणित भी करते हैं।

अतः अमेरिका ने विश्व व्यवस्था पर प्रभुत्व के द्वारा अन्तर्राष्ट्रीय शांति तथा सुरक्षा का दावा किया तथा लोकतंत्र की रक्षा व मानवाधिकार संरक्षण का नारा दिया। यथार्थवादियों के अनुसार 1990 में जार्ज बुश द्वारा दी गयी विश्व व्यवस्था की कल्पना अपूर्ण थी। क्योंकि शीतयुद्धोत्तर विश्व में सुरक्षा स्थायित्व या आर्थिक व्यवस्था की जगह, अराजकता तथा संघर्ष मूलरूप में देखने को मिलेगा। परन्तु यर्थाथवादियों ने अतीत में भी ऐसे विश्वव्यवस्था के निर्माण का दावा किया था, लेकिन वह असफल रही। इसलिए शीतयुद्ध को यथार्थवादी आशावादी रूप में नहीं देखते। जॉन मीरशाइमर (John Mearsheirmer) के अनुसार जैसे ही सोवियत संघ का विघटन हुआ, उसी के समानांतर दुनिया के अन्य भागों में जातीय तथा नृजातीय संघर्ष देखे गये। प्रसिद्ध विचारक सैमुअल.पी. हैटिंग्टन ने कहा कि 2001 के पश्चात् विश्व में नये प्रकार के संघर्ष देखे जायेंगे। चाहे युद्ध शीतकाल का हो या फिर आतंक के विरूद्ध संघर्ष, या फिर वैचारिक संघर्ष हो या सभ्यतागत। अतः उनके अनुसार नया विश्व शांतिपूर्ण नहीं रहेगा। जो हमें दुनिया में आतंकवाद, इस्लाम और उदारवादी लोकतंत्र के मध्य देखने को मिलता है। लेकिन आज राष्ट्र राज्य और मानवता के साझे हित में आवश्यक है कि परस्पर शांतिपूर्ण एवं सहअस्तित्व की विदेश नीति स्वीकार की जाये।

शीत–युद्धोत्तर विश्व व्यवस्था के संदर्भ में उदारवादियों के विचार

उदारवादियों के अनुसार, शीतयुद्धोत्तर विश्व व्यवस्था शांतिपूर्ण होगी। विश्व में आर्थिक उदारीकरण एवं बाजारीकरण का प्रभाव होगा या नियोजित अर्थव्यवस्था के बजाय मुक्त बाजार अर्थव्यवस्था को स्वीकार किया जाएगा। क्योंकि अधिकांश राष्ट्रों में नियोजित अर्थव्यवस्था की असफलता देख ली है। जैसा कि उदाहरण के रूप में देखा जा सकता है, कि सोवियत संघ द्वारा अपनायी गयी पेरोस्त्रे इका और ग्लासनोस्ट की नीतियों और पूर्वी यूरोपीय देशों व पूर्व के साम्यवादी देशों द्वारा अपनाया गया उदारवादी लोकतंत्र शीतयुद्ध के पश्चात् पश्चिमी उदारवादी लोकतांत्रिक व्यवस्था के विजय के रूप में है।

उदारवादी विचारधारा के अनुसार, शीतयुद्धोत्तर युग में अधिनायकवादी विचारधारा के स्थान पर लोकतांत्रिक व्यवस्था को अपनाया जाएगा। जिससे

आने वाला विश्व अधिक शांतिपूर्ण होगा तथा संयुक्त राष्ट्र संघ और विश्व व्यापार संगठन जैसी संस्थाओं के माध्यम से राष्ट्र–राज्य के मध्य छोटे–मोटे विवादों को भी दूर कर लिया जाएगा। अतः उदारवादी पूंजीवादी व्यवस्था और शांति को परस्पर पूरक मानते हैं। उनके अनुसार आने वाले समय में संघर्ष धीरे–धीरे समाप्त होते चले जायेंगे। क्योंकि जिस प्रकार आर्थिक एकीकरण के रूप में दुनिया का उदय हो रहा है एवं क्षेत्रीय संगठनों का विकास हो रहा है, इससे राष्ट्र–राज्यों में परस्पर अन्तनिर्भरता ज्यादा बढ़ेगी। इसलिए उदारवादी संप्रति वैश्वीकरण की घटना को अत्यधिक आशावादी और सकारात्मक दृष्टिकोण से देखते हैं।

नई विश्व व्यवस्था में सुरक्षा के बदलते आयाम

युद्धोत्तर विश्व व्यवस्था में सुरक्षा के आयाम भी बदल गये हैं। अब सुरक्षा का आशय अत्यन्त व्यापक रूप में लिया जा रहा है। शीतयुद्ध के समय सुरक्षा का आशय, संकीर्ण रूप में राज्यों की सैन्य व्यवस्था से लिया जाता था। लेकिन शीतयुद्धोत्तर युग में सुरक्षा को आर्थिक रूप में भी लिया जा रहा है। सुरक्षा के पर्यावरणीय आयाम भी देखे जा रहे है तथा सुरक्षा का अर्थ सामाजिक रूप में प्रतिपादित किया जा रहा है। आज सुरक्षा के लिए कोई राष्ट्र–राज्य केवल स्वयं द्वारा सुरक्षा निर्मित करने में समर्थ नहीं है। क्योंकि असुरक्षा के स्रोत विश्वव्यापी है। उदाहरण के लिए, पर्यावरण संकट हो या आतंकवाद, ये समस्यायें किसी एक राष्ट्र–राज्य की सीमा में केन्द्रित नहीं है। इसी प्रकार यदि आतंकवाद के खतरे को देखा जाये तो इस मान्यता में परिवर्तन करना होगा कि राज्य की सुरक्षा के लिये राज्य से ही खतरा होता है क्योंकि आजकल अलकायदा एवं इस्लामिक स्टेट जैसे गैर–राष्ट्रीय संगठन अनेक राज्यों की सुरक्षा के लिये सबसे बड़े खतरे बनकर उभरे हैं। अतः इस नई विश्व व्यवस्था में 'आतंक के विरूद्ध युद्ध' के नाम पर एक नया संघर्ष उभरता प्रतीत हो रहा है। जिसे सैमुअल पी. हैटिंगटन जैसे विचारक इन्हें सभ्यताओं के संघर्ष से जोड़कर देख रहे हैं।

Notes

1. http://www.americanforeignrelations.com/A-D/Cold-War-Origins-Genealogy-of-the-term.html

2. http://www.learner.org/workshops/primarysources/coldwar/docs/lippman.html

References

1. Applebaum, Anne, (2012), Iron Curtain: The Crushing of Eastern Europe, 1944-56, U.S.: Doubleday.
2. Baylis, John and Steve Smith, (2001), The Globalization of World Politics: An Introduction to International Relations, Newyork: Oxford University Press.
3. तायल, बी.बी. (2013), अन्तर्राष्ट्रीय संबंध, नई दिल्ली, सुल्तान चन्द एण्ड सन्स।
4. Carter, Jimmy, (1978), "The Common Purpose of the NATO Alliance", Addressed by the President Jimmy Carter on May 30, 1978 at the North Atlantic Council, [Online: web] Accessed on 18 February 2014, URL: http:èkèkwww2.gwu.eduèk~nsarchivèkcarterbrezhnevèkdocs_global_competitionèkTAB%206èkdoc02%20-%2019780530%20-%20The%20Common%20Purpose%20of%20the% 20NATO%20Alliance.pdf
5. Chomsky, Noam (1982), Towards a New Cold War: Essays on the Current Crisis and How we Got There, New York: Panthean.
6. वर्मा, दीनानाथ, (2001), अन्तर्राष्ट्रीय सम्बंध, नई दिल्ली : ज्ञानदा प्रकाशन।
7. Fukuyama, Francis, (1992), The End of History and the Last Man, Newyork: Free Press.
8. Gaddis, John Lewis, (1997), We Now Know: Rethinking Cold War History, Newyork: Oxford University Press.
9. Huntington, Samuel P. 'Clash Of Civilizations and Remaking of World Order',(1996),First published by Simon & Schuster and in India in Viking by Penguin Books India (P)Ltd.1997.
10. Kennedy, Paul, (2000), The Rise and Fall of the Great Powers: Economic Change and Military Conflit from 1500 to 2000, London: Fontana Press.
11. Mearsheimer, John J (2001), The Tragedy of Great Power Politics, New York: Norton.
12. Menon, K.P.S., (1966), India and the Cold War, Bhartiya Vidya Bhavan.
13. Morgenthau, H (1946), Politics among Nations: The Struggle for power and peace, Newyork: Knopf.
14. Rosecrance, Richard, (1973), International Relations: Peace and War, Newyork: Mcgraw Hill Book Company.
15. वरमानी, आर.सी. (2007), समकालीन अन्तर्राष्ट्रीय संबंध, नई दिल्ली : गीतांजली पब्लिशिंग हाउस।
16. रमा, शर्मा, (2015), अन्तर्राष्ट्रीय सम्बन्ध, जयपुरः रितु पब्लिकेशन्स।

17. Samal, Kumar Jayanta, (2009), 'Cold War and New Cold War Era' in Tapan Biswal (eds.), International Relations, India: Macmillan, pp. 43-101.
18. Singh, Gyanendra, (2008), International Politics, New Delhi: Alfa Publications.
19. Thompson, William R., (1999), Great Powers Rivalries, Columbia: South Carolina Press.
20. घई, यू.आर. (2007), अन्तर्राष्ट्रीय राजनीति : सिद्धान्त और व्यवहार, जालन्धरः न्यू एकेडेमिक पब्लिशिंग कम्पनी।
21. Waltz, Kenneth N (1964), "The Stability of a Bipolar World", Daedalus, 93(3).
22. Waltz, K. N. (1979), Theory of International Politics, New York: Random House.
23. Waltz, Kenneth N (1981), "The Spread of Nuclear Weapons: More may Better", Adelphi Papers, Nos. 171, London: International Institute of Strategic Studies.
24. Wenger, Andreas and Doron Zimmermann, (2010), International Relations: From the Cold War to the Globalized World, USA: Lynne Riener Publishers.

11

तृतीय विश्व का उदय

मेनिला नार्जारी*

तृतीय विश्व या 'तीसरी दुनिया' शब्दावली के अविष्कार का श्रेय एक फ्रांसीसी जनसंख्या विशेषज्ञ आल्फ्रेड सॉवी को जाता है। सॉवी ने 1952 में प्रकाशित अपने लेख के अंतर्गत पहली बार इस शब्द का प्रयोग किया था। यह शब्दावली क्रांति पूर्व फ्रांस में प्रचलित 'तीसरी सत्ता' (Third State) की तर्ज पर गढी गई थी। वहाँ पुरोहित वर्ग को पहली सत्ता कहा जाता था, कुलीन वर्ग को दूसरी सत्ता और जनसाधारण को तीसरी सत्ता में रखा जाता था। तीसरी सत्ता की तरह तीसरी दुनिया से भी विश्व के बहुत बड़े किन्तु शक्तिहीन हिस्से का संकेत मिलता था। 1950 के दशक में नवोदित देशों का संकेत देने के लिए इस शब्द का प्रयोग होने लगा। आज के दौर में ऐसे देशों की संख्या 125 से ऊपर हो गई है जो विश्व के देशों की कुल संख्या के दो–तिहाई से कम नहीं है।

तीसरी दुनिया के देश एशिया, अफ्रीका और लेटिन अमरीका के उन देशों को कहा जाता है जिनमें निम्नलिखित विशेषता पाई जाती है।

1. औद्योगिक दृष्टि से विश्व के उन्नत देशों की तुलना में इनके आर्थिक और राजनीतिक विकास का स्तर बहुत कम है।
2. ये देश पूँजीवादी जगत और साम्यवादी जगत् के प्रभाव से अपने आपको मुक्त रखने की कोशिश करते रहे हैं।
3. इनमें से एशिया अफ्रीका के देशों को उपनिवेशवादी प्रभुत्व से राजनीतिक स्वाधीनता मुख्यतः दूसरे विश्व युद्ध (1939--45) के

* असिस्टेंट प्रोफेसर, राजनीति विज्ञान विभाग, कालिन्दी कॉलेज, दिल्ली विश्वविद्यालय

बाद प्राप्त हुई है। पराधीनता के दौरान इनके संसाधनों का इतना शोषण हुआ है कि इन्हें बहुत ही कमजोर और पिछड़ी हुई अर्थव्यवस्था विरासत में मिली है।

देखा जाए तो 'तीसरी दुनिया' की कोई सही परिभाषा देना कठिन है। युरोप के कुछ देश जो एशिया और अफ्रीका के नवोदित देशों की तरह कम विकसित हैं, इस श्रेणी में इसलिए नहीं आते कि उन्होंने पहली या दूसरी दुनिया के साथ अपना निकट संबंध जोड़ रखा था, और उसके प्रभुत्व को इन्होंने चुनौती नहीं दी थी। दूसरी ओर, कुवैत जैसा संपन्न देश तीसरी दुनिया में इसलिए आता है क्योंकि वह विदेशी उपनिवेशवाद का शिकार रहा है, और उसने पहली या दूसरी दुनिया के प्रभुत्व को स्वीकार नहीं किया है। तीसरी दुनिया शब्दावली के सही–सही प्रयोग क्षेत्र के बारे में अनेक प्रश्न उठाए जाते हैं। साधारणतः एशिया, अफ्रीका और लेटिन अमरीका के सभी उत्पीड़ित वर्गों को तीसरे विश्व में रखा जा सकता है।

कुछ विद्वान और लेखक तीसरी दुनिया या विश्व जैसी शब्दावली के प्रयोग को ही समाप्त कर देना चाहते हैं। इन लेखकों का मानना है की विश्व के दो ही मुख्य हिस्सा हैं उत्तर और दक्षिण (North and South)। इस दृष्टिकोण के अनुसार, उत्तरी हिस्से आर्थिक दृष्टि से उन्नत है जबकि दक्षिणी हिस्सा अल्पविकसित है। इस वर्गीकरण को भी हम सही नहीं मान सकते क्योंकि, आस्ट्रेलिया और न्यूजीलैंड जैसे संपन्न देश भुमध्य रेखा के दक्षिण में है, और दक्षिणी अफ्रीका भी दक्षिण का एक विकसित देश है दूसरी और उत्तर में भी अनेक निर्धन देश है, जैसे कि भारत, दक्षिण एशिया और दक्षिण पूर्व एशिया के अधिकांश देश, केरेबियन, मध्य अमरीका और दक्षिणी अमरीका का उत्तरी भाग। विकास के स्तर की दृष्टि से विश्व को उत्तर–दक्षिण में बाँटना भी युक्तिसंगत नहीं है।

भावी विकास की दिशा

तीसरी दुनिया के देशों में सरकार की वैधता जनसाधारण के कल्याण, उनकी सेवा और उनकी आकांक्षाओं की पूर्ति के साथ जुड़ी हुई है। तीसरी दुनिया के देशों की राजनीतिक प्रणालियों में बहुत विविधता पाई जाती है। यहाँ साम्यवादी, सैनिक अधिनायकतंत्रीय या धर्मतंत्रीय व्यवस्था देखने को मिलती है।

पश्चिमी लेखक साधारणतः विकासशील देशों के स्वाभाविक पिछड़ेपन पर बल देते हैं और इसके लिए उनकी विशाल जनसंख्या, रूढ़िवादी प्रवृत्तियों और उद्यमशीलता की कमी को उत्तरदायी ठहराते हैं। यह आरोप पूरी तरह सही नहीं है। उपनिवेशवादी राष्ट्रों ने अपने शासन के दौरान इन देशों के प्राकृतिक और मानवीय संसाधनों का भरपूर शोषण किया है। इतना ही नहीं, उपनिवेशवादी राष्ट्रों ने इन देशों के परंपरागत कला–कौशल और शिल्प को नष्ट कर डाला है और इनका औद्योगीकरण भी नहीं होने दिया है यही इनके पिछड़ेपन का मुख्य कारण है।

आजादी के समय तीसरे विश्व के प्रत्येक देश के नागरिकों को यह उम्मीद थी कि उनकी स्वाधीनता उन्हें सामाजिक और आर्थिक न्याय प्रदान करने में सहायक सिद्ध होगी। पर दुर्भाग्य से कई देशों में स्वाधीनता के बाद जो विशिष्टवर्ग उभरकर सामने आए, उनमें से बहुत सारे लोगों ने अपने स्वार्थ की पूर्ति के लिए जनसाधारण को उन्नति के अवसरों से वंचित रखा और वे जाति, धर्म, क्षेत्र, भाषा संस्कृति जैसे मुद्दों की और उनका ध्यान बँटा कर अपनी राजनीतिक शक्ति कायम रखने की कोशिश करते रहे। परंतु अनुभव के साथ–साथ इन देशों के जनसाधारण में राजनीतिक सजगता बढ़ी है, जिससे बहुत से और देशों में लोकतांत्रिक आंदोलनों को बल मिला है। तीसरी दुनिया के देश आर्थिक और तकनीकी दृष्टि से बहुत पिछड़े हुए है, इन देशों को अपने सामाजिक, आर्थिक और राजनीतिक विकास की भारी समस्याओं को सुलझाना है, फिर भी विश्व की जनसंख्या और विश्व के प्रभुसत्ता सपन्न देशों में इनका इतना विशाल बहुमत है कि यदि वे विश्व शांति और सामाजिक न्याय के उद्देश्य को लेकर एकजुट हो जाए तो विश्व राजनीति में वे निश्चय ही निर्णायक भूमिका निभा सकते हैं।

तृतीय विश्व के राजनीतिक विशेषताएँ

तृतीय विश्व या विकासशील देशों की राजनीतिक प्रणालियों में इतनी विविधता पाई जाती है कि कई बार उन्हें एक ही श्रेणी में रखना मुश्किल हो जाता है। तृतीय विश्व में राजनीतिक विशेषताएँ निम्न प्रकार की है:–

1. **शासन का रूप पाश्चात्य प्रतिमानों पर आधारित**– यूरोपीय देशों में वहाँ की समाजिक, आर्थिक, भौगोलिक व राजनीतिक

परिस्थितियों के अनुसार संविधानिक विकास और शासन का रूप निर्धारित हुआ था किन्तु अधिकांश विकासशील देशों में विदेशी शासकों के कारण, पाश्चात्य शिक्षा में शिक्षित राजनेताओं के हाथों में सत्ता आई जो अपने देश की सभ्यता व संस्कृति से कटे हुए थे तथा अपने को अधिकाधिक विदेशी प्रदर्शित करने में अपना सौभाग्य समझते थे। ऐसे नेताओं के हाथों में जब अपने देश के संविधान बनाने का कार्य आया तब उन्होंने अपने स्वामी देशों के संविधानों को आदर्श मानकर अपने यहाँ के भी संविधान बनाए। उदाहरण के तौर पर भारत, श्रीलंका, पाकिस्तान, बर्मा आदि देशों के संविधान हमारे सामने है। इन संविधानों ने समस्या को सुलझाने के स्थान पर उलझाया ही है। स्थिति की गम्भीरता इस बात से आंकी जा सकती है कि आजादी के बाद भी विदेशियों द्वारा रखे गए अपने देशों के नाम को ही नवीन संविधान में रखने का निर्णय तत्कालीन संविधान निर्माताओं ने किया। एशिया, अफ्रीका तथा लेटिन अमरीका के अनेक देशों ने अपने नाम बाद में बदले हैं किन्तु भारत आज भी अपने को अंग्रेजो द्वारा रखे गए नाम 'इण्डिया' कहलाने में गौरव का अनुभव करता है। इन्हीं संविधानों के कारण तृतीय विश्व की अधिकांश समस्याओं का निराकरण सम्भव नहीं हो पा रहा है और विभिन्न समस्याओं से जूझ रहे हैं।

2. **संसदीय लोकतन्त्र**– अधिकांश विकासशील देशों ने संसदीय लोकतन्त्रीय प्रणाली को अपनाया है। जिस संसदीय लोकतन्त्र का यूरोप में शताब्दियों में विकास हुआ वही संसदीय लोकतन्त्र यहाँ तृतीय विश्व के देशों में एक दम स्थापित कर दिया गया। परिणामस्वरूप ये शासन जन आकांक्षाओं की पूर्ति न कर सका और इस व्यवस्था ने यहाँ अनेक समस्याएँ पैदा कर दी हैं। इस लोकतन्त्र ने एक ओर क्षेत्रवाद, भाषावाद, जातिवाद के साथ–साथ अलगाववाद की प्रवृत्ति विकसित की है। वहीं दूसरी ओर पाश्चात्य सभ्यता, संस्कृति के प्रति सम्मान जागृत किया है। परिणामस्वरूप इन देशों की संस्कृति के श्रेष्ठ जीवन मूल्यों का विकास नहीं हो पाया है।

3. **विदेशी भाषा का वर्चस्व**– विकासशील देशों के स्वामी देश की भाषा के वर्चस्व ने देशी भाषाओं के विकास को अवरूद्ध कर दिया है। शासन पर अभी भी विदेशी भाषा किसी न किसी रूप में प्रभावी है। यहाँ तक कि भारत आदि देशों में न्यायालय की भाषा भी विदेशी है। परिणामस्वरूप जनता व शासन के बीच की दूरी को पता नहीं किया जा सका है। शासक जनता से वोट जनता की भाषा में मांगते हैं किन्तु शासन विदेशी भाषा में करते हैं। इस प्रकार शासन करने वाला पृथक से एक विशिष्ट वर्ग बन गया है।

4. **संविधान संस्थाओं का विदेशी रूप**– तृतीय विश्व के देशों में विदेशी प्रतिमानों पर आधारित संविधानिक संस्थाओं के रूप, व्यवहार व व्यवस्थाएं भी विदेशी बनी है। न्यायापालिका, व्यवस्थापिका व कार्यपालिका सभी स्वामी देशों से अपनाया गया है। इसी कारण जनता तथा शासन की इन संस्थाओं के बीच दूरी अभी भी विद्यमान है।

5. **कालांतर में लोकतंत्र पर आघात**– तृतीय विश्व में स्थापित लोकतन्त्र जमीन से जुड़ा न होने के कारण जन आकांक्षाओं की पूर्ति नहीं कर सका है। समय–समय पर यहाँ जनाक्रोश प्रकट हुआ है। तृतीय विश्व के देशों में लोकतन्त्र पर अनेक बार ऐसे आघात लगे है कि वह उखड़ गया और वहाँ तानाशाही शासन स्थापित हो गया। लैटिन अमरीकी देशों में इस दृष्टि से निरन्तर उथल पुथल होती रहती है।

तृतीय विश्व की राजनीतिक प्रवृत्तियाँ

1. **लोकतन्त्र के प्रति आकर्षण**– एशिया, अफ्रीका व लैटिन अमरीकी देशों में उभरती हुई प्रवृत्तियों का अध्ययन स्पष्ट संकेत देता है कि यहाँ लोकतन्त्र के प्रति आकर्षण बढ़ा है। कई देशों में साम्यवादी अधिनायकवाद तथा कई देशों में समय–समय पर सैनिक या अन्य प्रकार की तानाशाही स्थापित हुई किन्तु वे स्थायी नहीं रह सकीं तथा लोकतन्त्र की स्थापना हुई है। इन

देशों की जनता ने लोकतन्त्र की स्थापना में रूचि दिखाई है।

2. **राष्ट्रवाद का विकास**– तृतीय विश्व के देशों में वर्तमान में राष्ट्रवाद के विकास की प्रवृत्ति सर्वत्र दिखाई पड़ती है। अपनी भाषा, अपनी सभ्यता व संस्कृति के आधार पर राष्ट्र के पुनर्निमाण की प्रवृत्ति जगी है यही कारण है कि इन देशों में राष्ट्रीय हित प्रमुख बन गया है।

3. **राजनेताओं में भ्रष्टाचार**– तृतीय विश्व के देशों में राजनेताओं की दूसरी व तीसरी पीढ़ी भ्रष्टाचार में लिप्त दिखाई दे रही है। इस प्रवृत्ति के कारण तृतीय विश्व में अनेक समस्याएं जन्म ले रही हैं। भ्रष्टाचारी शासकों का लाभ उठाकर बहुराष्ट्रीय कम्पनियों के रूप में पुराने शासक पुनः सक्रिय हो उठे हैं। एशिया, अफ्रीका व लैटिन अमरीकी देशों को ये देश बड़ी मात्रा में कर्ज देकर उन्हें आर्थिक दृष्टि से गुलाम बना रहे हैं।

4. **निकट आने की प्रवृत्ति का विकास**– तृतीय विश्व देशों की समस्याएं सामान्यतः एक जैसी है। तृतीय विश्व के देश इन समस्याओं को सुलझाने लिए एक दूसरे के निकट आने लगे हैं। कभी गुटनिरपेक्ष देशों के रूप में, कभी सार्क देशों के रूप में, कभी ग्रुप 77 के रूप में और कभी ब्रिक्स के रूप में वे एकत्र होते हैं और अपनी समस्याओं को सुलझाने के लिए योजनाएं बनाते हैं। इस प्रकार न केवल उनकी आर्थिक व सामाजिक समस्याओं का समाधान होता है बल्कि ये राजनीतिक शक्ति के रूप में भी उदित हो रहे हैं। निकट आने की प्रवृत्ति के कारण तृतीय विश्व के देशों ने विकसित देशों से अपने को सुरक्षित बनाया है।

राजनीतिक अस्थिरता की समस्या

राजनीतिक अस्थिरता ने तृतीय विश्व के देशों में अनेक समस्याओं को जन्म दिया है। राजनीतिक अस्थिरता के कारण आर्थिक विकास की धारा में अवरोध उत्पन्न होता है तथा सामाजिक संगठन में व्यवधान पैदा होता है। अधिकांश तृतीय विश्व राजनीतिक अस्थिरता के रोग से पीड़ित है।

तृतीय विश्व में राजनीतिक अस्थिरता के कारण

1. **पाश्चात्य लोकतांन्त्रिक परिस्थितियों का अभाव**– तृतीय विश्व के देशों ने आजादी के बाद पाश्चात्य प्रकार के लोकतन्त्रों को स्थापित किया, किन्तु अधिकांश देशों में पाश्चात्य लोकतंत्र जैसी परिस्थितियों का अभाव होने के कारण वहाँ लोकतंत्र सफल नहीं हो पाया और अनुकूल परिस्थितियाँ पाते ही तानाशाही प्रवृत्ति के शासकों ने शासन पर अधिकार कर लिया। पाश्चात्य देशों की जनता की साक्षरता वहाँ के लोकतंत्र को सफल बनाती है। जबकि विकासशील देशों की जनता की साक्षरता का अनुपात बहुत कम है। इतना ही नहीं पाश्चात्य देशों में लोकतन्त्र के विकास की लम्बी परम्परा रही है इस कारण वहाँ की जनता में लोकतांन्त्रिक प्रवृत्तियों का विकास हो गया है। जबकि विकासशील देशों ने दूसरे देशों की भूमि में जन्में व विकसित हुए लोकतन्त्र को एक झटके में अपने यहाँ आरोपित कर लिया। अतः लोकतन्त्र के विकास की परिस्थितियों के अभाव में शासन में परिवर्तन होते रहते हैं।

2. **साम्राज्यवादी शक्तियों द्वारा अपने समर्थकों को शासन में बिठाने का प्रयास**– यद्यपि साम्राज्यवादी देशों ने वर्तमान विकासशील देशों को स्वतन्त्रता प्रदान की थी किन्तु इसके लिए उन्हें परिस्थितियों ने मजबूर किया था। वे अपने उपनिवेशों के शोषण को भूल नहीं पाए। वे निरन्तर प्रयास करते रहते हैं कि उनके पूर्व उपनिवेशों में ऐसे शासक गद्दी पर बैठे जो उनके हितों का संरक्षण कर सकें। अनेक विकासशील देशों में सत्ता परिवर्तन के इस खेल में साम्राज्यवादी देश सफल हो जाते हैं। आर्थिक व सैनिक दृष्टि से साम्राज्यवादी देशों पर निर्भर रहने वाले विकासशील देशों में सत्ता परिवर्तन सामान्य घटना बन गई है।

3. **भौतिक आवश्यकताओं की पूर्ति का अभाव**– तृतीय विश्व के देश अपनी जनता की सामान्य भौतिक आवश्यकताओं की पूर्ति कर पाने में कठिनाई अनुभव कर रहे हैं। दूसरी ओर

विकसित देश प्रचार माध्यमों से उपभोक्ता संस्कृति को विकसित करने में लगे हैं। बहुराष्ट्रीय कम्पनियों की घुसपैठ जनता की कृत्रिम आवश्यकताओं को जन्म दे रही है। इसके कारण एक ओर जनता में अपनी सरकार के प्रति असन्तोष बढ़ता है और दूसरी ओर ये बहुराष्ट्रीय कम्पनियाँ अपने आर्थिक बल के आधार पर इन देशों को आर्थिक दास बनाकर अपने हित पूरे कर सकने वाले शासकों को शासन में बिठाने का प्रयास करते हैं। अतः इन देशों में सत्ता निरन्तर अस्थिर बनी रहती है।

4. **नेताओं में भ्रष्टाचार**– तृतीय विश्व के देशों में दूसरी व तीसरी पीढ़ी के नेताओं में देश भक्ति के स्थान पर पदलोलुपता व भ्रष्टाचार के दोषों ने भी शासन को अस्थिर बना दिया है। नेता अपनी कुर्सी के लिए कुछ भी करने के लिए तत्पर रहते हैं। दल बदलना यहाँ सामान्य घटनाएं बन गई हैं। इसके अतिरिक्त ऐसे नेता कुर्सी प्राप्त करने के लिए पूंजीपतियों, माफिया गिरोहों तथा विदेशी शक्तियों के हाथों का मोहरा बनने से भी परहेज नही करते। इतना ही नहीं वर्तमान में अधिकांश तृतीय विश्व देशों के राजनेता भ्रष्टाचार में डूबे दिखते हैं। भारत इसका सर्वोत्तम उदाहरण है।

5. **वर्गीय दृष्टिकोण का विकास**– स्वतन्त्रता प्राप्ति के बाद राष्ट्रवाद का स्वरूप बदल गया। अनेक देशों में राष्ट्रवाद भावना मन्द पड़ गई क्योंकि अब विदेशी शासकों के अभाव में इन्हें विभिन्न वर्गो का समर्थन मिलना बन्द हो गया। विभिन्न हित समूह स्वतन्त्रता प्राप्ति के बाद राजनीतिक लाभ उठाने के लिए आपस में संघर्ष करने लगे। इस सत्ता संघर्ष में राष्ट्रवाद की भावना लुप्त होती गई और स्वार्थी प्रवृत्तियाँ जागृत हो गई। कुछ देशों को छोड़कर, जहाँ लोकप्रिय राष्ट्रीय नेतृत्व मौजूद था, अन्य देशों में शासन की अस्थिरता मुख्य राष्ट्रीय समस्या बन गई। इतना ही नहीं स्वतन्त्रता प्राप्ति के बाद समाज के विभिन्न वर्गो में एकता स्थापित नहीं हो सकी। राष्ट्रीय आन्दोलनों में सम्मिलित विभिन्न वर्ग आजादी प्राप्ति के बाद राष्ट्रीय दृष्टिकोण

के स्थान पर वर्गीय दृष्टिकोण से सोचने लगे। इस प्रकार वर्गीय दृष्टिकोण की समस्या भी प्रमुख रूप से विकासशील देशों की ऐसी समस्या है जिसने राजनीतिक अस्थिरता की परिस्थितियाँ पैदा कर दी है।

6. **राष्ट्रीय एकीकरण की समस्या**– अधिकांश तृतीय विश्व के देशों में अनेक सामाजिक विविधताएँ देखने की मिलती है। राष्ट्रीय आन्दोलनों के समय इन विविध सामाजिक समूहों ने अपने स्वार्थों के ऊपर उठकर राष्ट्रीय एकता प्रदर्शित की थी लेकिन स्वतन्त्रता प्राप्ति के बाद वह एकता शीघ्र ही लुप्त हो गई। आज भी इन देशों के नेताओं के सम्मुख राष्ट्रीय एकीकरण की समस्या प्रमुख समस्या के रूप में विद्यमान है। विशेष हितों वाले वर्ग अन्य प्रतिद्वन्द्वी वर्गों से संघर्ष करते रहते हैं और राजनीतिक सहभागिता के माध्यम से अपने–अपने विशेष हितों की पूर्ति करने में लगे रहते हैं। जिसके कारण समाज दो गुटों में विभाजित है, और राष्ट्रीय एकीकरण यहाँ की मुख्य समस्या बनी हुई है।

   तृतीय विश्व के देशों में चार प्रकार की समस्याओं ने राष्ट्रीय एकीकरण के मार्ग में बाधा उत्पन्न की है–

   1) एक राष्ट्रभाषा की समस्या ने जो राष्ट्रीय एकीकरण का मुख्य साधन है, इन देशों में व्यापक असन्तोष पैदा किया है। अनेक देशों में विदेशी शासकों की भाषा को राष्ट्रीय स्तर पर मान्यता देने के कारण देशी भाषाओं का विकास सम्भव नहीं हो सका और पारस्परिक भाषायी वैमनस्य विकसित हो गया। भाषा को लेकर क्षेत्रीय भावनाएं जागृत हुई और देश तथा समाज में विघटनकारी प्रवृत्तियों को शक्ति प्राप्त हो गई।

   2) अधिकांश देशों में स्वतन्त्रता से पूर्व कुछ विशेष सुविधा प्राप्त वर्ग विद्यमान थे स्वतन्त्रता के पश्चात इन वर्गों में और अनेक वर्ग सम्मिलित हो गए। जैसे भारत में मुस्लिम व सिख आदि विशेष वर्ग थे। भारत में इन वर्गो में अन्य अनेक

वर्गों को जैसे अनुसूचित जातियाँ, पिछड़ी हुई जातियाँ तथा अन्य अल्पसंख्यकों को सम्मिलित कर लिया गया और इन्हें विशेष सुविधाएं प्राप्त हो गई। इसके कारण पारस्परिक विद्वेष व घृणा का वातावरण पैदा हो गया है और समाज में संघर्ष की राजनीति विकसित हुई है।

3) इन देशों में साम्प्रदायिकता की प्रवृत्ति के विकास ने भी राष्ट्रीय एकीकरण के मार्ग में अवरोध उत्पन्न किए है। भाषा, जाति, धर्म, सम्प्रदाय व क्षेत्रीयता की क्षुद्र भावनाओं का इन देशों में तीव्र गति से विकास हुआ है। भारत में इस समस्या ने विशेष रूप से भयावह रूप धारण किया है। लीबिया, लेबनान, पाकिस्तान, नाइजीरिया, कांगों व कीनिया आदि देशों में भी यह समस्या विद्यमान है।

4) रूस व चीन की साम्यवादी व्यवस्था तथा पश्चिमी देशों की पूंजीवादी व्यवस्था भी तृतीय विश्व के देशों में राष्ट्रीय प्रवृत्तियों को विकसित करने में पर्याप्त भूमिका निभा रही है। ये देश अपने–अपने माध्यमों से तृतीय विश्व में अपने हितों को पोषण करने वाले वर्गो का निर्माण करते हैं। जिसके कारण तृतीय विश्व के देशों में राष्ट्रीय एकीकरण की समस्या भयानक रूप धारण कर रही है। इस समस्या ने अनेक देशों में स्थायी राजनीतिक सत्ता स्थापित नहीं होने दी।

7. **साम्प्रदायिकता की राजनीति**– साम्प्रदायिकता की भावना देश के छोटे–छोटे स्वार्थो को जागृत करती है और राष्ट्रीय एकीकरण के मार्ग में अवरोध उत्पन्न करती है। अधिकांश तृतीय विश्व के देशों में साम्प्रदायिकता का कोई न कोई रूप अवश्य विद्यमान है। स्वतन्त्रता के पश्चात संचार साधनों के विकास के परिणामस्वरूप ये विभिन्न वर्ग एक दूसरे के सम्पर्क में आए किन्तु जाति, धर्म, क्षेत्र व भाषा आदि पर आधारित वर्गो ने अपने स्वतन्त्र स्वरूप को न केवल बनाए रखा बल्कि राष्ट्रीय हितों पर साम्प्रदायिक हितों को बढ़ावा भी दिया। वास्तव में विदेशी

शासकों ने साम्प्रदायिकता की भावना को बढ़ावा दिया और इन देशों में विघटनकारी शक्तियों को बढ़ावा देकर अपने स्वार्थ की पूर्ति की। सभी तृतीय विश्व के देशों में साम्प्रदायिक शक्तियाँ किसी न किसी रूप में विद्यमान है।

8. **विचारधारा का उपयोग**– विचारधारा ऐसी प्रेरक शक्ति है जिसके माध्यम से सामान्य नीति व कार्यक्रम निर्धारित करके सामान्य जनता का सहयोग प्राप्त किया जा सकता है। सभी तृतीय विश्व के देशों में चाहे वहाँ लोकतन्त्र हो, साम्यवाद अथवा सैनिकतन्त्र हो, विकास की दिशा निर्धारित करने के लिए तथा विकास के काम में अधिकाधिक लोगों को भागीदार बनाने के लिए विचारवाद के प्रसार की आवश्यकता अनुभव हुई है।

9. **राजनीति में सेना** – राजनीतिक भ्रष्टाचार सेना को राजनीति में हस्तक्षेप करने को प्रोत्साहित करता है। अनेक देशों में सैनिक अधिकारियों ने राजनीति में भाग लेकर शासन पर अधिकार कर लिया और बाद में उन्होंने सैनिक शासन स्थापित किया। कुछ देशों में सेना का हस्तक्षेप इस कारण भी हुआ कि वहाँ राजनीतिक स्वतन्त्रता की प्राप्ति में सेना का प्रमुख भाग था जैसे इण्डोनेशिया, म्यनमार (बर्मा), पाकिस्तान आदि। कई देशों में सेना ने नागरिक शासन पर सीधा नियन्त्रण स्थापित किया। पाकिस्तान, कांगों, मिस्त्र व लैटिन अमरीका के अनेक देशों में नागरिक शासन पर सेना प्रत्यक्ष रूप से शासन संभालती है। सैनिक शासन सत्ता के हस्तान्तरण की सभी सम्भावनाओं को समाप्त कर देता है।

लोकतंत्रीय अधिकार और राजनीतिक सहभागिता

विश्वयुद्ध के पश्चात लोकतंत्र अत्यन्त चर्चित व लोकप्रिय शासन व्यवस्था के रूप में उभरा। नवस्वतन्त्र देशों की जनता भी लोकतन्त्र की स्थापना के लिए उत्सुक थी, सत्य तो यह है कि इन देशों में लोकतन्त्र के अतिरिक्त किसी दूसरे तन्त्र के बारे में सोच पाना भी कठिन था। इस प्रकार सामान्यतः सभी देशों में लोकतंत्रीय शासन की स्थापना की गई तथा जनता को लोकतांन्त्रिक अधिकार प्रदान किए गए जिससे वहाँ की जनता शासन

में अधिकाधिक सहभागी हो सके। लोकतन्त्र की लोकप्रियता इतनी अधिक थी कि जिन देशों में समाजवाद की दुहाई दी जा रही थी वहाँ भी जनता को लोकतांत्रिक अधिकार प्रदान करने की वकालत की जा रही थी। इस काल मे जितने भी संविधानों का निर्माण हुआ उन सभी में जनता को लोकतांत्रिक अधिकार प्रदान किए गए तथा ऐसे लोकतान्त्रिक शासन की स्थापना की व्यवस्था की गई जिनके माध्यम से जनता अधिकाधिक शासन में भाग ले सके, परंतु यह प्रणाली सब जगह चल नहीं पाई या ज्यादा दिन तक नहीं चल पाई। 1950 के दशक में कई जगह सैनिक विप्लव हुए, और सत्तारूढ़ शासकों को हटा दिया गया। तब से तीसरी दुनिया में सत्तावादी शासन की शुरूआत हो गई। 1960 और 1970 के दशकों में कुछ और देशों में विशेषकर कुछ अफ्रीकी और लेटिन अमरीकी देशों में सेना ने सत्ता संभाल ली। इस तरह तृतीय विश्व के देशों में अलोकतंत्रीय प्रणालियों का सिलसिला शुरू हो गया। पिछले कुछ वर्षों में तृतीय विश्व के कुछ देशों में सत्तावादी प्रणालियों का ह्रास हुआ है और लोकतंत्रीय प्रणालियों को बढ़ावा मिला है। सैमुअल हंटिगटन ने अपनी चर्चित कृति "The Third World: Democratzation in the late 20th century" (1991) के अंतर्गत इस महत्वपूर्ण परिवर्तन को 'तीसरी लहर' की संज्ञा दी है।

1980 के दशक के अंत में पूर्वी यूरोप के देशों में साम्यवादी सरकारों के पतन से विश्व के कोने–कोने गें लोकतंत्र की लोकप्रियता बढ़ने लगी। इस परिवर्तन से एकदलीय प्रणाली का मुख्य तार्किक आधार नष्ट ही गया। वहाँ एक दलीय शासन को इस आधार पर उचित ठहराया जाता था कि सामाजिक एवं राजनीतिक स्थिरता और आर्थिक नियोजन से उन समस्याओं का समाधान हो जाता है जो पूंजीवाद के कारण पैदा होती है। तीसरी दुनिया में नागरिक समाज की समस्याओं जैसे कि मजदूर संघों, ईसाई चर्च तथा बुद्धिजीवियों के संगठनों ने यह तर्क दिया कि जब पूर्वी यूरोप में एकदलीय प्रणाली किसी समस्या को हल नहीं कर पाई तब यहाँ उस प्रणाली से क्या आशा की जा सकती है?

अमरीका जैसे देशों ने तृतीय विश्व के देशों में लोकतंत्र की मांग का समर्थन किया। 1990 के आरंभिक वर्षों में तृतीय विश्व के दर्जन भर देशों में राष्ट्रीय स्तर पर लोकतंत्रीय चुनाव कराए गए। 1974 में लोकतंत्र देशों

की संख्या 44 थी जो कि 1994 में 107 तक पहुँच गई। 1995 तक आते–आते सारे के सारे 23 लेटिन अमरीकी देश लोकतंत्र को अपना चुके थे। एशिया के सात ऐसे देशों में लोकतंत्र आ गया था जो पहले अलोकतंत्रीय थे। इनके नाम हैं– पाकिस्तान, बांग्लादेश, नेपाल, फिलीपींस, ताइवान, दक्षिण कोरिया और मंगोलिया। कुछ आने वाले सालों में लोकतंत्रीय प्रणाली की ओर बहुत कम प्रगति हो पाई हालांकि इस दिशा में भी कई उत्साहजनक संकेत मिले। उदाहरण के लिए लेबनान में बीस वर्ष के गृहयुद्ध के बाद फिर से लोकतंत्र स्थापित हुआ नाईजीरिया में सैनिक शासन के बाद 1999 में फिर से नागरिक शासन स्थापित हो गया। परंतु कहीं–कहीं लोकतंत्र को धक्का भी लगा।

लोकतांत्रिक राजनीतिक सहभागिता

यद्यपि सभी सरकारें जनता की तथा जनता के लिए होती हैं किन्तु लोकतंत्र में सरकार का संचालन भी जनता ही करती है। लोकतंत्र एक ऐसी शासन व्यवस्था है जिसमें सामान्य से सामान्य व्यक्ति भी अत्यन्त असामान्य कार्य कर सकता है क्योंकि यह शासन व्यवस्था जनता की, जनता के लिए, जनता के द्वारा चलाई जाती है। इसी कारण यह अन्य व्यवस्थाओं से भिन्न होती है। इसमें समस्त निर्णय जनता द्वारा या जनता के प्रतिनिधियों द्वारा लिए जाते है। अतः जनता की इच्छा के विपरीत निर्णय लिए जाने की सम्भावना इस शासन में नहीं होती।

किसी भी देश का लोकतंत्र कितना सफल है यह इस बात पर निर्भर करता है कि उसके संचालन में उसे देश की जनता कितना भाग लेती है। शासन के कार्यों में जनता की सक्रिय सहभागिता को लोकतांत्रिक सहभागिता (Democaratic participation) कहते है। वर्तमान काल में सभी राजनीतिक व्यवस्थाएं किसी न किसी रूप में जनता की सहभागिता के लिए अवसर प्रदान करती हैं। जनता की सहभागिता के अभाव में लोकतंत्र की कल्पना भी नहीं की जा सकती।

राजनीतिक सहभागिता ऐसी गतिविधि है जिसके अंतर्गत जनसाधारण न केवल अपने प्रतिनिधियों का चुनाव करते हैं, बल्कि सार्वजनिक नीतियों ओर निर्णयों के निर्माण, निरूपण और कार्यान्वयन की प्रक्रिया में सक्रिय

भाग लेते हैं। राजनीतिक सहभागिता वहाँ सार्थक होती है जहाँ जनता के प्रतिनिधि सब महत्वपूर्ण मुद्दों पर जनता से निर्देश प्राप्त करते हैं, अपनी इच्छा को जनता की इच्छा के रूप में प्रस्तुत करने का प्रयत्न नहीं करते।

तृतीय विश्व में जहाँ–जहाँ लोकतंत्रीय प्रणाली स्थापित की गई है, वहाँ भी साधारणतः राजनीतिक सहभागिता प्रभावशाली रूप से कार्यान्वित नहीं हो पाई है। इसके अनेक कारण हैं। यहाँ की विशाल जनसंख्या साधारणतः शिक्षा की दृष्टि से बहुत पिछड़ी हुई है। ज्यादातर लोग निरक्षर हैं। बहुत सारे लोग निर्धन ही नहीं, भुख और बीमारी से भी परेशान हैं। वे अपने नेताओं को अपनी सुरक्षा के साधन या अपने आश्रयदाता के रूप में देखते है। यहाँ जनसाधारण अपने नेता से केवल सुरक्षा की अपेक्षा करते हैं, और इसके बदले में उसे अपनी निष्ठा प्रदान करते हैं।

तृतीय विश्व में लोकतंत्रीय सहभागिता की विशेषताएं

तृतीय विश्व के देशों में लोकतांत्रिक सहभागिता की विशेषताएं निम्नलिखित हैं :–

1. **मतदानः**– राजनीति में भाग लेने का सबसे महत्त्वपूर्ण साधन मतदान क्रिया है। आजकल यह सभी तृतीय विश्व के देशों में पाया जाता है। इसके माध्यम से जनता अपने प्रतिनिधियों को चुनकर उनके हाथों में शासन की बागडोर सौंप देती है, ओर इस प्रकार जनता अपने प्रतिनिधियों को अपने सम्बन्ध में निर्णय लेने का अधिकार प्रदान करती है। तृतीय विश्व के देशों में मतदान की व्यवस्था होना सिद्ध करता है कि यहाँ जनता को शासन के कार्यों में भाग लेने का अवसर प्रदान किया जाता है। यद्यपि कुछ मुस्लिम देशों में मतदान को भी सीमित बनाया गया है।
2. **निर्वाचित प्रतिनिधि** :– निर्वाचन में खड़े होकर जनता के प्रतिनिधि के रूप में निर्वाचित होने को भी लोकतंत्र में राजनीतिक सहभागिता माना जाता है। इस कार्य में यद्यपि थोड़े से व्यक्ति ही भाग लेते हैं किन्तु प्रत्याशी के रूप में खड़े होकर ये लोग निर्वाचन की व्यवस्था को सक्रियता प्रदान करते हैं। इस प्रकार

विकासशील या तृतीय विश्व के देशों में निर्वाचन के समय समाज में सर्वत्र राजनीतिक सहभागिता की गहमागहमी भी दिखाई देती है।

3. **अभिव्यक्ति की स्वतंत्रता का अधिकार**:— अधिकांश विकासशील या तृतीय विश्व के देशों में लोकतंत्रीय व्यवस्था होने के कारण इन देशों में अभिव्यक्ति की स्वतंत्रता जनता को प्रदान की गई है। कुछ मुस्लिम देशों में अभिव्यक्ति की स्वतंत्रता सीमित है किन्तु इस लोकतंत्र के युग में लोगों को इस अधिकार से पूर्णतः वंचित करना सम्भव नहीं है।

4. **राजनीतिक दलों से सम्बन्ध स्थापित करना**:— राजनीतिक दलों से सम्बन्ध स्थापित करके दल के कार्यकर्त्ता के रूप में कार्य करना भी राजनीतिक सहभागिता के क्षेत्र में आता है। लोकतांत्रिक देशों में हर नागरिक किसी न किसी राजनीतिक दल में आस्था व्यक्त करते हैं। विकासशील देशों में पढ़ी–लिखी जनता राजनीतिक दलों का साहित्य रूचि से पढ़ती है और विभिन्न दलों की नीतियों व कार्यक्रमों का तुलनात्मक अध्ययन भी करती है।

5. **हित समूहों की सदस्यता अर्जित करना**:— विकासशील या तृतीय विश्व के देशों के जागरूक नागरिक अपने हितों की पूर्ति के लिए सम्बन्धित हित समूहों के सदस्य बन जाते हैं। ये हित समूह अपने हितों की पूर्ति के लिए जनमत को अपने पक्ष में करते हैं। चुनावों के समय वे प्रचार अभियान में भाग लेते हैं तथा शासन को अपने हितों के पक्ष में निर्णय लेने के लिए बाध्य करते हैं।

6. **असांविधानिक माध्यमों का उपयोग**:— तृतीय विश्व के देशों में सामान्यतः देखने को मिलता है कि जनता अपनी मांगों के लिए अनेक सांविधानिक माध्यमों से सरकार पर दबाव बनाती है। किन्तु जब सरकार इन मांगों के प्रति असंवेदनशील बन जाती है तब मजबूर होकर यहाँ की जनता को अथवा जनता के

प्रतिनिधि हित समूहों को असांविधानिक उपायों का उपयोग भी करना पड़ता है। प्रदर्शन, हिंसा, घेराव व हड़ताल आदि ऐसे ही उपाय हैं सामान्यतः इन्हें सामान्य परिस्थितियों में उपयोग में नहीं लाया जाता किन्तु ये माध्यम राजनीतिक सहभागिता के ही अंग होते हैं।

5. **वित्तीय सहायताः**— राजनीतिक दलों को वित्तीय सहायता की व्यवस्था करना तृतीय विश्व के देशों में महत्वपूर्ण राजनीतिक सहभागिता के क्षेत्र में आती है। राजनीतिक दल के कार्यकर्त्ता जनता से अपने दल के लिए धन एकत्र करते हैं। जिससे चुनाव लड़ने के लिए दल के पास धन एकत्रित हो जाता है। जिन लोगों से धन लिया जाता है उनकी उस दल के साथ निकटता बढ़ जाती है और इससे दल के समर्थकों का विस्तार होता है। किन्तु वे लोकतंत्र के लिए अहितकार परिणाम भी होते हैं। एक ओर धनी लोग किसी विशिष्ट दल को धन देकर उसको अपने हित की नीतियाँ निर्धारित करने के लिए बाध्य करते हैं और दूसरी ओर राजनीतिक दल ऐसे धनी व्यक्ति को चुनावों में खड़ा करना पसन्द करते हैं जो निर्धन जनता के मतों को खरीद सके। इस प्रकार लोकतन्त्र का धनतन्त्र में बदलने का भय बना रहता है।

तृतीय विश्व और गुट निरपेक्षता

उपनिवेशवाद उन्मूलन ने अंतर्राष्ट्रीय व्यवस्था की प्रकृति में आमूल परिवर्तन लाया। दूसरे विश्व युद्ध के बाद विश्व दो शक्ति गुटों में विभाजित हो गया था एक गुट का नेता अमेरिका था और दूसरे का सोवियत संघ, लेकिन एशिया और अफ्रीका के अनेक नवोदित देशों ने यह निर्णय किया कि वे किसी भी शक्ति गुट में शामिल नहीं होंगे। उनकी गुट निरपेक्षता की नीति ने उन्हें एक पृथक श्रेणी में रख दिया। परंतु उनका कोई तीसरा गुट नहीं था। एशिया, अफ्रीका के नवोदित देश अपनी राजनीतिक स्वतंत्रता को सुरक्षित करके अपना आर्थिक विकास सुनिश्चित करना चाहते थे। इन्हें तृतीय विश्व के गुट निरपेक्ष देश या विकासशील देश माना गया।

अधिकांश नवोदित देश भौगोलिक दृष्टि से किसी भी गुट–नेता के निकटवर्ती नहीं थे। इन देशों का संकल्प था कि वे दोनों शक्ति गुटों से दूर रहेंगे, परंतु सब देशों के साथ मित्रतापूर्ण संबंध रखते हुए उनके साथ सहयोग करेंगे। नवोदित राष्ट्र अपनी स्वतंत्रता की सशक्त विचारधारा के अनुसार कार्य करना चाहते थे। स्वतंत्रता की इच्छा इतनी बलवती थी कि जवाहरलाल नेहरू जैसे नेता जो स्वतंत्रता और लोकतंत्र की पश्चिमी विचारधारा से प्रभावित थे, वे भी ये मानते थे कि किसी भी गुट के साथ शामिल होना इन नवोदित देशों के हितों के विरूद्ध होगा। नेहरू को यह विश्वास हो गया था कि नए स्वतंत्र हुए देशों के लिए गुटों की राजनीति खतरनाक सिद्ध होगी। इसीलिए उन्होंने एक तीसरे गुट की स्थापना के विषय में कभी सोचा भी नहीं। अतः तृतीय विश्व की अवधारणा तीसरे गुट से बिलकुल भिन्न थी। तृतीय विश्व के देश हाल ही में उपनिवेशवाद से उभरे थे, जो स्वयं अपने पैरों पर खड़े होना चाहते थे, और स्वतंत्र विदेश नीति पर चल कर अपने आर्थिक विकास को गति प्रदान करना चाहते थे। गुटनिरपेक्षता का अर्थ था "किसी भी गुट में शामिल न होने की नीति" गुटनिरपेक्षता का आधार आत्मनिर्भरता है।

गुटनिरपेक्षता की नीति को इन नेताओं ने विशेष बढ़ावा दिया। भारत के जवाहरलाल नेहरू, मिस्र के नासिर, इंडोनेशिया के डॉ. सुकर्णो, बर्मा (म्यांमार) के यू न तथा यूगोस्लाविया के मार्शल टीटो। तृतीय विश्व के देशों की एकता बांडुंग सम्मेलन के समय प्रकट हुई थी।

किन्तु गुटनिरपेक्ष आंदोलन की औपचारिक स्थापना 1961 में बैलग्रेड सम्मेलन में हुई। यह गुटनिरपेक्ष देशों का पहला सम्मेलन था। इस सम्मेलन को भारत, यूगोस्लाविया तथा मिस्र द्वारा प्रयोजित किया गया था तथा इसका उद्देश्य विश्व की महाशक्तियों तथा सैनिक गठबंधनों के मुकाबले में गुटनिरपेक्ष देशों के प्रभाव को बढ़ाना था। सम्मेलन में 25 सदस्य देशों ने भाग लिया। 1961 से लेकर 2012 तक गुटनिरपेक्ष राष्ट्रों के 16 शिखर सम्मेलन हो चुके है। इस सम्मेलन में भाग लेने के लिए पाँच निम्नलिखित शर्ते लगाई गई–

1. उस देश की अपनी स्वतंत्र विदेश नीति होनी चाहिए जो विभिन्न राजनीतिक एवम् सामाजिक व्यवस्था वाले राज्यों के साथ

शांतिपूर्ण सहअस्तित्व पर आधारित होनी चाहिए। इसमें गुट निरपेक्षता की प्रवृत्ति होनी चाहिए।

2. वह देश उपनिवेशवाद तथा साम्राज्यवाद का विरोधी तथा राष्ट्रीय स्वतंत्रता का समर्थक होना चाहिए।
3. वह देश महाशक्तियों द्वारा किये गये किसी बहुपक्षीय सैनिक गठबंधनों का सदस्य नहीं होना चाहिए।
4. यदि किसी देश का किसी महाशक्ति के साथ द्विपक्षीय समझौता है या वह किसी क्षेत्रीय सुरक्षा पैक्ट का सदस्य है, तो वह पैक्ट जानबुझकर महाशक्तियों के शक्ति संघर्ष के संदर्भ में नहीं किया गया होना चाहिए।
5. यदि किसी देश ने किसी विदेशी शक्ति को सैनिक अड्डे बनाने की आज्ञा दी है तो यह रियायत महाशक्तियों के शक्ति संघर्ष के संदर्भ में नहीं दी गई होनी चाहिए।

गुटनिरपेक्ष आंदोलन के उद्देश्य

गुटनिरपेक्ष आंदोलन के उद्देश्य पहले शिखर सम्मेलन में ही स्पष्ट रूप से घोषित कर दिए गये थे। इनमें से कुछ उद्देश्य बाद में अधिक सुस्पष्ट किए गये। प्रमुख उद्देश्य इस प्रकार हैः

1. साम्राज्यवाद और उपनिवेशवाद का उन्मुलन।
2. अंतर्राष्ट्रीय शांति और सुरक्षा को प्रोत्साहन करना तथा सभी देशों की प्रभुसत्ता और भौगोलिक अखंडता का सम्मान करना।
3. नस्लीय भेदभावों और रंगभेद का अंत करना।
4. पूर्ण निरस्त्रीकारण और विशेषकर परमाणु शस्त्रों का घोर विरोध।
5. संयुक्त राष्ट्र संघ के शांति प्रयासों तथा अन्य कार्यों में प्रभावी सहयोग। सभी अंतर्राष्ट्रीय विवादों का समाधान संयुक्त राष्ट्र चार्टर में सुझाए गये तरीकों मध्यस्थता, पंच–फैसला और न्यायिक फैसलो के जरिये किया जाए।
6. नई अंतर्राष्ट्रीय आर्थिक व्यवस्था की स्थापना।

7. पर्यावरण संरक्षण के लिए विश्व सहयोग तथा मानवाधिकारों को लागू करना।

तृतीय विश्व के देशों को गुटनिरपेक्ष आंदोलन से क्या लाभ पहुँचा?

दूसरे विश्व युद्ध के बाद शीतयुद्ध के दौर में जितने भी नवोदित राष्ट्र थे उन्होंने किसी भी एक गुट में शामिल होने से इन्कार कर दिया था। इसलिए इन्हें तीसरी दुनिया, तृतीय विश्व या विकासशील राष्ट्र के नाम से पुकारा गया। इन देशो के विकास में गुटनिरपेक्ष आंदोलन का बड़ा योगदान रहा जैसे –

1. **साम्राज्यवाद विरोधी आन्दोलन**– तृतीय विश्व के देशों को अपनी स्वतंत्रता हासिल करने के लिए बड़ा संघर्ष करना पड़ा। इनका दृष्टिकोण साम्राज्यवाद विरोधी रहा। इन देशों ने गुटों से अलग रहने की नीति को इसलिए अपनाया क्योंकि उन्हें अपनी स्वतंत्रता पर बड़ा गर्व था एवं वे किसी भी महाशक्ति के अधीन में रहने को तैयार नहीं थे। उनकी इस नीति ने सम्राज्यवाद के विखंडन की प्रक्रिया को और ज्यादा तीव्र किया।
2. **रंगभेद और नस्लीय भेदभाव का विरोध** – गुटनिरपेक्ष आंदोलन ने प्रजातीय अथवा नस्लीय अलगाव का कड़ा विरोध किया। गुटनिरपेक्ष राष्ट्रों ने दक्षिणी अफ्रीका और बाकी अफ्रीकन देशों में चलाए जा रहे रंगभेद विरोधी आंदोलन को पूरा समर्थन दिया। संयुक्त राष्ट्र संघ में कई बार रंगभेद का प्रश्न उठाया गया। फलस्वरूप दक्षिणी अफ्रीका और बाकी देशों में गोरों के शासन और लोगों के प्रति घृणित नीतियों का अंत हो गया है।
3. **विकास योजनाओं के लिए विकासशील देशों को वित्त और तकनीक का हस्तांतरण**– गुटनिरपेक्ष आंदोलन की सबसे बड़ी उपलब्धि यह रही कि तृतीय विश्व के देशों ने रूस, अमेरिका, ब्रिटेन, फ्रांस और अन्य विकसित राष्ट्रों से अच्छे संबंध बनाए रखे। इसलिए उन्हें अपने आर्थिक विकास के लिए दुनिया के सभी बड़े देशों से बिना शर्त पूँजी और तकनीकी ज्ञान मिलता

रहा। गुटनिरपेक्ष रहकर ही वे सभी बड़ी ताकतों से आर्थिक सहायता प्राप्त कर सकते थे।

4. **शीत युद्ध के तनावों को कम किया**– गुटनिरपेक्ष राष्ट्रों ने यह समझ लिया था कि शस्त्रों की दौड़ उन संसाधनों को बरबाद करती है जिनका उपयोग सामाजिक–आर्थिक विकास के लिए किया जाना चाहिए। तृतीय विश्व के देशों ने शांति और निरस्त्रीकरण के मार्ग पर चलकर शीतयुद्ध के तनावों को कम करने में मदद पहुँचाई।

तृतीय विश्व की अवधारणा मौलिक रूप से राजनीतिक है। काल्वोकोरेसी ने लिखा है कि, ''यह एक तृतीय विश्व था क्योंकि इसने विश्व के दो भागों में विभाजन की धारणा को अस्वीकार किया था, एक ऐसा विश्व जिसमें केवल संयुक्त राज्य और सोवियत संघ की आवाज सुनी जाती थी, तथा प्रत्येक अन्य देशों को घोषणा करनी पड़ती थी कि वह एक के साथ है या दूसरे को इस प्रकार तृतीय विश्व का उदय शीत युद्ध की राजनीति के फलस्वरूप हुआ''। तृतीय विश्व की अवधारणा का आधार गुट–निरपेक्षता की नीति थी। समय के साथ, तृतीय विश्व ने आर्थिक परिभाषा भी ग्रहण कर ली। आर्थिक विकास उनकी मुख्य प्राथमिकता है। क्योंकि तृतीय विश्व के देश अविकसित थे तथा वे निर्धनता, भूख, निरक्षरता तथा जातीय संघर्ष जैसी आर्थिक और सामाजिक समस्याओं से पीड़ित थे।

तृतीय विश्व के अधिकांश देश किसी भी कट्टर विचारधारा के बंधन में बँधना नहीं चाहते हैं। तृतीय विश्व समरूप (Homogenous) समुह नहीं है। इसमें विभिन्न महाद्वीपों के लोग शामिल हैं और उनकी सांस्कृतिक पृष्ठभूमि है तथा उनकी राजनीतिक व्यवस्थाएँ भी एक दूसरे से भिन्न हैं। तृतीय विश्व के कुछ देशों की किसी न किसी रूप में समाजवाद के लिए प्रतिबद्धता है, कुछ की पूँजीवाद में पूरी आस्था है। इनमें से, भारत सहित अनेक देशों में उदार लोकतंत्र है, वियतनाम तथा क्यूबा जैसे देशों में जनवादी लोकतंत्र (समाजवादी) है, और कुछ में सैनिक शासन है।

फिर भी तृतीय विश्व के देश अपनी समस्याओं के समाधान के लिए तथा अपने लक्ष्यों की प्राप्ति के लिए एक दूसरे से सहयोग भी करते हैं। अनेक विविधताओं के बावजूद, अनेक अवसरों पर उनमें एकता पाई जाती

है। संयुक्त राष्ट्र के विभिन्न मंचों पर भी तृतीय विश्व की एकता दिखाई देती रहती है। संयुक्त राष्ट्र में साम्राज्यवाद के विरूद्ध, उपनिवेशवाद के विरूद्ध, रंग भेद के विरूद्ध युद्ध और आक्रमण के खतरों के संदर्भ में तथा विदेशी हस्तक्षेप के विरूद्ध प्रायः तृतीय विश्व के देश एक ही स्वर में बोलते रहे हैं। वे विभिन्न मुद्दों पर एक जैसे विचार व्यक्त करते हैं। समय के साथ–साथ गुटनिरपेक्ष राष्ट्रों की सदस्य संख्या बढ़ती गई और यह भी तय होता गया कि किस समय किस मुद्दे पर अधिक बल दिया जाए।

References

1. Samual P. Huntington, 1991, The Third World: Democratization in the late 20 th century.
2. Garg K. Bestsch, Robert K. Clark, David M. Wood, 1978, 'Comparing Political Systems: Power and Policy in Three Worlds, John wiley, New York.
3. बी.बी. तायल, 2015, 'अंतर्राष्ट्रीय संबंध, सुलतान चन्द एण्ड सन्स, नई दिल्ली।
4. आर.सी. वरमानी, 2011, ''समकालीन अन्तर्राष्ट्रीय सम्बन्धा गीताजंली पब्लिशिंग हाऊस, नई दिल्ली।
5. A. Appadorai, Essays in Politics and International Relation, Asia Publishing House, Bombay, 1969.
6. बी.बी. चौधरी, 1998, 'तुलनात्मक शासन एवं राजनीति, श्री महावीर बुक डिपो, नई सड़क, दिल्ली।
7. वी.एन. खन्ना, 2013 'अंतर्राष्ट्रीय संबंध,' विकास पब्लिशिंग हाउस प्रा. लि., नई दिल्ली।
8. ओम प्रकाश गाबा, 2012, 'तुलनात्मक राजनीति की रूपरेखा, मयुर पेपर वर्कस, नौएडा।
9. Rumki Basu, (ed) 2014, 'Intanational Relation: Concepts, Theories and Issues, Sage Publications, New Delhi
10. Mahendra Kumar, 1998, 'Theoretical Aspects of Interrnational Politics, Shiva Lal Agarwala & Company, Agra.
11. Gandhijee Roy, 1983, The Non- Aligned Diplomacy of Mrs. Indira Gandhi, Janki Prakashan, New Delhi.
12. M. Brecher, The New States of Asia, O.U.P, London, 1963.

12

सोवियत संघ का विघटन

डॉ. सुनीता मंगला*

सोवियत संघ के विघटन को अन्तर्राष्ट्रीय पटल पर एक विस्फोटक घटना के रूप में जाना जाता है जो 20 वीं सदी में विश्व राजनीति में अनेकों परिवर्तनों का अग्रदूत बनी। 25 दिसम्बर 1991 को सोवियत संघ के राष्ट्रपति मिखाइल गोर्बाचौफ ने अपने पद से इस्तीफा दे दिया। 26 दिसम्बर 1991 को सोवियत संघ की व्यवस्थापिका सर्वोच्च सोवियत ने अपने अधिवेशन में सोवियत संघ को समाप्त करने के प्रस्ताव के साथ–साथ अपने को भी विघटित करने का प्रस्ताव रखा जिसके परिणामस्वरूप 75 वर्ष पुराने सोवियत संघ का पतन हो गया। 31 दिसम्बर 1991 की मध्यरात्रि को सोवियत संघ का ध्वज उतार दिया गया एवं उसके स्थान पर रूस, जो सोवियत संघ का उत्तराधिकारी बना, का ध्वज फहरा दिया गया। सोवियत संघ, जो लगभग सात दशकों से विश्व के ऐतिहासिक विकास को प्रभावित करता रहा था, वो बिखर गया एंव उसके स्थान पर जो राज्य अस्तित्व में आए उनके नाम थेः–

1. रूसी संघ
2. कजाकिस्तान (कजारव सोवियत समाजवादी गणराज्य)
3. एस्तोनिया (एस्तोनिया सोवियत समाजवादी गणराज्य)
4. लात्विया (लात्वियन सोवियत संघ गणराज्य)
5. लिथुआनिया (लिथुआनिया सोवियत संघ गणराज्य)

* असिस्टेंट प्रोफेसर, राजनीति विज्ञान विभाग, कालिन्दी कॉलेज, दिल्ली विश्वविद्यालय

6. बेलारूस (बाइलोरूस सोवियत संघ गणराज्य)
7. उक्रेन (यूक्रेन सोवियत संघ गणराज्य)
8. माल्दोवा (पहले माल्दोवियन सोवियत संघ गणराज्य)
9. आर्मेनिया (आर्मेनियन सोवियत संघ गणराज्य)
10. जार्जिया (जार्जियन सोवियत संघ गणराज्य)
11. अजर बेजान (अजर बेजान सोवियत संघ गणराज्य)
12. तुर्कमेनिस्तान (तुर्कमैन सोवियत संघ गणराज्य)
13. ताजिकिस्तान (ताजिक सोवियत संघ गणराज्य)। सोवियत संघ से बिखरकर इन 15 स्वतंत्र गणराज्यों का जन्म हुआ।

विश्व के सबसे महाकाय राष्ट्र, जिसका विस्तार बाल्टिक महासागर तक 9,600 कि.मी. से अधिक एंव उत्तर से दक्षिण 4,800 कि.मी. से अधिक था, के पतन की वजह गोर्बाचौफ की उदार नीतियाँ पेरेस्त्रोइका एंव ग्लासनोस्त तो थी ही, साथ ही इसका काफी श्रेय पूर्वी यूरोप में हुई राजनीतिक उथल–पुथल को जाता है। बुद्धिजीवियों का एक वर्ग, जो मार्क्सवाद के प्रति पूर्वाग्रहों से ग्रस्त था, वो सोवियत संघ के विघटन का कारण मार्क्सवाद की अवैज्ञानिकता एंव अव्यवहारिता को मानता है। उनके अनुसार सोवियत संघ में समाज एवं राजनीति को मार्क्सवादी साँचे में ढालने की कोशिश के कारण ही सोवियत संघ का विघटन हुआ। परन्तु यह वर्ग यह देखने में असफल रहा कि मार्क्सवादी सिद्धांतों पर चल कर ही एक कमजोर एंव पिछड़ा राष्ट्र विश्व इतिहास में एक महत्वपूर्ण भूमिका निभा सका। सोवियत संघ का पतन एक ऐसे समय पर हुआ जब शीतयुद्ध का पतन हो चुका था। पूर्वी यूरोप की राजनीति में उदारवादी लोकतान्त्रिकरण की प्रक्रिया आरंभ हो चुकी थी। वार्सा समझौता समाप्त हो चुका था एंव शांतिपुर्ण सहअस्तित्व, निःशस्त्रीकरण एंव सहयोग के सिद्धांत काफी लोकप्रिय हो चुके थे। इन सभी परिवर्तनो के बीच शीतयुद्ध एंव देदांत का एक प्रमुख अभिनेता सेवियत संघ इतिहास के पन्नों का हिस्सा बन गया एवं रूस इसका उत्तराधिकारी बना और इसके नौ गणराज्यों ने मिलकर स्वतंत्र राज्यों के राष्ट्रमंडल की स्थापना की। परन्तु न तो रूस में न ही इस ढीले

ढाले परिसंघ में पूर्व सोवियत संघ की जगह लेने क्षमता थी क्योंकि इन गणराज्यों में साम्यवादी पार्टी का शासन समाप्त हो चुका था एवं इन्हें अनेक सामाजिक, राजनीतिक एवं आर्थिक समस्याओं का सामना करना पड़ रहा था। आंतरिक आर्थिक रूग्णता, राजनीतिक उथल–पुथल के वातावरण, जातीय हिंसा, राष्ट्रीय विखण्डीकरण आदि समस्याओं के कारण स्वतंत्र गणराज्य किसी प्रकार के प्रभुत्व का प्रदर्शन करने में असफल रहे।

सोवियत संघ के विघटन को तीन बिन्दुओं द्वारा भली भांति समझा जा सकता है:–

1. साम्यवादी खेमे के अवसान की प्रक्रिया
2. सोवियत संघ के विघटन के कारण
3. सोवियत संघ के विघटन के अंतर्राष्ट्रीय जगत पर प्रभाव

साम्यवादी खेमे के अवसान की प्रक्रिया

जिस लगन, साहस एवं दृढ़ता से अंतर्राष्ट्रीय जगत में साम्यवादी गुट का विकास एवं विस्तार हुआ उतने ही विस्मयकारी ढंग से इसका विभाजन भी हुआ। अंतर्राष्ट्रीय जगत में साम्यवादी गुट के निर्माण में जहाँ 43 वर्ष (1917–1960) लगे वहाँ इसके विघटन में सिर्फ 29 वर्ष (1961–1990) लगे। इसके विघटन की प्रक्रिया 1960 से प्रारंभ हो गयी थी जब चीन साम्यवाद के सभी खेमो से अलग हो गया। तब से निरतंर इसमें दरारें पड़ती गयी एवं 1990 तक आते आते साम्यवाद का किला पूर्णतः धवस्त हो गया। सोवियत संघ की विघटन की प्रक्रिया को निम्न बिन्दुओं द्वरा स्पष्ट किया जा सकता है –

1. चीन का साम्यवाद के विरुद्ध प्रथम विरोधी स्वर – 1917 से 1960 के बीच चीन ने साम्यवादी विचार धारा को सुदृढ़ करने में योग दिया परन्तु 1960 के बाद चीन के स्वर में विरोधाभास के तत्व स्पष्ट रूप से दिखाई देने लगे जिसकी देखा देखी हंगरी, फिनलैण्ड, बल्गारिया, पोलैण्ड, रूमानिया एवं यूगोस्लाविया में भी सोवियत संघ के विरुद्ध स्वर उठने लगे। चीन एवं रूस में यह विवाद कई कारणों से बढ़ा –

(i) साम्यवादी चीन ने सोवियत संघ पर पहला सैद्धान्तिक आरोप मार्क्सवाद को लेकर लगाया। ख्रुश्चेव की सोवियत संघ की 'शांतिपूर्ण सहआस्तित्व' की नीति को चीन ने 'संशोधनवादी' कहकर आलोचना की। इस प्रकार चीन को कट्टर साम्यवादियों का नेतृत्व प्राप्त हो गया।

(ii) 1969 में मंगोलिया और चीन फुओ द्वीप के हजारों वर्गमील क्षेत्र के लिए चीन व रूस के मध्य सैनिक झड़पें हुईं और अब दोनों एक दूसरे को मुख्य शत्रु के रूप में घोषित करने लगे।

(iii) क्यूबा के प्रश्न पर दोनों में मतभेद और उभरे।

(iv) सोवियत संघ ने चीन को परमाणु रहस्य नहीं बताया तथा 1962 में चीन–भारत संघर्ष में भारत की ओर मित्रता का हाथ बढ़ाया।

1989 तक चीन सोवियत संघ की अपेक्षा अमेरिका के अधिक नजदीक हो गया था। इस प्रकार साम्यवादी गुट के बिखराव का प्रथम चरण चीन का रूसी नेतृत्व से अलग होना तथा रूस या सोवियत संघ के साम्यवादी सिद्धांतों की आलोचना करना था।

2. अल्बानिया का साम्यवादी गुट से पृथक होना – अल्बानिया साम्यवादी चीन का प्रबल मित्र था। वह प्रारम्भ से ही साम्यवादी संघ से अलग होने के लिए प्रयत्नशील था। चीन–रूस संघर्ष में उसका झुकाव चीन की ओर था, इसलिए अल्बानिया पूर्वी यूरोप के देशों में सबसे पहले अलग होने वाला देश था।

3. हंगरी में सोवियत संघ के नियंत्रण का अवसान– 1956 में हंगरी में लोग सोवियत सैनिकों के नियंत्रण को समाप्त करने के लिए बुडापेस्ट की सड़कों पर इकटठे हो गये। उन्होंने अपने आंतरिक विषयों में पूर्ण आर्थिक एवं राजनीतिक स्वतंत्रता की मांग करनी आरंभ कर दी। परन्तु इमरेनज के नेतृत्व में हुए इस विद्रोह को ख्रुश्चेव ने दबा दिया एवं यानोस कादार को हंगरी के सिंहासन

पर पदारूढ़ किया जो 1988 तक सत्ता पर काबिज रहे। परन्तु 1989 में हंगरी के साम्यवादी दल ने यह स्वीकार कर लिया कि यहाँ पर एक दलीय साम्यवाद का प्रयोग विफल हो गया है। जनवरी 1989 में हंगरी की संसद ने ऐतिहासिक कदम उठाकर स्वतंत्र राजनीतिक आंदोलनों के गठन की अनुमति देने वाला विधान पारित कर दिया। संसद ने प्रदर्शन के अधिकार को भी अनुमति दे दी। हंगरी की सत्तारूढ़ कम्युनिस्ट पार्टी ने 7 नवम्बर 1989 को मतदान द्वारा संकल्प पारित कर स्वयं का आस्तित्व समाप्त कर दिया एवं संसद ने पार्टी के भीतर एंव बाहर मिश्रित अर्थव्यवस्था एंव लोकतंत्र के पक्ष में मतदान किया। हंगरी की आर्थिक दुर्दशा वहाँ पर साम्यवादी अवसान का प्रमुख कारण बनी।

4. पोलैंड में साम्यवाद का अवसान– 1945 में पोलैण्ड में साम्यवादी शासन की स्थापना हुई थी। इसके बाद 1956, 1970 और 1976 में पोलैण्ड के सर्वहारा दल ने सत्तारूढ़ कम्युनिस्ट पार्टी को चुनौती दी लेकिन उन्हें सोवियत सैनिकों की सहायता से दबा दिया गया। 1970 में गेर्येक ने गोल्कुका का स्थान ग्रहण कर साम्यवादी शासन की बागडोर सम्भाली लेकिन 1970 से 1989 तक पोलैण्ड की आर्थिक दशा अत्याधिक बिगड़ गयी। जिसके प्रमुख उदाहरण हैं;

(i) 1989 तक पोलैण्ड पर विदेशी ऋण 39 अरब डॉलर तक पहुँच गया,

(ii) निर्यातों से ब्याज भी नहीं चुकाया जा रहा था,

(iii) पूंजी निवेश के लिए पश्चिम से जो भारी ऋण लिया गया उसे उपभोग्य सामग्री के उत्पादन में व्यय कर दिया। पोलैण्ड की जनता इस दुर्दशा के लिए साम्यवादी शासन को जिम्मेदार मानने लगी और जून, 1989 के चुनावों में साम्यवादियों को भारी पराजय मिली और 24 अक्तुबर 1989 को पोलैण्ड में सॉलिडैरिटी के नेतृत्व में लोकतंत्रीय सरकार की स्थापना हुई। 29 जनवरी, 1990 को पोलैण्ड

की कम्युनिस्ट पार्टी ने पार्टी को भंग कर बहुदलीय प्रणाली, संसदीय लोकतंत्र और बाजार अर्थव्यवस्था को स्वीकार कर लिया।

5. रोमानिया की साम्यवादी सरकार का पतन–1945 में रोमानिया में साम्यवादी शासन की स्थापना हुई। परन्तु रोमानिया में जिस दिसम्बर क्रांति ने अन्ततः मार्क्सवादी सरकार को उखाड़कर फेंक दिया, हाल के इतिहास में उसकी कोई तुलना नहीं है। 17 दिसम्बर, 1989 को तिमिसोरा में एक पादरी के निष्कासन का जो विरोध प्रारंभ हुआ, उसने शीघ्र ही पूर्णतः कम्युनिस्ट विरोधी विद्रोह का रूप धारण कर लिया। पुलिस ने पहले ही दिन 400 लोगों का भून डाला। अगले कुछ दिनों में पश्चिमी रोमानिया में हजारों लोगों की निर्मम हत्या कर दी गयी और उन्हें सामूहिक कब्रिस्तान में दफना दिया गया। चार दिनों में विद्रोह राजधानी बुखारेस्ट तक फैल गया। विद्रोही नेता लोनलिजू पीतर रोमन और माइकेल लपोई के नेतृत्व में छात्रों तथा कामगारों ने कम्युनिस्ट पार्टी की केन्द्रीय समिति के भवन पर धावा बोल दिया। कारखानों पर अधिकार कर लिया गया और राष्ट्रीय हड़ताल की घोषणा कर दी गयी। सेना ने आन्दोलनकारियों के आह्वान की ओर ध्यान दिया और उनका साथ दिया। रेडियो तथा टेलीविजन केन्द्रों पर अधिकार कर लिया गया और राष्ट्रपति को पकड़ लिया गया। उन पर सैनिक न्यायालय में मुकदमा चलाया गया। उन पर नरसंहार, राज्य के विध्वंस, सार्वजनिक सम्पत्ति की चोरी तथा राष्ट्रीय अर्थव्यवस्थ्या के विनाश के आरोप थे। न्यायालय ने उन्हें मृत्यु दण्ड दिया। तानाशाह के पतन के पश्चात् भी बुखारेस्ट में लड़ाई एक सप्ताह और चली रही। सत्ता की बागडोर संभालने वाली राष्ट्रीय मुक्ति समिति ने घोषणा की कि क्रान्ति के इस महायज्ञ में 60,000 से भी अधिक लोगों ने अपने प्राणों की आहुति दी और तीन लाख से अधिक आहत हुए। चाउसेस्क्यू 22 मार्च, 1965 को सर्वोच्च पद पर आसीन हुआ और 24 वर्ष से भी अधिक समय तक उन्होने बागडोर को

संभाले रखा। इस चौथाई शदी में उसके परिवार के सदस्य सभी महत्वपूर्ण पदों को हथियाये रहे और उन्होंने समाजवाद को भाई–भतीजावाद का पर्याय बना दिया। उसकी पत्नी एलिना पोलिट ब्यूरो की सदस्या और प्रथम उपप्रधानमंत्री थी। मार्क्सवादी तानाशाह संगमरमर के महलों मे रहता था। रोमन सम्राटों की तरह विलासिता का जीवन व्यतीत करता था। उसने स्विस बैंकों में 40 करोड़ डॉलर मूल्य का सोना जमा कर रखा था। 23 मई 1990 को शासनारूढ़ नेशनल साल्वेशन फ्रण्ट ने रोमानिया के प्रथम स्वतंत्र चुनावों में भारी विजय प्राप्त की तथा इयान अलिएस्क्यू 86 प्रतिशत के भारी महुमत से राष्ट्रपति चुने गये। इस प्रकार रोमानिया में साम्यवादी शासन का अंत हुआ।

6. पूर्वी जर्मनी में साम्यवाद का अवसान–पूर्वी जर्मनी में 1949 में साम्यवादी शासन की स्थापना हुई। अक्टूबर 1989 में प्राग ने पश्चिमी जर्मनी से लगी अपनी सीमाओं को खोल दिया जिससे पूर्वी जर्मनी से लोगों की आवाजाही बढ़ गयी। 3 अक्टूबर 1989 को लाइपजिंग में 36 वर्षों के इतिहास में सबसे बड़ी लोकतांत्रिक क्रान्ति हुई। 18 अक्तूबर, 1989 को स्टालिनवादी नेता का तख्ता उलटकर उन्हें एवं पोलित ब्यूरो के उनके तीन साथियों को बंदी बना लिया गया एवं उन पर देशद्रोह, भ्रष्टाचार एवं कुशासन के आरोप लगाए गये। परिणामस्वरूप क्रेंज की कम्युनिस्ट सरकार ने त्यागपत्र दे दिया। 18 मार्च 1990 को पूर्वी जर्मनी में स्वतंत्र चुनाव हुए। इस चुनाव में क्रिश्चियन डेमोक्रेटों एवं सम्बद्ध दलों ने 18.7 प्रतिशत मत एवं 65 स्थान प्राप्त हुए। अप्रैल 1990 में क्रिश्चियन डेमोक्रेटों एवं सोशल डेमोक्रेटों की संयुक्त सरकारें बनी एवं पूर्वी जर्मनी से साम्यवादी शासन का अंत हो गया।

7. चेकोस्लोवाकिया की साम्यवादी सरकार का अंत – पूर्वी यूरोपीय देशों में साम्यवादी शासन के विरुद्ध उठ रहीं लोकतांत्रिक क्रान्तियों की हवा से प्रेरणा पाकर चेकोस्लोवाकिया में भी साम्यवादी सरकार के त्यागपत्र की मांग उठने लगी। 1948 में चेकोस्लोवाकिया में साम्यवादी शासन की स्थापना उसकी इच्छा

के विपरीत हुई थी। परंतु निरंतर जर्जर होती आर्थिक स्थिति ने 1968 मे दुष्चेक जैसे नेता को यह मानने पर विवश कर दिया कि साम्यवादी शासन देश की व्यवस्था को सुधारने में पूर्णतः असफल सिद्ध हुआ है। दुष्चेक के नेतृत्व में साम्यवादी पार्टी के भीतर सुधारकों का एक ऐसा समूह उत्पन्न हो गया जो लेनिनवादी सिद्धांतों के विरुद्ध था। अतः चेकोस्लोवाकिया में साम्यवादी विचारधारा दो भागों में बंट गयी –रूढ़िवादी एवं सुधारवादी। सोवियत संघ से प्रेरणा लेकर रूढ़िवादी साम्यवादियों ने 1968 में दुष्चेक एवं उनके सुधारवादी साम्यवादी साथियों को बंदी बना लिया। 1977 में सोवियत दमन की समाप्ति एवं लोकतांत्रिक अधिकारों की रक्षा के लिए 'चार्टर 77' की स्थापना की गयी। चार्टर 77 के 45 हस्ताक्षर कर्ताओं ने मांग की कि सैन्य गुटों के विघटन के बारे में नाटो तथा वारसा संधि वाले देशो के बीच सीधी वार्ता हो, सोवियत तथा अमेरीकी सेनाओं को उनके सहयोगी देशों के राज्य क्षेत्रों से हटा लिया जाए, यूरोप में परमाणु रहित क्षेत्र की स्थापना की जाए, आर्थिक सहयोग के बारे में पूरब तथा पश्चिम के बीच समझौता हो और दोनों जर्मनियों का पुनः एकीकरण हो।

कुछ ही वर्षों में चार्टर 77 पर हस्ताक्षर कर्ताओं की संख्या बढ़कर 1200 तक पहुँच गयी। चार्टर 77 उस नागरिक मंच का अग्रदूत बना जिसमें 1989 में लोकतंत्र के जनआन्दोलन को आगे बढ़ाया। 17 नवम्बर, 1989 को प्राग में 30 हजार से भी अधिक लोगों ने प्रदर्शन किया और कम्युनिस्ट सरकार के त्यागपत्र की मांग की। उनके उद्घोष वाक्य थे – "स्वतंत्रता दो स्वतंत्रता दो, स्वतंत्र चुनाव कराओ, हमें नहीं चाहिए कम्युनिस्ट पार्टी, चालीस वर्ष बहुत होते हैं, मार्क्स अब तुम्हारे दिन लद चुके हैं।" 29 नवम्बर, 1989 को चेकोस्लोवाक संसद ने अनुच्छेद 4 को निरस्त कर दिया जो सोवियत संविधान के अनुच्छेद 6 की भांति ही दल की मार्गदर्शी भूमिका को अनिवार्य ठहराता था। उसने अनुच्छेद 16 को भी निरस्त कर दिया जो विद्यालयों में

मार्क्सवाद लेनिनवाद का अध्ययन अनिवार्य बनाता था। चार्टर 77 के एक संस्थापक वाक्लाव हावेल ने दिसम्बर 1989 में चैकोस्लोवाकिया के राष्ट्रपति का पदभार ग्रहण किया। 11जून, 1990 को नागरिक मंच आन्दोलन (सिविक फोरम मूवमेण्ट) ने चेकोस्लोवाकिया के प्रथम स्वतंत्र चुनाव में डाले गये कुल मतों के 46 प्रतिशत से अधिक मत प्राप्त करके जीत हासिल की। कम्युनिस्ट पार्टी उससे कहीं नीचे 13.6 प्रतिशत मत पाकर द्वितीय स्थान पर रही। जनवरी 1993 के प्रथम दिन चेकोस्लोवाकिया इतिहास के पृष्ठों में गुम हो गया और उसकी जगह स्वाधीन चेक तथा स्लोवाक गणराज्यों का उदय हुआ।

8. बुल्गारिया में साम्यवादी शासन का अंत – 16 जवनरी 1990 को बुल्गारिया की संसद ने संविधान संशोधन का अनुमोदन कर सत्ता पर साम्यवादी दल के एकाधिकार को समाप्त कर दिया एवं स्वतंत्र चुनावों के लिए द्वार खोल दिया। सितम्बर 1990 में स्वतंत्र चुनाव हुए एवं कारपोरेट प्रेसीडेंसी की सरकार बनी।

9. जर्मनी का एकीकरण – द्वितीय विश्वयुद्ध के बाद जर्मनी का दो भागों, पूर्वी जर्मनी एवं पश्चिमी जर्मनी, में विभाजन हो चुका था। परन्तु 2 जुलाई 1990 को दोनों जर्मनियों का आर्थिक एकीकरण हुआ जिसने जर्मन एकीकरण का रास्ता साफ कर दिया। बाद में 22 सितम्बर 1990 को बिट्रेन, फ्रांस, अमेरिका एवं सोवियत संघ के बीच एक समझौता हुआ जिसमें बर्लिन पर कब्जे के शेष अधिकारों को भी समाप्त कर दिया। इस प्रकार जर्मनी का एकीकरण संभव हुआ। इस समझौते में यह तय किया गया कि पूर्वी जर्मनी अब संयुक्त राष्ट्र संघ एवं अन्य अंतर्राष्ट्रीय संस्थाओं का सदस्य नहीं रहेगा एवं विभिन्न देशों में उसके कार्यरत दूतावास भी बंद कर दिये जाऐंगे। इस तरह 3 अक्तूबर 1990 को जर्मनी पुनः एक राष्ट्र के रूप में जन्मा। बिना युद्ध एवं रक्तपात के जर्मनी का एकीकरण विश्व इतिहास की सबसे अभूतपूर्व घटना थी। एकीकृत जर्मनी को अब 'जर्मन संघीय गणराज्य' के नाम से जाना जाता है। जर्मनी के एकीकरण द्वारा

चांसलर हेलमुट कोल ने जर्मनी और विश्व इतिहास में हमेशा के लिए अपना स्थान बना लिया। वो अभी भी जनता की नजरों मे बिस्मार्क की तरह एक महान नेता है जिन्होंने जर्मनी को उनकी खोई हुई प्रतिष्ठा प्राप्त करवायी क्योंकि जर्मनी के लोगों में अपने देश के विभाजन का कितना दुख था इस बात का अंदाजा इस से लगाया जा सकता है कि विभाजन के बाद उन्होंने राष्ट्रीय दिवस मनाना बंद कर दिया था।

10. सोवियत संध का विघटन–1989 तक आते आते सोवियत संघ भी में भी विघटनकारी प्रवृतियों ने इसे विखण्डीकरण के रास्ते पर ला दिया। साथ ही गौर्बाचौफ के नेतृत्व में 1985 में आरंभ की गयी आर्थिक रणनीति ने आग में घी का कार्य किया। इस आर्थिक नीति की घोषणा 23 अप्रैल 1985 को सोवियत साम्यवादी दल की केन्द्रीय समिति के पूर्ण अधिवेशन में की गयी जो दो महत्त्वपूर्ण अवधारणाओं पर टिकी थी – पेरेस्त्रोइका और ग्लासनोस्त, जिनका क्रमशः तात्पर्य है – पुनर्गठन और खुलापन। गौर्बाचौफ़ ने अर्थव्यवस्था में आमूल–चूल परिवर्तन करने की आवश्यकता को ध्यान में रखते हुए इन अवधारणाओं को प्रस्तुत किया था। गोर्बाचौफ ने सोवियत अर्थव्यवस्था के तत्कालीन ढांचे को, जो पिछड़ा और अपरिवर्तनशील माना गया तथा जिस पर खनन एवं कृषि हावी थी और जहाँ सेवाओं के क्षेत्र अर्द्धविकसित थे, आमूल–चूल रूप से बदलने की आवश्यकता पर बल दिया। ऐसा माना गया कि तत्कालीन सोवियत अर्थव्यवस्था घटिया वस्तुओं, अकुशलता तथा प्रतिद्वंद्विता के अभाव से ग्रसित है। अप्रचलित वस्तुओं का उत्पादन काफी बड़े परिणाम में होता था। लोगों के सामने प्रस्तुत की जाने वाली वस्तुओं एवं सेवाओं और उनके द्वारा मांग की जाने वाली वस्तुओं एवं सेवाओं में अंतर था। इसलिए यह माना गया कि उस्कोरेनी (त्वरण) अर्थव्यवस्था के ढांचे को इस प्रकार परिवर्तित करेगा कि वह तो लोगों की आवश्यकताओं की संतुष्टि को अपना लक्ष्य बना कर अधिक गतिशील, कुशल और समाजोन्मुख बनेगा। उत्पादन का ढांचा

ऐसा बनाया जाएगा जो लोगों की आवश्यकताओं की संतुष्टि को प्राथमिकता दे। इसके अतिरिक्त अधिक संसाधानों के इस्तेमाल की अपेक्षा कार्यकुशलता में वृद्धि कर उत्पादन बढ़ाने की बात की गयी। नवीनतम प्राद्यौगिकी एवं प्रबंधन की विधियों को प्रयोग में लाया जाना रेखाकिंत किया गया।

पेरेस्त्रोइका का अर्थ है, 'पुनर्गठन' या 'पुनर्रचना'। सोवियत संघ ने पेरेस्त्रोइका के माध्यम से अपने समाज में ऐसे सुधार लाने का संकल्प किया, जिससे पुरानी कठोरताओं या कट्ठरताओं का अंत करके मनुष्य के आर्थिक, सामाजिक, राजनीतिक, सांस्कृतिक व आत्मिक विकास (अथवा संपूर्ण विकास) का मार्ग प्रशस्त किया जा सके। इस प्रकार यह एक नये समाज की ओर अग्रसर होने की प्रक्रिया थी। इस अवधारणा में निम्न बातें शामिल थीं –

1. व्यक्ति का नैतिक एवं आध्यात्मिक विकास करना
2. समाज का व्यापक लोकतांत्रिकरण करना
3. लोकतांत्रिक विकेन्द्रीकरण करना
4. सगाजिक एवं आर्थिक प्रगति में तेजी लाना
5. समाज की विकृतियों का पर्दाफाश करना
6. अच्छे जीवन स्तर की प्राप्ति में सहयोग करना।

पेरेस्त्रोइका नीति का प्रमुख उद्देश्य मनुष्य को मशीन न मानकर उसके मानवीय मूल्यों को आगे बढ़ाना था। इस नीति के अंतर्गत कृषि में ढांचागत परिवर्तन किये गये। खाद्य पदार्थों का उत्पादन बढ़ाने के लिए लीज एवं कॉन्ट्रेक्ट व्यवस्था के माध्यम से नीति खेती को प्रोत्साहन दिया गया। सामूहिक खेती एवं राजकीय खेतों के ऐच्छिक संगठन बनाये गये, जो संयुक्त सेवाओं एवं प्रबंधकीय समितियों की स्थापना में योगदान देते थे। मजदूरी वेतन को कार्यकुशलता से जोड़ा गया जिसके अंतर्गत कार्यकुशल श्रमिकों को अधिक वेतन एवं सुस्त एवं अकुशल श्रमिकों को कम

वेतन देने पर बल दिया गया। अतः पेरेस्त्रोइका के माध्यम से गौर्बाचौफ सोवियत संघ को लोक कल्याण की नीति पर आधारित करना चाहते थे साथ ही सामाजिक – आर्थिक रूपान्तरण में जनभागीदारी सुनिश्चित करना चाहते थे। इस कारण ग्लासनोस्त अर्थात् खुलापन आवश्यक था। ग्लास्नोस्त में खुली बहस को प्रोत्साहन दिया गया जिससे लोकतंत्र की शक्तियाँ सुदृढ़ हों। पेरेस्त्रोइका अर्थात पुनर्गठन में समाज को पुनर्गठित करने के लिए नये तत्वों का समावेश करना आवश्यक था। इन दोनों नीतियों के माध्यम से सोवियत संघ में समाजवाद को अधिक मानवीय, जनवादी एवं जनकल्याणकारी बनाने पर बल दिया गया। परंतु यह नीतियाँ सोवियत पृष्टभूमि पर सफल न हो सकी एवं गौर्बाचौफ जैसे सुधारवादी नेता का यह कदम बिना किसी परिणाम के असफल सिद्ध हुआ। गौर्बाचौब की पेरेस्त्रोइका तथा ग्लासनोस्त की लोकतंत्रीय उदारवादी नीतियों का प्रोत्साहन पाकर 1989–90 में समूचे पूर्वी यूरोप में साम्यवादी शासन का अंत हो गया। सोवियत संघ में भी उदारवाद की दिशा में प्रयत्न जारी थे। 19 अगस्त, 1991 को वहाँ गौर्बाचौफ के विरुद्ध एक असफल षड्यंत्र हुआ और यहीं से गौर्बाचौफ का पतन प्रारंभ हो गया। दिसम्बर 1991 में सोवियत संघ में सभी केन्द्रीय संस्थानों को समाप्त करने का निर्णय लिया गया। गौर्बाचौफ ने पार्टी के महासचिव पद से त्याग पत्र दे दिया, इसकी केन्द्रीय समिति को भंग कर दिया, पार्टी की जायदाद का राष्ट्रीयकरण कर दिया और 25 दिसम्बर, 1991 को राष्ट्रपति पद से छुटकारा पा लिया। 26 दिसम्बर 1991 को सोवियत संघ का औपचारिक रूप से विघटन कर दिया गया तो उसके गणराज्य स्वतंत्र हो गये। इस प्रकार सोवियत संघ के साम्राज्य का पतन हो गया।

11. वारसा संधि को भंग करना – 1955 में वारसा पैक्ट पर हस्ताक्षर हुए थे। यह सोवियत संघ और पूर्वी यूरोप के 7 साम्यवादी राष्ट्रों का सैनिक गठबंधन था। इस संधि की भूमिका मे यूरोप में सामूहिक सुरक्षा की पद्धति को स्थापित करने पर बल दिया गया था। शीत–युद्ध के अंत के साथ वारसा पैक्ट भी समाप्ति

की ओर अग्रसर हुआ। 1 जुलाई,1991 को वारसा पैक्ट समाप्त करने का समझौता हो गया।

12. यूगोस्लाविया का विघटन – पूर्वी यूरोप में साम्यवादी विचारधारा के पतन का असर यूगोस्लाविया जैसे निर्गुट राष्ट्र पर भी पड़ा। यूगोस्लाविया के राष्ट्रपति मार्शल टीटो ने भारत के पंडित नेहरू एवं मिस्र के राष्टपति कर्नल के साथ मिलकर निर्गुट आंदोलन को जन्म दिया था। शीतयुद्ध काल के दौरान पूर्वी यूरोप के राज्यों में यूगोस्लाविया एक मात्र उदारवादी राष्ट्र रहा जो सोवियत खेमे से पृथक रहकर भी अपनी समाजवादी नीतियों को क्रियान्वित करता रहा। परन्तु 90 के दशक में पूर्वी यूरोप में आई लोकतांत्रिक बयार का असर यूगोस्लाविया पर भी पड़ा एवं उसके अंदर की फूट, झगड़ों, दंगों एवं जातीय विवादों ने विघटन की प्रक्रिया को आरंभ कर दिया। 1946 में संविधान द्वारा 6 गणराज्यों सर्बिया, क्रोशिया, स्लोवेनिया, मेसोडोनिया, मोण्टेनिग्रो एव बोस्निया–हर्जगोविना को संघीय गणराज्य घोषित किया गया। परन्तु इस विविधता वाले राष्ट्र में विघटन की प्रक्रिया जुलाई 1990 में उस समय आरंभ हो गयी जब एक गणराज्य सर्बिया के स्वायत्तशासी प्रांत कोसावो की अल्बानिया जाति ने सर्बिया में प्रथक स्वतंत्रता की घोषणा कर दी। 1 सितम्बर से ही सर्बिया में सर्बियों एवं मुसलमानों के बीच दंगे भड़क उठे। बोस्निया के मुसलमानों ने भी यह घोषणा कर दी कि यदि स्लोवेनिया एवं क्रोशिया ने युगोस्लोवाकिया से संबंध विच्छेद किया तो वे भी महासंघ से प्रथक हो जाएंगे। 1990–91 तक अन्य देशों में साम्यवाद के अवसान के साथ साथ यह महासंघीय युगोस्लाविया भी टूट की कगार पर आ गया एवं पांच अंतर्राष्ट्रीय इकाईयों ने अपने को स्वतंत्र घोषित कर दिया एवं स्लोवेनिया, क्रोशिया, बोस्निया–हर्जेगोविना एवं मेसोडोनिया के रूप में संयुक्त राष्ट्र संघ की सदस्यता ग्रहण की। यूगोस्लाविया की संसद ने फरवरी 2003 को नया संविधान स्वीकरा जिसमें यूगोस्लाविया नाम को त्यागते हुए देश को 'सर्बिया एवं मोटेनिग्रो' के संघ के रूप में नया नाम दिया। नऐ संविधान के अंतर्गत

सर्बिया एवं मोटेनिग्रो को एक संघ के रूप में बंधे रहने की बाध्यता तीन वर्षों के रूप में रखी गयी, इसके बाद में वे अलग अलग दो राष्ट्रों के रूप में स्वतंत्र रूप से विघटित हो सकते हैं। परिणामस्वरूप 2006 में जनमत संग्रह के बाद मोटेनिग्रो की संसद ने स्वतंत्रता की घोषणा कर दी। 17 फरवरी 2008 को सर्बियाई प्रांत कोसावो ने भी अपनी स्वतंत्रता की घोषणा कर दी। इस तरह धीरे धीरे यूगोस्लाविया गणराज्य भी सोवियत पतन की तरह निरन्तर टूटता चला गया।

अतः द्वितीय विश्वयुद्ध के बाद सोवियत संघ के नेतृत्व में धीरे धीरे जिस प्रकार पूर्वी यूरोप के देशों को साम्यवादी शासन के सांचे में ढाला गया वो 1990–91 तक आते आते टूटकर बिखरने लगे एवं साम्यवादी निरंकुशता से एक एक करके मुक्त होने लगे। संपूर्ण साम्यवाद एवं मार्क्सवाद – लेनिनवाद अब इतिहास के कब्रिस्तान में दफन हो चुका था। सोवियत संघ एवं पूर्वी यूरोप के देशों में बहुदलीय लोकतंत्र, अन्य पद्धतियों के साथ सह आस्तित्व, धार्मिक स्वतंत्रता के आगमन, उदारीकरण एवं लोकतांत्रिकरण की प्रक्रिया ने साम्यवादी विचारधारा को समाप्त प्राय कर दिया।

सोवियत संघ के विघटन के कारण

सोवियत संघ के विघटन को अंतर्राष्ट्रीय राजनीति की शब्दावली में एक 'भूंकप' की संज्ञा दी जाती है। परंतु यह घटना भूकंप की तरह अचानक नहीं घटी। दिन प्रतिदिन के घटनाक्रम भी विघटन की अग्नि को हवा देने लगे थे। 1989 में, विशेषकर 1989 के उत्तरार्द्ध में, प्रतिदिन तोड़फोड़, प्रदर्शन, हड़ताल, शांतिभंग एवं सरकार की नाकामी की खबरें सामान्य होने लगीं थी।

आंतरिक कारक

सोवियत संघ के विघटन के लिए निम्न आंतरिक कारक जिम्मेदार थे –

1. **ऐतिहासिक कारण** – सोवियत संघ के पतन का आधारभूत कारण इनके वास्तविक पतन के चार दशकों के पूर्व खोजा जा

सकता है। जब स्टालिन के नेतृत्व में देश पर साम्यवादी शासन थोपा गया था, शासन की इस पद्धति को एक विचारधारा के रूप में देश पर थोपने से जहाँ लोकतांत्रिक सिद्धांतों की हानि हुई वहीं जनता में अलगावाद की शुरूआत भी हुई। जो समय के साथ साथ बढ़ती गयी। अंततः 1989–91 के वर्षों में सोवियत संघ एवं पूर्वी यूरोप के देश स्टालिन द्वारा थोपी गयी साम्यवादी व्यवस्था से अलग होते चले गये।

2. **साम्यवादी पार्टी का नेतृव** – सोवियत संघ में पार्टी एवं राज्य के बीच कोई मतभेद नहीं था जिसकी वजह से पार्टी एवं राज्य का नेतृत्व एक ही लोगों के हाथों में थे। द्वितीय विश्वयुद्ध के बाद जहाँ साम्यवादी आदर्शों से जनता प्रभावित हुई वहीं बाद में साम्यवादी नेतृत्व में बढ़ती सुविधाभोगी प्रवृतियों, भाई– भतीजावाद एवं पद लोलुपता ने इसके नेतृत्व को भ्रष्ट कर दिया। संपूर्ण कम्युनिज्म अर्थात् मार्क्सवाद–लेनिनवाद आज इतिहास में दफन हो चुका था।

3. **आर्थिक बोझ एवं असमर्थता** – असहाय आर्थिक बोझ एवं निर्भरता सोवियत संघ के विघटन के प्रमुख कारणों में से एक था। द्वितीय विश्वयुद्ध के पश्चात् सोवियत संघ एक महत्वपूर्ण शक्ति केन्द्र बनकर उभरा था परंतु इस युद्ध ने सोवियत संघ के आर्थिक संसाधनों को बड़े पैमाने पर नष्ट कर दिया था जिससे आर्थिक पुनर्निमाण की आवश्यकता महसूस की जाने लगी। साम्यवादी आदर्शों में लिप्त पूर्वी यूरोप के राष्ट्र भी अपनी आर्थिक, राजनीतिक एवं सैनिक जरूरतों के लिए सोवियत संघ पर निर्भर थे। एशिया एवं अफ्रीकी महाद्वीप के देशों के स्वतंत्रता संबंधी प्रयासों में उनकी सहायता करना एवं इनकी नव अंकुरित अर्थव्यवस्थाओं को सहायता प्रदान करना ताकि वो अमेरिकी खेमें में न पहुँच जाएं, अमेरीका के साथ तकनीकी, वैज्ञानिक एवं शस्त्रों संबंधी प्रतिस्पर्धा को जीवंत रखना एवं पूंजीवाद पर समाजवाद की श्रेष्टता को निरन्तर प्रदर्शित करना सोवियत संघ की जिम्मेदारी बन गया था। इन सबकी वजह से सोवियत संघ आर्थिक बोझों में इतना दब गया जिससे निकलना मुश्किल हो

गया। परिणामस्वरूप आर्थिक विकास की गति धीमी हो गयी, राष्ट्रीय आय में कमी आयी, अर्थव्यवस्था चरमराने लगी। बिगड़ती हुई अर्थव्यवस्था का सीधा असर जनता के रहन–सहन पर पड़ा। जीवन स्तर में गिरावट, रोजगार के अवसरों में कमी, वस्तुओं में कमी ने आम आदमी का जीवन दूभर कर दिया जिससे जनता का साम्यवादी शासन एवं नेतृत्व से अलगाव होने लगा।

4. **अक्तूबर क्रांति के बाद पैदा हुई पीढ़ी की महत्वाकाक्षाएँ** – सोवियत संघ के पतन का एक प्रमुख कारण यह भी था कि अक्तूबर क्रांति के बाद समाज में ऐसे नवीन युवा वर्ग का जन्म हो चुका था जिन्होंने जारशाही रूस के निर्मम सामंती पूंजीवाद के शोषण का अनुभव नहीं किया था उनके सारे शिकवे शिकायतें समाजवादी शासन से ही थे। वे समाजवाद से उत्पन्न लाभों का तो अनुभव कर रहे थे, परन्तु इसके दोषों एवं कमियों को व्यवस्था जन्य मानते हुए इनसे छुटकारा प्राप्त करने के लिए एक नयी व्यवस्था परिवर्तन की कामना कर रहे थे जिसमें रहकर पूंजीवाद की व्यवस्था की ओर लौटकर समाजवाद एवं पूंजीवाद दोनों के लाभों को प्राप्त किया जा सके। इस नवीन पीढ़ी की सोच ने भी साम्यवादी खेमें के विघटन में योगदान दिया।

5. **सर्वहारा के अधिनायक तंत्र के स्थान पर शीर्ष नेताओं का अधिनायकतंत्र** – सोवियत संघ के पतन का एक अन्य कारण यह था कि सर्वहारा वर्ग का 'अधिनायक तंत्र' 'सर्वहारा वर्ग' पर राज्य एवं दल के शीर्ष नेताओं के 'अधिनायक तंत्र' में बदल गया था जिससे जनता, राज्य एवं राजनीतिक व्यवस्था के प्रति उदासीन हो गयी थी। इसी कारण जब व्यवस्था के अंत का समय आया तो जनता के क्रोध एवं आक्रोश ने उन्हें व्यवस्था के बचाव में आने का साहस नहीं दिया।

6. **नेतृत्व शून्यता** – सोवियत संघ के शक्तिशाली नेता लियोनोद ब्रेझनेव के शक्तिशाली नेतृत्व ने संपूर्ण सोवियत व्यवस्था को

बांधे रखा था परन्तु उनकी मृत्यु के बाद जो नेतृत्व में शून्यता पैदा हो गयी थी उसे मिखाइल गोर्बाचौफ का नेतृत्व पूर्ण नहीं कर सका था जिससे सोवियत संघ में अलगाववादी एवं विखण्डनकारी शक्तियाँ शक्तिशाली होती चली गयी। गौर्बाचौफ ने सोवियत समाज में ऐसे सुधारों का प्रयास किया जिन्हें पूर्ण करने की क्षमता सोवियत समाज में नहीं थी। दूसरी तरफ विश्व की दूसरी शक्ति अमेरीकी राष्ट्रपति रीगन के नेतृत्व में अमेरीकी समाज की आंकाक्षाओं का पूर्ण प्रतिनिधित्व करने में पूर्णतः सक्षम थी। भूतपूर्व अमेरीकी विदेशमंत्री हेनरी कीसिंगर ने दोनों नेताओं की तुलना करते हुए लिखा है "जहाँ रीगन को अपने समाज की आकाँक्षाओं का पूर्ण ज्ञान था, वहाँ गौर्बाचौफ का अपने समाज से संपर्क सूत्र ही टूट गया था। असली परेशानी तब उत्पन्न हुयी जब गौर्बाचौफ का सोवियत संघ में स्वंतत्र एवं लोकतांत्रिक समाज की स्थापना का स्वप्न साकार न हो सका जिसके कारण संकट इतना बढ़ गया कि उस व्यवस्था का अंत हो गया जिसकी वरीयता सिद्ध करने का प्रयास गौर्बाचौफ कर रहे थे।"

7. **पेरेस्त्रोइका एवं गलासनोस्त संबंधी नीतियाँ** – 1989–90 में गार्बाचौफ द्वारा जारी की गयी 'पेरेस्त्रोइका एवं ग्लासनोस्त' की उदारवादी एवं उन्मुक्तता की नीतियों ने जाने अनजाने में सोवियत संघ में विघटन की प्रक्रिया में आग में घी डालने का कार्य किया। गौर्बाचौफ सभी आर्थिक, सामाजिक, सांस्कृतिक एवं राजनीतिक क्षेत्रों में खुलेपन एवं लोकतांत्रिकरण की प्रक्रिया को बढ़ावा देना चाहते थे। वे उत्पादन बढ़ाकर अर्थव्यवस्था को गति देना चाहते थे, लोगों के जीवन स्तर को ऊँचा उठाना चाहते थे, टकराव को सहयोग में एवं अविश्वास को विश्वास में बदलना चाहते थे। परन्तु उनकी इन नीतियों से जहाँ पश्चिमी देशों को तो उन पर विश्वास हुआ क्योंकि उन्होंनें अफगानिस्तान से सोवियत सेना हटा ली, चीन सीमा पर सोवियत सेना को कम कर दिया गया, कम्बोडिया में वियतनामी सेना को वापस बुला लिया गया जिससे शीतयुद्ध की तीव्रता भी कम हो गयी

परंतु सोवियत संघ की आंतरिक राजनीति शिथिल होती चली गयी।

सुप्रसिद्ध चिन्तक डी. टाकविले ने सत्य ही कहा है कि "सर्वाधिकारी शासन के सबसे खतरनाक दिन वे होते हैं जब वे सुधार की प्रक्रिया आरंभ करते हैं।" गौर्बाचौफ ने सोवियत संघ की आंतरिक स्थिति का सामना किये बिना ही पेरेस्त्रोइका एवं ग्लासनोस्त की रफ्तार इतनी बढ़ा दी कि सोवियत संघ की केन्द्रीय सत्ता कमजोर हो गयी। लोगों को लोकतंत्र का चस्का तो लगा परन्तु नौकरशाही भ्रष्ट हो गयी, माफिया गिरोहों का विकास हुआ, कानून एवं न्याय व्यवस्था का भय समाप्त होने लगा। फलस्वरूप जमाखोरी, मुनाफाखोरी एवं कालाबाजारी का माहौल पैदा हो गया। खाद्य सामग्रियों के मूल्य दुगने हो गये एवं उत्पादन ठप्प हो गया। केन्द्र के विरुद्ध कार्य करने वाली शक्तियों के हौंसले बुलंद हो गये एवं धीरे धीरे उन्होंने अपने को स्वंतत्र घोषित करना आरंभ कर दिया।

बाल्टिक गणराज्यों ने सोवियत संघ से अलग होने की आवाज उठायी और उनका अन्य गणराज्यों ने भी अनुसरण किया। मिखाइल गौर्बाचौफ की तथाकथित जनतांत्रिक नीतियों ने उन गणराज्यों के सोवियत संघ से अलग होने के निर्णय को मान्यता दे दी। फलस्वरूप देखते ही देखते एक के बाद एक करके सोवियत संघ के गणराज्य स्वतंत्र होते गये और सोवियत संघ का विघटन हो गया। खुलेपन की नीति के कारण सोवियत संघ में बाजारोन्मुख अर्थव्यवस्था के कारण मुक्त व्यापार की प्रवृति का विकास हुआ, जो पूंजीवादी दृष्टिकोण का परिचायक थी।

यह मिखाइल गौर्बाचौफ की नीतियों का ही परिणाम था कि सोवियत साम्यवादी दल की शक्ति में निरन्तर ह्रास होता गया फलतः सोवियत संघ को एकता के सूत्र में बांधने वाले सबसे बड़े संपर्क सूत्र की शक्ति ही घटती गयी। इसका परिणाम था साम्यवाद विरोधी शक्तियों का सिर उठाना। गौर्बाचौफ की ढुलमुल और अनिर्णय की नीति ने इन शक्तियों को मजबूती

प्रदान की। संयुक्त राज्य अमेरिका और पाश्चात्य देशों का भी सोवियत संघ को तोड़ने वाली इन शक्तियों का समर्थन प्राप्त था। परिणामस्वरूप ये शक्तियां सोवियत संघ की एकता को खोखली करती गयीं। मिखाइल गौर्बाचौफ ने पूर्वी यूरोप में भी साम्यवाद के दुर्ग को ढहने से रोकने की दिशा में कोई प्रयास नहीं किया, उल्टे उनकी नीतियों के कारण ही पूर्वी यूरोप में साम्यवाद विरोधी शक्तियाँ हावी होती गयी। चैकोस्लोवाकिया, रोमनिया, हंगरी, पौलेण्ड, बल्गारिया और पूर्वी जर्मनी में साम्यवाद का पतन हो गया। पूर्वी यूरोप में साम्यवाद के पतन ने सोवियत संघ की महाशक्ति की छवि को ही समाप्त कर दिया।

8. **निशस्त्रीकरण संबंधी नीति** – मिखाइल गौर्बाचौफ को उनके शांति संबंधी प्रयासों के लिए नोबेल पुरस्कार प्राप्त हुआ वहीं उन्हें शांति का मसीहा जैसे नामों की भी संज्ञा दी जाने लगी। परन्तु अंतर्राष्ट्रीय क्षेत्र में सोवियत संघ की महाशक्ति की छवि धूमिल होती चली गयी। अपनी स्वयं की हिंसा रहित अंतर्राष्ट्रीय छवि बनाने की आड़ में गौर्बाचौफ ने सैनिकों एवं शस्त्रों की एक तरफा एवं बिना शर्त कटौती करने की घोषणा कर दी। अमेरीकी राष्ट्रपति रीगन के साथ मिलकर उन्होंने 9 सितम्बर, 1986 को आई.एन.एफ. की संधि की। इसने कम एवं मध्यम दूरी तक मार करने वाले प्रक्षेपास्त्रों की एक श्रेणी को पूर्णतः नष्ट कर दिया। 31 जुलाई 1991 को मास्को में बुश के साथ में स्टार्ट प्रथम पर हस्ताक्षर किये। इन समझौतों की आड़ में सोवियत संघ की शक्ति क्षीण होती चली गयी एवं शीतयुद्ध का भय समाप्त होता चला गया जिससे महाशक्तियों के रूप में सोवियत संघ की शक्ति कम होती चली गयी एवं तृतीय विश्व के देशों में सोवियत संघ का दब दबा खत्म होता चला गया।

9. **समाजवादी मूल्यों के प्रति बिखराव** – सोवियत संघ विश्व का प्रथम ऐसा राष्ट्र था जिसने समाजवादी मूल्यों को अपना आधार स्तंभ बनाया था। समाजवाद ने इस देश में समानता, स्वतंत्रता, स्वास्थ्य एवं संपदा का बिगुल बजाया था। समाजवाद

का बुनियादी सिद्धांत श्रमिकों को मुक्त करना, समृद्ध बनाना, आय एवं व्यय की असमानता को दूर करना एवं सामाजिक रंगभेद को समाप्त करना था। समाजवाद के निर्माण के फलस्वरूप ही यहाँ की जनता को न केवल राजनीति स्वतंत्रता प्राप्त हुई बल्कि बौद्धिक एवं भौतिक आजादी भी प्राप्त हुई। परन्तु धीरे धीरे सोवियत जनता समाजवादी व्यवस्था को जींवत बनाए रखने में विफल होती चली गयी। विशेषकर द्वितीय विश्वयृद्ध के पश्चात् जनता को समाजवादी प्रेरणाओं एवं सिद्धांतों से परिचित कराने के प्रयास की अवहेलना की गयी। जिसका परिणाम यह हुआ कि सोवियत जनता में पूंजीवादी संस्कृति, जीवन शैली एवं मूल्यों के प्रति चुम्बकीय आकर्षण पैदा होने लगा।

बाहरी कारक – आंतरिक कारकों के साथ साथ कुछ बाहरी कारकों ने भी सोवियत संघ के अवसान में महत्वपूर्ण भूमिका निभाई जैसे–

1. **बाल्टिक राज्यों की भूमिका** – सोवियत संघ ने अपनी स्थापना के समय जबरन बाल्टिक गणराज्यों का अपने में विलय कर लिया था जिसकी वजह से इन गणराज्यों में सोवियत संघ के प्रति खासा रोष एवं असंतोष था इसी कारण जब सोवियत संघ में बिखराव के लक्षण नजर आने लगे तो इन बाल्टिक गणराज्यों ने भी सोवियत संघ के एकीकृत स्वरूप को नष्ट करने में मदद की। उनके इस विद्रोह ने अन्य गणराज्यों को भी सोवियत संघ से अलग होने के लिए प्रेरित किया।

2. **पश्चिमी देशों की भूमिका** – सोवियत संघ के बिखराव में एक अन्य अंतर्राष्ट्रीय कारक पश्चिमी पूंजीवादी देशों की भूमिका भी थी। जब पूर्वी यूरोप के देश वृहत लोकतंत्र, साम्यवादी दल की समाप्ति एवं व्यवस्थित सुधार की मांगों के प्रति संगठित होने लगे तो उन्हें पश्चिमी यूरोप एवं संयुक्त राज्य अमेरिका से भरपूर सहयोग मिला। पूर्वी यूरोप के देशों को यह पूर्ण विश्वास था कि आवयश्यकता पड़ने पर पश्चिमी देशों से उन्हें वित्तीय, कूटनीतिज्ञ एवं यहाँ तक कि सैनिक सहायता भी प्राप्त हो जाएगी।

3. **प्रदर्शनकारी प्रभाव** – विभिन्न देशों में लोकतांत्रिक एवं उदारीकरण की नीतियों संबंधी क्रान्तियों को जिस तरह सफलता मिल रही थी उसने सोवियत ब्लॉक में भी स्वतंत्रता संबंधी चिंगारियों को भड़काने का कार्य किया था। हंगरी, पौलेंड चेकोस्लावाकिया, रोमानिया की स्वतंत्रता संबंधी सफलताओं ने सोवियत संघ की विखण्डीकरण की प्रक्रिया को तीव्र करने में योगदान दिया। (इसका वर्णन अध्याय के पूर्व में सोवियत संघ के पतन की प्रक्रिया में किया जा चुका है)

4. **संयुक्त राज्य अमेरीका एवं पश्चिमी देशों की भूमिका** – द्वितीय विश्वयुद्ध के बाद सोवियत संघ के नेतृत्व में साम्यवादी गुट का उदय हुआ। 1955 के वारसा पैक्ट ने इसे और भी सुदृढ़ किया। 1989 तक के 45 वर्षों की अवधि में यह विश्व राजनीति पर छाया रहा। अमेरीका एवं पश्चिमी देशों में निरंतर चलने वाली प्रतिस्पर्धा से संपूर्ण विश्व दो खेमों में बंट चुका था जिससे शीतयुद्ध का जन्म हुआ। यद्यपि एशिया, अफ्रीका एवं लेटिन अमेरिका के नव–विकसित राष्ट्रों ने अपने को इस गुटीय राजनीति से अलग रखा परतु वे अंतर्राष्ट्रीय संघर्ष से अपने को दूर न रख सके। 1986 के बाद सोवियत राष्ट्रपति गोर्बाचौफ की खुलेपन, पुनर्गठन एवं निश्स्त्रीकरण की नीतियों से शीतयुद्ध में शिथिलता आयी। पूर्वी यूरोप के देश साम्यवादी आवरण से बाहर निकलने लगे एवं 1990 के चुनावों में वहाँ की जनता ने साम्यवादी शासन को अपदस्थ कर दिया। 1991 में वारसा पैक्ट को खत्म कर दिया गया। ऐसे समय में सोवियत संघ की आंतरिक कमजोरियों का लाभ उठाकर अमेरिका एवं पश्चिमी यूरोप के देशों ने उसके विरुद्ध अपना प्रचार एवं वैचारिक हमला और भी तेज कर दिया। हथियारों की होड़ में तेजी लाकर उसकी अर्थव्यवस्था पर दबाव बढ़ाया एवं सोवियत संघ एवं पूर्वी साम्यवादी देशों में पनप रहे व्यवस्था विरोधी तत्वों को विभिन्न सहायताएं प्रदान करने का कार्य किया। इस तरह सोवियत संघ के विघटन में बाहरी शत्रु राष्ट्रों की महत्वपूर्ण भूमिकाएं रहीं।

सोवियत संघ का यह विघटन पूर्ण एवं आंशिक दोनों था। पूर्ण इसलिए था क्योंकि संघ का आस्तित्व ही खत्म हो गया था। उसका स्थान रूस, स्वतंत्र देशों के राष्ट्रमंडल, जार्जिया, ऐस्टोनिया, लाटविया, लिथुआनिया ने ले लिया। रूस, सोवियत संघ का उत्तराधिकारी बन गया। यह विघटन इसलिए भी पूर्ण था क्योंकि इसने विश्व के इस भाग एवं पूर्वी यूरोप में साम्यवाद का सफाया कर दिया। परंतु यह विघटन आंशिक भी था क्योंकि रूस, जो सोवियत संघ का उत्तराधिकारी बना, को पुराने राज्य की तीन चौथाई जनसंख्या, भू क्षेत्र, स्रोत एवं परमाणु शस्त्र प्राप्त हुए। सुरक्षा परिषद में उसे स्थायी सदस्यता एवं वीटो शक्ति प्राप्त हुई। परन्तु फिर भी रूस, सोवियत संघ जैसी प्रतिष्ठा एवं रौब अतंर्राष्ट्रीय क्षेत्र में प्राप्त नहीं कर सका। सोवियत संघ को आंशिक शक्तियां ही प्राप्त हुई। इसलिए यह विघटन पूर्ण एवं आंशिक दोनो ही था।

सोवियत संघ का अंतर्राष्ट्रीय जगत पर प्रभाव

शीत युद्ध का अंत एवं तनाव रहित विश्व व्यवस्था का उदय – जब पूर्वी यूरोप में उदारीकरण एवं लोकतांत्रिक हवा चल रही थी। शीतयुद्ध का अंत तभी हो गया था। बर्लिन की दीवार ढह चुकी थी, जर्मनी का एकीकरण हो चुका था, वारसा समझौता खत्म हो चुका था। पूर्व एवं पश्चिमी जगत के प्रतियोगी राष्ट्र शांतिपूर्ण सहआस्तित्व एवं परस्पर सहयोग के युग में प्रविष्ट हो चुके थे। सोवियत संघ के पतन के साथ ही विश्व में विशेषकर यूरोप में आधी शदी बाद शांति की स्थापना हुई।

साम्यवादी आंदोलन को गहरा आघात – सोवियत संघ के विघटन से साम्यवादी आंदोलन को गहरा आघात लगा। इसने लोकतांत्रिक केन्द्रीयकरण, सर्वहारावर्ग के अधिनायकतंत्र एवं अंतर्राष्ट्रीय समाजवाद के नारों को दफना दिया। इसने यूरोप की साम्यवादी पार्टियों को समाजवादी पार्टियों एवं पीपुल्स डेमोक्रेसी को डेमोक्रेसी में बदल दिया। विभिन्न देशों ने साम्यवादी व्यवस्था पर आधारित शासन व्यवस्था को त्याग दिया। अब केवल साम्यवादी चीन, उत्तरी कोरिया एवं क्यूबा में ही साम्यवादी शासन रह गये हैं।

एक ध्रुवीय विश्व व्यवस्था का अंत – द्वितीय विश्वयुद्ध के बाद जिस द्विघुव्रीय व्यवस्था का उदय हुआ वह 1990 के दशक में एक घुव्रीय व्यवस्था में बदल गयी। साम्यवादी खेमे के विघटन एवं वारसा समझौते के अंत ने एक ध्रुवीय व्यवस्था को जन्म दिया जिससे संयुक्त राष्ट्र अमेरीका एक मात्र शक्ति के रूप में उभरा। विश्व व्यवस्था में एक ध्रुवीय व्यवस्था का आस्तित्व महाशक्ति के रूप में अमेरीका का आस्तित्व, अंतर्राष्ट्रीय संबंधों में निरंतर बढ़ रहा अमेरीकी प्रभाव, संयुक्त राष्ट्र की सुरक्षा परिषद पर अमेरीकी नियंत्रण, नाटो का आस्तित्व, रूस, चीन एवं अन्य पश्चिमी राष्ट्रों की अमेरीकी नियंत्रण पर अंकुश लगाने में अरुचि आदि तत्वों में स्पष्ट दिखाई देने लगा। अमेरीकी पूर्व राष्ट्रपति जार्ज बुश का कहना है कि शीतयुद्ध के उदय से एक नयी विश्व व्यवस्था का उदय हुआ है जो एक ध्रुवीय व्यवस्था है जिसका नेतृत्व अमेरीका कर रहा है। संयुक्त राष्ट्र सुरक्षा परिषद में अमेरीका द्वारा अपनी शक्ति का दुरूपयोग, खाड़ी युद्ध, कोसावो में बमबारी, लीबिया, क्यूबा एवं इराक पर प्रतिबंधों की अवधि का बढ़ाया जाना एवं रासायनिक हथियारों के नाम पर इराक पर हमला कर वहाँ अपनी कठपुतली सरकार बनाना आदि में अमेरिकी नीतियाँ वर्चस्ववादी रही हैं।

विचारधारात्मक अवधारणाओं पर प्रहार – साम्यवादी गुट के विघटन ने अंतर्राष्ट्रीय राजनीति में विचारधारा को अप्रांसगिक बना दिया। अब राष्ट्रों को विचारधारा के आधार पर नहीं बांटा जा सकता था। अब साम्यवादी देश बाजार आधारित अर्थव्यवस्था को अपना रहे हैं। उदारीकरण, उदारवाद, लोकतंत्र, विकेन्द्रीकरण एवं बाजार अर्थव्यवस्था के स्वर अब साम्यवादी देशों में सुनाई देने लगे थे। चीन, क्यूबा एवं वियतनाम जैसे साम्यवादी देश भी अब समाजवादी अर्थव्यवस्था को त्यागकर पूंजीवादी देशों की बाजार आधारित अर्थव्यवस्था को अपनाने लगे थे।

लोकतंत्र की सर्वव्यापकता – साम्यवादी गुट के विघटन ने लोकतंत्र को सर्वश्रेष्ठ शासन प्रणाली साबित कर दिया। पूर्वी यूरोप में लोकतंत्र की बयार ने यहाँ की सर्वसत्तावादी सरकारों को विफल कर दिया एवं लोकतांत्रिक सरकारों की स्थापना की। इसका परिचय 1989 में यिआन–अन–मन की घटना में देखने को मिला हैं। अगस्त 1991 में

कट्टरपंथियों द्वारा की गयी क्रांति को बोरिस येल्तसिन के नेतृत्व में लोकतंत्र का स्वाद चख चुके सोवियत नागरिकों ने विफल कर दिया।

विश्व अर्थव्यवस्था पर प्रभाव – विश्व की सबसे बड़ी समाजवादी व्यवस्था के टूटने के कारण अर्थव्यवस्था के समाजवादी मॉडल के स्थान पर पूँजीवादी मॉडल को सर्वव्यापी मान्यता प्राप्त हो गयी जिसकी वजह से आर्थिक मुददे राजनीतिक मुददे पर हावी हो गये। सन् 1995 में विश्व व्यापार संगठन के उदय के साथ ही विश्व में आर्थिक उदारवाद की लहर चल पड़ी जिसे विश्व के विभिन्न देशों में पनपे आर्थिक संगठनों, मुक्त व्यापार क्षेत्रों तथा एकीकृत यूरो के उदय ने ओर भी तीव्र कर दिया। इस आर्थिक लहर के परिणामस्वरूप उदारीकरण एवं भूमण्डलीकरण की नीति का प्रसार हुआ।

दीर्घकालीन शांति एवं शस्त्र नियंत्रण की संभावनाएँ – सोवियत संघ के विघटन के साथ शस्त्रीकरण, सैन्य प्रतिस्पर्धा, सैनिक संगठन, वारसा पैक्ट जैसे सैनिक संगठन अपनी सार्थकता खोने लगे। अपने विघटन से पहले सोवियत संघ ने अमेरिका के साथ शस्त्रों को सीमित करने के लिए दो महत्वपूर्ण समझौते किये INF एवं START I। बाद में सोवियत संघ के उत्तराधिकारी रूस ने भी अमेरिका के साथ एक समझौता किया। 15 जनवरी 1993 को रासायनिक शस्त्रों से संबंधित संधि को 125 देशों ने स्वीकृति दे दी। अतः उत्तर सोवियत काल में भी शस्त्र नियंत्रण के काल में निरंतर विकास होता रहा। फ्रांस एवं चीन ने परमाणु अप्रसार संधि पर हस्ताक्षर कर दिये हैं परंतु व्यापक एवं आम निशस्त्रीकरण एवं शस्त्र नियंत्रण संधि की प्राप्ति की ओर कम प्रगति हुई है। नई अंतर्राष्ट्रीय अर्थव्यवस्था (NIEO) की प्राप्ति की मांग भी पीछे रह गयी है। तृतीय विश्व के देश अब पश्चिमी राष्ट्रों विशेषकर अमेरीका तथा जी–7 के देशों पर अधिक निर्भर हो गये हैं। आर्थिक उदारीकरण एवं बाजार अर्थव्यवस्था के कारण विकासशील देशों की अर्थव्यवस्थाओं की नीतियों पर अमेरीकी एवं पश्चिमी देशों का आर्थिक नियंत्रण बढ़ गया है। विकासशील देश अब दक्षिण –दक्षिण सहयोग एवं आर्थिक विकास के महत्व को समझने लगे हैं। इसलिए ये अब गुट निरपेक्ष आन्दोलन, जी–15 (वास्तव में 18 विकासशील

देशों का समूह), जी–24, जी–77, अंकटाड (UNCTAD) आदि क्षेत्रीय सहयोग संगठनों पर अधिक निर्भर होने लगे हैं।

एशिया की राजनीति में परिवर्तन – सोवियत संघ के विघटन के बाद एशिया की राजनीति में भी गहन परिवर्तन आया। सोवियत संघ के मित्र राष्ट्रों को विशेषकर, भारत को अपनी विदेश नीति को रूस एवं अन्य स्वतंत्र गणराज्यों के साथ पुनर्निर्धारित करना पड़ा। साथ ही आर्थिक रूप से अपने को मजबूत करने के लिए उसे अमेरिका के साथ भी अपने संबंधों का आंकलन करना आवश्यक हो गया। अपनी आर्थिक आवश्यकताओं की पूर्ति के लिए भारत के लिए यह जरूरी हो गया था कि अमेरीका के साथ अपने संबंधों को सुधारा जाए। दोनों देशों की नौसेनाओं ने 1992 में हिन्द महासागर में संयुक्त अभ्यास किया। भारत ने संयुक्त राष्ट्र संघ में भी इजराइल के पक्ष में मतदान किया। इजराइल के साथ कूटनीतिज्ञ संबंध बनाये एवं खाड़ी संकट एवं खाड़ी युद्ध के समय भारत ने संयुक्त राष्ट्र में अमेरीका के साथ मिलकर निर्णय किये। भारत की तरह चीन को भी सोवियत संघ के विघटन के बाद अपनी विदेशनीति को पुनः परिभाषित करना पड़ा। चीन सोवियत के विघटन के बाद अंतर्राष्ट्रीय क्षेत्र में अकेला पड़ गया था। अतः उसे अब नये साथियों की आवश्यकता महसूस होने लगी थी। उसे भारत, जापान, वियतनाम एवं अन्य एशियाई देशों के साथ अपने संबंधों को सुधारना पडा़ एवं अपनी अर्थव्यवस्था को भी उदार बनाना पड़ा।

वियतनाम को भी कम्बोडिया से अपनी सेनाएं वापस बुलानी पड़ी, चीन के साथ तथा अन्य ऐशियाई देशों के साथ मित्रता और सहयोग की स्थापना करनी पड़ी। इसी प्रकार जापान को भी एशिया में अपनी भूमिका का पुनर्निर्धारण करना पड़ा। नये वातावरण में इसको अपनी सैनिक शक्ति का कुछ विकास करना पड़ा था। अमरीका के साथ आर्थिक शीत युद्ध छिड़ जाने की संभावना ने जापान को एशिया के देशों, विशेषकर भारत, चीन के साथ व्यापार संबंधों को बढ़ाने की आवश्यकता अनुभव हुई। केन्दीय एशिया तथा पश्चिमी एशिया में इस्लामिक कट्टवादी शक्तियों के बढ़ते हुए बल पर अंकुश लगाने के लिए लोकतंत्रीय एवं धर्म निरपेक्ष देशों को अपनी कुछ नीतियों को बदलना पड़ा। परिवर्तित वातावरण में पाकिस्तान ने केन्द्रीय

एशिया तथा पश्चिमी एशिया की ओर झुक कर आर्थिक सहयोग संगठन का निर्माण किया। भूतपूर्व सौवियत संघ की शक्ति का 1985–90 के दौरान ह्रास हुआ उससे अफगानिस्तान तथा कम्बोडिया संकटों की समाप्ति तथा अरब–इजराइल में पश्चिमी एशिया में शांति के लिए बातचीत के लिए आवश्यक स्थितियाँ उत्पन्न कर दीं। सोवियत संघ की अनुपस्थिति में अमेरिका ने भारत जैसे लोकतंत्रीय देशों के साथ संबंधों को मान देना आरंभ कर दिया। रूस की एशियाई देशों के साथ संबंध बढ़ाने को अधिमान देने की नीति में भी काफी परिवर्तन आया है।

इस्लामिक कटटवाद का खतरा – सोवियत संघ के विघटन के बाद सबसे बड़ा खतरा इस्लामिक कट्टरवाद को बढ़ने का था क्योंकि सोवियत संघ से विलग हुए मध्य एशियाई गणतंत्रों ने अपने आपको स्वतंत्र घोषित कर ईरान–तुर्की, अरब जगत, पाकिस्तान एवं अफगानिस्तान से अपने आर्थिक, धार्मिक एवं सांस्कृतिक संबंधा स्थापित कर इस्लामिक कट्टरवाद के उदय की संभावना को मजबूती दे दी हैं । इस कट्टरवाद का प्रमुख आधार धार्मिक ही है। इसने विश्व के अन्य भागों में भी ऐसी कट्टरवादी शक्तियों को बढ़ावा दिया है जिस पर अंकुश लगाना अमेरीका एवं अन्य राष्ट्रों की प्राथमिकताओं में शामिल हो गया है।

यूरोपीय राजनीति मे परिवर्तन – संपूर्ण विश्व की राजनीति में सामान्य रूप में एवं यूरोपीय राजनीति में सोवियत संघ के विघटन के बाद विशेष परिवर्तन आये। यूरोपीय राजनीति में अब रूसी भूमिका समाप्त हो चुकी थी। पूर्वी देशों में जो साम्यवाद के गढ़ माने जाते थे, वहाँ लोकतांत्रिक एवं गैर साम्यवादी देशों की स्थापना हुई। बर्लिन दीवार के गिराये जाने, जर्मनी के एकीकरण, वार्सा समझौते की समाप्ति एवं भूतपूर्व साम्यवादी देशों में लोकतांत्रिक शासन की स्थापना ने यूरोपीय राजनीति ने नये अध्याय को जन्म दिया जिसने विश्व व्यवस्था में भी परिवर्तन किये। पूर्वी यूरोप एवं पश्चिमी यूरोप में अंतर कम हुआ एवं उनमें आपसी सहयोग में वृद्धि हुई। उदारवाद, उदारीकरण, लोकतंत्रीकरण, बाजार अर्थव्यवस्था, विकास, मानव अधिकार, निशस्त्रीकरण, विपरमाणुकरण तथा विकेन्द्रीकरण अब यूरोपीय समुदाय के साथ चिंतन विषय हो गये।

गुटनिरपेक्ष आंदोलन (NAM) की प्रासंगिकता पर सवाल – गुटनिरपेक्ष आंदोलन का जन्म ऐसे समय में हुआ था जब विश्व दो खेमों में बंटा हुआ था एवं एशिया, अफ्रीका एवं लेटिन अमेरीकी राष्ट्र अपने अस्तित्व को बनाने के लिए इन दोनों ही गुटों से अलग रहना चाहते थे इसलिए उन्होंने गुटनिरपेक्ष आंदोलन में अपना विश्वास प्रकट किया। परन्तु द्वितीय विश्वयुद्ध की समाप्ति के बाद गुटनिरपेक्ष आंदोलन की प्रासंगिकता पर सवाल उठने लगे। सोवियत संघ के विघटन, शीतयुद्ध की समाप्ति, पूर्व–पश्चिम में सहयोग की उत्पत्ति, यूगोस्लविया, जो कि 1989–92 में नाम (NAM) का अध्यक्ष भी था, की कमजोरी एवं इसका विघटन आदि तथ्यों ने कई विद्वानों को नाम (NAM) की प्रासंगिकता पर प्रश्न चिन्ह लगाने को विवश कर दिया। खाड़ी संकट एवं खाड़ी युद्ध में भी नाम (NAM) कोई महत्वपूर्ण भूमिका निभाने में असफल रहा।

संयुक्त राष्ट्र संघ पर अमेरीकी प्रभुत्व में वृद्धि – सोवियत संघ के विघटन के बाद संयुक्त राष्ट्र संघ पर अमेरिकी नियंत्रण में वृद्धि आई। वह अपने मन मुताबिक प्रस्ताव पास करवा लेता एवं उस प्रस्ताव की आड़ में मनचाही कार्यवाही करता। उदाहरणार्थ, खाड़ी युद्ध के पूर्व अमेरिका ने सुरक्षा परिषद से इराक के विरुद्ध मनचाहे प्रस्ताव पास करवाये एवं फिर संयुक्त राष्ट्र संघ की उपेक्षा करते हुए मार्च 2003 में उस पर सैनिक कार्यवाही कर दी एवं सद्दाम हुसैन के शासन को समाप्त करके ईराक की शासन प्रणाली को ध्वस्त कर दिया। संयुक्त राष्ट्र संघ के तत्कालीन महासचित बुतरस घाली ने पहले अमेरिका को ही सोमालिया में युद्धरत गुटों को शांत करने का कार्य सौंपा था। अमेरिका ही पूर्व–यूगोस्लाविया के गणराज्यों में युद्ध को समाप्त करने का प्रयास कर रहा था। अमेरिका ही उत्तर कोरिया, लीबिया, लाइबेरिया एवं हैती को झुकाने का प्रयास कर रहा था। अतः प्रत्येक अतंर्राष्ट्रीय क्षेत्र में निरंतर हस्तक्षेप कर रहा है।

निष्कर्षत्: यह कहा जा सकता है कि सोवियत संघ न तो स्वयं को बचा सका एवं न स्वयं के अस्तित्व को। सोवियत संघ के बिखराव से यह प्रश्न महत्वपूर्ण हो गया है कि क्या साम्यवाद का अंत हो चुका है? इस प्रश्न को फ्रांसिस फुकुयामा की पुस्तक ''इतिहास का अंत और अन्तिम मानव'' में

उठाया गया है। फुकुयामा मानते हैं कि साम्यवाद के निर्णायक अंत के साथ ही लोकतंत्र और सर्वाधिकारवाद के मध्य वैचारिक बहस का भी अंत हो गया है। परंतु उनकी इस मान्यता को स्वीकारना आसान नहीं है। इसका एक कारण तो यह है कि साम्यवाद को कभी यथार्थ में स्थापित नहीं किया गया। यह एक आदर्श है और उसे कभी पूर्णतः प्रयोग में नहीं लाया जा सकता है। इसका दूसरा कारण यह है कि उदारवादी लोकतांत्रिक व्यवस्था को साम्यवाद के एकमात्र विकल्प के रूप मे स्वीकार नहीं किया जा सकता। अगर हम यह स्वीकार भी कर लें कि साम्यवाद का अंत हो चुका है, तो इसका तात्पर्य कभी यह नहीं है कि उदारवादी लोकतांत्रिक व्यवस्था की विजय हुई है। वास्तव में साम्यवाद को किसी ने हराया अथवा मारा नहीं बल्कि वह स्वयं की कमजोरियो के कारण पटल से परे चला गया है।

13

शीतयुद्ध के बाद की वैश्विक स्थिति तथा अन्य शक्ति केन्द्रों का उदय

जापान, यूरोपीय संघ, ब्रिक्स

डा. दीपक यादव*

सोवियत संघ का विघटन विश्व इतिहास में किसी अभूतपूर्व घटना से कम नहीं था। समाजवादी खेमा जो कि सोवियत संघ के नेतृत्व में दुनिया को शोषण मुक्त तथा समानता पर आधारित विश्व के निर्माण की बात कर रहा था स्वतः ही 1991 में 15 राष्ट्रों में विघटित हो गया। शीत युद्ध के दौरान विश्व मुख्य रूप से दो गुटों में बँटा हुआ था जिसमें पूँजीवादी गुट का नेतृत्व अमेरिका के हाथों में था जबकि साम्यवादी गुट को सोवियत संघ (USSR) नेतृत्व प्रदान कर रहा था। शीत युद्ध काल तक विश्व शक्ति का स्वरूप दो ध्रुवीय था जिसमें संयुक्त राज्य अमेरिका तथा सोवियत संघ अपना प्रभुत्व स्थापित करने के लिए संघर्ष कर रहे थे।

लगभग 75 वर्षो तक महाशक्ति के रूप मे विश्व राजनीति को प्रभावित करने के पश्चात् 1991 में सोवियत संघ की पेरेस्ट्रोइका (पुनर्निर्माण) तथा ग्लासनोस्त (खुलेपन) की नीति ने, जो राजनीतिक उथल–पुथल और आर्थिक कमजोरी उजागर की, उसका खामियाजा सोवियत संघ के विघटन के रूप में दुनिया के सामने आया। 31 दिसम्बर,1991 की मध्यरात्रि को सोवियत संघ का ध्वज उतार लिया गया तथा उसके स्थान पर रुस का, जो कि सोवियत संघ का उत्तराधिकारी राज्य घोषित किया गया, का ध्वज लहरा दिया गया। बाल्टिक देशों के तीन गणराज्य–ऐस्टोनिया, लाटविया,

* असिस्टेंट प्रोफेसर, राजनीति विज्ञान विभाग, कालिन्दी कॉलेज, दिल्ली विश्वविद्यालय

तथा लिथुआनिया ने तो पहले ही अपनी स्वतंत्रता की घोषणा कर ली थी। सोवियत संघ इन राज्यों को अपने संघीय ढाँचे में बाँधकर नहीं रख सका।

इस तरह लगभग 75 वर्षो तक चले सोवियत संघीय ढाँचे के बिखराव के बाद सोवियत संघ 15 स्वतंत्र देशों में विभाजित हो गया। इनमें से 9 राज्यों ने मिलकर एक ढीले परिसंघ (confederation) का निर्माण किया जिसे Commonwealth of Indepandent States (CIS) के नाम से जाना जाता है। लेकिन न तो रूस और न ही यह नव निर्मित राष्ट्रमंडल किसी प्रकार के अन्तर्राष्ट्रीय संबंधों में भूतपूर्व सोवियत संघ जैसी स्थिति प्राप्त करने में सक्षम रहे। आंतरिक आर्थिक कमजोरी, राजनीतिक उथल–पुथल का वातावरण, नृजातीय हिंसा तथा युद्ध की मौजूदगी एवं राष्ट्रीय एकता अखंडता बनाए रखने की आवश्यकता ने रुस तथा अन्य गणराज्यों की शक्तियों को सीमित रखा है।

सोवियत संघ का विघटन तथा वर्तमान अंतर्राष्ट्रीय राजनीतिक स्थिति –

वर्तमान रुस, जिसे सोवियत संघ का उत्तराधिकारी घोषित किया गया है, उसे पुराने राष्ट्र की तीन चौथाई जनसंख्या, भूक्षेत्र, स्रोत, परमाणु भंडार, खनिज भंडार तथा संयुक्त राष्ट्रसंघ सुरक्षा परिषद् की स्थाई सदस्यता विरासत स्वरूप प्राप्त हुए हैं। अंतर्राष्ट्रीय क्षेत्र मे इसने भूतपूर्व सोवियत संघ के सभी दायित्वों को ग्रहण किया है। परंतु रूस कभी भी अपनी कमजोरियों तथा असफलताओं के कारण भूतपूर्व सोवियत संघ के अतीत का गौरव प्राप्त करने में सफल नही रहा। रूस ने निम्नलिखित कारणों से खुद को कमजोर पाया –

1) एक अत्यन्त कमजोर आर्थिक व्यवस्था जोकि रूस को विरासत में मिली और इसने इसे अमरीकी तथा पश्चिमी सहायता पर निर्भर बना दिया।

2) विघटन होने से पहले सोवियत संघ मे साम्यवादी व्यवस्था तो समाप्त हो चुकी थी परन्तु नई राजनीतिक व्यवस्था की प्रकृति और क्षेत्र अभी निश्चित नहीं हो पाया था। रुस को आस्तिव में आने के बाद अपनी राजनीतिक व्यवस्था को संगठित एवं

संचालित करने के लिये एक नये संविधान का निर्माण करना था।

3) रूस के अपने पडोसी राज्यों, जो कि उसके पहले के संघीय साथी ही थे, के साथ अपने सम्बधों का निर्धारण करना था। ये सभी राज्य रूस से डरते थे तथा इनमें से कई के साथ रूस की भूक्षेत्रीय सीमा का निर्धारण किया जाना था। जातीय अल्पसंख्यकों की समस्या भी रूस के समाज मे विद्यमान थी।

4) रूस के राष्ट्रपति बोरिस येल्तसिन के नेतृत्व का भी आंतरिक विरोध हो रहा था। रूस में सत्ता के लिए संघर्ष पनप रहा था। राष्ट्रपति के लिए अपना मनपंसद प्रधानमंत्री नियुक्त करना भी कठिन था। इसी शक्ति संघर्ष के परिमाणस्वरूप सोवियत सेना को, जोकि राष्ट्रपति येल्तसिन की समर्थक बनी रही थी, इसको भी अपने लिये एक स्थान अर्जित करना था।

5) अन्तर्राष्ट्रीय सम्बंधों में रूस की अपनी प्राथमिकताएं अभी निश्चित करनी थी। इसको अभी अपनी विदेश नीति का निर्धारण करना था। इसे अभी शीत–युद्धोत्तर तथा उत्तर सोवियत संघ काल में अपने लिये एक स्थान अर्जित करना था।

6) एकमात्र महाशक्ति के रूप में कार्यरत संयुक्त राज्य अमेरिका विश्व–व्यवस्था में अपना प्रभुत्व जमाए हुए था। रूस अमरीकी प्रभुत्व को नियंत्रित करने में सक्षम नहीं था। अतः यह अन्तर्राष्ट्रीय राजनीति मे कम सक्रिय रहने के लिए विवश था। आर्थिक कमजोरी ने भी रूस के शासकों को संयुक्त राष्ट्र संघ तथा अन्तर्राष्ट्रीय व्यवस्था में तेजी से बढ़ रहे अमरीकी प्रभुत्व को नियंत्रित रखने में असमर्थ बना रखा था।

7) सोवियत लाल सेना तथा परमाणु शस्त्रों पर नियत्रंण के सम्बन्ध में रूस के अन्य पड़ोसी राज्यों से मतभेद थे। उस तत्व ने भी रूसी शक्ति को सीमित करने में भूमिका निभाई।

8) रूस को सुरक्षा परिषद् में भूतपूर्व सोवियत संघ वाली स्थाई सीट तो मिल गई, परन्तु अमरीका तथा पश्चिमी सहायता पर अपनी

निर्भरता के कारण रूस संयुक्त राष्ट्र की इस शक्तिशाली संस्था पर बढ़ रहे अमरीकी प्रभुत्व को सीमित करने में असमर्थ पाता था।

9) सोवियत संघ के विघटन के बाद जो एक ध्रुवीय संरचना अस्तित्व में आई थी उस में रूस ने यह न तो उचित समझा और न ही उसके लिये सरल था कि अन्तर्राष्ट्रीय व्यवस्था में अमेरीकी शक्ति को चुनौती दे। इन सभी तत्वों ने रूस के लिये यह असम्भव बिना दिया कि वह अन्तर्राष्ट्रीय राजनीति में भूतपूर्व सोवियत संघ जैसी भूमिका अदा कर सके। कानूनी रूप में तो यह सोवियत संघ का उत्तराधिकारी बन गया परन्तु वास्तव में यह न तो एक महाशक्ति और न ही एक प्रभुत्व वाली शक्ति की तरह कार्य कर सका।

साम्यवादी गुट के विघटन के प्रभाव

साम्यवादी गुट के विघटन से अन्तर्राष्ट्रीय राजनीति पर अनेक दूरगामी प्रभाव पड़े, उनमें से कतिपय निम्न प्रकार हैं –

1) **शीत युद्ध का अन्त**– साम्यवादी खेमे के विघटन ने शीत युद्ध को समाप्त कर दिया और तनाव रहित नई विश्व व्यवस्था का उदय हुआ। इससे विश्व, विशेषकर यूरोप में, लगभग आधी शताब्दी बाद शांति की स्थापना हुई है।

2) **रूस की भूमिका में परिवर्तन**– साम्यवादी गुट के बिखराव से रूस का अन्तर्राष्ट्रीय वजन कम हुआ, उसकी महाशक्ति की पदवी का पराभ्व हुआ, इसने रूस की बीमार और जर्जर होती अर्थव्यवस्था को उजागर कर दिया।

3) **साम्यवाद का पराभव**– साम्यवादी गुट के बिखराव से साम्यवाद का पराभव प्रारंभ हुआ, इसने लोकतांत्रिक केन्द्रीकरण, सर्वहारा वर्ग के अधिनायकवाद और अन्तर्राष्ट्रीय समाजवाद के सिद्धांतों को झटका लगा। इसने यूरोप की साम्यवादी पार्टियों को समाजवादी पार्टियां और पीपुल्स डेमोक्रेसी को डेमोक्रेसी में बदल दिया है।

4) **विचारधारा के आधार पर राष्ट्रों का विभाजन अप्रासंगिक**– साम्यवादी गुट के विघटन ने अन्तर्राष्ट्रीय राजनीति में विचारधारा को अप्रासंगिक बना दिया है। आज राष्ट्रों को विचारधारा के आधार पर बाँटा नहीं जाता और पूर्व–साम्यवादी देश अछूत नहीं कहलाते। रूस–अमरीका, अमरीका–चीन आर्थिक सम्बन्धों के आधार पर एक–दूसरे के निकट आ रहे हैं। साम्यवादी देश बाजार आधारित अर्थव्यवस्था को अपना रहे है।

5) **लोकतंत्र की सर्वव्यापकता**– साम्यवादी गुट के विघटन ने लोकतन्त्र को एक सर्वश्रेष्ठ शासन प्रणाली ही प्रमाणित नहीं किया बल्कि उसकी सर्वव्यापकता को भी स्थापित कर दिया है। पूर्वी यूरोप में वही लोकतंत्र की बयार ने उन देशों की सर्वाधिकारवादी सरकारों को उखाड़कर वहां लोकतात्रिक सरकारें ही स्थापित नहीं की बल्कि उसके प्रथम झटके जून 1989 की थियान–अन–मन की घटना द्वारा चीन में भी महसूस किये गये।

6) **एक ध्रुवीय विश्व**– साम्यवादी गुट के बिखराव के बाद अमरीका विश्व की एकमात्र महाशक्ति है। वह विश्व का एकमात्र पुलिसमैन या महानायक है। उसकी कोई बराबरी नहीं कर सकता, उसका कोई प्रतिद्वन्द्वी नहीं, उसे कोई चुनौती नहीं दे सकता। वह प्रत्यक्ष या परोक्ष हस्तक्षेप द्वारा किसी क्षेत्र के संतुलन को बना या बिगाड़ सकता है। उसके पास परमाणु अस्त्रों की प्रचण्ड शक्ति ही नहीं, अपितु आर्थिक क्षमता भी अत्यधिक है। वह राष्ट्रों पर दबाव डालने की स्थिति में है। संयुक्त राष्ट्र संघ ही नहीं विश्व बैंक और अन्तर्राष्ट्रीय मुद्रा कोष जैसी वित्तिय संस्थाएं भी उसकी मुट्ठी में है।

7) **परमाणु हथियारों से संबंधित चिंता**– सोवियत संघ के बिखराव के बाद चार गणराज्य–रूस, यूक्रेन, बेलारूस तथा कजाकिस्तान के हाथों में परमाणु हथियार आ गये जिससे यह चिंता उत्पन्न हुई कि बदले परिप्रेक्ष्य में क्या ये गणराज्य परमाणु हथियारों की समुचित सुरक्षा कर पाएंगे या नहीं।

शीतयुद्ध के समापन के बाद अमेरिका के राष्ट्रपति जार्ज डब्ल्यू बुश प्रथम ने सितम्बर 1990 मे नई विश्व व्यवस्था का (New World Order) सिद्धांत दिया, जिसमें 5 मुख्य बिन्दुओं पर जोर दिया गया।

1) विश्व में न्याय, सुरक्षा और शांति की स्थापना;
2) उत्तर तथा दक्षिण देशों के बीच समन्वय;
3) पश्चिमी तथा पूर्वी देशों में समन्बध;
4) अन्तर्राष्ट्रीय संगठनों को मजबूत किया जायेगा; तथा
5) समस्याओं का निदान सहमति से किया जायेगा।

अन्तर्राष्ट्रीय सम्बन्ध के विद्वानों ने उपर्युक्त विचारों को व्यवहारिक रूप में अमेरिकी प्रभुत्व का आधार माना है। अमेरिका इसका प्रयोग 1990 में "आपरेशन डिजर्ट स्टार्म" (इराक पर हमला), अफगानिस्तान पर हमला, लिबिया पर हमला, तथा वर्तमान में सीरिया, ईरान जैसे देशों में हस्तक्षेप करके कर रहा है।

शीत युद्ध के अंत के बाद निःसंदेह विश्व पर अमेरिका की धाक जम चुकी थी। अमेरिका विश्व की सबसे बड़ी शक्ति के रूप में उभर कर सामने आया। उस समय में अमेरिका का सैन्य बजट 600 अरब डालर को भी पार कर चुका। अमेरिका अपनी विज्ञान तथा तकनीकी मदद से सैन्य शक्ति में लगातार वृद्धि करता जा रहा था। अपने सहयोगी पश्चिमी देशो की मदद से तथा नाटो (NATO) जैसे सैनिक संगठन के द्वारा पूरे विश्व पर अमेरिका अपनी धाक जमाये हुए था। वर्तमान विश्व अमेरिका के नेतृव्य में एक ध्रुवीय हो चुका है।

उत्तर–सोवियत संघ काल में उत्तर–दक्षिण वार्ता द्वारा नई अन्तर्राष्ट्रीय अर्थव्यवस्था (NIEO) की प्राप्ति की मांग पीछे रह गई है। नीओ (NIEO) की प्राप्ति की ओर कोई प्रगति नही हो पाई तथा ऊरूग्वे दौर की बातचीत भी रुक–रुक कर चल रही है। तीसरे विश्व के देश अब अपने आपको अमरीका तथा अन्य विकसित देशों, विशेषकर G–7 के देशो, पर और अधिक निर्भर पाते है। पश्चिमी विदेशी सहायता की पूर्वी यूरोप के देशो की ओर झुक जाने की सम्भावना से तीसरी दुनिया के लिये विदेशी सहायता में कटौती होने की

सम्भावना बढ़ गई है। तीसरी दुनिया की पश्चिम के विकसित देशों पर नव–उपनिवेशिक निर्भरता लगातार बनी हुई है। आर्थिक उदारीकरण तथा बाजार अर्थ–व्यवस्था द्वारा तीसरी दुनिया के देशों की अर्थव्यवस्थाओं और नीतियों पर अमरीकी तथा पश्चिमी विकसित देशों का आर्थिक नियन्त्रण बढ़ रहा है। विकासशील देश अब दक्षिण–दक्षिण सहयोग द्वारा आर्थिक विकास के महत्व और आवश्यकता को अधिक समझने लगे हैं। इसके लिए अब अंतर्राष्ट्रीय संगठनों पर अधिक निर्भर रहने लगे हैं।

इस प्रकार सोवियत संघ के विघटन, जोकि शीत युद्ध की समाप्ति तथा समाजवादी गुट के भंग होने के साथ घटित हुआ, वर्तमान अन्तर्राष्ट्रीय सम्बन्धों में गहन परिवर्तन का एक प्रमुख स्त्रोत बना। एकल ध्रुवीयकरण का उद्भव, संयुक्त राज्य अमेरिका की एकल महाशक्ति की स्थिति, यूरोप की राजनीति मे परिवर्तन, संयुक्त राष्ट्र संघ की सदस्यता में वृद्धि (अब 193 देश), शेष बचे साम्यवादी देशों–चीन, वियतनाम, क्यूबा, उत्तरी कोरिया–का अकेला पड़ जाना, नाम (NAM) की भूमिका में कमी, संयुक्त राष्ट्र की सुरक्षा परिषद् पर अमरीकी प्रभुत्त्व, विकसित देशो का विकासशील देशो पर लगातार बना हुआ तथा बढ़ रहा नव–उपनिवेशिक नियन्त्रण, विकासशील देशो की विदेशी सहायता के लिये पश्चिमी देशो पर बढ़ी हुई निर्भरता, जापान एवं अमरीका और यूरोप तथा अमरीका में शीत युद्ध की उत्पत्ति की सम्भावना और उत्तर–सोवियत संघ काल के अन्तार्राष्ट्रीय सम्बन्धों की वास्तविकता अभी बनी हुई है।

अन्तर्राष्ट्रीय सम्बन्धों में ये नये विकास वहां तक एक सकारात्मक विशेषता बने हुए है जहां तक इन्होने शांतिपूर्ण सह–अस्तित्व, शांति, शांतिपूर्ण विरोध–समाधान, परमाणुकरण–विरोध, सैन्यकरण विरोध तथा विकास के सिद्धांतो को बल प्रदान किया है। परन्तु दूसरी ओर इनका एक नकारात्मक पहलू भी है, इन्होने विश्व व्यवस्था विशेषकर संयुक्त राष्ट्र संघ की सुरक्षा परिषद् पर अमरीकी प्रभुत्व की स्थापना की स्थिति पैदा कर दी है। नये विकासों ने तीसरी दुनिया के देशों की विकसित पश्चिमी देशों पर निर्भरता में वृद्धि की है। विश्व के कई भागों में शांति की पुनर्स्थापना स्वागतीय परिवर्तन है। संयुक्त राष्ट्र संघ के तत्वाधीन विश्व अपने विभिन्न भागों में शांति की सुरक्षा के लिये कार्यवाहियां कर रहा है। विश्व का परिवेश

शीत युद्ध के समय की तुलना में अधिक स्वस्थ दिखाई दे रहा है परन्तु विश्व ने अभी सोवियत संघ के विघटन से उत्पन्न हुए परिवर्तनों को अपने अन्दर पूर्णतया समाहित करना है। रूस, स्वतन्त्र राज्यों के राष्ट्रमण्डल (CIS) तथा कई एक अन्य नये राज्यों को विश्व में अपना–अपना स्थान अभी बनाना है। विश्व के कई देशो मे जो जातीय संघर्ष/गृह युद्ध छिड़ गये हैं उन पर अभी नियन्त्रण पाया जाना है। बोस्निया–हर्ज़ेगोविना तथा सोमालिया में शांति स्थापना का कार्य अभी कठिनाईयों से ग्रस्त है।

उत्तर शीत युद्ध काल निश्चित रूप से अमेरिकी दादागिरी का काल है। चाहे संयुक्त राष्ट्र सुरक्षा परिषद् हो या अन्तर्राष्ट्रीय वित्तिय संस्थायें जैसे आई.एम.एफ., वर्ल्ड बैंक, विश्व व्यापार संगठन (WTO) हर जगह अमेरिका का प्रभुत्व साफ झलक रहा है।

लेकिन सन् 2008 में शुरू हुई अमेरिकी अर्थव्यवस्था में आर्थिक मंदी ने डॉलर की स्थिति को काफी कमजोर कर दिया है। दुनिया के समृद्धशाली 20 देशों ने मिलकर G–20 संगठन बनाया है जिससे कि 2008 में शुरू हुई भयानक मंदी से निपटा जा सके। उत्तर शीतयुद्ध काल में दुनियाँ में अन्य शक्ति केन्द्र भी उभर रहे हैं इसमें–यूरोपीय संघ, जापान तथा ब्रिक्स के देश प्रभुख हैं।

जापान

जापान एशिया महाद्वीप में स्थिति देश है जो कि चार बड़े द्वीपों और अनेक छोटे द्वीपों का एक समूह है। ये द्वीप एशिया के पूर्व समुद्र तट पर प्रशांत महासागर में स्थित हैं। जापानी लोग अपने देश को निप्पन के नाम से बुलाते है, जिसका अर्थ है–उगते सूरज का देश। जापान की राजधानी टोक्यो है और इसके अन्य महत्वपूर्ण शहर योकोहामा, ओसाका तथा क्योटो है। जापान के प्रमुख पड़ोसी देशों में चीन, उत्तर कोरिया, दक्षिण कोरिया, रूस तथा ताइवान है।

जापान संयुक्त राष्ट्र संघ, जी–7, जी–8, तथा जी–20 जैसे संगठनो का सदस्य है। जापान दुनिया की तीसरी सबसे बड़ी अर्थव्यवस्था तथा एक विकसित देश है। मानव विकास सूचकांक में जापान विश्व के अग्रणी देशो

मे सम्मिलित है तथा इसके नागरिकों की जीवन प्रत्याशा दर दुनिया में सबसे अधिक है।

जापान में संवैधानिक राजतंत्र युक्त प्रजातांत्रिक शासन व्यवस्था है जिसमें राजा को सिर्फ नाममात्र की शक्तियाँ प्राप्त हैं। सरकार का वास्तविक मुखिया प्रधान मंत्री होता है। जो कि जापानी संसद (डाइट) द्वारा चुना जाता है। प्रधानमंत्री की नियुक्ति तथा शपथ ग्रहण समारोह वहाँ के राजा द्वारा सम्पन्न कराया जाता है।

जापान एक उभरती विश्व शक्ति केन्द्र

जापान दुनिया की एक महत्वपूर्ण आर्थिक तथा तकनीकी शक्ति है। वह जी–8, एपेक (APEC) तथा ASEAN+3 का महत्वपूर्ण सदस्य है साथ ही साथ इसका नाम संयुक्त राष्ट्र सुरक्षा परिषद की स्थायी सदस्यता के लिए भी आगे बढ़ाया जा रहा है।

जापान तथा संयुक्त राज्य अमेरिका के बीच गहरे सैनिक तथा आर्थिक संबंध हैं। जापान लगभग 20 वर्षो तक विभिन्न चरणों में संयुक्त राष्ट्र संघ सुरक्षा परिषद् का अस्थायी सदस्य रह चुका है। ओकिनावा शहर में अमेरिका ने अपना सैनिक अड्डा स्थापित किए हुए है।

जापान के रक्षा बजट में लगातार वृद्धि इस बात की तरफ इशारा करता है कि इसकी सैन्य शक्ति में लगातार वृद्धि हो रही है। जापान की सैन्य शक्ति को जापान आत्मरक्षा बल (Japan Self-Defence Force) के नाम से जाना जाता है। जापान के संविधान के अनुच्छेद 9 के तहत जापान किसी देश पर युद्ध की धोषणा नहीं कर सकता तथा किसी अन्तर्राष्ट्रीय विवाद मे जापानी सेना का प्रयोग नहीं कर सकता। मई 2014 में तत्कालीन प्रधानमंत्री शिंजो अबे ने यह विचार प्रकट किया कि जापान को अनुच्छेद 9 के प्रावधानों में सुधार की आवश्यकता है, ताकि जापान क्षेत्रीय सुरक्षा की जिम्मेदारी अपने कन्धों पर ले सके।

आर्थिक रूप से जापान दुनियाँ की आर्थिक महाशक्ति के रूप में गिना जाता है। 1868 के मेजी शासन काल में जापान ने अपनी बाजार व्यवस्था का तेजी से विस्तार किया और पूँजीवादी व्यवस्था को अंगीकार

कर लिया। आज की प्रमुख जापानी कंपनियों की शुरूआत मेजी काल में ही हुई थी जिसके कारण आज जापान एशिया की सबसे बड़ी तथा विकसित अर्थव्यवस्था है।

1960 तथा 1980 के दशक को जापानी अर्थव्यवस्था में जादुई आर्थिक दौर के नाम से जाना जाता है। जापान की अर्थव्यवस्था लगभग 7.5 प्रतिशत की दर से आगे बढी। वर्ष 2012 में जापान विश्व की अमेरिका तथा चीन के बाद तीसरी सबसे बड़ी अर्थव्यवस्था बन चुका है। कार उघोगों में जापान को डंका आज पूरी दुनिया में बज रहा है। टोयोटा, सुजुकी, यामाहा, निसान, होन्डा जैसे जापानी ब्राण्ड्स आज विश्व बाजार मे अपनी अलग पहचान बना चुके है। औद्योगिक क्षमता के मामले में जापान में मोटर कार उघोग, उपकरण मशीने, स्टील, केमिकल, कपड़ा तथा फूड प्रोसेसिंग उद्योग अपना अग्रणी स्थान बनाये हुए है।

जापान से वस्तुओं का निर्यात मुख्य रूप से चीन, अमेरिका, दक्षिण कोरिया, थाईलैंड तथा हांगकांग को होता है। मुख्य रूप से निर्यात की वस्तुओं में यातायात के उपकरण, कारें तथा दुपाहिया वाहन, बिजली के उपकरण तथा रासयनिक पदार्थ प्रमुख है। जापान की प्रमुख कंपनियों में–टोयोटा, निंदेदो, डोकोमो, निकोन, कैनन, होण्डा, ताकेदा फार्मास्यूटिकल, सोनी, पैनासोनिक, तोशिबा, शार्प, निपोन स्टील, निपोन आयल, सुजुकी आदि प्रमुख है।

वैज्ञानिक खोजों तथा शोध के क्षेत्र में जापान की विश्व में अलग ही पहचान है। जापान मौलिक वैज्ञानिक शोधों मे दुनिया का अग्रणी देश है। भौतिक विज्ञान, रसायन विज्ञान तथा चिकित्सा के क्षेत्र में 19 जापानियों को अब तक नोबेल पुरस्कार मिल चुका है।

रोबोटिक्स के विकास तथा उपयोग में जापान दुनिया का अग्रणी देश है। वर्ष 2013 तक जापान दुनियॉ की 20% रोबोटिक मशीनों का उपयोग अपने उघोगों में कर रहा है। जापान एयरोस्पेस एक्सप्लोरेशन एजेंसी (JAXA) जापान की आंतरिक्ष एजेंसी है। यह अंतर्राष्ट्रीय स्पेस स्टेशन (ISS) में साझेदार है जिसने वर्ष 2008 में किबो नामक जापान प्रयोगशाला मॉडल को अंतर्राष्ट्रीय स्पेस स्टेशन में जोडा है। जापान की अंतरिक्ष में भावी

योजनाओं में बुध ग्रह तथा शुक्र ग्रह पर खोजी मिशन भेजने की है। वर्ष 2030 तक जापान चन्द्रमा पर एक आधार मिशन बनाने का योजना बना रहा है। चन्द्रमा पर खोज के लिए जापान ने वर्ष 2007 में 'सीलीन' नामक उपग्रह छोड़ा था।

पूरे विश्व में जापानी बुलेट ट्रेन 'शिन्कासेन' अपनी रफ्तार के लिए नित्य नये कीर्तिमान स्थापित कर रही है। अप्रैल 2015 में किये गये एक प्रयोग में जापान की एक बुलेट ट्रेन ने 600 कि.मी. प्रति घंटे की रफ्तार का विश्व रिकार्ड बनाया है। इस तरह अपनी इन्हीं खूबियों के कारण जापान विश्व का एक प्रमुख उभरता शक्ति केन्द्र बन चुका हैं।

यूरोपीय संघ

यूरोपियन संघ (यूरोपियन यूनियन) मुख्यतः यूरोप में स्थित 27 देशों का एक राजनैतिक एवं आर्थिक मंच है जिनमें आपस में प्रशासकीय साझेदारी होती है जो संघ के कई या सभी राष्ट्रो पर लागू होती है।

यूरोपीय संघ का अभ्युदय 1957 में रोम की संधि द्वारा यूरोपीय आर्थिक परिषद के माध्यम से छह यूरोपीय देशों की आर्थिक भागीदारी से हुआ था। तब से इसके सदस्य देशों की संख्या में लगातार बढोत्तरी होती रही और इसकी नीतियों में बहुत से परिवर्तन भी शामिल किये गये। 1993 में मास्त्रिख संधि द्वारा इसके आधुनिक वैधानिक स्वरूप की नींव रखी गयी। दिसम्बर 2007 में लिस्बन समझौता जिसके द्वारा इसमें और व्यापक सुधारों की प्रक्रिया 1 जनवरी 2008 से शुरु की गयी है।

यूरोपीय संघ सदस्य राष्ट्रों को एकल बाजार के रूप में मान्यता देता है एवं इसके कानून सभी सदस्य राष्ट्रों पर लागू होता है जो सदस्य राष्ट्र के नागरिकों को चार तरह की स्वतंत्रताएँ सुनिश्चित करता हैः– लोगों, सामान, सेवाएँ एवं पूँजी का स्वतंत्र आदान–प्रदान। संघ सभी सदस्य राष्ट्रों के लिए एक समान व्यापार, मैत्री, क्षेत्रीय विकास की नीति पर अमल करता है। 1999 में यूरोपीय संघ ने साझी मुद्रा यूरो की शुरुआत की जिसे पंद्रह सदस्य देशों ने अपनाया। संघ ने साझी विदेश, सुरक्षा, न्याय नीति की भी घोषणा की। सदस्य राष्ट्रों के बीच श्लेगन संधि के तहत पासपोर्ट नियंत्रण

भी समाप्त कर दिया गया। यूरोपिय संघ में लगभग 500 मिलियन नागरिक हैं एवं यह विश्व के सकल घरेलू उत्पाद का 31% योगदानकर्ता है जो 2007 में लगभग (यूएस$16.6 ट्रिलियन) था।

यूरोपीय संघ समूह आठ, संयुक्त राष्ट्रसंघ एवं विश्व व्यापार संगठन में अपने सदस्य देशों का प्रतिनिधित्व करता है। यूरोपीय संघ के 21 देश नाटो (NATO) के भी सदस्य हैं। यूरोपीय संघ के महत्वपूर्ण संस्थानों में यूरोपियन कमीशन, यूरोपीय संसद, यूरोपीय संघ परिषद, यूरोपीय न्यायलय एवं यूरोपियन सेंट्रल बैंक इत्यादि शामिल हैं। यूरोपीय संघ के नागरिक हर पाँच वर्ष में अपनी संसदीय व्यवस्था के सदस्यों को चुनते है।

यूरोपीय संघ को वर्ष 2012 में यूरोप में शांति और सुलह, लोकतंत्र और मानव अधिकारों की उन्नति में अपने योगदान के लिए नोबेल शांति पुरस्कार से सम्मानित किया गया।

यूरोपीय संघ का इतिहास

द्वितीय विश्वयुद्ध की समाप्ति के बाद पश्चिमी यूरोप के देशों में एकता के पक्ष में माहौल बनना शुरु हुआ जिसे लोग अति–राष्ट्रवाद, (जिसने कई राष्ट्रों को नेस्तनाबूद कर दिया था) के फलस्वरूप उपजी परिस्थितियों से छुटकारे के रूप में भी देखते हैं। यूरोप के एकीकरण का सबसे पहला सफल प्रस्ताव 1951 में आया जब यूरोप के कोयला एवं स्टील उद्योग लाबी ने लामबंदी शुरु की। यह मुख्यतया सदस्य राष्ट्रों, खासकर फ्रांस और पश्चिमी जर्मनी में कोयला और इस्पात उद्योगों को एकीकृत नियंत्रण में लाने का प्रयास था। ऐसा खासकर इसलिए सोचा गया ताकि इन दो राष्ट्रों में संघर्ष की स्थिति भविष्य में उत्पन्न न हो। इस लाबी के कर्ता धर्ता ने तभी इसे संयुक्त राज्य यूरोप की परिकल्पना के रूप में प्रचारित किया था। यूरोपीय संघ के अन्य संस्थापक राष्ट्रों में बेल्जियम, इटली, लक्जमबर्ग एवं नीदरलैंड प्रमुख थे।

इस सांगठनिक प्रयास के बाद बाद 1957 में दो संस्थायें गठित की गयी जिसमें यूरोपियन इकॉनामिक कम्यूनिटी एवं यूरोपीय परमाणु उर्जा कम्यूनिटी प्रमुख थे। इन संस्थाओं का उद्देश्य नाभिकीय उर्जा एवं आर्थिक

क्षेत्र में सहयोग करना था। 1967 में उपरोक्त तीनों संस्थाओं का विलय होकर एक संस्था का निर्माण हुआ जिसे यूरोपियन कम्यूनिटी के नाम से जाना गया।

1973 में इस समुदाय में डेनमार्क, आयरलैंड एवं ब्रिटेन का पदार्पण हुआ। नार्वे भी इसी समय इसमें शामिल होना चाहता था लेकिन जनमत संग्रह के विपरीत परिणामों के कारण उसे सदस्यता से वंचित रहना पड़ा। 1979 में पहली बार यूरोपीय संसद का गठन हुआ और इसमें लोकतांत्रिक पद्धति से सदस्य चुने गये।

यूनान, स्पेन एवं पुर्तगाल 1980 में यूरोपीय संघ के सदस्य बने। 1985 में श्लेगेन संधि संपन्न हुई जिसके बाद सदस्य राष्ट्रों के नागरिकों का एक–दूसरे के राष्ट्र में बगैर पासपोर्ट के आना जाना शुरु हुआ। 1986 में यूरोपीय संघ के सदस्यों ने सिंगल यूरोपियन एक्ट पर हस्ताक्षर किये और संघ का झंडा वजूद में आया। 1990 में पूर्वी जर्मनी का पश्चिमी जर्मनी में एकीकरण हुआ।

मस्त्रिख की संधि 1 नवंबर 1993 से प्रभावी हुई। मस्त्रिख की संधि के बाद यूरोपियन कम्यूनिटिज अब आधिकारिक रूप से यूरोपियन कम्यूनिटी बन गया। जिसमें एकीकृत रूप से विदेश नीति, पुलिस एवं न्याय व्यवस्था के मसलों पर एक जैसी नीतियाँ बनने लगीं।

1995 में इस संघ में आस्ट्रिया, स्वीडन एवं फिनलैंड भी आ जुड़े। 1997 में मस्त्रिख संधि का स्थान एम्स्टर्डम संधि ने ले लिया जिसके बाद विदेश नीति एवं लोकतंत्र संबंधी नीतियों में व्यापक परिवर्तन हुए। एम्स्टर्डम के पश्चात 2001 में नीस की संधि आई जिससे रोम एवं मस्त्रिख में हुई संधियों में सुधार किया गया जिससे पूर्व में सघं के विस्तार का मार्ग प्रशस्त हुआ। 2002 में यूरो को 12 सदस्य राष्ट्रों ने अपनी राष्ट्रीय मुद्रा के रूप में स्वीकार किया। 2004 में दस नये राष्ट्रों का इसमें और जुड़ाव हुआ जो ज्यादातर पूर्वी यूरोप के देश थे। 2007 के प्रारंभ में रोमानिया एवं बुल्गारिया ने यूरोपीय संघ की सदस्यता ग्रहण की और स्लोवानिया ने यूरो को अपनाया। पहली जनवरी 2008 को माल्टा एवं साईप्रस ने भी यूरोपीय संघ में प्रवेश लिया।

यूरोपीय संघ के गठन के लिए 2004 में रोम में एक संधि पर हस्ताक्षर किए गये जिसका उद्देश्य पिछली सभी संधियों को नकार कर एकीकृत कर एकल दस्तावेज तैयार करना था। लेकिन ऐसा कभी संभव न हो सका क्योंकि इस उद्देश्य के लिए कराए गये जनमत सर्वेक्षण में फ्रांसिसी एवं डच मतदाताओं ने इसे नकार दिया। 2007 में एक बार फिर लिस्बन समझौता हुआ जिसमें पिछली संधियों को बगैर नकारे हुए उनमें सुधार किए गये।

इस समय मकदूनिया तुर्की पश्चिमी बाल्कन राष्ट्र अल्बानिया, बोस्निया हर्जोगोविना, मांटीनीग्रो एवं सर्बिया आधिकारिक तौर पर संभावित सदस्य देशों के रूप में चिन्हित किये गये हैं।

यूरोपीय परिषद द्वारा यरूोपीय सघं की सदस्यता के लिए कोपेनहेगन पात्रता की शर्ते निर्धारित की गयी हैं, जिसके अनुसार स्थायी लोकतंत्र जिसमें मानवाधिकारों एवं न्याय पर आधारित शासन व्यव्स्था हो, एक कार्यकारी बाजार व्यवस्था हो जो संघ के अंतर्गत प्रतियोगिता को बढावा देता हो एवं संघ की नीतियों का पालन करने की वचनबद्धता शामिल है।

पश्चिम यूरोप के चार राष्ट्रों ने संघ की सदस्यता न लेकर आंशिक रूप से संघ की आर्थिक व्यवस्था में शामिल हैं जिनमें आइसलैंड, लिन्चेन्सटाईन एवं नार्वे प्रमुख हैं, एवं स्वीटजरलैंड ने भी द्विपक्षीय समझौते के तहत ऐसा स्वीकार किया है।

यूरोपीय संघ के प्रमुख संस्थान

यूरोपीय संघ अपने कई प्रशासनिक एवं अन्य इकाइयों द्वारा संचालित होता है, जिनमें मुख्य्य रूप से काउंसिल आफ यूरोपियन यूनियन, यूरोपियन कमीशन एवं यूरोपियन पार्लियामेंट सबसे प्रमुख हैं।

यूरोपीय आयोग संघ के प्रमुख कार्यकारी अंग के तौर पर काम करता है और इसके दैनिक कामों की जिम्मेवारी इसी पर होती है जिसे इसके 27 कमिश्नर संचालित करते हैं जो 27 सदस्य राष्ट्रों का प्रतिनिधित्व करते हैं। इस आयोग के अध्यक्ष एवं सभी 27 प्रतिनिधि यूरोपीय परिषद द्वारा नामित किये जाते है। अध्यक्ष एवं सभी 27 प्रतिनिधियों की नियुक्ति पर यूरोपीय संसद की मंजूरी आवश्यक होती है।

यूरोपीय परिषद (यूरोपियन काउंसिल), जिसे काउंसिल आफ मिनिस्टर्स के नाम से भी जाना जाता है, के आधे सदस्य संघ की न्यायिक व्यवस्था का हिस्सा होते हैं। न्यायिक कामों के अलावा परिषद विदेश एवं सुरक्षा नीतियों के कार्यान्वयन एवं निर्माण में महत्वपूर्ण भूमिका निभाती है।

यूरोपीय संघ में उच्च स्तर के राजनैतिक निर्णय के लिए नेतृत्व यूरोपीय काउंसिल अर्थात यूरोपीय परिषद द्वारा किया जाता है। यूरोपीय परिषद की बैठक साल में चार बार होती है एवं इसकी अध्यक्षता उस साल यूरोपीय संघ का अध्यक्ष राष्ट्रप्रमुख करता है जिसका मुख्य कार्य यूरोपीय संघ की नीतियों के अनुरूप काम करना एवं भविष्य के लिए दिशा निर्देश जारी करना होता है।

यूरोपीय संघ की अध्यक्षता का कार्य हर सदस्य देश के जिम्मे चक्रीय आधार पर छह महीने के लिए आता है, इस दौरान यूरोपियन काउंसिल एवं काउंसिल ऑफ मिनिस्टर्स की हर बैठक की जिम्मेवारी उस सदस्य राष्ट्र पर होती है। अध्यक्षता के दौरान अध्यक्ष राष्ट्र अपने खास एजेंडों पर ध्यान देता है जिसमे आम तौर पर आर्थिक एजेंडा, यूरोपीय संघ में सुधार एवं संघ के विस्तार एवं एकीकरण के मुद्दे खास होते हैं।

यूरोपीय संसद

यूरोपीय संघ की न्यायिक प्रक्रिया का दूसरा महत्वपूर्ण हिस्सा यूरोपीय संसद होती है। यूरोपीय संसद के 785 सदस्य हर पाँच वर्ष में यूरोपीय संघ की जनता द्वारा सीधे चुने जाते हैं। हांलाकि इन सदस्यों का चुनाव राष्ट्रीय स्तर पर होता है परंतु यूरोपीय संसद में वे अपनी राष्ट्रीयता के अनुसार न बैठकर दलानुसार बैठते हैं। हर सदस्य राष्ट्र के लिए सीटों की एक निश्चित संख्या आवंटित होती है। यूरोपीय संसद को संघ की विधायी शक्तियों के मामलों में यूरोपीय परिषद की तरह ही शक्तियां हासिल होती हैं और संसद संघ की खास विधायिकाओं को स्वीकृत या अस्वीकृत करने की शक्ति से लैस होती है। यूरोपीय संसद का अध्यक्ष न सिर्फ बाहरी मंचों पर संघ का प्रतिनिधित्व करता है बल्कि यूरोपीय संसद के स्पीकर का भी दायित्व निभाता है। अध्यक्ष एवं उपाध्यक्ष का चुनाव यूरोपीय संसद के सदस्य हर ढाई साल के अंतराल पर करते हैं। कुछ मामलों को छोडकर

ज्यादातर मामलों में न्यायिक प्रक्रिया की शुरुआत करने का अधिकार युरोपियन कमीशन को होता है, ऐसा ज्यादातर रेग्यूलेशन एवं संसद के अधिनियमों द्वारा किया जाता है जिसे सदस्य राष्ट्रों को अपने अपने देशों में लागू करने की बाध्यता होती है।

यूरोपीय संघ की राजनीति

अक्सर यूरोपीय संघ की राजनीति को तीन तत्वों से सबसे ज्यादा संचालित माना जाता है जिसे "पिलर्स" या स्तंभ कहा जाता है। यूरोपीय कम्यूनिटी की पुरानी नीतियों को इसका पहला स्तंभ कहा जाता है। दूसरे स्तंभ के तौर पर संयुक्त विदेश एवं सुरक्षा नीति का नाम लिया जाता है। जबकि तीसरा स्तंभ पहले तो न्यायिक एवं घरेलू मामले हुआ करते थे लेकिन एम्सटर्डम एवं नीस के समझौतों के बाद पुलिस एवं आपराधिक मामलों में सभी सहयोग पर ज्यादा केंद्रित हो गये है। मोटे तौर पर कहा जाए तो अंतराष्ट्रीय मामलों को देखते हुए दूसरा एवं तीसरा स्तंभ महत्वपूर्ण हो जाता है।

इस समय यूरोपीय संघ के समक्ष दो सबसे बड़े मुद्दे हैं, वे हैं यूरोपीय एकीकरण एवं विस्तार। खासकर विस्तार, नये राष्ट्रों का यूरोपीय संघ में समावेश बड़ा राजनैतिक मुद्दा है। नये राष्ट्रों के समावेश का समर्थन करने वालों का मानना है कि इससे लोकतंत्र का विस्तार होता है एवं यूरोपीय अर्थव्यवस्था को भी संबल मिलता है। जबकि विरोध करनेवालों का मानना है कि यूरोपीय संघ अपनी वर्तमान राजनैतिक क्षमताओं एवं सीमाओं से परे एवं अपनी भौगोलिक सीमाओं से बाहर जा रहा है जो इसके हित में नहीं है। जहां तक जनमत और राजनैतिक दलों का सवाल है, इस बारे में वे खासे सशंकित हैं खासकर 2004 में एक साथ दस नये सदस्य देश बनने के पश्चात और यह आशंका तुर्की की उम्मीदवारी के बाद और भी बलवती हो गयी है।

एकीकरण एक दूसरा महत्वपूर्ण मसला है जहां अक्सर माना जाता है कि राष्ट्रीय भावनायें अक्सर यूरोपीय संघ के बृहत उद्देश्यों से टकराहट मोल लेती रहती है। विभिन्न राष्ट्रों के बीच समन्वय का लक्ष्य अक्सर राष्ट्रीय शक्तियों को यूरोपीय संघ में विलयित करने को बाध्य करता है

जिसकी आलोचना अक्सर लोगों द्वारा संप्रभुता खोने का डर दिखाकर की जाती रहती है। सन 2004 में राष्ट्रीय नेताओं एवं यूरोपीय संघ के अधिकारियों द्वारा एक साझा यूरोपीय संविधान पर सहमति बनायी गयी थी लेकिन इसे दो सदस्य राष्ट्रों के जनमत सर्वेक्षण में खारिज कर दिये जाने के कारण लागू नहीं किया गया क्योंकि उन्हें डर था कि अन्य दशों में भी इसे खारिज कर दिया जाएगा। बाद में अक्टूबर 2007 में लिस्बन समझौते के बाद एक नया संविधान बनाया गया जिसमें ज्यादातर पुराने नियमों एवं प्रावधानों को ही रखा गया।

यदि यह सर्वस्वीकृत रहा तो इससे यूरोपीय संसद की शक्तियां काफी बढ जायेगी। इस समझौते के लागू होने से उपर उल्लेख किये गये स्तंभ भी निष्प्रभावी हो जायेंगे। विदेश नीति के बहुत से मुद्दे इससे विभिन्न राष्ट्रों के बीच सुलझाये जाने की बजाय सीधे–सीधे यूरोपीय संघ की संस्थाओं द्वारा निर्देशित एवं संचालित होंगे।

ब्रिक्स (BRICS)

ब्रिक्स उभरती राष्ट्रीय अर्थव्यवस्थाओं के एक संघ का शीर्षक है। इसके घटक राष्ट्र ब्राजील, रूस, भारत, चीन और दक्षिण अफ्रीका हैं। इन्ही देशों के अंग्रेजी में नाम के प्रथमाक्षरों BRICS से मिलकर इस समूह का यह नामकरण हुआ है। मूलतः, 2010 में दक्षिण अफ्रीका के शामिल किए जाने से पहले इसे "ब्रिक" के नाम से जाना जाता था। रूस को छोडकर, ब्रिक्स के सभी सदस्य विकासशील या नव औद्योगीकृत देश हैं जिनकी अर्थव्यवस्था तेजी से बढ़ रही है। ये राष्ट्र क्षेत्रीय और वैश्विक मामलों पर महत्वपूर्ण प्रभाव डालते हैं। पाँचों ब्रिक्स राष्ट्र दुनिया के लगभग 3 अरब लोगों का प्रतिनिधित्व करते हैं और एक अनुमान के अनुसार ये राष्ट्र संयुक्त विदेशी मुद्रा भंडार में 17 खरब अमेरिकी डॉलर का योगदान करते हैं। इन राष्ट्रों का संयुक्त सकल घरेलू उत्पाद 17 खरब अमेरिकी डॉलर का है।

प्रारंभिक चार ब्रिक राज्यों (ब्राजील, रूस, भारत और चीन) के विदेश मंत्री सितंबर 2006 में न्यूयॉर्क शहर में मिले और उच्च स्तरीय बैठकों की एक श्रृंखला की शुरुआत की। 16 मई 2008 को एक पूर्ण पैमाने की राजनयिक बैठक को येकतेरिनबर्ग, रूस में आयोजित किया गया था।

प्रथम ब्रिक सम्मेलन (2009)

ब्रिक समूह का पहला औपचारिक शिखर सम्मेलन येकतेरिनबर्ग, रुस में 16 जून 2009 को सम्पन्न हुआ। लुइज इनासियो लूला डा सिल्वा (ब्राजील), दिमित्री मेदवेदेव (रूस), मनमोहन सिंह (भारत) और हू जिन्ताओ (चीन) ने भाग लिया। शिखर सम्मेलन का मुख्य मुद्दा वैश्विक आर्थिक स्थिति में सुधार और वित्तीय संस्थानों में सुधार का था।

रूस के राष्ट्रपति ब्लादिमीर पुतीन ने इस बैठक को विश्व की असाधारण घटना बताया। बैठक के अंत में संयुक्त बयान तथा वैश्विक खाद्य सुरक्षा पर संयुक्त बयान जारी किया गया। बयान में आतंकवाद के सभी रूपों की निंदा की गयी तथा संयुक्त राष्ट्र सुरक्षा परिषद् में भारत तथा ब्राजील की व्यापक भूमिका का समर्थन किया गया।

द्वितीय शिखर सम्मेलन (2010)

ब्रिक की दूसरी बैठकर ब्राजील में हुई जिसमें अध्यक्षता ब्राजील के राष्ट्रपति लूला डा सील्वा ने की। दीक्षिण अफ्रीका को नया सदस्य चुना गया तथा इसका नाम बदलकर ब्रिक्स रखा गया। इस सम्मेलन में विश्व खाद्य सुरक्षा, जलवायु परिवर्तन तथा प्राकृतिक आपदाओं कृषि पर हो रहे नुकसानों पर गहन चर्चा की गयी। संयुक्त बयान में कहा गया कि खाद्य पर पूर्णतया समन्वित अल्पावधि एवं दीर्धवधि उपायों की आवश्कयकता है।

तृतीय शिखर सम्मेलन (2011)

ब्रिक्स का तृतीय सम्मेलन चीन के शहर सान्या में हुआ। इस सम्मेलन में पहली बार ब्रिक्स बैंक की स्थापना की बात की गयी। विश्व से अमेरिकी डालर का प्रभुत्व खत्म करने के लिए रूस ने एक वैकल्पिक मुद्रा का शुरू करने की बात की लेकिन चीन इससे असहमत था। संयुक्त बयान में विश्व व्यापार संगठन के दोहा विकास एजेंडा के विस्तृत एवं संतुलित परिणामों, सतत विकास, सहस्त्राब्दी विकास लक्ष्यों, ऊर्जा–विषयों तथा व्यापक लोकतांत्रिक एवं न्यायसंगत बहुपक्षीय विश्व व्यवस्था की चर्चा की गयी।

चौथा ब्रिक्स शिखर सम्मेलन (2012)

ब्रिक्स (पहले ब्रिक) देशों का चौथा वार्षिक शिखर सम्मेलन, जिसमें इसके पाँच सदस्य राष्ट्रों ब्राजील, रूस, भारत, चीन और दक्षिण अफ्रीका के राष्ट्र या सरकार प्रमुखों ने भाग लिया। शिखर सम्मेलन का आयोजन भारत की राजधानी नई दिल्ली स्थित पाँच सितारा होटल ताज महल में 29 मार्च 2012 को किया गया था। यह पहला अवसर है जब भारत ने किसी ब्रिक्स शिखर सम्मेलन की मेजबानी की है। शिखर सम्मेलन का विषय था "वैश्विक सुरक्षा, स्थिरता और समृद्धि के लिए ब्रिक्स भागीदारी"। शिखर सम्मेलन में चर्चा का मुख्य विषय विकासशील देशों के लिए विश्व बैंक के समान एक ब्रिक्स बैंक का गठन करना था। शिखर सम्मेलन कड़ी सुरक्षा के बीच आयोजित किया गया था, लेकिन् इसके बावजूद इसे कई विवादों का सामना करना पड़ा, जिनमें सबसे प्रमुख तिब्बतियों द्वारा चीन का विरोध किया जाना था।

पाँचवाँ शिखर सम्मेलन (2013)

ब्रिक्स शिखर सम्मेलन दक्षिण अफ्रीका के डरबन शहर में आयोजित हुआ। इसमें विभिन्न अन्तर्राष्ट्रीय मुद्दों पर गहन चर्चा हुई तथा वर्तमान आर्थिक संकट के दौर से निपटने के उपायों को सुझाया गया। अन्तर्राष्ट्रीय वित्तीय संस्थाओं जैसे आईएमएफ, वर्ल्ड बैंक को अमीर देशों के प्रभावों से मुक्त करने पर चर्चा हुई। डरबन घोषणा--पत्र जारी किया गया जिसमे वर्तमान वैश्विक वित्तीय संकट से निवारण में जी–20 देशों की भूमिका बढ़ाने की बात की गयी।

छठा ब्रिक्स शिखर सम्मेलन (2014)

(छठा ब्रिक्स शिखर सम्मेलन) 15–16 जुलाई 2014 को ब्राजील के फोर्टालेजा और ब्रासीलिया में आयोजित किया गया। इस शिखर सम्मेलन का मुख्य विषय रहा– "समावेशी वृद्धि, सतत विकास"। इस सम्मेलन की दो प्रमुख विशेषतायें थी।

1) नये विकास बैंक की स्थापना
2) कंटिन्जेंट रिजर्व–अरेंजमेंट व्यवस्था

नये विकास बैंक की स्थापना

2014 ब्रिक्स सम्मेलन के एक अति महत्त्वपूर्ण निर्णय में 100 अरब डॉलर की शुरुआती अधिकृत पूंजी के साथ नए विकास बैंक की स्थापना का फैसला किया गया। फिलहाल मीडिया में इस बैंक को ब्रिक्स बैंक का अनौपचारिक नाम दिया जा रहा है। माना जा रहा है कि इस बैंक को पश्चिमी देशों के वर्चस्व वाले विश्व बैंक और आईएमएफ जैसी संस्थाओं के टक्कर में खड़ा किया जा रहा है। इस बैंक का प्रमुख उद्देश्य होंगे– किसी देश को कम समय की पूँजी समस्याओं को दूर करना, ब्रिक्स देशों के बीच सहयोग बढ़ाना, वैश्विक आर्थिक सुरक्षा तंत्र को मजबूत करना आदि।

बैंक का मुख्यालय चीन के शंघाई में होगा तथा बैंक का प्रथम अध्यक्ष भारत से होगा। हर सदस्य देश को पाँच साल तक अध्यक्षता करने का अवसर मिलेगा। भारत के के.वी. कामथ को इस बैंक का प्रथम अध्यक्ष नियुक्त किया गया है।

कंटिंजेंट रिजर्व अरेंजमेंट व्यवस्था

ब्रिक्स कंटिंजेंट रिजर्व अरेंजमेंट नाम से 100 अरब अमरीकी डॉलर के एक कोष की स्थापना की गई जिसे अल्पकालिक नकदी समस्याओं से बचने के लिए बनाया गया है। यह समझौता एक ऐसी रूपरेखा प्रस्तुत करेगा जिसमें नकदी के आदान–प्रदान का प्रावधान होगा। इसके जरिये अल्पकालिक अदायगी दबाव संतुलन की स्थिति से निपटा जा सकेगा।

रूस द्वारा भविष्य की उर्जा आवश्यकताओं को पूरा करने के लिए संयक्त ऊर्जा कोष बनाने का सुझाव दिया गया जिस पर भविष्य में काम किया जाएगा।

ब्रिक्स सम्मेलन में 100 अरब डॉलर की शुरूआती अधिकृत पूंजी के साथ नए विकास बैंक की स्थापना का फैसला किया गया है। इस पूंजी के लिए शुरूआती अंशदान में संस्थापक सदस्यों की बराबर भागीदारी होगी। यह फैसला भारत के लिए एक बड़ी जीत माना जा रहा है।

भारत इस बात पर जोर देता रहा है कि इस पर किसी भी सदस्य देश का वर्चस्व नहीं हो। बैंक का प्रथम अध्यक्ष भी भारत से होगा। हालांकि,

चीन ने बैंक का मुख्यालय शांघाई में बनाए जाने की दौड़ जीत ली जबकि भारत इसे नई दिल्ली में बनाना चाहता था।

पांच राष्ट्रों की सदस्यता वाले समूह की शिखर बैठक में बैंक और 100 अरब डॉलर के शुरूआती आकार के साथ एक 'कंटिजेंसी' स्थापित करने का समझौता हुआ। ब्रिक्स विकास बैंक की शुरूआती अंशदान पूंजी 50 अरब डॉलर की होगी जबकि शुरूआती अधिकृत पूंजी 100 अरब डॉलर होगी जो संस्थापक सदस्य रूस, ब्राजील, चीन, भारत और दक्षिण अफ्रीका बराबर–बराबर साझा करेंगे। 100 अरब डॉलर के शुरूआती आकार के कंटिजेंसी रिजर्व अरेंजमेंट का काम किसी देश के शॉर्ट–टर्म लिक्विडिटी समस्याओं को दूर करने, ब्रिक्स देशों के बीच सहयोग बढ़ाने, वैश्विक फाइनैंशल सेफ्टी नेट को मजबूत करने आदि होगी। माना जा रहा है कि इस बैंक और फंड को पश्चिमी देशों के वर्चस्व वाले विश्व बैंक और आईएमएफ जैसी संस्थाओं के टक्कर में खड़ा किया जा रहा है।

निष्कर्ष

शीतयुद्ध के अंत ने दुनिया को द्विध्रुवीय विश्व व्यवस्था से एकध्रुवीय विश्व व्यवस्था में परिवर्तित कर दिया। अमेरिका आज दुनिया का सबसे शक्तिशाली देश बन चुका है। लेकिन इस प्रभुत्व को चुनौती देने के लिए दुनिया में अन्य शक्ति केन्द्र भी उभर रहे हैं। जापान, यूरोपीय संघ तथा ब्रिक्स के देश आर्थिक रूप से अमेरिका को चुनौती देने में पूर्ण सक्षम हैं। वर्ष 2008 में आये अमेरिकी आर्थिक संकट ने अमेरिका की आर्थिक स्थिति को विश्व में कमजोर किया है जिसका फायदा भारत और चीन जैसे देशों ने अपना प्रभुत्व दुनियाँ में बढ़ाने में उठाया है। इराक युद्ध तथा अफगानिस्तान युद्ध में अमेरिका का मनवांछित सफलता नहीं मिल पायी है। इराक और अफगानिस्तान आज की हिंसा और आतंकवाद की चपेट में है और अमेरिका यहाँ शान्ति व सुरक्षा कायम रखने में असफल रहा। दुनिया को न्यायपूर्ण तथा शांतिपूर्ण बनाने में जापान, भारत, चीन, रुस, यूरोपीय संघ तथा ब्रिक्स के देश अपना महत्वपूर्ण योगदान कर सकते है जिससे कि विश्व एकध्रुवीय से बहुध्रुवीय बन सके।

संदर्भ ग्रंथ

1. Robert Jackson and Geroge Sorensen, "Introduction to International Relations: Theories & Approaches, Oxford University Press, London, 2013.
2. The BRICS Report, Oxford University Press, London, 2012.
3. Ganguly, Sumit, 'India's Foreign Policy: Retrospect & Prospect, Oxford University Press, 2010.
4. Dutt, V.P., India's Foreign Policy Since Independence National Book Trust, New Delhi, 2008.
5. फड़िया, बी.एल., अन्तर्राष्ट्रीय राजनीति, साहित्य भवन, आगरा, 2014,
6. घई, यू.आर., अन्तर्राष्ट्रीय राजनीति : सिद्धांत एवं व्यवहार, न्यू एकेडेमिक पब्लिशिंग कम्पनी, जालंधर, 2010
7. खन्ना, वी.एन., ''भारत की विदेश नीति'', विकास पब्लिशिंग हाउस, नई दिल्ली–2008
8. महेन्द्र कुमार, अंतर्राष्ट्रीय राजनीति के सैद्धांतिक पक्ष, आगरा, 1977
9. यादव, दीपक, 21वीं सदी में चीन, भारत तथा रुस संबंध, कावेरी प्रकाशन, 2013, नई दिल्ली
10. यादव, दीपक, ब्रिक्स – एक महाशक्ति या छुद्र संस्था?, वर्ल्ड फोकस, 2013, नई दिल्ली।